证券法

Securities Law

李东方 著

北京大学出版社
PEKING UNIVERSITY PRESS

图书在版编目(CIP)数据

证券法/李东方著. —北京:北京大学出版社,2020.10
21世纪法学规划教材
ISBN 978-7-301-31676-4

Ⅰ. ①证… Ⅱ. ①李… Ⅲ. ①证券法—中国—高等学校—教材 Ⅳ. ①D922.287

中国版本图书馆 CIP 数据核字(2020)第 182321 号

书　　　名	证券法 ZHENGQUANFA
著作责任者	李东方　著
责 任 编 辑	孙战营
标 准 书 号	ISBN 978-7-301-31676-4
出 版 发 行	北京大学出版社
地　　　址	北京市海淀区成府路 205 号　100871
网　　　址	http://www.pup.cn
电 子 信 箱	law@pup.pku.edu.cn
新 浪 微 博	@北京大学出版社　@北大出版社法律图书
电　　　话	邮购部 010-62752015　发行部 010-62750672　编辑部 010-62752027
印 刷 者	北京溢漾印刷有限公司
经 销 者	新华书店
	787 毫米×1092 毫米　16 开本　17.25 印张　452 千字 2020 年 10 月第 1 版　2023 年 1 月第 2 次印刷
定　　　价	45.00 元

未经许可,不得以任何方式复制或抄袭本书之部分或全部内容。
版权所有,侵权必究
举报电话:010-62752024　电子信箱:fd@pup.pku.edu.cn
图书如有印装质量问题,请与出版部联系,电话:010-62756370

丛书出版前言

秉承"学术的尊严,精神的魅力"的理念,北京大学出版社多年来在文史、社科、法律、经管等领域出版了不同层次、不同品种的大学教材,获得了广大读者好评。

但一些院校和读者面对多种教材时出现选择上的困惑,因此北京大学出版社对全社教材进行了整合优化。集全社之力,推出一套统一的精品教材。

"21世纪法学规划教材"即是本套精品教材的法律部分。本系列教材在全社法律教材中选取了精品之作,均由我国法学领域颇具影响力和潜力的专家学者编写而成,力求结合教学实践,推动我国法律教育的发展。

"21世纪法学规划教材"面向各高等院校法学专业学生,内容不仅包括了16门核心课教材,还包括多门传统专业课教材,以及新兴课程教材;在注重系统性和全面性的同时,强调与司法实践、研究生教育接轨,培养学生的法律思维和法学素质,帮助学生打下扎实的专业基础和掌握最新的学科前沿知识。

本系列教材在保持相对一致的风格和体例的基础上,以精品课程建设的标准严格要求各教材的编写;汲取同类教材特别是国外优秀教材的经验和精华,同时具有中国当下的问题意识;增加支持先进教学手段和多元化教学方法的内容,努力配备丰富、多元的教辅材料,如电子课件、配套案例等。

为了使本系列教材具有持续的生命力,我们将积极与作者沟通,结合立法和司法实践,对教材不断进行修订。

无论您是教师还是学生,在适用本系列教材的过程中,如果发现任何问题或有任何意见、建议,欢迎及时与我们联系(发送邮件至 bjdxcbs1979@163.com)。我们会将您的意见或建议及时反馈给作者,供作者在修订再版时进行参考,从而进一步完善教材内容。

最后,感谢所有参与编写和为我们出谋划策提供帮助的专家学者,以及广大使用本系列教材的师生,希望本系列教材能够为我国高等院校法学专业教育和我国的法治建设贡献绵薄之力。

北京大学出版社
2012年3月

前　言

这是一本为本科生学习证券法学而写的书,也是为高校教师证券法学本科教学提供方便而写的书。基于这一定位,笔者尽量做到用较短的篇幅清晰阐述证券法原理和2019年修订的《中华人民共和国证券法》(以下简称《证券法》),注重培养本科生理论联系实际的能力,且将平时的教学与法律职业资格考试(以下简称"法考")结合起来,为学生将来能够较为顺利地通过法考奠定基础。在上述指导思想下,本书特点如下:

第一,本书的体例与逻辑结构与我国《证券法》保持一致。本书的体例与我国《证券法》的目录结构保持一致,只是将"证券业协会"和"证券监督管理机构"作为证券监管法律制度合并为一章,其余结构与《证券法》完全一致。目的在于让读者掌握证券法原理的同时,熟悉《证券法》的内在逻辑。

与上述体例相结合的逻辑结构及其主要内容如下:第一章证券法导论;第二章证券发行法律制度;第三章证券交易法律制度;第四章上市公司的收购;第五章证券信息披露制度;第六章投资者保护法律制度;第七章证券交易场所法律制度;第八章证券公司法律制度;第九章证券登记结算机构法律制度;第十章证券服务机构法律制度;第十一章证券监管法律制度;第十二章证券法律责任。

第二,为了训练本科生理论联系实际的能力以及为将来顺利通过法考做好准备,本书在每一章后面根据教材相对应的内容,解读了2009—2017年证券法的国家司法考试真题。[①] 这些司法考试真题许多是通过案例的形式体现的,有较强的实践性和应用性。由于并非每章都有对应的国家司法考试真题,在这种情况下作者就设计了相应的题目附在该章后面,故未注明是国家司法考试真题的,即为作者编写。

第三,本书紧扣2019年修订的《证券法》和中国证监会新近出台的规范性文件展开论述。证券法的一个重要特点,就是其应用性很强,而应用的手段就是对法律、法规以及规章的理解和运用。书中所引用的法条均注明了出处,要么直接在正文里写明,要么通过注释的方式写明。在书中注明全部法律、法规的来源,至少有三个方面的积极作用:

一是便于读者将个别法条结合整部法律、法规或者规章进行体会,同时,节约读者检索时间。推己及人,自己在阅读时,往往也会遇到书中许多提及依法或按照某某法的规定而并未注明具体法条来源的情况,由此感觉有诸多不便。

二是提高学生的实际应用能力。根据自己从1994年开始至今所从事金融证券律师和仲裁实务的工作体会,要提高对证券法的应用能力,一个很重要的方面就是对法条的理解和熟练掌握,不仅要熟悉证券基本法,而且要对相关的"条例""办法"了然于心。

[①] 在解读这些真题的过程中也适当参考了司法部国家司法考试中心组编的《国家司法考试试题解析汇编2009—2014商法卷》(法律出版社2015年版)和《试题解析汇编2012—2017商法卷》(法律出版社2018年版),在此对商法卷的相关作者深表感谢!

三是便于本科生、研究生应对法考。《证券法》是法考大纲指定的重点法律。本书有意结合法考对其作了必要的解读和分析。

证券法与公司法联系紧密,有学者甚至将这两部法称为姊妹法,恰巧,基于同样的定位,我于2019年在北京大学出版社出版了《公司法》一书,故这两本书可以作为学习证券法和公司法的姊妹篇,结合起来学习效果会更好。

由于个人水平有限,本书的缺点和错误想必难免,敬请各位读者批评指正!

李东方(字修远,号德元)

2020年5月20日落笔于北京·蓟门·修远居

目　录

第一章　证券法导论 ·· 1
　　第一节　证券基本原理 ·· 1
　　第二节　证券法概述 ··· 4

第二章　证券发行法律制度 ··· 13
　　第一节　证券发行概述 ··· 13
　　第二节　股票的发行 ··· 18
　　第三节　债券的发行 ··· 27
　　第四节　证券存托凭证的发行 ·· 31
　　第五节　证券承销 ·· 35

第三章　证券交易法律制度 ··· 40
　　第一节　证券交易概述 ·· 40
　　第二节　证券的上市与退市 ·· 51

第四章　上市公司的收购 ·· 62
　　第一节　上市公司的收购概述 ··· 62
　　第二节　权益披露制度 ·· 66
　　第三节　要约收购、协议收购与间接收购 ··· 70
　　第四节　上市公司收购中的反收购措施与反垄断 ····································· 83

第五章　证券信息披露制度 ·· 90
　　第一节　证券信息披露制度概述 ·· 90
　　第二节　证券发行的信息披露制度 ·· 99
　　第三节　持续信息披露制度 ··· 103

第六章　投资者保护法律制度 ··· 110
　　第一节　投资者保护概述 ··· 110
　　第二节　投资者适当性管理 ··· 115
　　第三节　上市公司投资者关系管理 ··· 117

第七章　证券交易场所法律制度 … 128
第一节　证券交易场所概述 … 128
第二节　证券交易所的设立、变更和解散 … 134
第三节　证券交易所的组织机构 … 137
第四节　证券交易所的自律监管及其自身行为规范 … 141
第五节　国务院批准的其他全国性证券交易场所和区域性股权市场 … 148

第八章　证券公司法律制度 … 153
第一节　证券公司概述 … 153
第二节　证券公司的设立、变更和终止 … 154
第三节　证券公司的业务 … 157
第四节　证券公司的内部控制及风险监管 … 164

第九章　证券登记结算机构法律制度 … 170
第一节　证券登记结算概述 … 170
第二节　证券登记结算机构概述 … 174
第三节　证券登记结算机构的设立和基本职能 … 177

第十章　证券服务机构法律制度 … 184
第一节　证券服务机构概述 … 184
第二节　从事证券业的会计师事务所 … 185
第三节　从事证券法律业务的律师事务所 … 187
第四节　证券投资咨询机构 … 191
第五节　其他证券服务机构 … 193

第十一章　证券监管法律制度 … 204
第一节　证券监管法律制度概述 … 204
第二节　中国证券业协会 … 213
第三节　上市公司协会 … 216
第四节　证券监督管理机构 … 219

第十二章　证券法律责任 … 231
第一节　证券法律责任概述 … 231
第二节　证券违法行为 … 234
第三节　证券民事责任 … 246
第四节　证券行政责任 … 252
第五节　证券刑事责任 … 260

第一章

证券法导论

导读

要深入学习证券法,首先应该了解什么是证券、证券业和证券市场,在上述知识的基础上进一步学习并掌握证券法的相关理论。因此,本章应当重点掌握两个方面的内容:一是我国证券法所规范的证券、证券业的含义,证券业的产生和发展,证券市场的特征及其分类,证券市场的作用等;二是证券法的概念,证券法的调整对象,证券法的基本特征,证券法的宗旨以及证券法的基本原则等。

第一节 证券基本原理

要深入学习证券法,首先应该了解证券的有关原理,本节论述的证券基本原理包括:证券的界定、证券业和证券市场。

一、证券的界定

(一) 一般证券的概念

一般认为,证券是以证明或设定权利为目的所作成的凭证。换言之,证券是证券持有人有权取得相应权益的凭证,或者说,它是借助文字和图形在专用媒介上来表彰特定民事权利的书据。这里的"书据"等同于"书面",但是,"书面"与"纸面"二者存在区别:"书面"指的是表现手段,而"纸面"指的是表现手段的物质载体。随着记载技术的发展,人们已不限于以纸张作为表示证券权利的物质载体,如各类银行卡、信用卡等,这些都属于表示证券权利的书面凭证,然而却并非书面形式。《中华人民共和国合同法》(以下简称《合同法》)第11条规定"书面形式是指合同书、信件和数据电文(包括电报、电传、传真、电子数据交换和电子邮件)等可以有形地表现所载内容的形式",这表明我国《合同法》已经不把"书面"形式限于"纸面"。当然,该法条中"有形地表现所载内容"的表述似有不妥,例如手语为有形,却是口头形式。故改为"以文字表示合同内容"更为合理。证券作为表示特定民事权利的书面形式,自然也不限于纸面形式。事实上,证券的无纸化给证券法带来了巨大的挑战,传统的证券法是基于有纸证券的立法,而在证券市场的现实中,证券的发行和交易均已无纸化了。

从法律上讲,证券可以分为三大类,即有价证券、无价证券和证据证券。其中的有价证券是民商法研究的对象。有价证券有广义、狭义之分。广义的有价证券属于民法所规范的范畴,它包括货币证券、资本证券和货物证券;狭义的有价证券属于证券法所规范的范畴,它主要包括股票、债券等。可见,民法和证券法所规范的证券范围不同,但是,民法中的有价证券之法理,是证券法中有价证券概念的理论基础。所以,在这里有必要首先讨论一下广义的有价证券。(1)货币证券。它是指对货币享有请求权的凭证,其权利标的是一定的或可以确定的货币额,如期票、本票、支票、汇票等。货币证券的功能主要是用于民事主体之间的商品交易、劳务报酬的支付以及债权债务的清算等经济往来。现在不同银行发行的各种信用卡,实质上也是一种货币证券。(2)货物证券。它是证明有权领取货物的凭证,其权利标的物是特定的货物。货物证券主要包括仓单、栈单、运货凭证及提货单等。(3)资本证券。资本证券是表明对一定的资本金所带来的收益的请求权的凭证,其权利标的虽然也是一定的货币额,但其侧重于对一定的资本金所带来的特定化的收益的请求权。它主要包括股权证券和债权证券,即股票和债券。狭义的有价证券通常指资本证券,它是证券法所规范的证券。

(二)证券法所规范的证券

证券法中的有价证券,在我国,通常仅指以股票、债券为主的资本证券。资本证券一般直接简称为"证券"。纵观世界各国证券立法,不同国家的证券法对证券范围的界定不尽相同。在美国证券法中,证券的范围十分广泛,凡是与投资利益相关的金融工具、证书、证券、契约、权利等尽收其中。而大陆法系国家的证券法有关证券的种类和范围的规定则简明得多。

我国《证券法》所规定的证券种类是:股票、公司债券、存托凭证和国务院依法认定的其他证券。"政府债券、证券投资基金份额的上市交易,适用本法;其他法律、行政法规另有规定的,适用其规定。资产支持证券、资产管理产品发行、交易的管理办法,由国务院依照本法的原则规定。"①《证券法》的这一规定是依据我国证券市场尚处于探索阶段的实际情况而制定的。这一规定有两个特点:(1)其调整的对象并不限于股票、公司债券、存托凭证的发行和交易,也不限于政府债券、证券投资基金份额的上市交易。由于考虑到证券市场的发展和产品创新,《证券法》对国务院依法认定的其他证券的发行和交易同样适用。对《证券法》未规定的,若其他法律、行政法规另有规定,则适用其他法律、行政法规的规定,如《证券投资基金法》《国库券条例》等。(2)证券衍生品种是原生证券的衍生产品,分为证券型(如认股权证等)和契约型(如股指期货、期权等)两大类,它们具有保值和投机双重功能。其具体品种随着证券市场的发展会不断增加,在发行、交易和信息公开等方面均有其特殊性。《证券法》难以适用于各种证券衍生产品,为了适应产品创新的需要和针对不同产品的不同特性加强监管,《证券法》特别规定证券衍生品种发行、交易的管理办法由国务院依照《证券法》的原则进行规定。上述规定其意义在于:一方面从金融创新的角度出发,确立了证券衍生品种的法律地位;另一方面从维护市场秩序与安全的角度出发,强调了依法加强监督管理的要求。

我国《证券法》始终未给证券下一个定义,虽然2019年《证券法》修订过程中,曾经在其二审稿,即2015年《证券法(修订草案)》中对证券进行了定义,但是,最终出台时还是没有采

---

① 参见《证券法》第2条,该条的完整规定是:在中华人民共和国境内,股票、公司债券、存托凭证和国务院依法认定的其他证券的发行和交易,适用本法;本法未规定的,适用《中华人民共和国公司法》和其他法律、行政法规的规定。政府债券、证券投资基金份额的上市交易,适用本法;其他法律、行政法规另有规定的,适用其规定。资产支持证券、资产管理产品发行、交易的管理办法,由国务院依照本法的原则规定。在中华人民共和国境外的证券发行和交易活动,扰乱中华人民共和国境内市场秩序,损害境内投资者合法权益的,依照本法有关规定处理并追究法律责任。

纳,不能不说是一种遗憾。尽管如此,本书依然将2015年《证券法(修订草案)》中对证券的定义介绍给大家,即证券是指代表特定的财产权益,可均分且可转让或者交易的凭证或者投资性合同。这一定义揭示了证券作为一种凭证或者投资性合同具有三个基本特点:(1) 代表特定的财产权益;(2) 可以均等分割;(3) 可以转让或者交易。

二、证券业

股份公司的建立,使股票、债券应运而生,而股票、债券在社会上的发行和流通便产生了证券市场和相应的证券业。证券业,是指通过证券市场而进行的有价证券的募集、发行、交易以及管理、监督所形成的一种金融行业。

从世界范围来考察,证券业的发展经历了三个阶段:第一阶段,从17世纪初到20世纪30年代初的自由放任阶段。与此相应,证券市场也一直处于自由放任状态。这种自由状态虽然使证券业有了较大的发展,但是,其弊端也日益暴露。自由放任阶段以1929—1933年资本主义世界的金融危机而告终。第二阶段,从20世纪30年代初到60年代末的法治建设阶段。证券市场的全面危机促使各国政府开始制定法律,对证券发行和交易活动进行规制,各国证券业的发展也从此进入了法治建设的阶段。例如,美国制定了以《1933年证券法》和《1934年证券交易法》为代表的一系列严密的证券法律。各国证券业的法治建设,为证券业以后的迅速发展奠定了坚实的基础。第三阶段,20世纪70年代以来的迅速发展阶段。20世纪70年代以来,随着资本主义国家经济规模化和集约化程度的提高,东南亚和拉美发展中国家经济的蓬勃兴起,现代电脑、通信和网络技术的进步,以及证券监管法律制度的进一步完善,证券业进入了新的迅速发展的阶段。

在我国,19世纪70年代以后,清政府洋务派兴办了一些股份制企业。随着这些股份制企业的出现,中国企业的股票应运而生,随之而来的便是证券市场的产生。我国最早的证券交易市场是1891年在上海由外商设立的"上海股份公所"(Shanghai Share Brokers Association)。1919年,北京成立了证券交易所,这是全国第一家专营证券业务的交易所。随后,在上海又成立了"上海华商证券交易所"。这标志着中国证券业开始向正规化发展。

中华人民共和国成立后,由于推行计划经济体制,我国取消了证券市场。20世纪80年代初以来,在邓小平理论的指导下,伴随着改革开放的深入和经济发展,我国证券业逐步成长起来。从1981年恢复国库券发行开始,到1988年国债流通市场的建立和20世纪80年代中后期股票柜台交易的起步,标志着我国证券流通市场开始形成。1990年11月26日,上海证券交易所成立。1991年7月3日,深圳证券交易所正式营业。这两个证券交易所的建立极大地推进了中国证券业的发展。经过近四十年的艰难历程,特别是经过沪、深两个证券交易所成立近三十年来的积极探索,证券市场从无到有,从小到大,从分散到集中,从地区性市场到全国性市场,从手工操作到采用现代技术,市场的广度和深度都有了很大的发展,证券市场已经从试点阶段进入了重要的发展阶段。

三、证券市场

证券市场是股票、公司债券、存托凭证、金融债券、政府债券、外国债券等有价证券及其衍生产品(如期货、期权等)发行和交易的场所,其实质是通过各类证券的发行和交易以募集和融通资金并取得预期利益。在现代市场经济中,证券市场是完整的市场体系的重要组成部分,它不仅反映和调节货币资金的运动,而且对整个经济的运行具有重要影响。

(一) 证券市场的特征

与一般商品市场相比,证券市场具有以下两大特征:

(1) 证券市场的交易对象主要是股票、债券、存托凭证等金融商品,人们购买的目的是获得股息、利息和买卖证券的差价收入,而一般商品市场的交易对象则是各种具有不同使用价值的商品,人们购买一般商品的目的是获得其使用价值。

(2) 证券市场上的证券价格,其实质是所有权让渡的市场评估,或者说是预期收益的市场货币价格,其决定机制甚为复杂。证券价格不仅受到发行人的资产、盈利能力的影响,而且还受到社会政治、经济乃至投资者心理等多方面因素的影响。因此,证券价格具有波动性和不可预期性,故证券市场的风险较大。而一般商品市场的商品价格,是商品价值的货币表现,商品的价值量取决于生产该商品的社会必要劳动时间,在交易过程中实行的是等价交换原则,波动较小,市场前景具有较大的可预测性,因而一般商品市场的风险较小。

(二) 证券市场的分类

按照不同的标准,可以对证券市场进行不同的分类,最常见的有以下三种:

(1) 按照市场的职能的不同,证券市场可以分为证券发行市场和证券交易市场。

(2) 按照交易的对象的不同,证券市场可以分为股票市场、债券市场和基金市场。基金市场是基金证券发行和流通的市场。封闭式基金须在证券交易所挂牌交易,开放式基金则可以随时向基金管理公司买入或赎回。

(3) 按照组织形式的不同,证券市场分为场内市场(即集中交易市场)和场外市场。场内市场是由证券交易所开设,以提供有价证券竞价买卖之场所;场外市场则主要指店头市场,亦即柜台市场,它是指非于交易所集中交易买卖,而于证券商之营业处所或其他场所进行交易之市场。

第二节 证券法概述

一、证券法的概念

证券法有广义和狭义之分。广义的证券法是指调整全部证券社会关系的法律规范的总称,包括公法上和私法上的法律规范。前者如经济法、行政法中有关证券监管和证券违规行为的规定,刑法中有关证券犯罪的规定;后者如民法、商法中有关证券发行和交易关系的规范。狭义的证券法则专指调整证券的发行、交易以及对证券业进行监督管理而形成的社会关系的法律规范的总称。本书所述的证券法仅指狭义的证券法。

对于证券法的名称,各国立法差异较大。有些国家和地区直接使用"证券法"的名称,比如美国《1933年证券法》就是这种立法例的典型代表。有些国家则使用"证券业法"的名称,如新加坡1937年和1986年的两部《证券业法》,澳大利亚(4个州)的《统一证券业法》等。而另一些国家和地区则使用"证券交易法"的名称,如美国《1934年证券交易法》、日本《证券交易法》、韩国《证券交易法》以及我国台湾地区的"证券交易法"等。

在证券法的名称选择上,我国在证券立法起草过程中曾经考虑过三种不同的名称,即证券管理法、证券交易法、证券法。之所以最后定名为"证券法",是因为"证券管理法"的名称过分强调政府对证券市场的管理,似乎缺少了对证券市场平等主体之间的证券发行和证券交易关系的规范。而"证券交易法"的称谓,则恰恰相反,它反映不出证券市场另一类重要的证券监管关系的规范。同时,还容易使人误认为它只调整证券交易关系,而不包括证券发行关系。而使用"证券法"这一名称,就不易使人产生上述的歧义。因此,以"证券法"作为证券基本法的法律名称更为合理。

二、证券法的调整对象及其特征

(一) 证券法的调整对象

法律的调整对象是指法律所要规范的社会关系的具体内容。证券法所要规范的社会关系包括两类:第一类是平等主体之间围绕证券的发行和交易而发生的各种证券民事关系;第二类是证券监督管理关系,即国家介入证券市场的监督管理和证券业自律监管关系。上述两类社会关系经过证券法调整之后,我们分别称之为证券民事法律关系和证券监管法律关系。

1. 平等主体之间的证券民事法律关系

证券民事法律关系的内容较为复杂,主要有以下几种:

(1) 发行人与投资者之间的证券发行关系。证券发行关系就是在证券发行过程中,发行人与投资者之间因证券发行行为而产生的经济关系。它包括从发行人向投资者作出招募的意思表示,到投资者持有证券的全过程。证券发行为资金需求者筹集资金提供了渠道,同时也为资金供给者提供了投资并获取收益的机会。

(2) 证券承销关系。这是发生在证券发行过程中的一种法律关系,涉及作为发行人的股份有限公司、作为承销商的证券公司和投资者三方当事人。证券承销业务采取代销或者包销的方式进行。

(3) 证券交易关系。证券交易是指已发行证券的买卖行为。就出卖方而言,是对自己所享有的股权或债权的处分;就买受方而言,是股权或债权的取得。通过交易取得股权或债权与通过发行取得股权或债权的根本区别在于:交易取得属于继受取得,是已经存在的股权或债权在不同投资者之间的转让;而发行取得则是原始取得,是一项股权或债权的最初设定。

(4) 证券公司与客户之间的关系。按照我国《证券法》的规定,投资者不能直接进入交易所买卖证券,必须作为客户委托证券公司进行,由此产生了证券公司作为经纪人与客户之间的法律关系。

(5) 证券公司与发行人和上市公司之间的保荐关系。《证券法》第10条第1款规定,发行人申请公开发行股票、可转换为股票的公司债券,依法采取承销方式的,或者公开发行法律、行政法规规定实行保荐制度的其他证券的,应当聘请证券公司担任保荐人。由此产生了证券公司与发行人和上市公司之间的证券发行、上市保荐关系。

(6) 因证券交易所而发生的民事关系。因证券交易所而发生的民事法律关系包括两种:一种是证券交易所与其会员之间的关系,这种关系主要是一种社团法人与社团法人成员之间的关系,主要靠章程来约束。另一种是证券交易所与上市公司之间的关系,根据《证券法》第46条第1款的规定,申请证券上市交易,应当向证券交易所提出申请,由证券交易所依法审核同意,并由双方签订上市协议。这二者之间首先是一种上市审核与被审核的关系;其次是一种因上市公司与交易所签订上市协议而建立的双方合同关系。

(7) 证券服务机构与发行人(上市公司)之间的证券委托服务关系。会计师事务所、律师事务所等证券服务机构与发行人(上市公司)之间发生的关系,以委托服务关系为其表现形式。但是,这种委托服务关系与一般的委托服务关系有两个不同之处:① 在一般的委托服务关系中,受托人要作为委托人的代理人,以委托人名义从事活动,但在这种证券委托服务关系中,会计师事务所、律师事务所等专业服务机构要以专业服务机构自己的名义独立进行活动,以自己的名义出具审计报告、资产评估报告或法律意见书等文件;② 在一般的委托服务关系中,受托人要按照委托人的意志,为委托人的利益从事活动,但在这种证券委托服务关系中,作为受托人的证券服务机构已经不再完全遵循委托人的意志、为委托人的利益从事受托活动,而是必须根据《注册会计师法》《律师法》《证券法》等法律规定,按照职业规则规定的工作程序和有关法律规定的职责开展业务,不能完全听凭委托人的意志行事,在委托人示意其作出不实或不当证明或因委托人有其他不合理要求致使出具的报告不能作出正确表述的,应当拒绝出具有关法律文件。因此,证券服务机构作为受托人所维护的利益,已经不仅仅是作为委托人的发行人(上市公司)的合法利益,而是包括广大投资者在内的社会公众的利益。可见,证券服务机构在从事证券服务业时,其法律地位具有双重性:既是为委托人提供服务的受托人,也是在财务和法律方面对委托人进行监督的监督人。

(8)证券交易的结算关系。证券交易的结算关系的实质是在证券市场上最终实现不同的投资者相互之间证券交易合同的履行问题。在集中竞价交易的情况下,由于投资者不是证券交易合同的直接主体,因此也不直接作为结算关系的当事人出现。因此,结算关系主要表现为证券结算机构与证券公司之间的证券与价款的结算关系。

2. 证券监管关系

证券监管关系主要表现为以下两个方面的社会关系:

(1)国家证券监督管理机构对证券业所实施的各项监管行为而形成的具有强制性的社会关系。我国《证券法》第169条所规定的国务院证券监督管理机构在对证券市场实施监督管理的过程中履行的各项职责,就是国家证券监督管理机构对证券发行者、证券投资者、证券经营机构、证券交易所等证券市场的参与者的活动进行监督与管理的具体内容。

(2)以证券业协会进行自律监管为主要表现形式的证券自律监管关系。我国证券市场的发展始终是由政府来推进的,政府在证券市场的演进中一直起着不可或缺的主导作用,从开始的组织试点到市场规则的设计以及整个证券市场运行的监管,都未离开过政府的直接干预。而且我国证券监管模式的建立又主要着眼于集中统一,因此,在实践中采用的是刚性极强的政府监管方式,这就难免易于忽视自律监管的作用。要建立完善的证券市场监管体系,必须做到政府监管与市场自律监管的有机结合,使这二者相互协调、互为补充、密切配合。自律监管机制的充分发挥,不仅可以为政府对证券业的日常监管工作减负,还可以为政府监管机构提供各种咨询意见并提供丰富的信息资源。在我国,证券业自律监管最主要的组织形式就是证券业协会,证券业协会在依据其章程履行各项职责的过程中,必然要与各相关主体发生证券自律监管关系。

我国现行《证券法》对上述两类社会关系即证券民事法律关系和证券监管法律关系的调整是通过具体规范证券市场上的三个行为和六个主体来实现的。其中的三个行为是:发行、交易和上市公司的收购,与此相对应的分别是《证券法》第二章证券发行、第三章证券交易和第四章上市公司的收购;六个主体则是:证券交易场所、证券公司、证券登记结算机构、证券服务机构、证券业协会和证券监督管理机构,与此相对应的分别是《证券法》第七章至第十二章;由于信息披露和投资者保护在证券法中特别重要,因此2019年《证券法》在修订过程中将其单独列为两章,即第五至六章。一般法律均规定有"总则"和"法律责任",有的还会有

"附则",加上这三项内容,我国现行《证券法》共有十四章。

(二)证券法的基本特征

如前所述,证券法是调整证券的发行、交易以及对证券业进行监督管理而形成的社会关系的法律规范的总称,其法律特征主要表现在以下三个方面:

1. 证券法兼具强制性规范和任意性规范

证券法中有强制性规范。首先,证券法以保护投资者的合法权益为宗旨,在证券市场上,中小投资者处于一种天然的弱势地位,需要借助国家的力量进行特别保护。其次,证券市场不仅关系到中小投资者的利益,而且关系到整个国家的金融秩序和社会经济秩序的安定,如果证券市场缺少直接体现国家介入的强制性规范,各种欺诈行为就会大行其道,从而扰乱市场秩序,危害国计民生。最后,由于证券市场最根本的目的是实现平等主体之间的证券发行和交易的财产关系,因而证券法必然含有大量的有关证券发行和交易的任意性规范。例如,投资者有权选择代理证券买卖的经纪人;发行人有权自主选择承销证券的证券公司,有权决定承销的方式和期限;上市公司可以自主选择上市保荐人;等等。

2. 证券法兼具实体规范和程序规范

实体规范是规定主体权利义务及其范围的法律规范;程序规范是规定主体权利实现、义务履行过程及步骤的法律规范。证券法以规定发行人、投资者、证券公司以及其他主体的权利义务的实体规范为主,同时还体现了其重要的程序性特征。证券法的程序性是指证券发行和交易法律关系的发生、证券发行行为和交易行为的实施,都必须按照法律规定的条件、程序和方式进行,否则就无效。有关证券发行和上市的条件、程序以及证券交易的方式和程序的规定,是证券法的重要内容。这些规定的目的在于:保障公平、高效、安全的证券市场的运行,保护投资者和债权人的利益,促进社会经济的健康发展。可见,证券法既包含实体法规范,又包含程序法规范,是实体法规范与程序法规范的结合。

3. 证券法的国际性日益突显

证券法属国内法,它是一国主权所制定并在一国主权范围内适用的法律,如《证券法》第2条即规定:"在中华人民共和国境内,股票、公司债券、存托凭证和国务院依法认定的其他证券的发行和交易,适用本法……"这与各国相互共同承认、共同遵守,并适用于彼此领域的国际法明显不同。但由于世界经济的日益全球化,证券市场的发展越来越国际化,一国的证券立法不得不考虑国际上的通行做法。同时,由于证券法本身具有较强的技术性,即证券法实际上是有关证券发行和证券交易的操作规程,是一种实用的法律技术,如证券集中竞价交易中的委托的方式与类型、竞价成交原则、清算交割及登记过户规则等,完全是一种技术性的法律规定,它不受或很少受各国固有的伦理道德或一时政策的影响,由此决定了证券法具有一定的国际性。

三、证券法的宗旨及其基本原则

(一)证券法的宗旨

证券法的宗旨是立法的目的,同时也表明证券法所要承担的基本任务。我国《证券法》第1条规定证券法的宗旨是:"为了规范证券发行和交易行为,保护投资者的合法权益,维护社会经济秩序和社会公共利益,促进社会主义市场经济的发展,制定本法。"日本的《证券交易法》开宗明义:"为有助于国民经济的正常运行和保护投资者利益,保证有价证券的发行、买卖及其他交易公正进行,使有价证券顺利流通,特制定本法。"韩国的《证券交易法》规定:

本法旨在通过维护证券广泛的和有条不紊的流通,通过保护投资者进行公平的保险、购买、销售或其他证券交易,促进国民经济发展。我国台湾地区的"证券交易法"第1条规定:"为发展国民经济,并保障投资,特制定本法。"可见,各国和各地区在其证券立法的实践中都强调"保护投资者的合法权益""保障证券市场有效运行""发展国民经济""维护公共利益"等多重任务。在这些宗旨所阐明的目的、任务中,"保障证券市场有效运行"是证券法的直接目的和任务;建设一个完善、健全与有效的证券市场,是保护投资者的前提,也是发展国民经济和维护公共利益的基础;而"保护投资者的合法权益"则是证券法的实质性目的和任务,之所以如此,其理由如下:

(1) 投资者的投资行为是证券市场形成和存续的前提条件。证券市场由作为证券发行的一级市场和作为证券交易的二级市场共同构成,但不论是证券发行还是证券交易,都需要由相应的投资者在一级市场中认购证券和在二级市场中买进或卖出证券,这种证券的认购或买卖行为,都属于投资者的投资行为。如果没有投资者的这种投资行为,也就不存在所谓的证券市场。而投资者之所以实施投资行为,其目的就在于获取经济利益。如果这种获取经济利益的机会被侵害甚至被剥夺,投资者便会失去投资的动力,证券市场也势必走向衰落。因此,为了证券市场的存续和发展,证券法就必须以维护投资者的合法权益为宗旨。

(2) 中小投资者处于一种天然的弱势地位,需要特别加以保护。中小投资者缺少必要的资金,没有证券投资经验,出于对证券市场发展的预期,将自己多年的积蓄投资于证券市场,期望保值增值,从中获取合理的收益。而我国证券市场的建立起步晚,与国外成熟市场相比,结构还不完整,市场投机性强,上市公司的控股股东掏空上市公司和证券公司、非法挪用客户保证金的情况很普遍,中小投资者的地位相对较弱。另外,从证券市场信息传播的途径看,中小投资者在信息获取中处于不对称的不利地位。证券市场中的交易活动,在很大程度上是一个以信息为基础的博弈活动。在信息的传播途径中,发行证券的股份有限公司通常是信息的制造者,或称信息源,证券经营机构则具有很强的信息发现和信息获取能力,有时甚至还直接成为信息源之一。相反,中小投资者则处于信息传播的末端,其获取信息必然迟晚并且量少,处于非常被动的弱势地位。因此,证券法必须具体甄别中小投资者弱势主体的地位,给予特别保护。

(3) 从证券法诞生的历史背景来看,维护投资者合法权益的需要是专门的证券法律得以出现的直接原因。证券法诞生之前,证券市场就已经存在,证券市场的基本关系主要由民法及合同法等私法来调整。证券市场主体间的利益平衡和投资者利益的维护,主要靠市场主体之间的相互制约和自律。但是,在证券市场高风险的压力和高收益的刺激下,这种市场法律机制难以有效地控制主要以中小投资者为受害对象的证券欺诈等侵权行为。在私法自治失灵的情况下,需要国家的介入,即利用公权力来加强对投资者的保护,使投资者的利益得到切实的维护。因此,诞生了以加强国家干预为手段来实现维护投资者利益目的的专门的证券法,其对投资者的保护不再仅仅限于通过传统私法中的个案诉讼的形式来解决,而是通过立足于建立、健全系统性的、整体的法律机制和制度来防范对投资者的欺诈,维护投资者利益。

如果说,"保护投资者的合法权益"是证券法的实质性目的和任务,那么,"发展国民经济"和"维护公共利益"则是证券法的终极目标。而这一目标的实现,又依赖于"保障市场运行"和"保护投资者"这两项任务的共同完成,虽然在某些时期会侧重某一任务,但成熟的证券市场必然会全面实践证券法的宗旨。

总之,证券法的宗旨是一个有机整体,其各部分内容相互关联,不可分割,是统率整个证券法的灵魂,证券法其他各项规范都是为实现这一宗旨服务的。认真学习并领会证券法的宗旨,我们就能够掌握解读证券法各项规范的钥匙。

(二) 证券法的基本原则

证券法的基本原则,是贯穿于证券法始终的、对全部证券法律规范起统率作用的基本准则。它集中体现了证券法的本质特征和根本价值,它具有抽象性、宏观指导性和基础性的特征。所谓抽象性,是指该基本原则主要体现为证券法的精神和理念,从其形式上看,它本身并不一定表现为法律规范,并不直接对证券市场主体的权利和义务以及相应的法律后果作出具体的、相应的规定,而是表现了证券法立法的目的和宗旨,其存在有助于人们准确地理解和正确地适用证券法。所谓宏观指导性,是指它对证券活动具有根本性的指导意义,并为证券法的运行指明方向。所谓基础性,是指它是证券法最基本和最重要的规定,是证券法有效运行的基础,舍弃或违背这些基本原则,证券法的目的便难以实现。

在这里还有一点需要说明的是,我们不能将《证券法》的原则性规定视为证券法的原则,如果将这二者混淆,将不利于真正发挥上述证券法基本原则的统帅作用。《证券法》总则部分共有 8 个法条,除第 3 条属于基本原则外,其余皆属于我国调整证券市场关系的原则性规定。基于这一认识,我们认为证券法的基本原则应当包括公开、公正、公平和效率四项基本原则。

1. 公开原则

公开是实现证券市场机制的有效手段,是证券法的精髓之所在。公开原则有两层含义:

公开原则的第一层含义是指国家证券监管机关应当依法保证证券发行人的资格及其基本经营情况、证券的性质及发行量、上市证券的各种详细信息,以及各类证券得以发行的条件能够完全地公之于众,使得广大投资者都能充分地掌握不同发行者发行的不同证券的所有能够公开的市场信息;证券监管部门应确保证券市场各种信息的真实性,防止弄虚作假。国家的证券管理机构只有充分保障发行公开、上市公开、上市后其信息持续公开的公开原则,才能为投资者和发行者提供全面、准确的证券业信息,才能使投资者在作出投资的判断和选择时获得公平的信息资源,才能从根本上堵塞内幕交易的漏洞。

公开原则的第二层含义是指在证券市场上,证券法律、法规及相关政策的公开,市场监管活动与执法活动的公开。法律作为一种行为指南,如果不为人知而且无法为人所知,那么就会变成空话。所以,法律、法规只有为公众所知晓的时候才能成为人们的行为准则。综上所述,公开原则不仅是市场、市场主体及其行为的公开,还是相关的法律、法规和监管执法活动的公开。

2. 公平原则

公平是人类恒久追求的目标,是法的价值取向之一。就权利主体而言,它有权利平等、地位平等的含义。就公平的哲学意义而言,它又是人类正义观的体现。公平作为证券法的原则,其含义首先应当指参与证券发行和交易活动的当事人法律地位是平等的。即公平原则要求证券监管机构通过法律和其他规范性文件,在证券市场上保证符合法定条件的各类公司都能及时申请发行自己的证券,保证发行者的各种申请文件都能得到及时审查和注册,保证各发行者发行的证券能够及时在证券市场中上市;对于投资者,则应当保证所有投资者都有同等的机会获悉相同的证券市场信息,有同样的自由决定自己的投资方向和领域。证券市场的公平还表现在：在证券发行和交易中坚持时间优先和价格优先，即先得到核准者先发行、先上市，在出售时报价低者先成交，在买进时出价高者先成交，出价相同时先出价者先成交，在兼营代理买卖和自营自卖时优先考虑委托人的利益。

证券法的公平原则还必须排除证券从业人员在证券市场上借职务之便为自己买卖证券以获取利益。证券从业人员由于职务关系，常常掌握一般投资者不易得知的证券市场信息，如果他们在证券市场上直接买卖证券为自己谋求利益则显失公平，并且这也是与他们为投资者、发行者服务的职责相违背的。证券从业人员相互串通或与个别投资者或发行者相勾结，就会出现泄露证券发行秘密或操纵证券市场以及造谣惑众等违法现象，这更是与证券法的公平原则所不相容的。

公平原则从平等的意义上看，是指机会均等而不是指结果均等。证券法所要实现和维系的公平，主要是证券市场公平竞争的环境，使每个适格的主体均有进入市场的机会，每个参与证券发行和交易的当事人在事实上都享有同等的获利机会和承担相应的市场风险。如果参与机会不均等，由此而引起了结果的不平等，这就严重背离了公平理念。

3. 公正原则

在证券市场中，"公正"常常被误认为与"公平"同义。作为一种法律原则，公正的立意与公平是有很大区别的。公平主要指的是证券市场主体的权利平等、地位平等和机会平等。而公正原则是针对证券市场的监管者和执法者而言的，是对证券监管者、执法者权力或职责的赋予与约束。

公正原则既是实现公开原则的保障，也是公平原则得以实现的前提。证券市场不仅需要完善的法律体系，更重要的是这些法律规范能够得到公正的执行。因此，公正原则要求证券市场的监管者和执法者正确地行使法律赋予的职责，通过自身执行职务的行为使法律的公平正义价值得以实现。公正原则的具体内容至少包括三个方面：(1)监管者在履行职责时，必须根据法律赋予的权限进行，既不能超越权限，也不能懈怠职责，否则证券市场就可能由于监管者的行为不当而丧失公正。(2)监管者对所有被监管对象都应给予公正待遇，不偏袒任何人，在适用法律上当事人一律平等；在依据证券法和有关行政法规来制定各项规章制度时，证券监管机关必须站在公正的立场上，不得将利益向任何单位和个人倾斜；在股票债券发行上市时，应严格按照法定条件和程序进行注册，不得搞暗箱操作；在对证券纠纷与争议进行调解或对证券违法行为进行处罚时，应当秉公执法，不徇私情。(3)就监管者的权力因素而言，正如博登海默所言："法律制度最重要的意义之一就是它可以被视为一种限制和约束人们的权力欲的一个工具。""由于法律对权力无限制的行使设定了障碍，并试图维持一定的社会平衡，所以在许多方面都必须将它视为社会生活中的限制力量。"在向法治社会迈进的中国，用法律来限制行政权力的扩张，已经取得了一定程度的成功。之所以要限制权力的过度扩张，是因为行政权力因素过多渗入证券市场领域，势必干预证券市场行为主体的民事权利，否定证券市场行为主体的独立性、自由性。同时，行政权力滥用还容易造成在过度保护一部分证券市场主体利益的同时而损害另一部分证券市场主体的利益，使证券市场缺乏公正性。因此，公正原则要求必须对监管者的权力进行制约，防止监管者权力过度膨胀和滥用。

4. 效率原则

效率作为经济学概念,是指以较小的投入获得较大的产出。证券法的效率原则主要体现在两个方面:第一,平等主体之间的证券发行和证券交易活动实现高效;第二,证券监管机构及其成员的监管高效。

(1) 证券发行和交易活动的高效。决定证券发行和交易活动提高效率的因素很多,其中最直接的因素包括以下几方面:① 证券法首先通过注册、许可、命令、指导、处置、鼓励等调整方式来规范证券的发行和交易行为,由此可降低证券市场的交易费用,提高证券市场的整体效益,并防范证券违规、违法行为于未然,从而降低社会成本。② 通过信息公开制度,保证投资者能够畅通、及时、真实和准确地获得相关信息,因为证券市场的信息公开机制很大程度上决定着证券市场运行的效率。③ 通过制定禁止性规范来防止各类证券欺诈行为,以获得较高的社会效益。因为证券欺诈行为会严重破坏证券市场的正当竞争,使投资者在违背真实意愿的情形下进行交易,这往往造成合同无效、不当得利、违约、侵权等,进而引发一方当事人行使返还所得、违约赔偿、损害赔偿等救济手段,这样必将耗费大量的人力、物力,交易成本会大大上升,效率自然下降。④ 在证券违规违法的行为发生后,通过追究证券法律责任来救济或弥补违规、违法行为所造成的危害,从而降低证券市场的负效益,这实际上也就相对提高了证券市场的整体效率。

(2) 证券监管的高效。高效监管不仅是指监管者要以价值最大化的方式来实现证券监管的目标,降低监管成本,而且要通过监管来促进证券业高效发展。证券业是为市场经济提供服务,为各产业和经济部门筹集资金的金融业分支行业,其最直接的目的是促进社会资金的高速流动和高效利用,因此,证券法理应为促进和提高证券市场的高效运转、增强证券业的规范性和有序性发挥积极的作用。证券监管机构对证券发行的注册、对证券市场的监督和管理,对证券机构设立的审批,以及证券机构和经营人员的经营行为,都应当以证券法为依据,高效率地完成。监管高效要求监管机构既要对证券业进行必要的监督与管理,又不能束缚证券业应有的活力。证券业是一个充满各种活跃因素的行业,在这些活跃因素中,有的是积极的、合法的,有的则是消极的、违法的。证券法就是要通过保护合法的证券业行为,制止非法的证券业行为,从而促进整个证券业的高效运转。证券业的各个环节(如发行、交易等)往往相互制约,一个环节的低效率或者违法活动都可能导致整个证券业的瘫痪。可见,效率是证券业的生命之所在,证券业的运行必须符合经济发展的节奏,必须能够及时满足投资者筹集资金的需要,经济发展需要的是高效而不是低效的证券业。与此相适应,对证券业实施监督与管理的法律也必须是高效的,证券法必须能够及时为合法的证券活动提供保护,能够及时地扼制证券市场的非法行为,防止其扰乱证券业的正常秩序,从而防止其降低证券业的效率。

【测试题】

根据《证券法》的规定和证券法原理,下列哪些选项是正确的?(　　)

A. 证券包含财产权益,并且可均分、可转让
B. 证券市场包括证券发行市场和证券交易市场
C. 证券代表的权利可以是债权
D. 证券法律关系由证券民事和证券监管法律关系构成

【答案与解析】

答案：ABCD

解析：本题综合考查了证券的概念、特征和种类,以及证券法律关系。证券的基本特征包括财产权益、可均分、可转让,因此 A 选项正确。证券市场有多种分类方法,证券市场可划分为发行市场和交易市场,因此 B 选项正确。证券代表的权利可以是股权和公司债券(债权),因此 C 选项正确。证券法律关系包括证券民事法律关系和证券监管法律关系,因此 D 选项正确。

第二章

证券发行法律制度

导读

证券发行法律制度是证券法的核心制度,2019年《证券法》修改最重要的内容就是将我国的证券发行核准制修改为证券发行注册制,相关的制度修改也有多处是围绕这一制度的变化而变化。通过本章的学习,要求重点掌握:证券发行的概念;证券发行的注册制度;募集设立公司发行股票的条件与发行程序;新股发行的条件;股票发行价格的形式;现行股票发行价格的确定方法及股票发售采用的方式。在债券的发行方面,要重点掌握债券的种类;债券发行的条件;债券发行的程序等。在存托凭证的发行方面,要掌握存托凭证的概念和基本特征以及存托凭证在发行过程中的实际运行问题和制度完善。在证券承销方面,要重点掌握:证券承销的特征;证券承销的方式;证券承销协议的内容;证券承销商的法定义务、承销规则等内容。

第一节 证券发行概述

一、证券发行的概念

证券发行,是指证券发行人依照法定程序将自己的证券出售或交付给投资者的行为。以发行对象为标准,证券发行可以划分为"公开发行"与"非公开发行"。证券公开发行是指证券发行人依法向不特定多数公众发出认购证券的要约、要约邀请或单方面表示招募证券的行为。证券非公开发行是指证券发行人采用非公开方式,向特定对象发行证券的行为。非公开发行证券,不得采用广告、公开劝诱和变相公开方式。1993年4月22日,国务院发布的《股票发行与交易管理暂行条例》第81条对股票"公开发行"作出如下规定:"公开发行"是指发行人通过证券经营机构向发行人以外的社会公众就发行人的股票作出的要约邀请、要约或者销售行为。《证券法》第9条第2款则规定为:"有下列情形之一的,为公开发行:(1)向不特定对象发行证券;(2)向特定对象发行证券累计超过200人,但依法实施员工持股计划的员工人数不计算在内;(3)法律、行政法规规定的其他发行行为。"可见,公开发行的界定主要从三个方面进行判断:一是募集对象的非特定化;二是累计人数超出一定数量,虽然募集对象是特定的,但其人数超出一定数量也应纳入公开发行的范围;三是方式公开化,即采取广告、公开劝诱或其他变相公开方式等发行手段。因此,从我国《证券法》的立法内容看,证券发行包括非公开定向发行证券和公开发行证券。证券发行行为包括证券销售行为、认购人的认购行为、缴纳认购款行为以及交付或获得证券的行为。它自成一体,属于证券市场的组成部分之一,即证券发行市场。证券发行市场又称为证券的初级市场、证券的一级市场。

二、证券发行审核制度

(一)证券发行审核制度概述

1. 注册制与核准制的概念

证券发行审核制度是证券发行制度中的首要制度。由于证券公开发行所面对的对象大多是不特定的投资者,加之证券发行行为涉及面广、影响大、蕴含着巨大的信用和投资风险,因此,为保护投资者利益,维护证券市场的秩序和健康发展,各国政府对证券的发行均实行不同形式的证券发行审核制度。发行审核制度的核心内容是证券发行决定权的归属。目前,世界上证券发行审核制度一般可归纳为两种体制:一是实行公开主义的注册制,其为市场主导型;二是实行准则主义的核准制,其为政府主导型。

(1)注册制,是指证券发行之前,证券发行申请人将拟公开的信息和资料按法定程序送交证券监督管理机制是申请注册,并对文件所载信息的完整性、真实性负责,证券监督管理机制是只对申报文件是否符合法定的信息公开义务要求而进行审查的一种证券发行监管体制。在证券发行注册制下,证券监管机构不对证券发行行为及证券本身作出价值判断,其对公开资料的审查只涉及形式,不涉及任何发行实质条件。发行人只要依规定将有关资料完全公开,监管机构就不得以发行人的财务状况未达到一定标准而拒绝其发行。注册制强调市场对证券发行的决定权。证券发行注册制反映了市场经济的自由性、主体活动的自主性和政府管理经济的规范性与效率性的价值取向。证券发行注册制以美国《1933年证券法》为代表。

具体而言,注册制的内容主要包括:① 法律不对证券发行申请人的发行条件进行实质性的规定,申请人只受信息公开的约束。申请人必须承担的法律义务是:提供与发行相关的一切信息,并对该信息的真实性、准确性、完整性、及时性承担法律责任。可见,发行人公司的经营业绩是否优良不构成是否能够发行证券的条件,也就是说,业绩较差的公司也可能公开发行证券,因此,发行人利用市场募集资金的机会是平等的。② 证券发行申请人在申报后的法定时间内,如果未被监管机构拒绝注册,发行注册即生效,无须等待监管机构的行政许可。在发行过程中,如果监管机构发现发行人所披露的信息有虚假、误导性陈述、不实等情形,则有权阻止其证券发行,同时发行人须承担相应法律责任。③ 法律只保障投资者获得真实的证券信息,至于投资者据此信息所进行的投资决策能否得到投资回报,完全取决于投资者自身判断正确与否。投资者要求发行人承担法律责任的条件是发行人违反信息公开义务,如果判断失误造成投资的损失由投资者自行承担。④ 证券监管机构的职责仅仅是审查证券发行申请人对信息披露义务的履行情况,以此保证投资者能够判断、可以判断发行人的经营状况和公司品质,监管机构不会代替投资者进行判断。当然,监管机构也无权对发行的证券作出价值或品质的判断。

(2)核准制,是指证券发行申请人申请发行证券,不仅要符合法律、行政法规和证券监督管理机构规定的各项实质条件,依法披露证券发行要求公开的信息并确保其真实性,还要等证券监管机构依法对发行人提出的申请以及有关材料进行实质性审查,发行人得到批准以后,才可以发行证券。核准制赋予证券监管机构证券发行的行政许可权,证券监管机构通过行使行政许可权审查剔除一些不良证券,即取消一些发行人发行证券的资格。证券发行核准制以维护公共利益和社会安全为本位,有较强的国家干预性。

具体而言,核准制的内容主要包括:① 法律对发行人发行证券规定了实质性条件,如发行人的最低资本额、盈利能力、资本结构、偿债能力、经营时间、发行总规模等。只有满足了这些法定条件的发行申请才有可能得到证券发行的行政许可文件。② 对发行人与发行相关信息的真实性、准确性、完整性都要进行审查,从而保证发行信息符合信息披露要求的各项规定。③ 投资者的合法权益在形式上获得了双重保障:首先,通过监管机构的实质审查,保障发行的证券具有一定的品质;其次,通过监管机构对发行信息的审查,投资者可以获得的发行人足够的证券信息而作出投资判断。④ 发行申请人只有取得监管机构的授权文件后,才可以进行证券发行。这意味着,发行人的发行权由证券监管机构以法定方式授予,具有行政许可性。

2. 注册制与核准制的利弊分析

发行审核制度是基于一定的证券立法理念和价值取向,结合本国证券市场的实际情况,处理市场与政府二者关系而进行的制度选择与安排。

(1) 从市场竞争机会均等的角度看:① 在注册制下,发行人有均等的利用证券市场募集资金的机会,它没有诸如盈利、财力等实质条件的法定要求,只对发行人有信息披露的要求,发行人提交申报文件后,经过法定时间,如果没有异议即可在证券市场发行证券。因此,该项制度使所有公司获得了公平自由竞争的机会,体现的是市场配置资源的基本原则。② 在核准制下,由监管机构依据法定的实质条件对发行人的申请进行审核,一旦发行人达到发行条件,发行人便拥有了利用市场资金的资格。这与注册制之下发行人靠信息公开、竞相提高管理水平与经营能力、吸引投资者、争取市场资金的利用,在公平性上存在着差异。而且,实质条件的合理性也会随着时间的推移、市场的发展、环境的变化而失去,要不断地调整实质条件又会影响法律的稳定性、增加立法成本,同时,对不同行业、不同发展阶段、规模大小不同的发行人适用同一发行标准,对发行人过于死板,影响公正性。此外,核准制以监管机构审核正确为假设,这种假设往往是一厢情愿。

(2) 从效率的角度来看:① 在注册制下,由于不对发行人进行实质审查,也不对发行证券的价值进行判断,监管机构所投入的人力、物力和时间将大大减少。发行人筹集资金的时间也会因此缩短,筹集资金的成本同时会降低,如果是经营发展被资金所困的公司,更有利于其发展与竞争。在这种背景下,监管效率与市场效率均比较高。② 在核准制下,就监管机构而言,由于对每一申请文件都必须进行实质性审核,必然花费较大的人力、物力和时间,影响监管机构的效率。就发行人而言,从申请到核准再到筹集资金往往需要太长的时间,这往往不能适应公司设立和增资的及时之需,影响公司的竞争与发展,严重影响了市场效率。

(3) 从培育投资者的角度来看:① 在注册制下,证券监管机构不对发行人公司的实质条件、证券品质以及投资价值进行评判,这类判断完全交给了投资者,由投资者根据发行人披露的信息在市场上进行理性的投资选择,这种市场化判断十分有利于培育投资者,有利于证券市场达成良性循环。② 在核准制下,由于证券监管机构的实质判断在先,容易使投资者误认为核准过关的证券都是有投资价值的,买入必有收益。这就易使投资者形成一种依赖心理,不利于培育成熟的投资者。

(4) 从减少权力"寻租"的角度来看：① 在注册制下，强调市场而不是政府配置资源，最大限度地减少了政府对市场运行干预的范围，相应权力滥用的范围与干预不当的可能性也大大缩小。② 在核准制下，证券监管机构直接作用于市场主体，对市场主体的证券发行申请，行使着行政许可权，这就给具体行使审核权的办事人员带来了寻租的空间，容易滋生权钱交易，导致利用手中的权力进行"寻租"。

(5) 从归责机制的角度来看：① 在注册制下，这种制度下的责任方向也是清楚的，投资者不会将投资的损失归咎于政府，其归责机制是：发行人要对公开文件中的不实陈述所导致的投资者的损失承担责任，投资者对自身投资决策失误自负责任。② 在核准制下，在判断证券品质等方面产生依赖心理，一旦监管机构审核有误或发行人以欺诈手段获取核准，投资者极易受损。同时也使得投资者将投资风险转嫁于政府，甚至诱发非经济行为的发生。

从上面的比较分析来看，注册制有更大的制度优势，的确如此，注册制一般是与较为成熟的市场经济体制相适应的制度。当然注册制也有其不足，主要表现在，该项制度给发行人滥用证券发行权提供了可能性。在注册制之下，发行人发行证券门槛较低，在市场上，也必然存在一部分能力较差的投资者，在他们不能根据公开的信息进行正确投资判断的情况下，他们的投资往往具有盲目性，如果劣质或者价值不大的证券被他们购买，一方面会导致其自身利益受损，另一方面也会造成浪费资金资源的后果，从而破坏市场配置资源的有效运行。发行权的滥用在一定的条件下还会产生劣币驱逐良币的现象。另外，注册制一般是以资本市场的有效性和投资者的成熟性为前提的，但是，这两个前提往往很难同时具备，因此，注册制下的证券市场也会失灵，同样需要政府出手在适当的范围内进行干预，当这种干预无效的时候，金融危机就爆发了。

(二) 我国证券发行的审核制度

1998 年我国《证券法》颁布以后，证券发行一直采行核准制。2013 年 11 月中国共产党第十八届三中全会通过的《关于全面深化改革若干重大问题的决定》明确提出"推进股票发行注册制改革"，确立了股票发行审核制度的改革方向。根据立法规划，2013 年 12 月，全国人大财经委启动了《证券法》继 2005 年以后的第二次重大修正，并于 2015 年 4 月公布了修订草案，但当年的股市危机致使修订工作一时停滞。为满足股票发行注册制改革的立法需求，确保重大改革于法有据，实现立法与改革决策相衔接，2015 年 12 月 27 日，第十二届全国人大常委会第十八次会议通过了《关于授权国务院在实施股票发行注册制改革中调整适用〈中华人民共和国证券法〉有关规定的决定》，自 2016 年 3 月 1 日施行，实施期限为 2 年。这意味着在法律范畴内，中国资本市场自 2016 年 3 月起就可以实施股票发行注册制，国务院可以在授权期限内根据股票发行注册制改革的要求，调整适用 2014 年《证券法》关于股票核准制的规定，对注册制改革的具体制度作出专门安排。2019 年 12 月 28 日，《证券法》修订通过，自 2020 年 3 月 1 日起施行。2019 年《证券法》第 9 条第 1 款明确规定："公开发行证券，必须符合法律、行政法规规定的条件，并依法报经国务院证券监督管理机构或者国务院授权的部门注册。未经依法注册，任何单位和个人不得公开发行证券。证券发行注册制的具体范围、实施步骤，由国务院规定。"以此为标志，我国证券发行审核制度由过去的核准制成功走向了注册制。

但是，需要说明的是，我国《证券法》目前实行的注册制，依然保留了证券监管机构的行政许可权，这与本书前述美国等国家证券发行注册制去行政许可权是不一样的。我国证券发行注册制的行政许可权体现在《证券法》第 22 条的规定中,即证券发行申请最后是否能够通过,有待于国务院证券监督管理机构或者国务院授权的部门依照法定条件和法定程序作出予以注册或者不予注册的决定,这里的"决定"与否即为行政许可与否。①

三、证券发行的分类

根据不同的分类标准,证券发行有以下分类:

(一)股票发行、债券发行和其他证券的发行

按照证券的品种,证券发行可以分为股票发行、债券发行和其他证券的发行。

(1)股票发行,是指发行人以募集资金或实施股利分配为目的,按照法定程序向投资者或原股东招募股份或无偿送股的行为。股票发行分为设立发行、增发新股、配股与派股。股票发行是各国证券法规范的重点。

(2)债券发行,是指发行人为了筹集资金,依法向投资者出售到期还本付息的债权凭证的行为。债券发行按照发行主体又可以分为政府债券发行、金融债券发行、公司债券发行、企业债券发行等。证券法主要规范公司债券的发行。

(3)其他证券发行,是指股票、债券以外的其他所有受《证券法》调整的证券的发行,如存托凭证发行、权证发行等。

(二)公开发行与非公开发行

按照投资对象是否特定,证券发行可以分为公开发行与非公开发行。

(1)公开发行,又称公募发行,是指将证券发售给非特定投资者的方式。公开发行是各国证券法规范的重点。《证券法》第 9 条第 2 款规定,有下列情形之一的,为公开发行:① 向不特定对象发行证券;② 向特定对象发行证券累计超过 200 人,但依法实施员工持股计划的员工人数不计算在内;③ 法律、行政法规规定的其他发行行为。

(2)非公开发行,又称私募发行、内部发行、定向发行或私下发行,它是指面向一定数量的特定投资者发行证券的方式。

(三)直接发行与间接发行

按照发行是否借助证券中介机构,证券发行可以分为直接发行与间接发行。

(1)直接发行,又称自办发行,是指发行人不通过证券承销机构,而是自己组织发行工作,办理发行事宜。网络技术的发展与推广,为直接发行方式创造了便捷条件。

(2)间接发行,是指证券发行人委托证券中介机构办理证券发行具体事宜的一种发行方式。证券中介机构受发行人的委托,面对投资者发售证券的行为叫承销。由于承销商具有专门的经验和发行渠道,发行成功的可能性更大。间接发行是现今各国普遍采用的发行方式。

(四)初次发行与增资发行

按照发行的不同阶段,证券发行可以分为初次发行与增资发行。

(1)初次发行又称首次发行、设立发行,一般是指股份有限公司在公司设立时向发起人和社会公众发行证券的方式。

---

① 参见《证券法》第 22 条的规定,国务院证券监督管理机构或者国务院授权的部门应当自受理证券发行申请文件之日起 3 个月内,依照法定条件和法定程序作出予以注册或者不予注册的决定,发行人根据要求补充、修改发行申请文件的时间不计算在内。不予注册的,应当说明理由。

（2）增资发行是指已成立的股份有限公司为追加注册资本而发行证券的方式。

（五）平价发行、溢价发行和折价发行

按照证券发行价格与证券票面金额或贴现金额的关系，证券发行可以分为平价发行、溢价发行和折价发行。

（1）平价发行，是指证券的市场发行价格等于证券的票面金额。

（2）溢价发行，是指证券的市场发行价格高于证券的票面金额。溢价发行高于证券票面金额的部分归为公司的资本公积金。

（3）折价发行，是指证券的市场发行价格低于证券的票面金额。根据《公司法》第127条的规定，股票发行价格可以按票面金额，也可以超过票面金额，但不得低于票面金额。

第二节　股票的发行

一、股票发行的条件

股票发行，是指股份有限公司，以融资为目的，按照法定程序，以同一条件向特定或者不特定的对象招募、发售股票的行为。这里的股份有限公司，包括已成立的股份有限公司和拟设立的股份有限公司。股票发行一般分为两种情况：(1) 设立公司发行股票，这是为设立公司而发行股票；(2) 新股发行，即发行新股，这一般是为增加已有公司的注册资本而发行股票。

> **小提示**
>
> 对首次公开发行概念的理解，从逻辑上讲设立公司发行股票当然属于首次公开发行，但是，在我国的法律文件中首次公开发行并不仅仅限于设立公司发行股票，比如，2006年5月17日，中国证券监督管理委员会发布的《首次公开发行股票并上市管理办法》(2020年修正)第8条第1款规定，发行人应当是依法设立且合法存续的股份有限公司，这种发行实际上是一种新股发行。再如，2019年《证券法》第12条将2014年《证券法》第13条"公司公开发行新股"改为"公司首次公开发行新股"，虽然加了"首次"二字，但实质上依然是指发行新股。

（一）设立公司公开发行股票的条件

我国规范股票发行的法律法规主要是《证券法》《公司法》与《股票发行与交易管理暂行条例》。现行法律将股票的发行区分为公开发行与非公开发行，公开发行是规范的重点，所谓公开发行，如前文所述，有下列情形之一的，为公开发行：(1) 向不特定对象发行证券；(2) 向特定对象发行证券累计超过200人，但依法实施员工持股计划的员工人数不计算在内；(3) 法律、行政法规规定的其他发行行为。

设立公司公开发行股票出现在募集设立公司的情况下，根据《公司法》和《证券法》的规定，募集设立公司发行股票应当具备下列条件：

（1）符合《公司法》规定的条件。[①] 发起人应为2人以上200人以下，并且半数以上发起

[①] 参见《公司法》第78条和第84条的规定。

人在中国境内有住所;有符合法定要求的章程;除法律、行政法规另有规定的以外,发起人认购的股份不得少于公司股份总数的35%。

(2) 符合《股票发行与交易管理暂行条例》规定的条件。① 生产经营符合国家产业政策;发行的普通股限于一种,同股同权;公开发行的部分不少于拟发行总额的25%,其中股本总额超过人民币4亿元的,公开发行股份的比例不少于拟发行总额的10%;发起人在近3年内无重大违法行为。

(二) 首次公开发行新股的条件

如前文所述,为扩大已有公司的注册资本,其中一个有效的办法就是公开发行新股。《证券法》对首次公开发行新股规定了相应的条件。根据《证券法》第12条第1款的规定,公司首次公开发行新股,应当符合下列条件:(1) 具备健全且运行良好的组织机构;(2) 具有持续经营能力;(3) 最近3年财务会计报告被出具无保留意见审计报告;(4) 发行人及其控股股东、实际控制人最近3年不存在贪污、贿赂、侵占财产、挪用财产或者破坏社会主义市场经济秩序的刑事犯罪;(5) 经国务院批准的国务院证券监督管理机构规定的其他条件。

小提示

上市公司以已经首次公开发行新股为前提条件,因此尚未首次公开发行新股并上市的公司必定不是上市公司,对于上市公司发行新股,应当符合经国务院批准的国务院证券监督管理机构规定的条件,具体管理办法由国务院证券监督管理机构规定。

(三) 非公开发行新股

非公开发行新股,是指采用非公开方式,向特定对象发行股票的行为。非公开发行新股的条件因上市公司与非上市公司而有差异。对于非上市公司,现行法律制度没有明确具体的发行条件,发行人可以按照法无禁止即可为的基本规则从事相关商事活动,自由度比较大。对于上市公司而言,即使非公开发行新股也会影响公众投资者的利益,为此,《证券法》第12条第2款作了原则性规定,即上市公司发行新股,应当符合经国务院批准的国务院证券监督管理机构规定的条件,具体管理办法由国务院证券监督管理机构规定。非公开发行新股当然包含在其中。

根据中国证券监督管理委员会颁布的《上市公司证券发行管理办法》(2020年修正)的规定,上市公司非公开发行股票的条件是②:

(1) 非公开发行股票的特定对象应当符合下列规定:① 特定对象符合股东大会决议规定的条件;② 发行对象不超过35名;③ 发行对象为境外战略投资者的,应当遵守国家的相关规定。

(2) 上市公司非公开发行股票,应当符合下列规定:① 发行价格不低于定价基准日前20个交易日公司股票均价的80%。② 本次发行的股份自发行结束之日起,6个月内不得转让;控股股东、实际控制人及其控制的企业认购的股份,18个月内不得转让。③ 募集资金使用符合《上市公司证券发行管理办法》第10条的规定。④ 本次发行将导致上市公司控制权发生变化的,还应当符合中国证监会的其他规定。

---

① 参见《股票发行与交易管理暂行条例》第8条的规定。
② 参见《上市公司证券发行管理办法》(2020年修正)第37、38条的规定。

(四) 股票发行的限制

法律对股票发行作一些限制,其主要目的是为了防止那些可能损害投资者利益的股票进入证券,同时也有利于资源的优化配置,避免资金资源的浪费。《证券法》对股票发行的限制作了原则性规定,即公司对公开发行股票所募集资金必须按照招股说明书或者其他公开发行募集文件所列资金用途使用;改变资金用途的,必须经股东大会决议。擅自改变用途而未作纠正的,或者未经股东大会认可的,不得公开发行新股。[①]

上市公司是在证券交易所挂牌交易的公众公司,其行为具有高度的敏感性,对投资公众利益的影响巨大,因而其股票公开与非公开发行均是被限制的重点对象。

(1) 上市公司存在下列情形之一的,不得公开发行证券[②]:① 本次发行申请文件有虚假记载、误导性陈述或重大遗漏;② 擅自改变前次公开发行股票募集资金用途而未作纠正;③ 公司最近 12 个月内受到过证券交易所的公开谴责;④ 上市公司及其控股股东或者实际控制人最近 12 个月内存在未履行向投资者作出公开承诺的行为;⑤ 上市公司及其现任董事、高级管理人员因涉嫌犯罪被司法机关立案侦查或涉嫌违法违规被证券监督管理机构立案调查;⑥ 严重损害投资者合法权益和社会公共利益的其他情形。

(2) 上市公司有下列情形之一的,不得非公开发行股票:① 本次发行申请文件有虚假记载、误导性陈述或重大遗漏。② 上市公司的权益被控股股东或实际控制人严重损害且尚未消除。③ 上市公司及其附属公司违规对外提供担保且尚未解除。④ 现任董事、高级管理人员最近 36 个月内受到证券监督管理机构的行政处罚,或者最近 12 个月内受到过证券交易所公开谴责。⑤ 上市公司或者现任董事、高级管理人员因涉嫌犯罪正被司法机关立案侦查或涉嫌违法违规正被证券监督管理机构立案调查。⑥ 最近 1 年及 1 期财务报表被注册会计师出具保留意见、否定意见或无法表示意见的审计报告。保留意见、否定意见或无法表示意见所涉及事项的重大影响已经消除或者本次发行涉及重大重组的除外。(7) 严重损害投资者合法权益和社会公共利益的其他情形。

二、股票发行的程序

股份有限公司发行股票除了需要具备上述条件,还必须履行相关手续后才能实施发行股票的行为。

(一) 设立公司公开发行股票的程序

设立股份有限公司公开发行股票,发起人必须首先认购股份的 35%[③],然后按照下列程序办理股票发行事宜。

(1) 募股准备。发起人聘请资产评估机构、资信评级机构、会计师事务所、律师事务所等专业机构,对其资产、资信、财务状况等事项进行评估、审定,并就有关事项出具法律意见书,然后制作招股说明书。与证券公司签订承销协议,与商业银行签订代收股款协议。[④]

(2) 募股申请与保荐。发起人按照证券监督管理机构规定的报送方式,向证券监督管理机构有关职能部门递交募股申请,并报送下列文件[⑤]:① 公司章程;② 发起人协议;③ 发

---

① 参见《证券法》第 14 条的规定。
② 参见《上市公司证券发行管理办法》(2020 年修正)第 11 条的规定。
③ 参见《公司法》第 84 条的规定。
④ 参见《公司法》第 87、88 条的规定。
⑤ 参见《证券法》第 11 条的规定。

起人姓名或者名称,发起人认购的股份数、出资种类及验资证明;④ 招股说明书;⑤ 代收股款银行的名称及地址;⑥ 承销机构名称及有关的协议。公开发行股票依法采用承销方式的,需要聘请保荐人,发起人还应当报送保荐人出具的发行保荐书。公司设立依法必须报经批准的,还应提交相应的批准文件。

(3) 注册。[1] 国务院证券监督管理机构或者国务院授权的部门应当自受理证券发行申请文件之日起3个月内,依照法定条件和法定程序作出予以注册或者不予注册的决定,发行人根据要求补充、修改发行申请文件的时间不计算在内。不予注册的,应当说明理由。

(4) 公开发行文件。[2] 发行申请注册后,发行人应在股票发行前公告公开发行的募集文件,主要是招股说明书,并将文件置备于指定场所供公众查阅。发行证券的信息依法公开前,任何知情人不得公开或者泄露该信息。发行人不得在公告公开发行募集文件前发行证券。

(5) 公告招股说明书,并制作认股书、缴纳股款。[3] 发起人向社会公开募集股份,必须公告招股说明书,并制作认股书。由认股人填写认购股数、金额、住所,并签名、盖章。认股人按照所认购股数缴纳股款。招股说明书应当附有发起人制定的公司章程,并载明下列事项:① 发起人认购的股份数;② 每股的票面金额和发行价格;③ 无记名股票的发行总数;④ 募集资金的用途;⑤ 认股人的权利、义务;⑥ 本次募股的起止期限及逾期未募足时认股人可以撤回所认股份的说明。

(6) 设立公司,交付股票。募集设立公司实行严格的法定资本制度,发行股票的股款募足后,须经法定的验资机构验资并出具证明[4],再经创立大会就公司的设立表决后,由董事会办理公司的登记事宜[5],公司成立后才能向股东正式交付股票[6]。公司发行的股票,可以为记名股票,也可以为无记名股票。公司向发起人、法人发行的股票,应当为记名股票,并应记载该发起人、法人的名称或者姓名,不得另立户名或者以代表人姓名记名。发行无记名股票的,公司应当记载其股票数量、编号和发行日期。[7]

(二) 首次公开发行新股的程序[8]

(1) 发行决议。发行人董事会应当依法就本次股票发行的具体方案、本次募集资金使用的可行性及其他必须明确的事项作出决议,并提请股东大会批准。发行人股东大会就本次发行股票作出的决议,至少应当包括下列事项:① 本次发行股票的种类和数量;② 发行对象;③ 价格区间或者定价方式;④ 募集资金用途;⑤ 发行前滚存利润的分配方案;⑥ 决议的有效期;⑦ 对董事会办理本次发行具体事宜的授权;⑧ 其他必须明确的事项。

(2) 申报。发行人应当按照中国证监会的有关规定制作申请文件,由保荐人保荐并向中国证监会申报。特定行业的发行人应当提供管理部门的相关意见。

(3) 受理与审核。中国证监会收到申请文件后,在5个工作日内作出是否受理的决定。中国证监会受理申请文件后,由相关职能部门对发行人的申请文件进行初审,并由发行审核

---

[1] 参见《证券法》第22条的规定。
[2] 参见《证券法》第23条的规定。
[3] 参见《公司法》第85、86条的规定。
[4] 参见《公司法》第89条第1款的规定。
[5] 参见《公司法》第92条的规定。
[6] 参见《公司法》第132条的规定。
[7] 参见《公司法》第129、130条的规定。
[8] 参见《首次公开发行股票并上市管理办法》(2020年修正)第3章的规定。

委员会审核。中国证监会在初审过程中,将征求发行人注册地省级人民政府是否同意发行人发行股票的意见。

(4) 注册。① 中国证监会依照法定条件对发行人的发行申请作出予以注册或者不予注册的决定,并出具相关文件。自中国证监会准予注册发行之日起,发行人应在6个月内发行股票;超过6个月未发行的,注册文件失效,须重新经中国证监会注册后方可发行。

(5) 暂缓或者暂停发行。发行申请注册后、股票发行结束前,发行人发生重大事项的,应当暂缓或者暂停发行,并及时报告中国证监会,同时履行信息披露义务。影响发行条件的,应当重新履行注册程序。

(6) 再次提出股票发行申请。股票发行申请未获注册的,自中国证监会作出不予注册决定之日起6个月后,发行人可再次提出股票发行申请。

(三) 上市公司发行新股的程序

依据中国证券监督管理委员会发布的《上市公司证券发行管理办法》(2020年修正),上市公司公开发行股票应按照下列程序进行②:

(1) 发行决议。上市公司公开发行新股的决定权属于股东大会。上市公司董事会应先就本次股票发行的方案、本次募集资金使用的可行性报告、前次募集资金使用的报告等事项作出决议,提请股东大会批准。股东大会就本次发行股票的种类和数量;发行方式、发行对象及向原股东配售的安排;定价方式或价格区间;募集资金用途;决议的有效期;对董事会办理股票发行事宜的授权作出决定。股东大会的决定须经出席股东大会的股东所持表决权的2/3以上通过。上市公司就发行新股召开股东大会,应当提供网络或者其他方式为股东参加股东大会提供便利。股东大会通过发行股票决议案之日起2个工作日内,公司应公布该决议。

(2) 申报。新股发行申请应由保荐人保荐,并向证券监督管理机构申报。新股发行的申请文件由保荐人按照证券监督管理机构的有关规定编制和报送。报送的文件主要有:公司营业执照;公司章程;股东大会决议;招股说明书;财务会计报告;代收股款银行的名称及地址;承销机构名称及有关的协议。

(3) 受理与注册。证券监督管理机构收到申请文件后5个工作日内决定是否受理。已受理的发行申请由有关职能部门进行初审,然后作出注册或者不予注册的决定。发行申请未获注册的,自证券监督管理机构作出不予注册决定之日起6个月后,可再次提交发行申请。

(4) 公开发行文件。获得注册的发行申请,上市公司应在发行前通过招股说明书披露信息,并公告公司财务会计报告。

(5) 发售。自证券监督管理机构注册发行之日起,上市公司应在12个月内发行股票;超过12个月未发行的,注册文件失效,需重新经证券监督管理机构注册后方可发行。在股

---

① 2019年《证券法》第9条规定:证券发行注册制的具体范围、实施步骤,由国务院规定。据此,国务院办公厅2020年2月29日发布《关于贯彻实施修订后的证券法有关工作的通知》,按照国办上述"通知"的安排,科创板和创业板施行注册制,其他板块在目前的过渡期依然施行核准制。为此,证监会分别制定了《科创板首次公开发行股票注册管理办法(试行)》《科创板上市公司证券发行注册管理办法(试行)》《创业板首次公开发行股票注册管理办法(试行)》《首次公开发行股票并上市管理办法》《上市公司证券发行管理办法》等,尽管于2020年进行了修订,但由于其适用于主板,主板目前暂未实行注册制,故在上述"办法"的文字表述中依然使用"核准"。而本书从学术的角度,则一律按照2019年《证券法》的规定统一使用"注册"进行表述。

② 参见《上市公司证券发行管理办法》(2020年修正)第4章的规定。

票发行前发生重大事项的,应暂缓发行,并及时报告证券监督管理机构。该事项对本次发行条件构成重大影响的,发行申请应重新经过证券监督管理机构注册。上市公司公开发行股票应由证券公司承销;采用代销方式发行股票的,在代销期限届满时,向投资者出售的股票数量未达到拟公开发行股票数量的70%,为发行失败,发行人应按照发行价并加算银行同期存款利息返还股票认购人。

三、股票发行的价格

股票发行价格的形式、高低及其确定方法对于股票能否顺利发行和发行成本有着重要影响。根据我国法律规定,同次发行的同种类股票,每股的发行条件和发行价格应当相同;任何单位或者个人所认购的股份,每股应支付相同价额。

(一)影响股票发行价格的因素

在证券发行市场上,股票价格虽然是以其价值为基础的,但又存在着许多影响价格的因素。发行人在确定发行价格时,主要考虑以下几个因素:

(1)发行人的经营状况与财务状况。经营状况与财务状况是决定股票发行价格的最基本的经济因素。投资者对公司投资时最关心的就是公司自身的基本情况及发展的潜力。

(2)发行数量。物以稀为贵,供求关系经常会影响商品的价格。如果股票发行数量较大,为了能保证销售期内顺利地将股票全部出售,取得预定金额的资金,价格应适当定得低一些;若发行量小,考虑到供求关系,价格可定得高一些。

(3)一级市场的供求。股票作为一种金融商品,其价格的形成必然受到市场供求关系的影响,如果整个一级市场供大于求,则股票的发行价格就较低;反之,股票的发行价格就较高。

(4)二级市场的基本情况。股票一级市场与二级市场存在关联性,在确定股票发行价格时,要考虑股票二级市场整体的股价水平及走势、平均市盈率等情况。如果股市处于"熊市",定价太高则无人问津,使股票销售困难,甚至发行失败,因此要定得低一些;如果股市处于"牛市",价格太低会使发行人丧失获利的机会,甚至受损,并且股票发行后还容易出现投机现象,因此可以定得高一些。同时,发行价格的确定要给二级市场的运作留有余地,以免股票上市后在二级市场的定位会发生困难,影响发行人的声誉。

(5)同类公司股票的股价对标。同类公司股票的股价对标包括同类公司的股票发行价格和上市后的价格水平。同类公司由于受相同的经济发展周期和市场外部环境的影响,相互间存在许多相同之处,因此其价格具有可比性,这也叫同类公司股票的股价对标。

(6)市场利率水平。利率从两个方面影响股票的发行价格:① 贷款利率的高低直接影响公司从银行融资的成本。贷款利率提高,公司盈利相应减少;贷款利率降低,公司盈利提高。而公司的盈利会影响到股票购买者的股息收益。② 存款利率直接影响到一级市场的资金供应量。存款利率提高,一级市场的资金供应量将会减少;存款利率降低,一级市场的资金供应将会增加。总之股票的发行价格与利率呈反方向变化。

(二)股票发行价格的形式

股票发行价格的形式,是指股票平价发行、溢价发行和折价发行。对此本章第一节关于证券发行的分类已有论述,但是这里单就股票发行价格的形式,有必要进一步阐述。

(1)平价发行,即以股票的票面金额作为发行价格而进行的发行。这种发行的好处是发行费用较低。新创立的公司通常采用这种发行价格,以保证公司能够筹得足额的资金。

(2) 溢价发行,即以超出股票票面金额的价格进行的发行。溢价发行一般发生在新股发行中。溢价发行又可分为两种:① 市价发行,是指以股份公司原有股票在现在股市上的市场价格作为新股发行的价格,它一般为运行中的经营业绩较好的公司采用;② 中间价发行,是以低于公司原有股票的市场价但高于股票面额的某一价格作为发行价格而进行的发行,通常为股东配股时所采用。

(3) 折价发行,即以低于股票票面金额的价格进行的发行。折价发行在许多国家被严格禁止采用,其原因在于这种发行直接损及公司的利益和其他股东的利益,也会造成公司资产的虚假增值,从而损害与公司进行交易的第三人的利益。有的国家虽然允许发行一定数量的折价股票,但其限制非常严格,一般要求折价股的发行必须在公司开业1年之后,必须经股东大会的特别决议,并经法院的批准;折价股的发行必须在法院核准的期限内完成,不得自行延长;折价股的发售对象只限于原有股东、公司职工和公司关系人,而不得向社会发售。有的国家只允许折价发行作为发行人与承销商之间的定价方式,而不得作为向投资者发售的作价方式。

如前文所述,我国《公司法》规定,股票发行价格可以按票面金额,也可以超过票面金额,但不得低于票面金额。以超过票面金额发行股票所得溢价款列入公司资本公积金。

(三) 股票发行价格的确定方法

股票发行价格的确定是股票发行计划中最基本和最重要的内容,它关系到发行人与投资者的根本利益及股票上市后的表现。若发行价过低,将难以满足发行人的筹资需求,甚至会损害原有股东的利益;而发行价太高,又将增大投资者的风险,增加承销机构的发行风险和发行难度,抑制投资者的认购热情,并会影响股票上市后的市场表现。因此发行人及承销商必须对公司的利润及其增长率、行业因素、二级市场的股价水平等因素进行综合考虑,然后确定合理的发行价格。

股票发行价格既要反映股票自身的内在价值,又要体现市场的供求关系。一般来说,确定股票发行价格的方法主要有未来收益现值法、市盈率法、市场询价法和市场竞价法。

1. 未来收益现值法

未来收益现值法是按照适当的贴现率将股票未来预期的现金流量贴现为现值,测算出股票的内在价值,然后以股票的内在价值为基础来确定股票发行价格,因此,这种方法也称为现金流量贴现法。

2. 市盈率法

市盈率法是指根据市盈率和公司每股利润来确定股票发行价格的方法。市盈率是每股价格与每股利润的比率。其计算公式为:

市盈率＝每股价格/每股利润

因此,如果确定了一定的市盈率,就可以用下列公式测算出股票发行价格:

股票发行价格＝每股利润×市盈率

运用市盈率法确定股票发行价格时,需要注意以下问题:

(1) 市盈率的选择范围。在成熟的资本市场中,可以参照同行业上市公司股票的市盈率来确定发行股票的市盈率。

(2) 公司股本的计算范围。公司股本的计算主要分为三种情况:① 在公司初次发行股票时,按发行股票的面值总数计算;② 公司多次发行股票的,按已发行在外和本次发行的股票面值之和计算;③ 公司多次发行股票的,仅按已发行在外的股票面值计算。

(3) 税后净利润的计算。税后净利润的计算也分为三种情况：① 按公司上一个年度的税后净利润计算；② 按公司发行股票当年预测的净利润计算；③ 按公司发行股票的前3年的税后净利润加权平均计算。

(4) 明确股票发行价格的选择区间。股票发行前，再根据股市状况和其他因素，最后确定发行价格。

3. 市场询价法①

也有学者将这种方法称为累积订单方式。这种方法是一种市场化的定价方法，它既反映了股票的内在价值，也体现了市场对股票价值的认可。这种定价方法主要有三个步骤：(1) 根据拟发行股票的内在价值，并结合发行股票时的股票市场状况、同行业股票的市场表现等因素来确定股票发行价格的区间。(2) 发行公司和股票承销机构向投资者推介股票，并征询认购者在各个价位上的认购数量。(3) 根据市场反馈回来的认购者的预购数量与价格，发行公司和股票承销机构协商确定股票的发行价格。

4. 市场竞价法

市场竞价法是指由各股票承销机构或投资者以投标方式相互竞争确定股票发行价格的方法。这种定价方法主要有三个步骤：(1) 确定一个股票发行底价，投资者在规定时间内，在限购比例或数量内，以不低于发行底价的价格申购。(2) 申购期满后，由证券交易所的交易系统统计有效认购数量，并按照价格优先和时间优先的原则，将投资者申购单按从高价位到低价位的顺序排队，高价位者优先，同价位的先申报者优先。(3) 根据累计认购股数恰好达到本次发行的股票数量时的最后一笔申购单的价格，来确定本次股票的发行价格。市场竞价法是一种直接的市场化定价方法，它能够直接反映投资者对股票发行价格的接受程度，从而使最终确定的价格更接近未来上市后的市场价格。但在不成熟的证券市场中，采用这种定价方法，可能会造成股票发行价格定得过高的现象。

上述四种定价方法中，未来收益现值法和市盈率法属于固定定价方法，虽然考虑了股票的内在价值，但是，没有体现市场对股票发行价格的认可程度，因此，增加了股票的发行风险。而市场询价法和市场竞价法是一种市场化的定价方法，能够为投资者所接受，股票发行风险较低。

我国股票发行价格的确定方法几经变动，总体来看，2005年以前是固定价格方式，之后是市场化的定价方式。具体内容见《证券发行与承销管理办法》(2018年修订)。

四、股票的发售

在现行的主要通过询价确定发行价格的机制下，基本采用战略配售、网下配售与网上发行相结合的方式发售股票，并且网下配售与网上发行同时进行。

(一) 战略配售

所谓战略配售，是指向战略投资者定向出售股票。战略配售对象一般是大型国有企业或其下属企业、大型保险公司或其下属企业等。首次公开发行股票数量在4亿股以上的，可以向战略投资者配售。发行人应当与战略投资者事先签署配售协议。发行人和主承销商应当在发行公告中披露战略投资者的选择标准、向战略投资者配售的股票总量、占本次发行股

---

① 参见《证券发行与承销管理办法》(2018年修订)第4条的规定，该规定不再限定市场询价法为定价方法，而是给证券市场主体一定的选择自由。证券市场主体可以选择包括下文的市场竞价法确定股票发行价格。

票的比例以及持有期限等。战略投资者不参与网下询价,且应当承诺获得本次配售的股票持有期限不少于12个月,持有期自本次公开发行的股票上市之日起计算。根据《关于开展创新企业境内发行股票或存托凭证试点的若干意见》认定的试点企业在境内发行股票或存托凭证的,根据需要向战略投资者配售。[①] 对于首次公开发行股票超过一定规模时引入战略投资者,向其配售一部分股票,并锁定持股期限,既有利于吸引长期增量资金进入证券市场,改善投资者的结构,同时也有利于缓解市场资金压力、稳定投资者预期,对该股票实现平稳发行上市具有重要作用。

(二) 网下配售

网下配售是由发行人及其主承销商对参与初步询价并且进行了有效报价的询价对象进行的配售。网下配售有比例限制,目的在于保障公众投资者获得较高的获配比例。

首次公开发行股票采用询价方式的,公开发行后总股本在4亿股(含)以下的,网下初始发行比例不低于本次公开发行股票数量的60%;公开发行后总股本超过4亿股的,网下初始发行比例不低于本次公开发行股票数量的70%。其中,应当安排不低于本次网下发行股票数量的40%优先向通过公开募集方式设立的证券投资基金(以下简称"公募基金")、全国社会保障基金(以下简称"社保基金")和基本养老保险基金(以下简称"养老金")配售,安排一定比例的股票向根据《企业年金基金管理办法》设立的企业年金基金和符合《保险资金运用管理暂行办法》等相关规定的保险资金(以下简称"保险资金")配售。公募基金、社保基金、养老金、企业年金基金和保险资金有效申购不足安排数量的,发行人和主承销商可以向其他符合条件的网下投资者配售剩余部分。对网下投资者进行分类配售的,同类投资者获得配售的比例应当相同。公募基金、社保基金、养老金、企业年金基金和保险资金的配售比例应当不低于其他投资者。安排向战略投资者配售股票的,应当扣除向战略投资者配售部分后确定网下网上发行比例。网下投资者可与发行人和主承销商自主约定网下配售股票的持有期限并公开披露。[②]

(三) 网上发行

首次公开发行股票采用直接定价方式的,全部向网上投资者发行,不进行网下询价和配售。[③] 网上发行是对公众投资者进行的发售,在指定的时间内当网上申购额超过网上发行额时以摇号抽签而定。首次公开发行股票的网下发行应和网上发行同时进行,网下和网上投资者在申购时无须缴付申购资金。投资者应当自行选择参与网下或网上发行,不得同时参与。发行人股东拟进行老股转让的,发行人和主承销商应于网下网上申购前协商确定发行价格、发行数量和老股转让数量。采用询价方式且无老股转让计划的,发行人和主承销商可以通过网下询价确定发行价格或发行价格区间。网上投资者申购时仅公告发行价格区间、未确定发行价格的,主承销商应当安排投资者按价格区间上限申购。[④]

首次公开发行股票网下投资者申购数量低于网下初始发行量的,发行人和主承销商不得将网下发行部分向网上回拨,应当中止发行。网上投资者申购数量不足网上初始发行量的,可回拨给网下投资者。[⑤]

---

① 参见《证券发行与承销管理办法》(2018年修订)第14条的规定。
② 参见《证券发行与承销管理办法》(2018年修订)第9条的规定。
③ 同上。
④ 参见《证券发行与承销管理办法》(2018年修订)第12条的规定。
⑤ 参见《证券发行与承销管理办法》(2018年修订)第10条的规定。

第三节 债券的发行

一、债券概述

(一) 债券的概念及其特征

1. 债券的概念

债券是指发行人以筹集长期资金为目的,将其所需要资金总额分割为多数等分单位金额,承诺在一定期限内还本付息的债权债务凭证。债券发行人为债务人,债券持有人为债权人。当债券到期时,债券持有人可以持券要求发行者偿还本金并支付利息。

2. 债券的特征

从投资者的角度看,债券具有以下特征:(1)偿还性。偿还性是指债券必须规定偿还期限,债务人必须如期向债权人支付利息,偿还本金。(2)流动性。流动性即变现功能,指的是在偿还期届满前债券可在证券市场上转让变为现金,以满足投资者对现金的需求,或者到银行等金融机构进行质押,以取得相应数额的贷款。(3)安全性。债券的安全性是相对于债券价格下跌的风险性而言的。债券与其他有价证券相比,投资风险较小,其原因主要在于:① 债券的利率在发行时就已固定,不受市场利率的影响;② 债券本息的偿还和支付有法律保障,一般都有相应的单位作担保;③ 法律对债券的发行人限制较严,且发行量一般也有限制。(4)收益性。债券的收益性表现在两个方面:① 持有人可以获得固定的、高于储蓄存款利率的利息收入;② 在证券市场上,通过低价买进、高价卖出可以获得差价收入。

(二) 债券的分类

根据不同的标准,债券可以分为以下不同的种类:

(1) 依债券发行主体的差异,债券可分为政府债券、金融债券和企业债券。① 政府债券也称公债,公债中由中央政府发行的称为国债,国库券属国债的一种。政府债券是政府为了筹集预算资金而发行的由政府承担偿还责任的债权债务凭证,是国家宏观调控的有效工具。我国目前已发行的政府债券有国库券、国家重点建设债券、国家建设债券、财政债券、保值公债、特种国债等。② 金融债券,是银行及其他金融机构利用自身的信誉,向社会发行的一种债券。③ 企业债券,是公司和厂矿等企业对外举债所发行的债权债务关系凭证,与政府债券和金融债券相比,这种债券的风险较大,利率一般也较高。

(2) 按偿还期限长度,债券可分为短期债券、中期债券、长期债券。各国对短、中、长期债券的年限划分不完全相同。一般的划分标准是:期限为 1 年以下的为短期债券;期限在 1 年以上 10 年以下的为中期债券;期限在 10 年以上的为长期债券。债券发行期限的选择一般考虑两个因素:① 债券筹资的用途,其基本要求是还本期限不能短于投资项目的建设周期;② 发债公司所能负担的利率水平,因为期限长短是和利率水平的高低成正比的。在这两个因素中,特别是第一个因素即债券的筹资用途尤为重要。如果债券规定的期限太短,在投资尚未到期的情况下就已经到了还本期,那么为了偿还已到期的债券,就只有靠发行新债来兑换旧债。这种办法不但不能缓解发债公司对资金的需求,而且还会大大增加债券还本付息的工作量,并人为地提高了发债公司的筹资成本,增加了公司债券的利息负担。

(3) 根据利息的支付方式不同,债券可分为附息债券和贴现债券。附息债券指券面上附有各种息票的债券。息票上标有利息额、支付利息的期限和债券号码等内容。息票到期时,可凭此领取本期利息。贴现债券也称贴水债券,指券面上不附息票,发行时按规定的折扣率(贴现率)以低于券面价值的价格发行,到期按券面价值偿还本金的债券。其发行价格与券面价值的差价即为利息。

(4)按券面上是否记名,债券可分为记名债券与不记名债券。记名债券指券面上标明债权人姓名或名称的债券,此种债券转让时除须交付票样外,还要在债券上背书。其优点是比较安全,缺点是流通性差,转让手续复杂。不记名债券是指券面上不标明债权人姓名或者名称的债券。其优点是流动性强,转让手续简便,缺点是债券遗失毁损时,不能挂失和补发,安全性较差。

(三)债券与股票的比较

1. 共同点

债券与股票同为有价证券,具有有价证券的共同特征。其相同之处表现为:(1)对发行人来说都是筹资手段,对投资者来说都是投资工具,都可以由此把货币投放到自己认为最有利可图之处,并获得预期收益;(2)二者都是虚拟资本,本身没有价值,但因能带来一定的收入而具有价格;(3)其价格的形成都具有特殊性,通常它们的市场价格与其券面金额不一致;(4)二者都具有流动性,可以通过买卖而实行转让。然而,债券与股票毕竟是两种不同的有价证券,二者之间也存在着明显差异。

2. 不同点

债券与股票的不同点表现为:(1)性质不同。股票是一种所有权证书,代表其持有人对发行股票的公司的所有权股份;债券则是一种债权证书,对债券持有人来说,债券是债权的证明。(2)偿还期限不同。股票是一种永久性证券,没有期限,除非公司解散或破产,否则将永久存在。股票持有人不能退股,只能通过买卖进行转让。债券有一定期限,到期后发行人必须向持有人偿还本金。(3)发行主体不同。股票只有股份有限公司才能发行,债券的发行主体可以是政府、金融机构或者公司(企业)。(4)所筹资金性质不同。发行股票所筹集的资金列入公司资本,而发行债券所筹集的资金对作为发行主体的公司来说属公司负债。(5)收益不同。股票的收益受公司经营状况、市场供求、公众心理、国内国际形势等因素影响,其市场价格涨跌频繁,变动幅度较大,具有很大的投机性;债券的利息固定,偿还期限固定,市场价值也较为稳定。(6)能否参与公司管理不同。股票持有人有权参与公司的经营管理活动和利润分配,但不能从公司资本中收回本金,不能退股;债券投资者不能参与发行企业的经营管理活动,只能到期要求发行者偿还本息。(7)风险不同。股票的收益随公司的盈利变动而变动,同时在公司解散或破产分配公司剩余财产时,股票的持有人排在所有债权人之后,所以其风险较大;债券利息固定,偿还顺序优于股票,因而风险较小。

二、债券发行的条件

由于政府债券、金融债券的发行和交易由法律、行政法规另行规定,而公司债券则主要由《证券法》调整,故本节只论述公司债券发行的条件,包括一般公司债券发行的条件和可转换公司债券发行的条件。

(一)一般公司债券发行的条件

根据《公司法》第153条和《证券法》第15条的规定,公司债券发行必须具备以下条件:(1)具备健全且运行良好的组织机构;(2)最近3年平均可分配利润足以支付公司债券1年的利息;(3)国务院规定的其他条件。公开发行公司债券筹集的资金,必须按照公司债券募集办法所列资金用途使用;改变资金用途,必须经债券持有人会议作出决议。公开发行公司债券筹集的资金,不得用于弥补亏损和非生产性支出。

从消极条件来讲,《证券法》第17条规定,有下列情形之一的,不得再次公开发行公司债券:(1)对已公开发行的公司债券或者其他债务有违约或者延迟支付本息的事实,仍处于继续状态;(2)违反本法规定,改变公开发行公司债券所募资金的用途。《公司债券发行与交易管理办法》第17条进一步规定,存在下列情形之一的,不得公开发行公司债券:(1)最近36个月内公司财务会计文件存在虚假记载,或公司存在其他重大违法行为;(2)本次发行申请文件存在虚假记载、误导性陈述或者重大遗漏;(3)对已发行的公司债券或者其他债务有违约或者迟延支付本息的事实,仍处于继续状态;(4)严重损害投资者合法权益和社会公共利益的其他情形。

(二)可转换公司债券发行的条件

1. 可转换公司债券的概念与特征

可转换公司债券,是指发行人依照法定程序发行,在一定期间内根据约定的条件可以转换为公司股份的公司债券。可转换公司债券是一种以公司债券为载体,允许持有人在规定时间内按规定的价格转换为公司股票的金融工具。从广义上讲,可转换公司债券属公司债券的范畴。可转换公司债券兼有股票和债券的部分特征,并具有筹资和避险的双重功能,因而较单纯的筹资工具或避险工具更有优势。

可转换公司债券的特征主要包括:(1)债权性。可转换公司债券有固定的票面利息和期限,其票面利率通常低于一般公司债券的利率,有时甚至低于同期银行存款利率,因为可转换公司债券的投资收益中,除债券的利息收益外,还附加了股票买入期权的收益部分。可转换公司债券在转换为股票之前纯粹是债券,体现的是债权债务关系,不受公司经营业绩的影响。(2)股权性。可转换公司债券转为股票后,原债券持有者成为公司股东,有权行使股东的权利,其收益的大小受公司经营业绩的影响。(3)可转换性。在约定的期限内,可转换公司债券可由投资者按约定的价格转换为发行公司的股份。(4)期权性。可转换公司债券的投资者有选择将可转换公司债券转为股票或者不转为股票的权利。

2. 可转换公司债券发行的条件

由于可转换公司债券一旦转换为公司股票,其性质就与股票相同,在我国,只有股票已经上市交易的公司才允许发行可转换公司债。因此,上市公司发行可转换为股票的公司债券,除应当符合上述发行公司债券规定的条件外,还应当遵守《证券法》第12条第2款有关发行股票的规定。但是,按照公司债券募集办法,上市公司通过收购本公司股份的方式进行公司债券转换的除外。①

根据《上市公司证券发行管理办法》(2000年修正)的规定②,上市公司发行可转换公司债应具备的条件包括:(1)最近3个会计年度加权平均净资产收益率平均不低于6%。扣除非经常性损益后的净利润与扣除前的净利润相比,以低者作为加权平均净资产收益率的计算依据;(2)本次发行后累计公司债券余额不超过最近一期末净资产额的40%;(3)最近3个会计年度实现的年均可分配利润不少于公司债券1年的利息。可转换公司债券的期限最短为1年,最长为6年。可转换公司债券每张面值100元。

---

① 参见《证券法》第15条第3款的规定。
② 参见《上市公司证券发行管理办法》(2020年修正)第14—16条的规定。

三、债券发行的程序

我国《公司法》《证券法》《上市公司证券发行管理办法》(2020年修正)和《公司债券发行与交易管理办法》的规定,符合条件的公司在发行债券时,必须履行以下法定程序:

(一)发行债券的决议

发行公司债券,发行人应当依照《公司法》或者公司章程相关规定对以下事项作出决议:(1)发行债券的数量;(2)发行方式;(3)债券期限;(4)募集资金的用途;(5)决议的有效期;(6)其他按照法律法规及公司章程规定需要明确的事项。发行公司债券,如果对增信机制、偿债保障措施作出安排的,也应当在决议事项中载明。发行人全体董事、监事、高级管理人员应当在债券募集说明书上签字,承诺不存在虚假记载、误导性陈述或者重大遗漏,并承担相应的法律责任,但是能够证明自己没有过错的除外。①

(二)提出债券发行申请

《证券法》第9条第1款规定,公开发行证券,必须符合法律、行政法规规定的条件,并依法报经国务院证券监督管理机构或者国务院授权的部门注册。未经依法注册,任何单位和个人不得公开发行证券。依《证券法》第16条的规定,申请公开发行公司债券,应当向国务院授权的部门或者国务院证券监督管理机构报送下列文件:(1)公司营业执照;(2)公司章程;(3)公司债券募集办法;(4)国务院授权的部门或者国务院证券监督管理机构规定的其他文件。依照《证券法》规定聘请保荐人的,还应当报送保荐人出具的发行保荐书。同时,公开发行公司债券,应当委托具有从事证券服务业务资格的资信评级机构进行信用评级。②

根据《证券法》第19条的规定,发行人报送的证券发行申请文件,应当充分披露投资者作出价值判断和投资决策所必需的信息,内容应当真实、准确、完整。为证券发行出具有关文件的证券服务机构和人员,必须严格履行法定职责,保证所出具文件的真实性、准确性和完整性。

(三)公告公司债券募集办法

发行公司债券的申请经注册后,公司应当在一定期限内公告公司债券募集办法或发行章程。发行债券的信息依法公开前,任何知情人不得公开或者泄露该信息。发行人不得在公告公开发行募集文件前发行债券。根据《公司法》第154条,发行公司债券的申请经国务院授权的部门注册后,应当公告公司债券募集办法。公司债券募集办法中应当载明下列主要事项:(1)公司名称;(2)债券募集资金的用途;(3)债券总额和债券的票面金额;(4)债券利率的确定方式;(5)还本付息的期限和方式;(6)债券担保情况;(7)债券的发行价格、发行的起止日期;(8)公司净资产额;(9)已发行的尚未到期的公司债券总额;(10)公司债券的承销机构。

(四)公司债券的制作与转让规则③

发行公司债券必须制作公司债券。公司债券可分为记名债券和无记名债券。公司发行公司债券应当置备公司债券存根簿。发行记名公司债券的,应当在公司债券存根簿上载明下列事项:(1)债券持有人的姓名或者名称及住所;(2)债券持有人取得债券的日期及债券

---

① 参见《公司债券发行与交易管理办法》第11、13条的规定。
② 参见《公司债券发行与交易管理办法》第19条的规定。
③ 参见《公司法》第156—162条的规定,这里对债券的转让规则是就总体而论,关于证券市场债券的交易规则将在后面的章节论述。

的编号;(3)债券总额,债券的票面金额、利率、还本付息的期限和方式;(4)债券的发行日期。发行无记名公司债券的,应当在公司债券存根簿上载明债券总额、利率、偿还期限和方式、发行日期及债券的编号。记名公司债券的登记结算机构应当建立债券登记、存管、付息、兑付等相关制度。

上市公司经股东大会决议可以发行可转换为股票的公司债券,并在公司债券募集办法中规定具体的转换办法。上市公司发行可转换为股票的公司债券,应当报国务院证券监督管理机构注册。发行可转换为股票的公司债券,应当在债券上标明可转换公司债券字样,并在公司债券存根簿上载明可转换公司债券的数额。此外,公司应当按照其转换办法向债券持有人换发股票,但债券持有人对转换股票或者不转换股票有选择权。

公司债券可以转让,转让价格由转让人与受让人约定。公司债券在证券交易所上市交易的,按照证券交易所的交易规则转让。记名公司债券,由债券持有人以背书方式或者法律、行政法规规定的其他方式转让;转让后由公司将受让人的姓名或者名称及住所记载于公司债券存根簿。无记名公司债券的转让,由债券持有人将该债券交付给受让人后即发生转让的效力。

(五)公司债券的认购

发行公司债券的申请经注册,并且公司债券募集办法经依法公告之后,即可开始募集公司债券。公司应当配置公司债券应募书,应募书上记载的事项与公告的事项基本相同。认购人应填写应募书,并按规定的方式缴纳全部或一部分公司债券款项,领取公司债券。

第四节 证券存托凭证的发行

一、存托凭证的制度沿革

我国《证券法》第 2 条将"存托凭证"与股票、债券并列,作为《证券法》规范的证券形式之一,使"存托凭证"在证券基本法中的地位得以确立。存托凭证制度是中国证券市场进一步国际化的一项重要制度。

对于"存托凭证",我国在制度建设和实际运用中有一个不断深化的过程,这个过程大致如下:2018 年 3 月,国务院办公厅转发证监会《关于开展创新企业境内发行股票或存托凭证试点的若干意见》,提出允许境外上市的优质中资企业以存托凭证的形式重回国内上市融资,这让沉寂多时的中国存托凭证重回众人视野。[①] 2018 年 6 月 4 日中国证监会通过《存托凭证发行与交易管理办法(试行)》(以下简称《存托凭证管理办法》)。《存托凭证管理办法》明确了存托凭证的法律适用和基本监管原则,对存托凭证的发行、上市、交易、信息披露制度等作出了具体安排。目前我国关于存托凭证的制度主要体现在此规范性文件之中。2019年上半年,中国证监会又发布连续发布三个规范性文件确立在科创板发行存托凭证实行注册制并规范存托凭证的相关交易行为。这三个规范性文件依次是:《关于在上海证券交易所设立科创板并试点注册制的实施意见》《科创板首次公开发行股票注册管理办法(试行)》(2020 年修正)和《科创板上市公司持续监管办法(试行)》。上述一系列的制度安排,表明存托凭证作为证券的一种,在我国已经落地。

[①] 王小琰:《推行中国存托凭证的意义与潜在风险探析》,载《现代商业》2018 年第 17 期。

二、存托凭证的概念及其法律特征

存托凭证属于证券,它是指代表特定的财产权益,可均分且可转让或者交易的凭证或者投资性合同。一般而言,存托凭证(Depositary Receipts,DR),是指在一国证券市场上流通的代表投资者对境外证券拥有所有权的可转让凭证,是一种在公司融资业务中使用的金融衍生工具。中国存托凭证则是指由存托人签发、以境外证券为基础在中国境内发行、代表境外基础证券权益的证券。[①]"中国存托凭证"简称为"CDR"(Chinese Depository Receipt),"存托凭证"简称为"DR"。

存托凭证的投资者持有的是由投资者本国存托人(Depositary)发行的代表对境外融资人(即发行公司)基础证券拥有所有权的可转让凭证(Negotiable Certificate),存托凭证的投资者并不直接持有存托凭证所代表的基础证券。上述存托凭证所代表的基础证券由境外的托管人持有。

存托凭证的运行机制如下图所示:

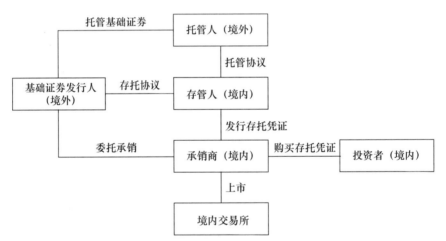

存托凭证在运行过程中还必然与外汇发生联系,其原因在于,存托凭证是以存托凭证发行国的货币计价,而存托凭证相对应的基础证券则是以境外发行人所在国的货币计价,故存托凭证与基础证券各以所在国货币计价,这两种不同的货币之间就存在汇率的问题。另外,存托凭证的结算和交付均按照存托凭证发行国结算与交付的程序来进行。

通过上述对存托凭证法律内涵的分析,可归纳出其如下特征:

第一,存托凭证具有衍生性。存托凭证以传统的股票、债券为基础衍生而来,是从原生性金融商品中衍生而来的新型的证券形式。传统的金融工具包括原生性金融商品和基础性金融工具,原生性金融商品主要包括货币、外汇、存单、债券、股票等。[②]

第二,存托凭证具有鲜明的国际性。这主要体现在其横跨两个不同国家或地区的证券市场,一个是基础证券市场,是指境外发行公司所在国的证券市场,发行公司发行证券进行融资,其中,一部分基础证券在当地证券市场交易流通,而另一部分则被托管到托管人,成为发行存托凭证的前提条件。另一个是存托凭证市场,是指存托凭证在存托人所在国的证券

[①] 见《存托凭证管理办法》第2条第1款。
[②] 基础性金融工具则主要有四种形式:利率或债务工具的价格、外汇汇率、股票价格或股票价格指数及商品期货价格。见中国社会科学院经济研究所编,刘树成主编:《现代经济辞典》,凤凰出版社、江苏人民出版社2005年版,第532页。

市场,存托人根据基础证券的数量和转换比例签发存托凭证,并通过境内承销商出售给境内投资者。可见,基础证券的发行公司和存托凭证的投资者分别是境外发行公司和境内投资者,并且境外基础证券的发行和境内存托凭证的发行分别受到不同的法律规制。

第三,具有对发行地国法律的规避性。境外证券发行公司欲在东道国发行股票或者债券需经东道国证券法的审核程序手续复杂,时间漫长,而且最终还不一定能够经审核通过。而通过在东道国发行存托凭证的方式,则可以有效规避东道国的相关法律,即通过托管人和存托人的传递及中介作用实现在东道国发行存托凭证,从而起到间接发行其基础证券(股票、债券)的目的。在东道国证券市场上,发行公司不负责存托凭证的发行及上市事宜,而是由东道国金融机构(存托人)负责,东道国存托人属于本国公司,因此,不但规避了东道国的相关法律,而且发行与上市手续简单,相关成本也大大降低。这一特点,也使存托凭证的流动性更强,使其能够在世界范围内进行转换套利。

基于上述特征,存托凭证在中国的推出具有十分重要的制度价值:首先,就投资者而言,一是不仅能够拓宽其投资渠道,而且可以优化其投资组合并分散投资风险;二是能够分享境外创新成长型企业的经营成果;三是有利于提升理性投资理念。其次,就上市公司(即境外基础证券发行人)而言,一是能够避绕在东道国直接发行证券而受到的证券审核法律要求,从而提高效率、降低运行成本;二是能够丰富公司投资者的结构,使基础证券的流动性更强,在国际证券市场产生影响力。再次,对于存托人和承销机构等证券经营机构和证券服务机构而言,有利于扩大其业务范围,提升运营水平,促使其证券业务进一步走向国际化。最后,对于中国证券市场而言,能够丰富证券市场交易品种,改善国内上市公司结构,加快我国证券市场的国际化进程,增加我国金融市场创新的基础产品。[①]

三、存托凭证的发行制度

申请发行存托凭证并在科创板上市的,实行注册制[②],并适用《科创板首次公开发行股票注册管理办法(试行)》(2020年修正)关于发行上市审核注册程序的规定。[③]而根据《存托凭证管理办法》第5—7条的规定,存托凭证的发行则是按照2014年《证券法》核准制的要求进行审核,因此,就制度层面而言,中国存托凭证实行的是双轨制,即注册制与核准制并举。然而,2019年《证券法》于2020年3月1日起施行之后,根据下位法服从上位法的规定,在任何板块发行存托凭证则均实行注册制。2019年《证券法》第9条规定,证券发行注册制的具体范围、实施步骤,由国务院规定,以下是关于存托凭证发行制度完善问题的思考。

第一,根据《科创板首次公开发行股票注册管理办法(试行)》的相关规定,首次公开发行存托凭证并在科创板上市,境外基础证券发行人应当符合发行条件、上市条件以及相关信息披露要求,依法经交易所发行上市审核并报经中国证监会履行发行注册程序。[④]可见,在科创板存托凭证的发行审核与上市审核是联动合一的,即交易所进行发行并上市审核,然后报经中国证监会履行发行注册程序。中国证监会在20个工作日内对发行人的注册申请作出同意注册或者不予注册的决定。[⑤]由于注册完成与否的标志是获得中国证监会"同意注册或者

[①] 薛晗:《中国存托凭证制度的规制逻辑与完善路径》,载《中国政法大学学报》2019年第2期。
[②] 见《关于在上海证券交易所设立科创板并试点注册制的实施意见》第5项的规定。
[③] 见《科创板首次公开发行股票注册管理办法(试行)》第80条的规定。
[④] 见《科创板首次公开发行股票注册管理办法(试行)》第4条的规定。
[⑤] 见《科创板首次公开发行股票注册管理办法(试行)》第24条的规定。

不予注册的决定",因而在这种注册之下存托凭证的发行仍然是一种行政许可行为。

第二,对境外基础证券发行人的发行条件,《科创板首次公开发行股票注册管理办法(试行)》规定的注册制与《存托凭证管理办法》规定的核准制的根本区别在于取消了持续盈利能力的标准①,而代之以具有直接面向市场独立"持续经营的能力"②。这是可取的,因为对于持续盈利的判断是一种商业判断,商场如战场,企业本身都无法准确判断。2019 年《证券法》第 12 条第 1 款第(2)项同样规定,"具有持续经营能力"。也正是基于这个原因,《公司法》才允许,董事等企业管理人员在尽了勤勉和忠实义务的前提下,即使商业判断失误,亦可免责。所以,法律规定证券监管机关对发行企业的盈利能力审核和把握,多半是一厢情愿,事实上很难做到,即使审核时做到了,随着经济形势的变化,发行人的盈利能力也会跟着变化,一旦情况变糟,则当时审核通过的行为无异于误导了投资公众。恰恰与《证券法》的立法宗旨背道而驰。所以,无论是核准制还是注册制,其实都不应该将发行人的"持续盈利能力"作为审核标准。《存托凭证管理办法》第 5 条第(1)项要求境外基础证券发行人持续盈利能力的条件,是基于 2014 年《证券法》第 13 条第(2)项的规定而作出的,由于该条款已被 2019 年《证券法》所取消,故《存托凭证管理办法》第 5 条第(1)项在实践中已不具效力。2019 年《证券法》的这一修订,体现了"政府监管只能限于那些监管有效的市场缺陷范围"内,否则,不但无益,而且还会产生相反的副作用。③

第三,在审核程序方面,《存托凭证管理办法》的规定过于粗疏④,而《科创板首次公开发行股票注册管理办法(试行)》则列专章,即第 3 章进行专门规定,其"问询"式的审核方式特别值得核准制借鉴。所谓"问询"式的审核方式,是指交易所主要通过向发行人提出审核问询、发行人回答问题的方式开展审核工作,基于科创板的定位,判断发行人是否符合发行条件、上市条件和信息披露要求。⑤ 上述"问询"与"回答"的审核方式,在很大程度上是借鉴了美国注册制下美国证监会对发行人的审核模式。上海证券交易所通过这种"问询",一方面可以解决审核过程中发现的疑点问题,另一方面也可以进一步落实其所关注的信息披露关键点。而发行人则通过不断"回复"以满足交易所的审核需求。"从已经发布的问询和审核问答观察,交易所的审核包含了大量关涉发行人行业、业务、财务、公司治理的实质审查。"⑥ 基于科创板注册制具有实质审查的内容,人们不禁提出上海科创板的注册制的性质到底是实质审核还是形式审核,抑或两者兼具?这从一个侧面反映注册制与核准制并不需要泾渭分明,可以我中有你,你中有我,只要有利于投资者合法权益的保护,符合既效率又安全的价值便是一项好的证券审核制度。从目前上海证券交易所科创板证券审核的实际情况来看,大部分发行人的证券发行申请最终得到中国证监会的许可。但是,也有个别未获通过,例如,"恒安嘉新"的发行申请就被证监会否决。这里值得关注的是,证监会作出"不予注册"的决定,一方面表明证监会把住了证券发行注册的最后关口,另一方面也表明上海证券交易所相关部门的审核与审议过程是存在漏洞的,审核结果是存在瑕疵的。毕竟交易所审核通过

---

① 见《存托凭证管理办法》第 5 条第(1)项的规定。
② 见《科创板首次公开发行股票注册管理办法(试行)》第 12 条的规定。
③ 参见李东方:《证券监管法论》,北京大学出版社 2019 年版,第 55—56 页。
④ 见《存托凭证管理办法》第 2 章的规定。
⑤ 见《科创板首次公开发行股票注册管理办法(试行)》第 19 条的规定。
⑥ 2019 年 5 月 14 日,《上交所就首轮问询及回复情况答记者问》《上交所就科创板发行上市审核问询回复进展情况答记者问》,转引自冷静:《科创板注册制下交易所发行上市审核权能的变革》,载《财经法学》2019 年第 4 期。

的 IPO 公司在证监会"注册"时能否通过,对交易所的能力是一个考验。[①] 尤其是对境外基础证券发行人存托凭证发行资质的审核,由于存在跨境问题,这对交易所是一个更大的考验。

第五节　证券承销

一、证券承销的概念和特征

证券承销,是指证券公司等证券经营机构依照承销协议包销或者代销发行人所发行的股票和债券,并依照法律和合同收取一定比例承销费(佣金)的行为。证券承销是证券间接发行时所采用的发行方式。《证券法》第 26 条第 1 款规定,发行人向不特定对象公开发行的证券,法律、行政法规规定应当由证券公司承销的,发行人应当同证券公司签订承销协议。证券承销业务采取代销或者包销方式。

证券承销的主要特征如下:

(1)证券承销是承销商为发行人销售证券的行为。证券经营机构作为承销商,只是按照发行人的授权,在授权范围内,代发行人销售证券而已。它既不是证券的所有人,也不分享销售所得,只是收取一定的佣金作为酬劳。证券承销是承销商为发行人销售证券的行为。

(2)证券承销是承销商按照和发行人事先签订的承销协议销售证券的行为,承销商与发行人之间为合同关系。按照承销协议的约定,发行人有权要求承销商销售证券,同时有义务向承销商支付佣金。承销商有义务为发行人承销证券,同时有权收取发行费用。承销协议作为承销商承销证券的法律依据,是发行人公开发行股票,必须向证监会报送的审核文件之一。

(3)证券承销是以包销或代销方式为发行人销售证券的行为。根据证券经营机构在承销过程中承担的责任和风险的不同,证券承销方式分为包销和代销两种。证券承销商只能采取包销或代销方式为发行人销售证券。从法律角度而言,承销方式的不同,意味着承销商和发行人享有不同的权利并承担不同的义务。

(4)承销商是连结发行人和投资者之间产生证券交易关系的重要纽带。① 在代销中,发行人和证券投资者之间的法律关系的性质为买卖关系。发行人为卖方,证券投资者为买方,二者通过承销商的代理行为完成交易。② 在全额包销中,发行人不与证券投资者直接发生法律关系,而是由承销商直接面对证券投资者。③ 在余额包销中,在承销期内,发行人和证券投资者之间的法律关系为买卖关系。发行人为卖方,证券投资者为买方。在承销期结束后,承销商从发行人处购入未售出的证券再销售给证券投资者。此时,承销商既为买方又为卖方,相对于发行人而言,承销商为买方,相对于证券投资者来说,承销商则成了卖方。

二、证券承销的方式

(一)承销的一般方式

《证券法》和《证券发行与承销管理办法》(2018 年修订)均明确规定,证券公司承销证券采用包销或者代销方式。故包销和代销为证券承销的一般方式。

---

① 操秀英:《科创板注册,并非走走过场那么简单》,载《科技日报》2019 年 9 月 6 日第 005 版。

证券代销,是指证券经营机构代发行人发售证券,在承销期结束时,将未售出的证券全部退还给发行人的承销方式。

证券包销,是指证券经营机构将发行人的证券按照协议全部购入或者在承销期结束时将售后剩余证券全部自行购入的承销方式。包销又分为全额包销和余额包销。

代销和包销虽然都是证券承销的基本方式,但二者有着显著不同的特征:

(1) 法律关系不同。在代销中,发行人和承销商二者为委托代理合同关系。在包销中的全额包销中,发行人和承销商二者为买卖合同关系。在余额包销中,发行人和承销商的法律关系以承销期为分界点。余额包销实际上是代销和全额包销的结合。承销商先是代理发售,后全额包销。所以,在承销期内,二者的法律关系为委托代理合同关系。在承销期外,二者的法律关系转变为买卖合同关系。

(2) 风险分担不同。在代销中,承销商只需按照承销协议约定的发行条件,在约定的承销期限内尽力销售,到承销期满后,如果证券没有全部被售出,那么承销商可以将未售出的证券退还给发行人。代销对于承销商来说,风险要低于包销的风险。而在包销中,承销商在承销期内或承销期满后要购入全部或销售剩余部分的证券,承担全部销售风险。对于承销商来说,包销的风险很大,要远远高于代销的风险。对发行人来说,包销的风险要远远低于代销的风险。

(3) 发行成本不同。在代销中,承销商由于风险较小,其承销费必然要低于包销的承销费。而在包销中,证券销售的风险由承销商承担,因此,包销的承销费要高于代销的承销费。这对于发行人而言,则无疑增加了其发行的成本。

(二) 证券承销的特殊方式

所谓证券承销的特殊方式,是指主承销和参与承销的证券公司组成承销团进行证券承销的一种方式。

承销团承销是指由两家或两家以上的证券经营机构组成联合承销组织,为发行人销售证券的承销方式。承销团承销是在发行的证券票面总值超过一定数额时,法律要求必须采取的一种承销方式。一般来说,承销团承销在发行的证券票面总值较大的情况下采用。目的是分散风险。承销团承销与单个承销商承销相比,最大的优势就在于其具有分散风险的功能。根据《证券法》第 30 条的规定,向不特定对象发行证券聘请承销团承销的,承销团应当由主承销和参与承销的证券公司组成。

上述主承销的证券公司称为主承销商,即在承销团中,与发行人签订承销协议,组织承销工作,承担承销风险的证券公司。参与承销的证券公司称为分销商,即在承销团中,与主承销商及承销团其他成员签订分销协议,参与分销工作的证券公司。

承销团由于由两个或更多的承销商组成,除了能够扩大证券发行销售渠道,还具有分散风险的作用,较单独承销具有明显的优越性。

三、证券承销协议

(一) 证券承销协议的概念和特征

证券承销协议是由证券发行者和证券承销商之间签订的,明确在证券承销过程中双方权利义务关系的协议。《证券法》第 26 条第 1 款规定,发行人向不特定对象公开发行的证券,法律、行政法规规定应当由证券公司承销的,发行人应当同证券公司签订承销协议。

证券承销协议的主要特征如下:

(1) 证券承销协议为要式合同。从《证券法》第 11、13、26、28 条的规定可以看出,我国《证券法》要求证券承销协议必须采取书面形式,而不允许采取口头形式或其他形式。并且,证券承销协议的内容必须记载法律、法规明确要求记载的事项,以及国务院证券监督管理机构规定记载的事项。

(2) 证券承销协议为报送文件。按照《证券法》第 11、13 条的规定,证券承销协议是股份有限公司设立发行和新股发行时,必须向国务院证券监督管理机构报送的文件之一。即上述两个法条均提到的"承销机构名称及有关的协议"。

(3) 证券承销协议必须遵守国家的强制性规范。证券承销协议属于当事人意思自治的合同,其具体内容由发行人和承销商协商确定,但是,不得违反国家的强制性规范。《证券法》《证券发行与承销管理办法》(2018 年修订)和国务院证券监督管理机构要求记载的必要记载事项,必须记载,不可或缺。

(二)证券承销协议的基本内容

根据《证券法》第 28 条的规定,证券公司承销证券,应当同发行人签订代销或者包销协议,载明下列事项:(1) 当事人的名称、住所及法定代表人姓名;(2) 代销、包销证券的种类、数量、金额及发行价格;(3) 代销、包销的期限及起止日期;(4) 代销、包销的付款方式及日期;(5) 代销、包销的费用和结算办法;(6) 违约责任;(7) 国务院证券监督管理机构规定的其他事项。

四、证券承销商的法定义务和承销规则[①]

证券承销商的法定义务,是指证券公司承销证券,应当对公开发行募集文件的真实性、准确性、完整性进行核查。发现有虚假记载、误导性陈述或者重大遗漏的,不得进行销售活动;已经销售的,必须立即停止销售活动,并采取纠正措施。而且,证券公司在承销证券的过程中,不得有下列行为:(1) 进行虚假的或者误导投资者的广告宣传或者其他宣传推介活动;(2) 以不正当竞争手段招揽承销业务;(3) 其他违反证券承销业务规定的行为。证券公司有上述所列行为,给其他证券承销机构或者投资者造成损失的,应当依法承担赔偿责任。

证券承销的规则主要包括:

(1) 公开发行证券的发行人有权依法自主选择承销的证券公司。

(2) 证券的代销、包销期限最长不得超过 90 日。证券公司在代销、包销期内,对所代销、包销的证券应当保证先行出售给认购人,证券公司不得为本公司预留所代销的证券和预先购入并留存所包销的证券。

(3) 股票发行采取溢价发行的,其发行价格由发行人与承销的证券公司协商确定。

(4) 股票发行采用代销方式,代销期限届满,向投资者出售的股票数量未达到拟公开发行股票数量 70% 的,为发行失败。发行人应当按照发行价并加算银行同期存款利息返还股票认购人。

(5) 公开发行股票,代销、包销期限届满,发行人应当在规定的期限内将股票发行情况报国务院证券监督管理机构备案。

---

① 参见《证券法》第 27、29、31—34 条的规定。

【测试题】

为扩大生产规模,筹集公司发展所需资金,鄂神股份有限公司拟发行总值为1亿元的股票。下列哪一说法符合《证券法》的规定?(　　)(2012年国家司法考试,卷三第34题)

A. 根据需要可向特定对象公开发行股票
B. 董事会决定后即可径自发行
C. 可采取溢价发行方式
D. 不必将股票发行情况上报证券监管机构备案

【答案与解析】

答案:C

解析:本题综合考查了股份公司股票发行的有关法律规定。《证券法》区分证券的公开发行和非公开发行两种形式,如果向特定对象公开发行,发行对象必须累计超过200人(但依法实施员工持股计划的员工人数不计算在内),否则不能公开发行。公开发行股票的,须将股票发行情况报证监会备案。股份公司发行股票,须经股东大会决议,并且可以溢价发行。读者如对相关法律规定不熟悉,容易错选答案。同时,有些读者可能错误地认为A项中"可向特定对象公开发行股票"这种表述正确,实际上缺少了"累计超过200人"这一限定性条件,笼统地说可以向特定对象公开发行股票是错误说法,这也是本题的设题陷阱所在。

【测试题】

股票和债券是我《证券法》规定的主要证券类型。关于股票与债券的比较,下列哪一表述是正确的?(　　)(2011年国家司法考试,卷三第9题)

A. 有限责任公司和股份有限公司都可以成为股票和债券的发行主体
B. 股票和债券具有相同的风险性
C. 债券的流通性强于股票的流通性
D. 股票代表股权,债券代表债权

【答案与解析】

答案:D

解析:本题考察股票与债券的区别。股票和债券同作为筹资手段,发行主体不同。债券的发行主体较广,除有限责任公司、股份有限公司等企业可以发行债券外,国家、地方政府等主体也可以发行债券;而股票则只能由股份有限公司发行,其他主体不能发行,所以A选项的表述不正确。

购买债券兼有投资及储蓄性质,以资本保值及获取固定利息为目的,债券到期后,发行人应向持券人支付本息,因此债券投资回报固定、风险较小。购买股票是单纯的投资行为,股息收入随股份公司的盈利情况而定,盈利多就多得,盈利少就少得,无利则不得,所以股票的风险较大。由此可知B选项的表述不正确。

根据我国《证券法》的规定,股票和公司债券都可以自由转让及上市流通,二者的流通性相同,所以C选项的表述不正确。

股票和债券代表的权利性质不同,股票代表股东对公司的股权,而债券代表持券人对公司的债权,所以D选项正确。

第二章 证券发行法律制度

【测试题】

依据我国《证券法》的相关规定,关于证券发行的表述,下列哪一选项是正确的?(　　)(2013年国家司法考试,卷三第32题)

A. 所有证券必须公开发行,而不得采用非公开发行的方式
B. 发行人可通过证券承销方式发行,也可由发行人直接向投资者发行
C. 只有依法正式成立的股份公司才可发行股票
D. 国有独资公司均可申请发行公司债券

【答案与解析】

答案:D

解析:本题综合考查了证券的发行方式、股票与公司债券的发行。根据2013年《证券法》第10条规定(2019年修订的《证券法》第9条,内容未修改),证券发行有公开发行和不公开发行两种方式,所以A选项错误。

股份公司发行股票包括设立公司时的募集股份和公司成立后的发行新股。募集股份发生在公司成立前,由发起人进行,此时公司未成立,因此当然不能说只有依法正式成立的股份公司才可以发行股票,所以C选项错误。

2013年《证券法》第16条(2019年修订的《证券法》第15条)规定了发行公司债券的条件,只要符合法定条件,不论是股份公司、有限公司还是国有独资公司均可发行公司债券,所以D选项表述国有独资公司均可申请发行公司债券,没有错误,国有独资公司均有申请发行证券的资格,至于能否得到核准则是另一回事。

根据2013年《证券法》第28条(2019年修订的《证券法》第26条,内容未修改)的规定,发行人向不特定对象公开发行证券,法律、行政法规规定应当由证券公司承销的,发行人必须采取承销方式。其他向特定对象公开发行证券以及不公开发行证券的,《证券法》并不要求必须采取承销方式,而是可以直接发行,但是B选项笼统地说"也可由发行人直接向投资者发行"则有误。

第三章

证券交易法律制度

导读

证券交易是证券市场上最为活跃而又具风险的行为,因而成为证券法所调整规范的重点对象之一。证券交易规则包括证券交易的基本程序、证券交易的方式和种类、证券交易的强制性规则、证券的上市、证券上市保荐以及证券退市,这些规则构成了证券交易制度的基本内容。学习本章,应重点理解和掌握证券交易的概念与特征,证券交易市场的概念与分类,证券交易市场主体的构成,证券交易的程序、方式、种类,证券交易的强制性规则,证券上市的概念与类型,证券上市的条件与程序,证券上市保荐人制度,证券退市制度等。

第一节 证券交易概述

一、证券交易和证券交易市场

(一)证券交易的概念与特征

证券交易是证券市场最为活跃、最为频繁、风险最为集中的行为,因此成为证券法所调整规范的重点对象之一。所谓证券交易,又称证券买卖,是指证券持有人按照证券交易规则,将依法持有的证券转让给他人的法律行为。证券交易是证券权利转移的方式之一,除此之外,还有继承、赠与等也是证券权利转移的形式。证券交易的主要特征如下:

(1)证券交易属于金融商品的买卖,有着特殊的交易规则。证券交易的标的属于有价证券中的资本证券,其价值体现在证券所代表的财产权利,并非证券本身,而一般商品交易的标的通常是商品本身。证券交易有着一套特殊的交易规则,如交易代理规则、委托指令规则、成交规则、结算规则等,交易双方必须严格依照交易规则进行,交易行为具有法律效力。

(2)证券交易是证券流通的基本方式,流通过程中其价格波动幅度大。证券的基本属性之一就是流通性,通过证券流通不仅满足了证券投资者的买卖需求,而且实现了投资者之间的风险转移,也使证券市场保持着经济活力,发挥市场配置资源的作用。

证券与其他商品一样,价格围绕价值上下波动,但是证券价格围绕证券价值波动的幅度往往更大,或者说证券交易的价格波动幅度大,由此往往导致证券交易具有很大的投机性。

(3)证券交易依法在证券交易场所内进行。一方面,证券交易的方式和种类通常由法律规定,未经法律许可,不得进行证券交易。另一方面,由于证券交易风险较大,为了便于监管,防范证券市场的风险,因而,一般要求在证券交易场所内进行。

(二)证券交易市场的基本原理

1. 证券交易市场的概念与特征

证券交易市场,是指对已经发行的证券进行买卖、转让和流通的市场。证券交易市场相对于证券发行市场,又称二级市场、次级市场,其功能主要是为已发行的证券提供流通场所或机制,使更多的投资者获得证券投资的机会。证券交易市场具有以下特征:

(1)证券交易市场首先是一个场所,包括证券交易所、国务院批准的其他全国性证券交易场所。[1] 同时,证券交易市场还是证券流通的一种机制,对证券交易市场的理解不应仅仅停留在其仅为某一固定的交易场所。证券交易市场既包含着一些固定的交易场所,也包括许多不通过有形市场进行的已发行证券的交易,如场外交易,或通过无形市场进行的电话交易或网上交易。因此,所有已发行证券的买卖行为,均包含在证券交易的范畴之内。

(2)证券交易主体是证券投资者,交易双方的关系本质上是一种单纯的买卖关系。在证券发行市场上,买者是证券投资人,而卖者是证券发行人,买卖双方除了是证券买卖关系,还会因此而产生股权关系或者债权债务关系。而在证券交易市场上,买卖双方基本上都是证券投资者,他们之间的关系是一种单纯的证券交易关系。

(3)证券交易市场上交易的标的物是依法发行且交付的证券。非依法发行的证券不得在证券市场上买卖,已经发行,但尚未交付的证券,亦不得买卖。因此,证券交易市场是存量交易,无论交易多么频繁,都不会增加市场的证券存量。而证券发行是增量交易,新证券的发行,意味着证券市场上证券供应量的增加。

(4)证券交易市场具有一定的投机性。影响证券交易市场供求的因素十分复杂,且经常发生变化,导致不同时点上的买卖价格经常波动,常常出现成交价格大大偏离证券本身所能代表的实际价值的现象,以致证券交易市场的交易具有很大的投机性。证券法保护合法的证券投机行为。

2. 证券交易市场的分类

按照不同的标准,证券交易市场可以作出以下不同的分类:

(1)按照证券交易市场交易对象的种类,可分为股票交易市场、债券交易市场、基金交易市场和证券衍生品种交易市场。不同证券种类的证券交易市场,不仅其证券发行和上市的条件不同,而且交易规则也有较大的差别。① 股票交易市场,又称股市,是指股票上市和交易的市场,是证券市场最活跃、最基本的组成部分。我国股票交易市场依据投资者开户条件和交易规则的不同,又分为A股市场、B股市场。股票交易市场在整个证券交易市场中占主导地位。② 债券交易市场,又称债市,是债券上市和交易的市场。由于债券市场有许多交易品种,可再分为国债市场、企业债券市场、公司债券市场、金融债券市场等。就我国目前债券市场的发展情况看,以国债市场和公司债券市场最为典型。③ 基金交易市场,是基金上市和交易的市场。基金交易市场又可分为投资基金交易市场和产业基金交易市场。我国目前已形成相当规模的投资基金交易市场和产业基金交易市场。根据基金能否赎回,基金交易市场又可分为开放型基金交易市场和封闭型基金交易市场。目前我国开放型基金占据基金交易市场的主导地位。④ 证券衍生品种交易市场,是指各种证券衍生品种上市与交易的市场,包括股指期货、股指期权、国债期货、股票期权、存托凭证以及其他证券衍生品交易

---

[1] 参见《证券法》第96条第1款的规定。

市场。我国 2005 年《证券法》修订之前,证券交易只允许现货交易,故证券衍生品种的交易几乎完全被禁止,严重制约着证券市场的创新和发展。2005 年修订后的《证券法》允许证券衍生品种的发行和交易,规定:"证券衍生品种发行、交易的管理办法,由国务院依照本法的原则规定。"这一规定,大大促进了证券衍生品种交易市场的发展。

(2) 按照证券市场的组织形式,可分为场外交易市场和场内交易市场。① 场外交易市场,一般是指分散的交易市场,买卖双方通过协商定价直接进行证券交易,如柜台交易市场。在证券交易所出现之前,证券交易是通过证券经纪公司柜台进行的。随着通信技术的发展,一些国家出现了有组织的并通过现代化通信与电脑网络进行交易的场外交易市场,如美国全美证券商协会自动报价系统(简称:NASDAQ,纳斯达克)。这类场外交易市场,其证券交易纳入国家法律法规的规制,证券监督管理机构对其进行监管。② 场内交易市场,又称集中交易市场,一般为依法设立的证券交易所。证券交易所是为适应大规模的证券交易的需要而产生的为投资者提供集中竞价交易的场所,现已成为各国证券交易市场的典型形式。

(3) 按照证券交易市场的物质形态,可分为有形市场和无形市场。① 有形市场,是指以专门设有配备交易设施和设备的交易大厅作为固定交易的市场。例如,各国的证券交易所就属于有形市场。② 无形证券市场,是指没有固定的场地和空间,而是通过电信、电脑网络等现代化通信设备实现交易的市场。投资者利用证券商与交易所的电脑联网系统,可直接将买卖指令输入交易所的撮合系统进行交易。由于无形市场的交易方式具有高效、经济的优势,已日益为世界各国广泛采用,成为当今世界证券市场发展的潮流。

(4) 按照证券交易市场的性质与上市标准,可分为主板市场、创业板市场或二板市场、三板市场、科创板市场。

① 主板市场,是指一个国家或地区证券发行、上市及交易的主要场所。它是传统意义上的证券市场,通常又指股票市场。主板市场先于创业板市场产生,是多层次市场的重要组成部分,也是资本市场中最重要的组成部分,它在很大程度上能够反映一国经济发展状况,被称为一国经济的"晴雨表"。

② 创业板市场,又称"二板市场",是指主板市场之外的证券发行、上市及交易的场所,设立该市场的目的在于为中小企业特别是具有高成长性的中小企业和高新技术企业提供直接融资服务,从而促进高新技术产业的发展。创业板市场的上市标准和上市条件低于主板市场,另外,在创业板市场上市的企业多为成长型企业,经营状况和盈利能力的变化较大,既可能有较高的成长性,也可能有较大的风险。前述,美国 NASDAQ 是创业板市场的典型,此外,还有英国伦敦交易所选择性投资市场 AIM(Alternative Investment Market 的简称)、我国香港地区创业板市场,深圳交易所中小企业板市场和创业板市场等。

③ 三板市场,是相对于主板市场和二板市场而言的证券交易场所,在我国通常是指券商代办股份转让系统。2001 年 7 月 16 日,我国"代办股份转让系统"正式开办,作为中国多层次证券市场体系的一个有机组成部分,三板市场一方面为退市后的上市公司股份提供了继续流通的场所,另一方面也解决了原 STAQ、NET 系统历史遗留的多家公司法人股的流通问题。2006 年 1 月,为落实国家自主创新战略、推动科技型企业借力资本市场发展,国务院发布《证券公司代办股份转让系统中关村科技园区非上市股份有限公司股份报价转让试点办法》及相关配套文件,北京中关村科技园区非上市股份有限公司"代办股份转让系统"开始进入试点。因为挂牌企业均为高科技企业而不同于原转让系统内的退市企业及原 STAQ、NET 系统挂牌公司,故被形象地称为"新三板"。原先以两网公司和退市公司为主体

的市场称为"老三板"。两者在服务对象、交易方式、信息披露、融资制度与投资者适当性等均存在根本性不同。"新三板"通过扩大试点范围,逐渐发展成为全国性交易市场。2013年1月16日,随着全国中小企业股份转让系统正式揭牌运营,"新三板"不再局限于中关村科技园区非上市股份有限公司,也不局限于天津滨海、武汉东湖以及上海张江等试点地的非上市股份有限公司,而是全国性的非上市股份有限公司股权交易平台,主要针对的是中小微型企业。

④ 科创板市场,是由国家主席习近平于2018年11月5日在首届中国国际进口博览会开幕式上宣布设立,是独立于现有主板市场的新设板块,并在该板块内进行注册制试点。2019年1月28日,证监会发布《关于在上海证券交易所设立科创板并试点注册制的实施意见》,2019年3月1日,证监会发布《科创板首次公开发行股票注册管理办法(试行)》和《科创板上市公司持续监管办法(试行)》。2019年6月13日,科创板正式开板,7月22日,科创板首批公司上市;8月8日,第二批科创公司挂牌上市。2019年8月,为落实科创板上市公司(以下简称"科创公司")并购重组注册试点改革要求,建立高效的并购重组制度,规范科创公司并购重组行为,证监会发布《科创板上市公司重大资产重组特别规定》。设立科创板并试点注册制是提升服务科技创新企业能力、增强市场包容性、强化市场功能的一项资本市场重大改革举措。

此外,按照证券交易市场的地域标准,可分为国内证券交易市场和国际证券交易市场。

3. 证券交易市场的参与主体

证券交易市场的参与主体是指参与证券交易市场活动的各类法律关系的主体,包括证券发行主体、证券投资主体、证券服务中介机构、证券监管机构。

(1) 证券发行主体。这是指证券发行人,一般包括公司、企业、金融机构、基金组织、政府等。

(2) 证券投资者。这是指证券投资人,一般分为个人投资者和机构投资者。机构投资者一般包括公司、企业、金融机构、基金组织、政府机构等。

(3) 证券服务中介机构。这是指为证券发行与交易提供服务的各种中介机构,一般包括证券交易所、证券登记结算机构、证券公司、证券服务机构。证券交易所是为证券发行和交易提供场所和设施服务的机构,通常依法兼有部分证券监管职责。证券登记结算机构是为证券发行和交易提供登记、保管、结算、过户等服务的中介机构。证券公司是为证券交易提供代理服务的中介机构。证券服务机构是指为证券发行、交易提供各种其他服务的中介机构,一般包括投资咨询机构、财务顾问机构、资信评级机构、资产评估机构、会计师事务所、律师事务所等。

(4) 证券监管机构。这是指证券业自律监管机构和证券行政监管机构,前者如中国证券业协会,后者如中国证监会。这两类监管机构作为证券交易市场的参与主体,与上述三类主体有重大区别,他们不是直接的参与主体,只有当上述各市场参与主体违法违规时,监管机构才出动干预之手,去修正或者处罚交易行为失范的市场主体。

二、证券交易的程序和规则

证券交易程序是指投资者进入证券交易所进行证券买卖的程序和步骤。我国证券交易所的证券交易程序按步骤可以分为开户、委托、申报、竞价成交和结算五个阶段。我国上海证券交易所和深圳证券交易所各自都制定了本所的交易规则,在申报和竞价成交等方面的规则有诸多不同之处。基于篇幅,这里主要结合《证券法》和《上海证券交易所交易规则》(2020年修订)的有关规定进行探讨。

(一) 开户

我国《证券法》第157条第1款规定,投资者委托证券公司进行证券交易,应当通过证券公司申请在证券登记结算机构开立证券账户。证券登记结算机构应当按照规定为投资者开立证券账户。投资者买卖证券,实际上需要开设两个账户,证券账户和资金账户。证券账户是由证券登记结算机构为申请人开出的记载其证券持有及变更的权利凭证,用于记录投资者持有证券的余额及其变动情况,投资者通过证券账户持有证券。资金账户用于存储投资者的投资资金和卖出股票后收回的价金。中国证券登记结算有限公司对证券账户实施统一管理,具体账户业务一般委托开户代理机构办理。投资者需按照《中国证券登记结算有限责任公司证券账户业务指南》(2017年修订)的相关规定办理开户业务。个人和一般机构投资者开立证券账户应到证券公司营业部办理。证券公司等开户代理机构受中国证券登记结算有限公司委托接收投资者申请,中国登记结算有限公司以投资者本人名义为投资者开立证券账户。

证券账户按类别分为上海证券账户和深圳证券账户。上海证券账户用于记载在上海证券交易所上市交易的证券以及证券登记结算公司认可的其他证券;深圳证券账户用于记载在深圳证券交易所上市交易的证券以及证券登记结算公司认可的其他证券。

上海证券账户和深圳证券账户按证券账户的用途分为人民币普通股票账户(简称A股账户)、人民币特种股票账户(简称B股账户)、封闭式基金账户、衍生品合约账户、信用账户、股转系统账户、其他账户等。一个投资者只能申请开立一个一码通账户。一个投资者在同一市场最多可以申请开立3个A股账户、封闭式基金账户,只能申请开立1个信用账户、B股账户。

开户方式,开户代理机构可根据中国证券登记结算有限责任公司有关规定采取临柜、见证或中国证券登记结算有限责任公司认可的其他非现场方式为自然人、普通机构投资者办理证券账户开立业务。开户代理机构还可以根据中国证券登记结算有限责任公司有关规定采取网上方式为自然人投资者办理证券账户开立业务。[①]

(二) 委托[②]

委托,是指投资者向证券交易所会员进行具体授权买卖证券的行为。我国证券交易所实行会员制,只有具备会员资格的证券公司才能在证券交易所内进行交易。投资者买卖证券,应当开立证券账户和资金账户,并与会员签订证券交易委托协议。协议生效后,投资者即成为该会员经纪业务的客户(以下简称"客户")。客户可以通过书面或电话、自助终端、互联网等自助委托方式委托会员买卖证券。电话、自助终端、互联网等自助委托应当按相关规定操作。客户通过自助委托方式参与证券买卖的,会员应当与其签订自助委托协议。客户的委托指令应当包括下列内容:(1)证券账户号码;(2)证券代码;(3)买卖方向;(4)委托数量;(5)委托价格;(6)交易所及证券公司要求的其他内容。

客户可以采用限价委托或市价委托的方式委托会员买卖证券。限价委托,是指客户委

[①] 具体程序详见《中国证券登记结算有限责任公司证券账户业务指南》(2017年修订)"第二章证券账户开立"的规定。

[②] 参见《上海证券交易所交易规则》(2020年修订)"第三章证券买卖,第三节委托"的规定。

托会员按其限定的价格买卖证券,会员必须按限定的价格或低于限定的价格申报买入证券;按限定的价格或高于限定的价格申报卖出证券。市价委托,则是指客户委托会员按市场价格买卖证券。

客户可以撤销委托的未成交部分。被撤销和失效的委托,会员应当在确认后及时向客户返还相应的资金或证券。会员向客户买卖证券提供融资融券服务的,应当按照有关规定办理。

(三)申报[①]

申报,是指证券交易所会员向交易所交易主机发送证券买卖指令的行为。交易所只接受会员的限价申报和市价申报。市价申报只适用于有价格涨跌幅限制证券连续竞价期间的交易。其他交易时间,交易主机不接受市价申报。会员应当按照客户委托的时间先后顺序及时向交易所申报。

1. 竞价交易申报时间

交易所接受交易参与人竞价交易申报的时间为:每个交易日9:15—9:25、9:30—11:30、13:00—15:00。每个交易日9:20—9:25的开盘集合竞价阶段、14:57—15:00的收盘集合竞价阶段,交易所交易主机不接受撤单申报;其他接受交易申报的时间内,未成交申报可以撤销。撤销指令经交易所交易主机确认方为有效。交易所认为必要时,可以调整接受申报时间。

2. 申报指令

限价申报指令应当包括证券账号、营业部代码、证券代码、买卖方向、数量、价格等内容。市价申报指令应当包括申报类型、证券账号、营业部代码、证券代码、买卖方向、数量等内容。申报指令按交易所规定的格式传送。交易所认为必要时,可以调整申报的内容及方式。

3. 竞价交易申报数量

通过竞价交易买入股票、基金、权证的,申报数量应当为100股(份)或其整数倍。卖出股票、基金、权证时,余额不足100股(份)的部分,应当一次性申报卖出。债券交易的申报数量应当为1手或其整数倍,债券质押式回购交易的申报数量应当为100手或其整数倍,债券买断式回购交易的申报数量应当为1000手或其整数倍。债券交易和债券买断式回购交易以人民币1000元面值债券为1手,债券质押式回购交易以人民币1000元标准券为1手。股票、基金、权证交易单笔申报最大数量应当不超过100万股(份),债券交易和债券质押式回购交易单笔申报最大数量应当不超过10万手,债券买断式回购交易单笔申报最大数量应当不超过5万手。根据市场需要,交易所可以调整证券的单笔申报最大数量。

4. 证券交易的计价单位

不同证券的交易采用不同的计价单位。股票为"每股价格",基金为"每份基金价格",权证为"每份权证价格",债券为"每百元面值债券的价格",债券质押式回购为"每百元资金到期年收益",债券买断式回购为"每百元面值债券的到期购回价格"。A股、债券交易和债券买断式回购交易的申报价格最小变动单位为0.01元人民币,基金、权证交易为0.001元人民币,B股交易为0.001美元,债券质押式回购交易为0.005元。深圳证券交易所债券质押式回购交易的申报价格最小变动单位为0.001元人民币;B股交易为0.01港元。交易所可以根据市场需要,调整证券单笔买卖申报价格的最小变动单位。

[①] 参见《上海证券交易所交易规则》(2020年修订)"第三章证券买卖,第四节申报"的规定。

5. 有效申报

买卖有价格涨跌幅限制的证券,在价格涨跌幅限制以内的申报为有效申报。超过涨跌幅限制的申报为无效申报。上海证券交易所对股票、基金交易价格涨跌幅限制比例为10%,其中ST股票和*ST股票价格涨跌幅比例为5%。股票、基金涨跌幅价格的计算公式为:涨跌幅价格＝前收盘价×(1±涨跌幅比例)。计算结果按照四舍五入原则取至价格最小变动单位。属于下列情形之一的,首个交易日无价格涨跌幅限制:(1)首次公开发行上市的股票和封闭式基金;(2)增发上市的股票;(3)暂停上市后恢复上市的股票;(4)退市后重新上市的股票;(5)交易所认定的其他情形。经证监会批准,交易所可以调整证券的涨跌幅比例。

6. 集合竞价阶段的有效申报价格

买卖无价格涨跌幅限制的证券,集合竞价阶段的有效申报价格应符合下列规定:(1)股票交易申报价格不高于前收盘价格的200%,并且不低于前收盘价格的50%;(2)基金、债券交易申报价格最高不高于前收盘价格的150%,并且不低于前收盘价格的70%。集合竞价阶段的债券回购交易申报无价格限制。

7. 连续竞价阶段的有效申报价格

买卖无价格涨跌幅限制的证券,连续竞价阶段的有效申报价格应符合下列规定:(1)申报价格不高于即时揭示的最低卖出价格的110%且不低于即时揭示的最高买入价格的90%;同时不高于上述最高申报价与最低申报价平均数的130%且不低于该平均数的70%。(2)即时揭示中无买入申报价格的,即时揭示的最低卖出价格、最新成交价格中较低者视为前项最高买入价格。(3)即时揭示中无卖出申报价格的,即时揭示的最高买入价格、最新成交价格中较高者视为前项最低卖出价格。当日无交易的,前收盘价格视为最新成交价格。

8. 申报当日有效

每笔参与竞价交易的申报不能一次全部成交时,未成交的部分继续参加当日竞价,交易所交易规则另有规定的除外。

(四) 竞价成交①

1. 竞价

证券竞价交易采用集合竞价和连续竞价两种方式。集合竞价是指在规定时间内接受的买卖申报一次性集中撮合的竞价方式。连续竞价是指对买卖申报逐笔连续撮合的竞价方式。当前竞价交易阶段未成交的买卖申报,自动进入当日后续竞价交易阶段。

2. 成交

证券竞价交易按价格优先、时间优先的原则撮合成交。成交时价格优先的原则为:较高价格买入申报优先于较低价格买入申报,较低价格卖出申报优先于较高价格卖出申报。成交时时间优先的原则为:买卖方向、价格相同的,先申报者优先于后申报者。先后顺序按交易主机接受申报的时间确定。

(1)集合竞价时,成交价格的确定原则为:①可实现最大成交量的价格;②高于该价格的买入申报与低于该价格的卖出申报全部成交的价格;③与该价格相同的买方或卖方至少有一方全部成交的价格。

两个以上申报价格符合上述条件的,使未成交量最小的申报价格为成交价格;仍有两个以上使未成交量最小的申报价格符合上述条件的,其中间价为成交价格。集合竞价的所有

---

① 参见《上海证券交易所交易规则》(2020年修订)"第三章证券买卖"中"第五节竞价"及"第六节成交"的规定。

交易以同一价格成交。

（2）连续竞价时，成交价格的确定原则为：① 最高买入申报价格与最低卖出申报价格相同，以该价格为成交价格；② 买入申报价格高于即时揭示的最低卖出申报价格的，以即时揭示的最低卖出申报价格为成交价格；③ 卖出申报价格低于即时揭示的最高买入申报价格的，以即时揭示的最高买入申报价格为成交价格。

按成交原则达成的价格不在最小价格变动单位范围内的，按照四舍五入原则取至相应的最小价格变动单位。买卖申报经交易主机撮合成交后，交易即告成立。符合上述各项规定达成的交易于成立时生效，买卖双方必须承认交易结果，履行清算交收义务。

因不可抗力、意外事件、交易系统被非法侵入等原因造成严重后果的交易，交易所可以采取适当措施或认定无效。对显失公平的交易，经交易所认定并经交易所理事会同意，可以采取适当措施，并向证监会报告。违反交易规则，严重破坏证券市场正常运行的交易，交易所有权宣布取消，由此造成的损失由违规交易者承担。

依照上述交易规则达成的交易，其成交结果以交易所交易主机记录的成交数据为准。证券交易的清算交收业务，应当按照交易所指定的登记结算机构的规定办理。

三、证券交易的方式

证券交易方式根据不同的标准一般可以分为以下三种类型：第一，以时间为标准划分的现货交易与期货交易；第二，以是否有选择权为标准划分的期权交易与非期权交易；第三，以有无保证金为标准划分的保证金交易（信用交易）与非保证金交易。上述三种主要分类与证券进行组合，便出现了多种证券交易方式，如证券现货交易、证券期货交易、证券期权交易、证券信用交易等，由此又衍生出许多新的证券交易品种，如股票期货交易、股票指数期货交易、股票期货选择权交易、股票指数期货选择权交易、债券利率期货交易、债券利率期权交易、股票保证金买空交易、股票保证金卖空交易等。

（一）证券现货交易

现货交易又称即期交易，是指证券交易双方仅以自己现实持有的证券和资金进行交易，在成交后及时清算交割证券和价款的交易方式。现货交易的特点是"钱货两讫"。证券现货交易是证券交易历史上最早的证券交易方式。由于现货交易即时清算交割，相对其他证券交易方式而言，其风险相对较小，投机性也相对较弱，是一种较为安全的交易方式，所以至今仍然是证券交易的主要方式。但是，现货交易在适应市场的变化、风险规避以及预期选择上较差。尤其是金融杠杆的作用发挥余地较小，因此，证券市场还需要其他更多的交易方式。

（二）证券期货交易

证券期货交易，是指证券交易双方依照合约规定，在未来某一特定时间按约定价格进行交割和清算的证券交易方式。证券期货交易的标的是标准化的证券期货合约，其目的不在于实物证券的交割，而在于规避证券交易的风险，或通过期货交易方式获取证券投资的高风险收益。因此，证券期货交易往往通过对冲交易实行平仓，实际交割的证券很少。

期货交易是由现货交易发展而来的。期货交易又称远期交易，是一种集中交易标准化远期合约的交易形式，即交易双方在期货交易所通过买卖期货合约，并根据合约规定的条款约定，在未来某一特定时间和地点，以某一特定价格买卖某一特定数量和质量的商品的交易行为。期货交易的最终目的并不是商品所有权的转移，而是通过买卖期货合约，回避现货价格风险。与现货交易不同，期货交易可以通过做多获利，也可以通过做空获利。而现货交易只能通过做多获利。

(三) 证券期权交易

证券期权交易,则是指证券交易当事人为保障或获得证券市场波动利益,约定在一定时间内,以特定价格卖出或买进指定证券,或者放弃卖出或买进指定证券而支付约定的期权交易保证金的交易。期权交易按照交易的方向不同,分为看涨期权、看跌期权和双向期权交易。期权,是一种选择权(options),期权交易又称选择权交易,是指期权的买方向卖方支付一定数额的权利金后,就获得选择权,即拥有在一定时间内以一定的价格(执行价格)出售或购买一定数量的标的物(实物商品、证券或期货合约)的权利。期权的买方行使权利时,卖方必须按期权合约规定的内容履行义务。相反,买方可以放弃行使权利,此时买方只是损失权利金,同时,卖方则赚取权利金。总之,期权的买方拥有执行期权的权利,无执行的义务;而期权的卖方只有履行期权的义务。选择权合约的价格称保险费,由当事人双方商定。

(四) 证券信用交易

证券信用交易即融资融券交易,又叫保证金交易或垫头交易,是指交易客户在买卖股票等有价证券时,向经纪人支付一定比例的现金和证券,其差额部分由经纪人或银行通过借贷而补足的一种交易形式。证券的信用交易包括融资买券和融券卖空。所谓融资买券,是指投资人以部分自备款做担保,向证券公司或证券金融公司融入资金,以购买证券;融券卖空是指投资人交纳一定比例的保证金向证券公司或证券金融公司借入证券出售,在未来一定的期限内,再买入证券归还给证券公司或证券金融公司。由于信用交易比其他交易方式的风险更高,因此,在2005年《证券法》修订之前,信用交易被绝对禁止。2005年修订之后的《证券法》第142条规定:"证券公司为客户买卖证券提供融资融券服务,应当按照国务院的规定并经国务院证券监督管理机构批准。"至此,证券信用交易在我国得到了法律的许可。2019年修订的《证券法》第120条将前述规定修改为,经国务院证券监督管理机构核准,取得经营证券业务许可证,证券公司可以经营证券融资融券业务。证券公司从事证券融资融券业务,应当采取措施,严格防范和控制风险,不得违反规定向客户出借资金或者证券。

信用交易虽然比其他交易方式的风险要大,但是,其获得的盈利则有可能比其他交易方式更高。通过信用交易的方式,客户可以用较少的钱,买进较多的股票,也可以在拥有较少股票,甚至没有股票的情况下,卖出较多的股票,使客户在承担较大风险的情况下,有可能获得较多的收益。

四、证券交易的强制性规范

证券法从本质上讲是一部证券监管法[①],因此,我国《证券法》有许多强制性的规范。证券交易的强制性或者限制性规范主要包括以下内容:

(一) 特定主体证券转让期限的限制

《证券法》第36条规定,依法发行的证券,《公司法》和其他法律对其转让期限有限制性规定的,在限定的期限内不得转让。上市公司持有5%以上股份的股东、实际控制人、董事、监事、高级管理人员,以及其他持有发行人首次公开发行前发行的股份或者上市公司向特定对象发行的股份的股东,转让其持有的本公司股份的,不得违反法律、行政法规和国务院证

---

① 参见李东方:《证券监管法论》有关"证券监管法的概念及其与证券法的关系"的论述,北京大学出版社2019年版,第6—10页。

券监督管理机构关于持有期限、卖出时间、卖出数量、卖出方式、信息披露等规定,并应当遵守证券交易所的业务规则。

根据《证券法》和《公司法》的有关规定,下列特定主体所持证券在规定期限内,禁止转让或买卖:

(1) 发起人所持本公司股份转让的限制。一般而言,公司发起人既是公司的大股东或者控股股东,也是主要的经营管理者,新设立的公司是否能够发展得起来,在很大程度上取决于发起人的积极作为。对发起人转让股份设立一定的限制期限,可以将发起人利益与其他股东利益和公司利益结合为一体,并促使发起人对公司的发起和经营勤勉尽责。因此,我国《公司法》第141条第1款第1句规定,发起人持有的本公司股份,自公司成立之日起1年内不得转让。

(2) 股东所持公开发行前的股份转让限制。由于公司公开发行股份前的股东,其地位类似于发起人,所以,为保护广大公众投资者的利益,对其所持有的公司公开发行股份前的股份转让,需要有一定期限的限制。因此,我国《公司法》第141条第1款第2句规定,公司公开发行股份前已发行的股份,自公司股票在证券交易所上市交易之日起1年内不得转让。

(3) 公司董事、监事、高级管理人员所持本公司股份转让的限制。由于公司的"董监高"掌管着公司的经营与管理大权,是公司事务的实际或者一线掌管人。不仅对公司的经营状况最为了解,而且手中掌握着实权,如果允许其在任职期间随意转让股份,不仅会增大高级管理者与公司利益之间的冲突,还会产生内幕交易,因此,对公司"董监高"转让股份加以适当的限制就成为必须。因此,我国《公司法》第141条第2款规定,公司董事、监事、高级管理人员应当向公司申报所持有的本公司的股份及其变动情况,在任职期间每年转让的股份不得超过其所持有本公司股份总数的25%;所持本公司股份自公司股票上市交易之日起1年内不得转让。上述人员离职后半年内,不得转让其所持有的本公司股份。公司章程可以对公司董事、监事、高级管理人员转让其所持有的本公司股份作出其他限制性规定。

(二) 短线交易的限制

我国《证券法》第44条规定,上市公司、股票在国务院批准的其他全国性证券交易场所交易的公司持有5%以上股份的股东、董事、监事、高级管理人员,将其持有的该公司的股票或者其他具有股权性质的证券在买入后6个月内卖出,或者在卖出后6个月内又买入,由此所得收益归该公司所有,公司董事会应当收回其所得收益。但是,证券公司因购入包销售后剩余股票而持有5%以上股份,以及有国务院证券监督管理机构规定的其他情形的除外。公司董事会不按照上述规定执行的,股东有权要求董事会在30日内执行。公司董事会未在上述期限内执行的,股东有权为了公司的利益以自己的名义直接向人民法院提起诉讼。公司董事会不按照上述规定执行的,负有责任的董事依法承担连带责任。上述规定被称为对短线交易的限制,其实质是对上市公司的"董监高"和大股东买卖所持本公司股份的限制,目的是防止内幕交易和操纵市场。持有一个股份有限公司已发行的股份5%的股东,在我国被视为大股东,其在公司中处于有利的特殊地位,在对公司的经营状况的了解方面,远远超过一般的投资者。按照民商法信赖义务原理,公司大股东就对其他股东负有信赖义务,不能利用其大股东身份所掌握的公司内幕信息谋取私利。因此,对大股东交易其所持本公司股票作出限制是一种实质公平。同时,这种短线交易进行限制,也有利于防范和减少大股东和公司"董监高"进行内幕交易和以操纵市场为目的的虚假收购行为。

(三) 特定主体买卖证券的限制

1. 法定人员持股与买卖股票限制

根据《证券法》第 40 条的规定,下列人员作为法定人员在任职期内或者法定限期内持有股票和买卖股票受到一定的限制:(1) 证券服务中介机构的从业人员,包括证券交易所、证券公司、证券登记结算机构从业人员;(2) 证券监管机构的工作人员,包括证监会和证券业协会的工作人员;(3) 法律、行政法规禁止参与股票交易的其他人员。上列人员在任职期限内或法定限期内,不得直接持有、买卖股票或者其他具有股权性质的证券,也不得以化名、借他人名义持有、买卖股票或者其他具有股权性质的证券;任何人在成为上列人员时,其原已持有的股票或者其他具有股权性质的证券,不能继续持有,必须依法转让,否则成为非法持券。无论是通过购买或赠与方式获得的证券,还是通过其他方式获得的证券,均属被禁止之列。

证券法限制上列人员在一定期限内持有、买卖股票或者其他具有股权性质的证券,一方面,是因为其在任职期间有机会获得内幕信息,如允许其持有、买卖股票或者其他具有股权性质的证券,容易产生内幕交易;另一方面,上列人员均须履行其相应的职责,如允许其持有、买卖股票或者其他具有股权性质的证券,将影响其职责的履行。

2. 证券服务机构和人员买卖证券的限制

由于从事证券业中介服务的专业机构及其人员对其提供中介服务的上市公司的内幕信息有或多或少的知晓,为某些人利用其所知悉的内幕信息进行内幕交易提供了可能性。因此,为防止证券服务机构及其人员利用其执业过程中获得的信息优势参与证券交易,从而损害其他投资者的利益,我国《证券法》第 42 条规定,为证券发行出具审计报告或者法律意见书等文件的证券服务机构和人员,在该证券承销期内和期满后 6 个月内,不得买卖该证券。除上述规定外,为发行人及其控股股东、实际控制人,或者收购人、重大资产交易方出具审计报告或者法律意见书等文件的证券服务机构和人员,自接受委托之日起至上述文件公开后 5 日内,不得买卖该证券。实际开展上述有关工作之日早于接受委托之日的,自实际开展上述有关工作之日起至上述文件公开后 5 日内,不得买卖该证券。

(四) 上市公司收购中的投资者买卖股票的限制

为了防止假借上市公司收购以操纵证券交易市场的行为,保护中小投资者的利益,我国《证券法》第 63 条规定,通过证券交易所的证券交易,投资者持有或者通过协议、其他安排与他人共同持有一个上市公司已发行的有表决权股份达到 5% 时,应当在该事实发生之日起 3 日内,向国务院证券监督管理机构、证券交易所作出书面报告,通知该上市公司,并予公告,在上述期限内不得再行买卖该上市公司的股票,但国务院证券监督管理机构规定的情形除外。投资者持有或者通过协议、其他安排与他人共同持有一个上市公司已发行的有表决权股份达到 5% 后,其所持该上市公司已发行的有表决权股份比例每增加或者减少 5%,应当依照上述规定进行报告和公告,在该事实发生之日起至公告后 3 日内,不得再行买卖该上市公司的股票,但国务院证券监督管理机构规定的情形除外。

投资者持有或者通过协议、其他安排与他人共同持有一个上市公司已发行的有表决权股份达到 5% 后,其所持该上市公司已发行的有表决权股份比例每增加或者减少 1%,应当在该事实发生的次日通知该上市公司,并予公告。

违反上述规定买入上市公司有表决权的股份的,在买入后的 36 个月内,对该超过规定比例部分的股份不得行使表决权。

第二节 证券的上市与退市

一、证券上市概述

(一)证券上市的概念

证券上市,是指经注册而公开发行的证券,依据法定条件和程序,在证券交易所或其他依法设立的交易场所公开挂牌与持续交易的过程。在证券交易场所内交易的有价证券,称为上市证券。在上市证券中,股票是其中最重要的组成部分,此外,还有公司债券、国债、存托凭证、基金、权证等。发行上市股票的公司称为上市公司。从广义上说,证券上市包括在场内市场和场外市场取得交易资格的过程。在我国,证券上市仅指在场内交易市场上市,即指狭义的证券上市概念。

从证券上市制度的内容来看,广义的证券上市制度,是指有关证券上市的标准和程序、证券上市保荐、上市证券的暂停与终止制度等一系列规则的总称。狭义的证券上市制度,仅指证券上市的条件和程序。而上市证券的暂停与终止,则属于证券退市制度。从证券交易市场来看,证券上市制度构成了证券市场的准入机制,证券退市制度则构成了证券市场的退出机制。就我国的《证券法》而言,在进行证券市场入门注册制改革的同时,还要进一步完善证券退市制度,使中国证券市场形成进出有度的良性循环。

(二)证券上市的类型

按照不同的标准进行划分,证券上市可以分为以下不同的类型:

1. 股票上市、公司债券上市、存托凭证上市、基金上市

(1) 股票上市。股票上市依照其种类的不同,可分为 A 股上市、B 股上市、H 股上市、N 股上市等。A 股上市和 B 股上市,均属境内内地上市,二者的不同主要在于交易币种的不同和参与证券交易的投资者不同。A 股上市交易的币种是人民币,参与交易的投资者可以是境内的自然人和法人,境外的合格机构投资者;而境外自然人不得参与。B 股上市交易的币种为外币,在上海证券交易所上市交易的 B 股币种为美元,在深圳证券交易所上市交易的 B 股币种为港币,参与证券交易的投资者为境外投资者(包括自然人和法人)和境内自然人;而境内机构投资者不得参与。H 股上市是指境内内地公司的股票在香港联合证券交易所上市。N 股上市是指境内内地公司的股票在美国纽约证券交易所上市。

(2) 公司债券上市。公司债券上市依照债券种类的不同,可分为普通公司债券上市和可转换公司债券上市。普通公司债券上市和可转换公司债券上市均须同时符合我国《证券法》和《公司法》,以及《公司债券发行与交易管理办法》的规定。

(3) 存托凭证上市。存托凭证属于跨境上市,可以为中国境外上市公司内地融资提供方便。当前境外公司,特别是在境外上市的中国企业,有着较强的在国内直接融资的需求。存托凭证是 2019 年《证券法》新纳入的证券品种,详细内容见本书第二章第四节的相关内容。

(4) 基金上市。基金上市依照其基金种类的不同,可分为封闭式基金上市、开放式基金上市、交易型开放式指数基金上市及其他证券投资基金上市。上述基金上市均须符合《证券法》《证券投资基金法》规定的条件和程序,以及与上市相对应的证券交易所所规定的条件和程序。

2. 认可上市与审核上市

(1) 认可上市,是指已经公开发行的证券经证券交易所认可后,即可进入证券交易所上市交易的证券上市方式。认可上市证券,依据法律规定,通常享有豁免上市审核的权利,证券交易所甚至无权拒绝或终止该证券上市交易,故也称为豁免证券。认可上市主要适用于政府债券,无须交易所审核,也不存在与交易所签订协议,故其不具有通常意义上的证券上市。

(2) 审核上市,是指证券交易所根据证券发行人的申请,按照法定条件和程序审核其证券进入证券交易所上市交易的证券上市方式。我国《证券法》第46条第1款规定,申请证券上市交易,应当向证券交易所提出申请,由证券交易所依法审核同意,并由双方签订上市协议。审核上市的证券,主要包括:公司股票、公司债券、存托凭证、证券基金等。

3. 证券境内上市和境外上市

(1) 证券境内上市,是指证券发行人将已发行的证券在本国境内证券交易所挂牌交易的上市方式。在我国上海证券交易所、深圳证券交易所以及国务院批准的其他全国性的证券交易场所的证券上市均属于境内上市。

(2) 证券境外上市,是指证券发行人在本国以外的国家和地区的证券交易所挂牌交易的上市方式。根据国务院《关于股份有限公司境外募集股份及上市的特别规定》第2条的规定,境外上市,是指股份有限公司向境外投资人发行的股票,在境外公开的证券交易场所流通转让。股份有限公司经国务院证券监管机构批准,可以向境外特定的、非特定的投资人募集股份,其股票可以在境外上市。由于我国实行的是"一国两制",在证券发行上市的管理上,将在香港证券联合交易所的上市,纳入境外发行上市管理。无论境内上市,还是境外上市,都必须遵守我国现行法律法规的规定。

(三) 证券上市的作用

证券上市的作用在于,证券上市是证券发行市场与证券交易市场相互连接的前提,它使已发行证券能够进入证券交易所进行交易。而证券交易市场大大提高了证券的流动性,降低了投资者的投资风险,这样也就更加扩大了证券发行意义。对证券发行人和证券投资者等各类市场主体,证券上市都具有十分重要的作用。

就上市公司而言,证券上市的作用主要包括:(1) 有利于进一步扩大证券发行的意义,发行公司上市后为进一步筹集资本和资金提供了前提和便利,从而有利于公司融资。发行公司证券上市后,形成一种市场价格,而股价的变动是市场对公司业绩的一种评价机制。那些业绩优良、成长性好的公司的股价一直保持在较高的水平上,使公司能够以较低的成本筹集大量资本,进入公司资本快速、连续扩张的通道,不断扩大公司经营规模,从而有助于公司提高竞争实力,培育竞争优势,增强公司的发展后劲。(2) 有利于促进和改善公司治理机制,提高管理水平和经济效益。发行公司的证券一旦上市,其法人治理机制必须符合上市公司的治理标准,证券上市可以推动公司建立完善、规范的经营管理机制,由此不断提高公司运行质量和经济效益。(3) 有利于提高公司的知名度和信誉度。证券上市意味着该公司的名称和证券代码在每一个交易日挂牌亮相,必然提高知名度;而且,公司证券的交易等信息通过中介、报纸、电视等各种媒体,不断向社会发布,必然会提高公司在市场中的影响力,这也有助于公司品牌形象的树立。同时,一个公司其证券能够上市,表明投资者对公司经营管理、经营业绩和发展前景的积极评价,由此必然提高公司的信誉度。

当然,证券上市对于上市公司也有消极作用的一面,这主要表现在:(1) 证券法规定上市公司实行强制性信息披露,无疑将公司的诸多重大信息暴露在竞争对手的面前,这有可能导致公司在市场竞争中处于不利的地位。(2)证券上市使上市公司面临二级市场上的收购和兼并风险,包括恶意收购。(3)公司为了申请和维持证券上市,需要持续不断地支付各类费用,这无疑构成公司的经营成本,对公司而言是一种负担。

就投资者而言,证券上市的作用主要包括:(1)有利于证券持有者以便利、快捷的方式转让、变现证券,同时也为潜在的证券投资者购买上市证券提供了便利渠道和投资机会。(2)有利于形成公正的证券价格,促进证券流通。证券交易所的集中竞价交易方式,可以比较合理地发现证券的公平价格,便于投资者作出投资判断。(3)有利于减少证券投资者的投资风险。投资者可以利用证券市场,通过证券交易转移证券投资的风险。

二、证券上市的条件和程序

(一)概述

1. 证券上市条件

证券上市条件也称证券上市标准,是指证券交易所制定的、证券发行人获得上市资格的基本条件和要求。为保证证券的流通性和交易的安全性,证券必须符合一定的条件方可挂牌上市。各国证券法对证券上市条件的规定宽严不同,但基本标准大致相同,通常包括上市公司的资本额、资本结构、盈利能力、偿债能力、股权分散状况、公司财务情况、开业时间等。

2. 证券上市程序

这是指证券发行人申请证券上市,证券交易所对其证券上市的条件进行审核,并与交易所签订上市协议在该交易所挂牌公开交易的步骤。因证券种类不同,其上市程序上亦有差别,股票上市程序较公司债券上市程序更为复杂,但二者均须经过申请审核并签订协议,方可安排上市。下面主要就股票的境内外上市条件和程序进行讨论。

(二)股票境内上市

股票上市,是指发行人申请股票上市,证券交易所对其股票上市的条件进行审核,并与交易所签订上市协议在该交易所挂牌公开交易股票的行为。

根据我国《证券法》第47条的规定,申请证券上市交易,应当符合证券交易所上市规则规定的上市条件。证券交易所上市规则规定的上市条件,应当对发行人的经营年限、财务状况、最低公开发行比例和公司治理、诚信记录等提出要求。以上海证券交易所为例,根据《上海证券交易所股票上市规则》(2019年修订)"第五章股票和可转换公司债券上市第一节首次公开发行股票并上市"的规定,发行人首次公开发行股票后申请其股票在交易所上市,应当符合下列条件:(1)股票经中国证监会核准已公开发行;(2)公司股本总额不少于人民币5000万元;(3)公开发行的股份达到公司股份总数的25%以上;公司股本总额超过人民币4亿元的,公开发行股份的比例为10%以上;(4)公司最近3年无重大违法行为,财务会计报告无虚假记载;(5)本所要求的其他条件。

发行人首次公开发行股票的申请获得中国证监会核准(已改为注册—作者注)发行后,应当及时向交易所提出股票上市申请,并提交下列文件:(1)上市申请书;(2)中国证监会核准(已改为注册—作者注)其股票首次公开发行的文件;(3)有关本次发行上市事宜的董事会和股东大会决议;(4)营业执照复印件;(5)公司章程;(6)经具有执行证券、期货相关业务资格的会计师事务所审计的发行人最近3年的财务会计报告;(7)首次公开发行结束后发行人全部股票已经中国证券登记结算有限责任公司上海分公司托管的证明文件;(8)首次公开发行结束后,具有执行证券、期货相关业务资格的会计师事务所出具的验资报告;(9)关于董事、监事和高级管理人员持有本公司股份的情况说明和《董事(监事、高级管理人员)声明及承诺书》;(10)发行人拟聘任或者已聘任的董事会秘书的有关资料;(11)首次公开发行后至上市前,按规定新增的财务资料和有关重大事项的说明(如适用);(12)首次公开发行前已发行股份持有人,自发行人股票上市之日起1年内持股锁定证明;(13)《上海证券交易所股票上市规则》第5.1.5条所述承诺函①;(14)最近一次的招股说明书和经中国证监会审核的全套发行申报材料;(15)按照有关规定编制的上市公告书;(16)保荐协议和保荐人出具的上市保荐书;(17)律师事务所出具的法律意见书;(18)上海证券交易所要求的其他文件。

(三)股票境外上市②

1. 申报文件

为更好地适应境内企业特别是中小企业的融资需求,服务实体经济发展,中国证监会根据《国务院关于股份有限公司境外募集股份及上市的特别规定》进一步放宽了境内企业境外发行股票和上市申请的条件,并简化了审核程序。根据中国证监会公告[2012]45号《关于股份有限公司境外发行股票和上市申报文件及审核程序的监管指引》的规定,依照《公司法》设立的股份有限公司在符合境外上市地上市条件的基础上,可自主向中国证监会提出境外发行股票和上市申请。

股份有限公司申请境外发行股票和上市须向中国证监会报送下列文件:(1)申请报告,内容包括:公司演变及业务概况、股本结构、公司治理结构、财务状况与经营业绩、经营风险分析、发展战略、筹资用途、符合境外上市地上市条件的说明、发行上市方案;(2)股东大会及董事会相关决议;(3)公司章程;(4)公司营业执照、特殊许可行业的业务许可证明(如适用);(5)行业监管部门出具的监管意见书(如适用);(6)国有资产管理部门关于国有股权设置以及国有股减(转)持的相关批复文件(如适用);(7)募集资金投资项目的审批、核准或备案文件(如适用);(8)纳税证明文件;(9)环保证明文件;(10)法律意见书;(11)财务报表及审计报告;(12)招股说明书(草稿);(13)证监会规定的其他文件。

2. 申请及审核程序

申请,就是向中国证监会提出境外发行股票和上市的行政许可申请,报送上述各项文件。

审核程序按下列步骤进行:(1)中国证监会依照《中国证券监督管理委员会行政许可实施程序规定》(证监会令第138号),对公司提交的行政许可申请文件进行受理、审查,作出行政许可决定。(2)中国证监会在收到公司申请文件后,可就涉及的产业政策、利用外资政策和固定资产投资管理规定等事宜征求有关部门意见。(3)公司收到中国证监会的受理通知后,可向境外证券监管机构或交易所提交发行上市初步申请;收到中国证监会行政许可核准

---

① 《上海证券交易所股票上市规则》(2019年修订)第5.1.5条规定:发行人向本所申请其首次公开发行股票上市时,控股股东和实际控制人应当承诺:自发行人股票上市之日起36个月内,不转让或者委托他人管理其直接和间接持有的发行人首次公开发行股票前已发行股份,也不由发行人回购该部分股份。但转让双方存在控制关系,或者均受同一实际控制人控制的,自发行人股票上市之日起1年后,经控股股东和实际控制人申请并经本所同意,可豁免遵守前款承诺。发行人应当在上市公告书中披露上述承诺。

② 参见中国证监会公告[2012]45号——《关于股份有限公司境外发行股票和上市申报文件及审核程序的监管指引》和《国务院关于股份有限公司境外募集股份及上市的特别规定》。

文件后,可向境外证券监管机构或交易所提交发行上市正式申请。(4)公司应在完成境外发行股票和上市后 15 个工作日内,就境外发行上市的有关情况向中国证监会提交书面报告。(5)境外上市公司在同一境外交易所转板上市的,应在完成转板上市后 15 个工作日内,就转板上市的有关情况向中国证监会提交书面报告。

中国证监会关于公司境外发行股票和上市的核准文件有效期为 12 个月。

三、证券上市保荐

(一)证券上市保荐概述

1. 证券上市保荐

这是指由保荐人负责发行人的上市推荐和辅导,核实公司发行文件与上市文件中资料是否真实、准确和完整,协助发行人建立严格的信息披露制度,承担上市后持续督导的责任,并承担风险防范责任的一系列证券发行保荐行为。

2. 证券上市保荐制度

证券上市保荐制度,又称保荐制或保荐人制度,是指有关保荐机构和保荐代表人资格、职责和法律责任的一系列规范的总称。保荐人制度的具体内容,包括保荐人任职资格、保荐人职责、保荐人工作内容和程序、保荐人责任监管等。保荐人制度约束的对象主要是具有证券经营牌照的证券公司,服务的对象主要是发行人或者上市公司,证券监管机构对保荐人行为的进行监督和管理。我国《证券法》第 10 条规定,发行人申请公开发行股票、可转换为股票的公司债券,依法采取承销方式的,或者公开发行法律、行政法规规定实行保荐制度的其他证券的,应当聘请证券公司担任保荐人。保荐人应当遵守业务规则和行业规范,诚实守信,勤勉尽责,对发行人的申请文件和信息披露资料进行审慎核查,督导发行人规范运作。保荐人的管理办法由国务院证券监督管理机构规定。依据《证券法》证监会具体制定了《证券发行上市保荐业务管理办法》(2020 年修订)(以下简称《管理办法》)。

(二)保荐机构的资格条件与保荐业务的资格管理

保荐机构,又称保荐人,是指将符合条件的股份公司推荐上市,并对申请人适合上市、上市文件的准确完整等负有保证责任的证券公司。保荐人对股份公司进行上市前的实质性审查和上市后的持续辅导,承担完全的推荐责任。中国证监会对证券公司进行保荐业务的资格管理。

1. 保荐机构的资格条件

根据证监会发布的《管理办法》第 10 条的规定,证券公司申请保荐业务资格,应当具备下列条件:(1)注册资本不低于人民币 1 亿元,净资本不低于人民币 5000 万元;(2)具有完善的公司治理和内部控制制度,风险控制指标符合相关规定;(3)保荐业务部门具有健全的业务规程、内部风险评估和控制系统,内部机构设置合理,具备相应的研究能力、销售能力等后台支持;(4)具有良好的保荐业务团队且专业结构合理,从业人员不少于 35 人,其中最近 3 年从事保荐相关业务的人员不少于 20 人;(5)保荐代表人不少于 4 人;(6)最近 3 年内未因重大违法违规行为受到行政处罚;(7)中国证监会规定的其他条件。

2. 保荐业务的资格管理[①]

(1)中国证监会依法受理、审查申请文件。证券公司应当保证申请文件真实、准确、完

[①] 参见《管理办法》第 11—15 条的规定。

整。申请期间,申请文件内容发生重大变化的,应当自变化之日起2个工作日内向中国证监会提交更新资料。对保荐业务资格的申请,自受理之日起3个月内做出核准或者不予核准的书面决定。

(2)持续符合资格条件。证券公司取得保荐业务资格后,应当持续符合保荐机构的资格的条件。保荐机构因重大违法违规行为受到行政处罚的,中国证监会撤销其保荐业务资格;不再具备《管理办法》第10条规定其他条件的,中国证监会可以责令其限期整改,逾期仍然不符合要求的,中国证监会撤销其保荐业务资格。

(3)保荐机构出现下列情况的,应当在5个工作日内向其住所地的中国证监会派出机构报告:① 保荐业务负责人、内核负责人、保荐业务部门负责人发生变化;② 保荐业务部门机构设置发生重大变化;③ 保荐业务执业情况发生重大不利变化;④ 中国证监会要求的其他事项。

(4)保荐机构应当在每一会计年度结束之日起4个月内向其住所地的中国证监会派出机构报送年度执业报告。年度执业报告应当包括以下内容:① 保荐机构、保荐代表人年度执业情况的说明;② 保荐机构对保荐代表人尽职调查工作日志检查情况的说明;③ 保荐机构对保荐代表人的年度考核、评定情况;④ 保荐机构、保荐代表人其他重大事项的说明;⑤ 保荐机构对年度执业报告真实性、准确性、完整性承担责任的承诺函,并应由其法定代表人签字;⑥ 中国证监会要求的其他事项。

(三)保荐机构的保荐职责[①]

根据《管理办法》的规定,保荐机构应当尽职推荐发行人证券发行上市。发行人证券上市后,保荐机构应当持续督导发行人履行规范运作、信守承诺、信息披露等义务。据此,保荐机构的保荐职责分为证券发行保荐和证券发行上市及上市后的持续督导两个阶段。

1. 发行保荐职责

保荐机构推荐发行人证券发行上市,应当遵循诚实守信、勤勉尽责的原则,按照中国证监会对保荐机构尽职调查工作的要求,对发行人进行全面调查,充分了解发行人的经营状况及其面临的风险和问题。具体内容如下:

(1)发行辅导。保荐机构在推荐发行人首次公开发行股票并上市前,应当对发行人进行辅导。辅导内容包括,对发行人的董事、监事和高级管理人员,持有5%以上股份的股东和实际控制人(或者其法定代表人)进行系统的法规知识、证券市场知识培训,使其全面掌握发行上市、规范运作等方面的有关法律法规和规则,知悉信息披露和履行承诺等方面的责任和义务,树立进入证券市场的诚信意识、自律意识和法制意识,以及中国证监会规定的其他事项。保荐机构辅导工作完成后,应由发行人所在地的中国证监会派出机构进行辅导验收。发行人所在地在境外的,应当由发行人境内主营业地或境内证券事务机构所在地的中国证监会派出机构进行辅导验收。

(2)签订保荐协议。保荐机构应当与发行人签订保荐协议,明确双方的权利和义务,按照行业规范协商确定履行保荐职责的相关费用。保荐协议签订后,保荐机构应在5个工作日内向承担辅导验收职责的中国证监会派出机构报告。

(3)确信与独立判断。① 确信。保荐机构应当确信发行人符合法律、行政法规和中国证监会、证券交易所的有关规定,方可推荐其证券发行上市。保荐机构决定推荐发行人证券

---

① 参见《管理办法》第16—30条的规定。

发行上市的,可以根据发行人的委托,组织编制申请文件并出具推荐文件。② 独立判断。对发行人申请文件、证券发行募集文件中有证券服务机构及其签字人员出具专业意见的内容,保荐机构可以合理信赖,对相关内容应当保持职业怀疑、运用职业判断进行分析,存在重大异常、前后重大矛盾,或者与保荐机构获取的信息存在重大差异的,保荐机构应当对有关事项进行调查、复核,并可聘请其他证券服务机构提供专业服务。

对发行人申请文件、证券发行募集文件中无证券服务机构及其签字人员专业意见支持的内容,保荐机构应当获得充分的尽职调查证据,在对各种证据进行综合分析的基础上对发行人提供的资料和披露的内容进行独立判断,并有充分理由确信所作的判断与发行人申请文件、证券发行募集文件的内容不存在实质性差异。

(4) 发行保荐书及其内容。保荐机构推荐发行人发行证券,应当向中国证监会提交发行保荐书、保荐代表人专项授权书以及中国证监会要求的其他与保荐业务有关的文件。发行保荐书应当包括下列内容:① 逐项说明本次发行是否符合《公司法》《证券法》规定的发行条件和程序;② 逐项说明本次发行是否符合中国证监会的有关规定,并载明得出每项结论的查证过程及事实依据;③ 发行人存在的主要风险;④ 对发行人发展前景的评价;⑤ 保荐机构内部审核程序简介及内核意见;⑥ 保荐机构及其关联方与发行人及其关联方之间的利害关系及主要业务往来情况;⑦ 相关承诺事项;⑧ 中国证监会要求的其他事项。在实施证券发行注册制的板块,保荐机构应当向证券交易所提交前款规定的与保荐业务有关的文件。

2. 上市及上市后持续督导保荐

(1) 上市保荐书及其内容。保荐机构推荐发行人证券上市,应当向证券交易所提交上市保荐书以及证券交易所要求的其他与保荐业务有关的文件,并报中国证监会备案。上市保荐书应当包括下列内容:① 逐项说明本次证券上市是否符合《公司法》《证券法》及证券交易所规定的上市条件;② 对发行人证券上市后持续督导工作的具体安排;③ 保荐机构及其关联方与发行人及其关联方之间的利害关系及主要业务往来情况;④ 相关承诺事项;⑤ 中国证监会或者证券交易所要求的其他事项。在实施证券发行注册制的板块,前款规定的与保荐业务有关文件的内容要求和报送要求由证券交易所具体规定。

(2) 保荐机构的承诺。在发行保荐书和上市保荐书中,保荐机构应当就下列事项作出承诺:① 有充分理由确信发行人符合法律法规及中国证监会有关证券发行上市的相关规定;② 有充分理由确信发行人申请文件和信息披露资料不存在虚假记载、误导性陈述或者重大遗漏;③ 有充分理由确信发行人及其董事在申请文件和信息披露资料中表达意见的依据充分合理;④ 有充分理由确信申请文件和信息披露资料与证券服务机构发表的意见不存在实质性差异;⑤ 保证所指定的保荐代表人及本保荐机构的相关人员已勤勉尽责,对发行人申请文件和信息披露资料进行了尽职调查、审慎核查;⑥ 保证保荐书、与履行保荐职责有关的其他文件不存在虚假记载、误导性陈述或者重大遗漏;⑦ 保证对发行人提供的专业服务和出具的专业意见符合法律、行政法规、中国证监会的规定和行业规范;⑧ 自愿接受中国证监会依照本办法采取的监管措施;⑨ 中国证监会规定的其他事项。在实施证券发行注册制的板块,前款规定的上市保荐书承诺事项由证券交易所具体规定。

(3) 配合中国证监会审核的工作事项。保荐机构提交发行保荐书后,应当配合中国证监会的审核,并承担下列工作:① 组织发行人及证券服务机构对中国证监会的意见进行答复;② 按照中国证监会的要求对涉及本次证券发行上市的特定事项进行尽职调查或者核查;③ 指定保荐代表人与中国证监会职能部门进行专业沟通,保荐代表人在发行审核委员会会议上接受委员质询;④ 中国证监会规定的其他工作。在实施证券发行注册制的板块,保荐机构应当配合证券交易所、中国证监会的发布上市审核和注册工作,并按规定承担相应工作。

(4) 上市后持续督导的工作内容。保荐机构应当针对发行人的具体情况,确定证券发行上市后持续督导的内容,督导发行人履行有关上市公司规范运作、信守承诺和信息披露等义务,审阅信息披露文件及向中国证监会、证券交易所提交的其他文件,并承担下列工作:① 督导发行人有效执行并完善防止控股股东、实际控制人、其他关联方违规占用发行人资源的制度;② 督导发行人有效执行并完善防止其董事、监事、高级管理人员利用职务之便损害发行人利益的内控制度;③ 督导发行人有效执行并完善保障关联交易公允性和合规性的制度,并对关联交易发表意见;④ 持续关注发行人募集资金的专户存储、投资项目的实施等承诺事项;⑤ 持续关注发行人为他人提供担保等事项,并发表意见;⑥ 中国证监会、证券交易所规定及保荐协议约定的其他工作。

(5) 在不同板块上持续督导的时间。① 主板。首次公开发行股票并在主板上市的,持续督导的期间为证券上市当年剩余时间及其后 2 个完整会计年度;主板上市公司发行新股、可转换公司债券的,持续督导的期间为证券上市当年剩余时间及其后 1 个完整会计年度。② 创业板。首次公开发行股票并在创业板、科创板上市的,持续督导的期间为证券上市当年剩余时间及其后 3 个完整会计年度;创业板、科创板上市公司发行新股、可转换公司债券的,持续督导的期间为证券上市当年剩余时间及其后 2 个完整会计年度。

首次公开发行股票并在创业板上市的,持续督导期内保荐机构应当自发行人披露年度报告、中期报告之日起 15 个工作日内在符合条件的媒体披露跟踪报告,对《管理办法》第 28 条所涉及的事项,进行分析并发表独立意见。发行人临时报告披露的信息涉及募集资金、关联交易、委托理财、为他人提供担保等重大事项的,保荐机构应当自临时报告披露之日起 10 个工作日内进行分析并在符合条件的媒体发表独立意见。持续督导的期间自证券上市之日起计算。

(6) 持续督导期届满,如有尚未完结的保荐工作,保荐机构应当继续完成。保荐机构在履行保荐职责期间未勤勉尽责的,其责任不因持续督导期届满而免除或者终止。

四、证券交易退市[①]

(一) 退市制度的变革

退市又称"终止上市""撤回上市""摘牌"或"下市",是指上市公司股票因各种原因不再在特定的证券交易所挂牌,从而退出特定证券交易所的一种法律行为。证券上市后,随着时间的推移,原本符合上市条件的证券可能因其发行主体的变化或交易过程中发生的变化而不再符合上市条件,这时证券交易所或证券监管部门就有必要采取暂停或终止其上市的措施,以保护投资公众的利益和维护证券市场的正常秩序。

证券上市暂停,是指证券交易所在证券发行人出现了法定事由时,将其上市证券暂时停止挂牌交易的情形。暂停上市的证券在暂停的事由消除后,可恢复上市。

证券上市的终止,是指证券交易所在证券发行人出现了法定事由后,取消其上市证券的

[①] 参见李东方:《上市公司监管法论》,中国政法大学出版社 2013 年版,"第 13 章上市公司退市监管法律制度的相关内容"。

上市资格,不得继续挂牌交易的情形。上市证券被终止后,可以在终止上市原因消除后,重新申请证券上市。上市证券依法被证券监管部门决定终止上市后,可继续在依法设立的非集中竞价的交易场所继续交易。

证券上市暂停与终止的联系和区别:暂停上市的情形一旦消除,原被暂停的证券即可恢复上市,因此,证券上市暂停时,该证券仍为上市证券。证券上市一旦终止,则该证券不能恢复上市,只能在被终止的情形消除后,重新申请上市,因此,终止上市的证券不再属于上市证券,而是退市证券。

2019年《证券法》修订过程中取消了暂停上市的规定,2014年《证券法》第55条关于暂停股票交易的条款被整体删除。而2014年《证券法》第62条的规定:"对证券交易所作出的不予上市、暂停上市、终止上市决定不服的,可以向证券交易所设立的复核机构申请复核",在2019年《证券法》对应的第49条中,"暂停上市"被删除,该条被改为:"对证券交易所作出的不予上市交易、终止上市交易决定不服的,可以向证券交易所设立的复核机构申请复核。"此外,2014年《证券法》第72条规定:"证券交易所决定暂停或者终止证券上市交易的,应当及时公告,并报国务院证券监督管理机构备案。"其中,"暂停证券上市交易"一项也被删除。对此,2019年《证券法》第48条规定:"上市交易的证券,有证券交易所规定的终止上市情形的,由证券交易所按照业务规则终止其上市交易。证券交易所决定终止证券上市交易的,应当及时公告,并报国务院证券监督管理机构备案。"

通过上述《证券法》修订前后关于退市制度的对比,可见,对于那些劣质股的退市,不再需要经过暂停上市半年,而是可以直接退市。这样可以大幅度缩短退市周期,提高退市的效率,也会更加强化市场的优胜劣汰功能。当然,对于"僵尸公司"也会起到威慑的作用。

关于证券退市制度的改革,2014年国务院发布《关于进一步促进资本市场健康发展的若干意见》(国发[2014]17号),提出了改革完善上市公司退市制度的有关要求,进一步健全完善资本市场基础功能,实现上市公司退市的市场化、法治化和常态化。2014年10月15日证监会发布《关于改革完善并严格实施上市公司退市制度的若干意见》(2018年修正)(以下简称《退市意见》),从五个方面改革完善了退市制度:(1)健全上市公司主动退市制度。明确规定了因收购、回购、吸收合并以及其他市场活动引发的7种主动退市情形。(2)实施重大违法公司强制退市制度,即对重大违法公司实施暂停上市、终止上市。上市公司构成欺诈发行、重大信息披露违法或者其他涉及国家安全、公共安全、生态安全、生产安全和公众健康安全等领域的重大违法行为的,证券交易所应当严格依法作出暂停、终止公司股票上市交易的决定。证券交易所应当制定上市公司因重大违法行为暂停上市、终止上市实施规则。(3)严格执行市场交易类、财务类强制退市指标。例如:上市公司股票在一定期限内累计成交量低于证券交易所规定的最低限额;连续20个交易日(不含停牌交易日)每日股票收盘价均低于股票面值;上市公司因净利润、净资产、营业收入、审计意见类型或者追溯重述后的净利润、净资产、营业收入等触及规定标准,其股票被暂停上市后,公司披露的最近一个会计年度经审计的财务会计报告显示期末净资产为负值;法定期限届满后,上市公司在证券交易所规定的期限内,依然未能披露年度报告或者半年度报告;等等。(4)完善与退市相关的配套制度安排。要求证券交易所对强制退市公司股票设置"退市整理期";建立投资者适当性制度;统一安排强制退市公司股票在全国股份转让系统设立的专门层次挂牌交易。(5)加强退市公司投资者合法权益保护。强调了退市中的信息披露、主动退市异议股东保护问题,进一步明确了重大违法公司及有关责任人员的民事赔偿责任。

《退市意见》在统一创业板与主板、中小板上述退市标准的同时，允许证券交易所在其上市规则中对部分指标予以细化或者动态调整，并且针对不同板块的特点作出差异化安排。为贯彻落实《退市意见》，深圳证券交易所于2014年修订了《深圳证券交易所股票上市规则》和《深圳证券交易所创业板股票上市规则》，对中小企业板上市公司股票和创业板上市公司股票强制退市的部分标准作了差异化的规定。2019年《证券法》出台后，两个证券交易所正在根据新法的变化进一步修订证券交易所股票上市与交易规则。

（二）证券交易退市制度的意义

证券交易退市制度有如下积极意义：

（1）有利于优化金融资源的配置。劣质股票如果持续在证券交易所交易，将产生以下不良后果：① 它可能误导投资者将有限的资本金投向本应被淘汰的那些上市公司，一方面浪费了有限的金融资源；另一方面又给投资者增加了风险。② 对劣质上市公司的资金投入，便意味着向优质上市公司投入资金的减少，这与优化金融资源配置的制度目标背道而驰。③ 由于劣质股票交易价格往往起点较低，容易被炒作，许多情况下优质公司的股票反而竞争不过，导致"劣币驱逐良币"的怪现象。

（2）有利于保护投资公众的利益。在沪深两市上市的公司会越来越多，其中亏损绩差的公司数量也在增加，相应的，交易风险也在增长。如果任由这些绩差的公司继续在市场上融资，最终将会损害投资公众的利益。对于投资公众而言，运行在证券市场上的劣质公司有如定时炸弹，各类风险随时可能发生。在事发前通过退市制度将其淘汰出局，有利于降低市场风险，规范市场运行，这对相对弱势的投资公众无疑是有利的。

（3）有利于提高上市公司的整体质量。通过退市制度建立起来的优胜劣汰机制是证券市场可持续发展的制度保证，它有助于上市公司参考相应的标准加强对自身运营的管理。在有退市制度发挥威慑力的情况下，上市公司将努力保持自己的上市地位，从而优化上市公司内部治理，建立起有效的约束和制衡机制，防止上市公司高管操纵股价、掏空公司的行为。可见，退市制度是上市公司整体质量得以提高的一个有效途径。

【测试题】

张某为某上市公司的董事。张某将其持有的该公司股票在买入后的第4个月卖出，获利20万。根据证券法律制度的规定，下列表述中，不正确的是（　　）

A. 该收益应当全部归该公司所有

B. 该收益应由该公司董事会负责回收

C. 如果董事会不回收该收益的，股东有权要求董事会限期回收

D. 如果董事会未在规定的期限内执行股东关于回收张某收益的要求的，股东有权以公司的名义直接向人民法院提起回收该收益的诉讼

【答案与解析】

答案：D

解析：本题考察了短线交易及其规制的法律制度。根据《证券法》第44条第1款的规定，上市公司、股票在国务院批准的其他全国性证券交易场所交易的公司持有5%以上股份的股东、董事、监事、高级管理人员，将其持有的该公司的股票或者其他具有股权性质的证券在买入后6个月内卖出，或者在卖出后6个月内又买入，由此所得收益归该公司所有，公司

第三章 证券交易法律制度

董事会应当收回其所得收益。但是,证券公司因购入包销售后剩余股票而持有5%以上股份,以及有国务院证券监督管理机构规定的其他情形的除外。由此判断张某的行为属于《证券法》第44条规制的短线交易。

根据《证券法》第44条第1款,该收益归公司所有,因此选项A说法正确。同时公司董事会负有收回该收益的义务,因此选项B说法正确。根据《证券法》第44条第3款规定:公司董事会不按照第1款规定执行的,股东有权要求董事会在30日内执行。公司董事会未在上述期限内执行的,股东有权为了公司的利益以自己的名义直接向人民法院提起诉讼。股东有权要求董事会履行回收义务,因此选项C的说法正确。股东在董事会未履行义务的情况下,有权以自己的名义提起诉讼,而非选项D中以公司的名义诉讼,因此选择D的说法错误。本题要求选择说法错误的选项,因此选项D是正确答案。

【测试题】

根据证券法律制度的规定,下列人员中,不属于证券交易内幕信息的知情人的是(　　)
A. 审计上市公司财务报表的会计师
B. 上市公司实际控制的公司的董事
C. 上市公司的监事
D. 持有上市公司4%股份的股东

【答案与解析】

答案:D

解析:本题考察的是证券交易内幕信息的知情人的认定。选项A中的审计上市公司财务报表的会计师属于《证券法》第51条第(4)项中规定的"由于所任公司职务或者因与公司业务往来可以获取公司有关内幕信息的人员";选项B中的上市公司实际控制的公司的董事属于第51条第(3)项中规定的"发行人控股或者实际控制的公司及其董事、监事、高级管理人员";选项C中的上市公司的监事属于第51条第(1)项规定的"发行人及其董事、监事、高级管理人员";选项D中的持有上市公司4%股份的股东不属于证券交易内幕信息的知情人。根据第51条第(2)项的规定,持有公司5%以上股份的股东及其董事、监事、高级管理人员才属于证券交易内幕信息的知情人,公司的实际控制人及其董事、监事、高级管理人员,选项D中仅持有4%,达不到5%的规定,因此不属于证券交易内幕信息的知情人。因此选项D为正确答案。

第四章

上市公司的收购

导读

通过本章的学习,要求读者掌握上市公司的收购的概念与特征;上市公司收购中的主要类别划分、收购的原则、强制要约收购的适用情形、要约收购的规则、协议收购中收购人及被收购公司控股股东的义务、上市公司收购的后果;要约收购与协议收购的程序;对于反收购问题、关联交易问题、反垄断问题以及对于上市公司收购的价值评判应有基本了解。

第一节 上市公司的收购概述

一、上市公司的收购之概念、特征及其立法

一般而言,上市公司的收购包括对上市公司的股权和资产收购两种类型。但是,在证券法上,上市公司的收购,是指对上市公司股权的收购。即上市公司的收购,是指收购人为了取得或者巩固目标公司的控制权而进行的一系列的行为和安排。当然,取得上市公司的控制权,除了上市公司的收购以外,还可以通过资产收购和征集投票代理权两种方式去实现。

就本质而言,上市公司的收购就是一种证券交易,是收购人与目标公司的股东的股票交易,当交易量达到一定程度就能够实现目标公司的控制权发生移转或者得以巩固。上市公司的收购具有以下法律特征:

(1)收购的目的是取得或者巩固对上市公司的控制权。① 在收购人没有控制上市公司时,收购的目的就是为了取得控制权;在收购人已经取得控制权,而其控制地位受到挑战时,收购的目的则是为了巩固控制权。收购人既可以通过取得股份的方式成为一个上市公司的控股股东,也可以通过投资关系、协议、其他安排的途径成为一个上市公司的实际控制人,或者同时采取上述方式和途径取得上市公司控制权。

(2)收购的标的是该上市公司的股票。对上市公司的股票进行收购,目的是获得或者

---

① 《上市公司收购管理办法》第84条规定:有下列情形之一的,为拥有上市公司控制权:① 投资者为上市公司持股50%以上的控股股东;② 投资者可以实际支配上市公司股份表决权超过30%;③ 投资者通过实际支配上市公司股份表决权能够决定公司董事会半数以上成员选任;④ 投资者依其可实际支配的上市公司股份表决权足以对公司股东大会的决议产生重大影响;⑤ 中国证监会认定的其他情形。

巩固对该上市公司的控制权。欲控制上市公司,必须根据"资本多数决原则"在上市公司的股东大会上拥有表决权,使自己的意志能够上升为上市公司的意志,这样就必须拥有控制上市公司相应数量的股份。

(3) 收购是一种投资者之间的股票交易行为。上市公司的收购是上市公司的收购人与上市公司股东之间进行股票交易的行为。由于上市公司不得持有本公司的股份,所以收购不是收购人与上市公司进行股票交易的行为。

(4) 收购的主体是收购人,包括投资者及其一致行动人。收购人可以是自然人或者法人。一致行动是指收购人通过协议、其他安排,与其他投资者共同扩大其所能够支配的一个上市公司股份表决权数量的行为或者事实。在上市公司的收购及相关股份权益变动中有一致行动情形的投资者,互为一致行动人。[1]

关于上市公司收购的立法,主要分为以英国为代表的自律监管模式和以美国为代表的政府监管模式。英国对上市公司收购的监管,通过《公司法》《金融服务法》和《公平交易法》进行规制,但其日常监管主要是通过英国公司收购与合并委员会1968年制定的《伦敦城收购与兼并守则》(又称《城市法典》或《伦敦城法典》)和1980年制定的《大宗股票买卖规则》等自律规范进行的。

美国对上市公司收购的监管主要是通过制定成文法进行规制。美国有关收购的立法包括联邦立法和州立法。联邦立法主要是1968年制定的《威廉姆斯法案》,这是美国最早全面调整上市公司收购的法律,该法案是作为《1934年证券交易法》修正案而问世的。美国各州从20世纪60年代开始了公司收购的立法,特点是将公司收购作为公司的内部事务规定于各州的公司法中。对于收购中的反垄断行为,则通过《谢尔曼法》《克莱顿法》《联邦贸易委员会法》等进行规制。

我国的上市公司收购始于1993年的"宝延事件"。[2] 经过近30年的不断探索,我国已形成以《证券法》为基础,以《上市公司收购管理办法》及其他相关规范为具体实施措施的上市公司收购法律规范体系。基于2019年《证券法》的修订,中国证监会于2020年对《上市公司收购管理办法》也进行了相应修正。

---

[1] 《上市公司收购管理办法》第83条第2—4款规定,如无相反证据,投资者有下列情形之一的,为一致行动人:(1) 投资者之间有股权控制关系;(2) 投资者受同一主体控制;(3) 投资者的董事、监事或者高级管理人员中的主要成员,同时在另一个投资者担任董事、监事或者高级管理人员;(4) 投资者参股另一投资者,可以对参股公司的重大决策产生重大影响;(5) 银行以外的其他法人、其他组织和自然人为投资者取得相关股份提供融资安排;(6) 投资者之间存在合伙、合作、联营等其他经济利益关系;(7) 持有投资者30%以上股份的自然人,与投资者持有同一上市公司股份;(8) 在投资者任职的董事、监事及高级管理人员,与投资者持有同一上市公司股份;(9) 持有投资者30%以上股份的自然人和在投资者任职的董事、监事及高级管理人员,其父母、配偶、子女及其配偶、配偶的父母、兄弟姐妹及其配偶、配偶的兄弟姐妹及其配偶等亲属,与投资者持有同一上市公司股份;(10) 在上市公司任职的董事、监事、高级管理人员及其前项所述亲属同时持有本公司股份的,或者与其自己或者其前项所述亲属直接或者间接控制的企业同时持有本公司股份;(11) 上市公司董事、监事、高级管理人员和员工与其所控制或者委托的法人或者其他组织持有本公司股份;(12) 投资者之间具有其他关联关系。一致行动人应当合并计算其所持有的股份。投资者计算其所持有的股份,应当包括登记在其名下的股份,也包括登记在其一致行动人名下的股份。投资者认为其与他人不应被视为一致行动人的,可以向中国证监会提供相反证据。

[2] 1993年9月30日,深圳宝安上海分公司在上海证券交易所大量购入上海延中公司股票,并据此要求延中公司召开董事会,重新选举董事长。延中公司董事会提出宝安公司没有按照《股票发行与交易管理暂行条例》的规定履行信息披露义务,从而引发中国证券市场上第一个"敌意收购事件",此为"宝延事件"。

二、上市公司收购的基本原则及其意义

（一）上市公司收购的基本原则

由于上市公司收购本质上是对公司控制权的争夺，争夺的结果往往使该控制权发生变动，而上市公司控制权的变动通常又会带来股价的大幅波动，涉及目标公司股东、管理层、劳动者、收购双方的债权人等众多市场主体的利益消涨，为均衡各方的利益，各国证券法律，一般均体现出上市公司收购应遵循以下四项基本原则：

（1）信息披露原则。首先，这一原则实际上是证券法"公开"原则在公司收购中的具体体现，也是上市公司收购的第一原则。其核心内容是持股权益披露要求，即收购人直接或者间接持有一个上市公司一定比例的股份时或者达到此比例后持股量发生一定比例的增减变化时，应当将相关情况予以披露。其次，这一原则是对要约收购的原则要求，即要约收购时应通过一定的法律文件披露收购意图；收购要约发出后应披露预受要约的情况。另外，该原则还要求，目标公司管理层对收购的意见也应向股东披露；协议收购时应公告收购协议的内容。

（2）目标公司的股东待遇平等原则。在上市公司的要约收购中，目标公司的全部股东应当获得平等的待遇，比如：公平地获得与收购要约有关的资料；在相同的情况下以相同的价格出售股份；在部分收购中收购人应按比例收购；在目标公司董事会采取反收购措施时，应基于全体股东的权益，而不是部分股东的利益。这一原则的根本作用和意义，在于防止公司收购中大股东操纵行情和私下交易，从而造成对其他股东不平等的待遇。

（3）保护中小股东权益原则。在上市公司收购中，往往是大股东左右事态的发展，中小股东处于弱势地位，需要通过法律规范保护中小股东的权益。比如，持股达到一定比例时，采取强制要约方式进行收购，并且收购要约的各项收购条件适用于被收购公司的所有股东；协议收购中在协议达成后，应当公告协议的内容，给予中小投资者以知情权；确立强制出售制度，在收购期限届满时，若收购人持股比例达到法定绝对多数，赋予其他股东强制性出售权。

（4）维护证券市场公平与秩序原则。由于上市公司的收购容易引起股票价格的大幅波动，这给操纵市场、内幕交易等行为提供了土壤。一旦操纵市场、内幕交易的行为出现，势必损害投资公众的利益，给市场秩序的造成混乱。为此，对收购人的行为必须进行有效规制，比如，利用上述第一项原则中的"持股权益披露"规则限制增持与减持股份，每发生一定比例的变化，就被要求进行权益变动情况的披露。维护公平与秩序的原则还要注意上市公司收购中的反垄断，如果某一上市公司收购的结果导致在某一行业产生垄断，遏制或者破坏公平竞争，则必将损害整个社会的效益和公众的利益。为此，在上市公司收购的过程中必须根据《反垄断法》防范可能出现的垄断，确保收购行为完成后行业内部依然能够保持公平竞争。

（二）上市公司收购的意义

上市公司收购是公司兼并的一种重要形式，从世界范围来看，公司购并最早出现于19世纪末20世纪初的英国，后发展到西欧、美国、日本等发达国家和地区，在20世纪90年代全球经济一体化的大背景下，包括上市公司在内的公司收购再次在全球兴起，并且，证券市场已成为公司购并的主战场。上市公司收购的意义主要体现在：

（1）上市公司的收购有利于形成规模经济效益和优化产业结构。从公司收购的历史来看，早期主要采用横向收购，能够较快地形成规模经济，在一定程度上优化了资源的配置。

但是,横向收购带来的一大弊端就是形成市场垄断,破坏公平竞争。而纵向收购则能够优化公司间的组合与产业结构,实现专业化协作,降低经营风险并提高竞争能力。

(2)上市公司的收购有利于提高公司治理水平。收购人一旦发起并取得了上市公司的控制权,收购人必然要改组公司的董事会和管理层,这无疑会对上市公司的管理层形成巨大的压力。可见,上市公司收购行为的存在,尤其是敌意收购行为,会在无形中迫使公司的管理层勤勉尽职致力于公司的发展,不断提高公司的治理水平,从而给公司带来高效益,这必将有利于公司、公司的股东、公司的债权人以及其他利益相关人。

当然,公司收购也可能产生一些不利影响,除了上述横向收购可能产生的市场垄断之外,在上市公司收购的过程中还可能引起股市的异常波动,并常常伴有操纵市场、内幕交易和欺诈投资者等行为。

三、上市公司收购的种类

根据不同的划分标准,可将上市公司收购的种类作如下划分:

(一)集中竞价收购、认购股份收购及其他合法方式收购

集中竞价收购,是指收购人在场内交易市场上,通过证券交易所集中竞价交易的方式对目标公司进行的收购。

认购股份收购,是指收购人经上市公司非关联股东批准,通过认购上市公司发行的新股使其在公司拥有的权益股份能够达到控制权的取得与巩固。

其他合法方式收购,是指证券法为了给上市公司收购方式的创新留出空间,在已有的方式之外规定的例外情况。比如,根据《上市公司收购管理办法》第15条的规定,国有股权的行政划转或变更、执行法院裁定、继承、赠与等方式就属于其他合法方式。当然,在国有股行政划转或变更、司法裁定等方式构成的上市公司收购中,收购方(即行政划转或变更的受让方和司法裁决的胜诉方)可能没有取得上市公司控制权的主观动机,但如果上述行为的结果是收购方取得了或可能取得上市公司的控制权,即为收购,收购方就应履行相关义务。

(二)要约收购、协议收购

要约收购,是指收购人公开向目标公司的股东发出要约,并按要约中的条件购买目标公司的股票,以期达到对目标公司的控制权的取得或者巩固。要约收购的受要约人为目标公司的全体股东,发出的要约必须公开,公开的方式在我国为公告。要约收购是上市公司收购中最重要的一种方式,是各国证券法律法规规制的重点。要约收购一般为敌意收购。

协议收购,是指投资者及其一致行动人在证券交易所以外与目标公司的股东,主要是持股比例较大的大股东,就股票的价格、数量等方面私下协商,购买目标公司的股票,以期达到对目标公司控制权的获得和巩固。协议收购一般为友好收购。

(三)敌意收购与友好收购

敌意收购,是指收购人事先不与目标公司沟通,直接在证券交易所买入股票,在收购的过程中目标公司的董事会往往会采取阻挠措施。敌意收购的成本较高,一旦目标公司的董事会拒绝被收购而采取反收购措施,则会加大双方的人力、财力成本。

上述要约收购多发生在目标公司的股权比较分散、目标公司的股东与公司的控制权分离的情况下,其收购的最大特点是无须事先征得目标公司管理层的同意,因而要约收购一般是敌意收购。

友好收购,是指收购人事先与目标公司进行沟通,在得到目标公司管理层同意的情况下

实施的收购。友好收购的成本低,有利于保守商业秘密,成功率高。

上述协议收购多发生在目标公司的股权相对集中,尤其是目标公司可能存在控股股东的情况下,因此协议收购的目标公司一般为"所有者"控制型公司,即股东掌握着公司的终极控制权,大部分协议收购会得到目标公司经营者的合作,因而协议收购多为友好收购。

(四)自愿收购与强制收购

根据收购是否构成法律义务,可以分为自愿收购与强制收购。

自愿收购,是指在未达强制收购的法定比例时收购人有权自主决定收购目标公司股份的行为。例外的情形是在法律未规定强制收购的国家或地区,收购人可以自主决定收购目标公司任一比例的股份,但需履行相关报告、公告等义务。在我国,法律规定强制收购的比例为30%,即只要在30%的比例之下,收购人购买目标公司股份的行为应为自愿收购。

强制收购,是指收购人在持有目标公司股份达一定比例时依法必须向目标公司股东公开发出要约进行收购的行为。从上市公司收购的法律性质来看,属于平等民事主体之间的私法关系,双方股票的交易都是在自愿基础上达成协议,不应存在外力的强制。但是,由于上市公司收购行为不同于一般股票交易行为,该行为具有涉众性,很可能影响目标公司中小股东的合法权益,也容易发生操纵市场、内幕交易等危害整个证券市场的行为,因此,许多国家的证券法都有关于强制收购的规定。根据我国《证券法》第65条的规定,强制收购的触发比例为30%。

(五)全部收购与部分收购

根据收购目标公司股份的比例,可以分为全部收购与部分收购。全部收购与部分收购是要约收购中使用的一种分类,证券法既允许全部收购,也允许部分收购。

全部收购,是指收购人向目标公司的全体股东发出要约,收购目标公司的所有股份。

部分收购,是指收购人向目标公司的全体股东发出要约收购占目标公司股份总数一定比例的股份,目标公司的股东可以根据这一比例出售自己的股份。

(六)横向收购与纵向收购

横向收购又称水平收购,是指收购人与目标公司处在同一行业,收购的目的是追求规模经济效益。这是采用最早也是最多见的一种收购形式,这类收购的局限性在于容易形成行业垄断,受到反垄断法的规制。

纵向收购又称垂直收购,是指收购人与目标公司分处不同的行业,通常存在着协作关系,纵向收购可以形成供、产、销一条龙,有利于提高市场效率,增强企业的市场竞争力。

在上市公司收购的实践中,按照不同的划分标准还可以将上市公司的收购分为诸如,现金收购、换股收购和混合收购,直接收购与间接收购,单独收购与共同收购,控股收购和兼并收购等种类。

第二节 权益披露制度

一、我国权益披露制度的立法沿革与概念

上市公司收购中的权益披露制度实质上是证券法公开原则的制度化体现,属于证券信息披露制度中的一种。这一制度的立法过程如下:1993年4月22日由国务院颁布的《股票发行与交易管理暂行条例》第47条正式建立了投资者持股权益披露制度,1998年12月29

日第九届全国人大常委会第六次会议通过的《证券法》第 79 条对权益披露制度中的"慢走规则"进行了调整。此后,第十届全国人大常委会第十一次会议又于 2005 年 10 月 27 日修订《证券法》时在第 86 条对投资者权益披露制度中的披露义务人进行了补充与完善,扩大了披露义务人的范围。基于《证券法》的授权,中国证监会于 2006 年 5 月 17 日审议通过了《上市公司收购管理办法》,设专章对权益披露义务人、披露内容、披露方式、披露时间、整体披露及连带责任等进行了细化规定。2019 年《证券法》第 63 条对 2014 年《证券法》第 86 条进行了修订后,中国证监会于 2020 年对《上市公司收购管理办法》的相应条款也进行了修正。

权益披露制度,是指投资者及其一致行动人对其拥有上市公司的股份权益及权益变动情况进行披露的制度。根据《上市公司收购管理办法》第 12 条的规定,投资者在一个上市公司中拥有的权益,包括登记在其名下的股份和虽未登记在其名下但该投资者可以实际支配表决权的股份。投资者及其一致行动人在一个上市公司中拥有的权益应当合并计算,只有在达到一定限度时,才负有依法及时对拥有上市公司的股份权益进行披露的义务。

二、权益披露义务人及披露内容

(一)权益披露义务人及其权益披露义务的触发点与变动点

在上市公司收购中,权益披露的义务人是投资者(收购人)及其一致行动人。这有别于一般证券信息披露义务人为发行人、上市公司等。如前文所述,上市公司收购本质上是一种股票交易,但是,在上市公司收购中投资者进行股票交易的目的在于取得或是巩固上市公司的控制权。要实现这一目的,股票买入的数量一定要达到相当的比例,这往往会影响整个股票市场的股票价格,因此,法律规定收购人负有信息披露的义务。另外,在这种收购中,收购人为了降低收购成本,想方设法规避信息披露义务,他们经常通过各种协议和非协议的私下安排,联合他人分散购买目标公司的股份,在一致行动人的配合下可能根本不必披露即已获得了实际控制权,严重侵害了广大中小股东的知情权。因此,证券法完全应当扩大信息披露义务人的范围,将收购人和一致行动人的联合行为视为"一个整体",合并计算持有一个公司的股份数量,将权益披露义务人的范围由投资者(收购人)扩大到一致行动人。我国《证券法》就有一个从仅限于收购人披露(1998 年《证券法》)扩大至一致行动人也要披露(2005 年《证券法》)的变化过程。

收购人及其一致行动人履行权益披露义务必须以股票交易达到一定的数量为前提,即权益披露义务的触发点与变动点。触发点是指达到一定数量开始负有信息披露的义务起点,之后持股每增减变动一定幅度要求再次披露,则称之为变动点。各国或各地区的证券法对此规定不一,在美国,权益披露触发点为 5%,增减变动披露点为 1%;在英国,权益披露触发点为 3%,增减变动披露点为 1%;在加拿大,权益披露触发点为 10%,增减变动披露点为 2%;在我国香港地区,权益披露触发点为 10%,增减变动披露点为 1%。[①] 权益披露触发点及权益增减变动披露点幅度的大小,直接影响着收购人成功的有效性和信息披露的成本大小。通常情况下,股权分散、股市发达的国家或地区幅度较低,而股权较集中、股市不甚发达的国家或地区其幅度相对较高。

在我国,2019 年修订前的《证券法》规定,投资者及其一致行动人持股权益披露触发点和权益增减变动披露点均为 5%。意味着,投资者及其一致行动人拥有权益的股份达到一个

---

① 李东方主编:《证券法学》(第三版),中国政法大学出版社 2017 年版,第 139 页。

上市公司已发行股份的5%时,将触发权益披露义务,此后拥有权益的股份占该上市公司已发行股份的比例每增加或者减少5%,应当再次进行权益披露。2019年修订后的《证券法》(第63条)和2020年修后正的《上市公司收购管理办法》(第13条)规定,收购人及其一致行动人持股权益增减变动披露点为1%,权益披露触发点依然为5%。现行权益披露标准是立法者在保护投资者与鼓励公司收购行为之间权衡的结果,因为过高的触发点标准虽然有利于收购,却以目标公司股东溢价收益的减少为代价;反之,过低的触发点标准又容易使投资者收购意图过早暴露,可能过早面临竞争者的挑战以及目标公司管理层反收购措施的阻遏,使收购时间跨度延长,收购难度加大,收购成本上升,最终影响收购机制本身作用的发挥。而这次修法将权益增减变动披露点由原来的5%下降为1%,法律的天平主要倾向于保护中小投资者,有利于普通投资者及时掌握收购人的股权变动。相对于收购人而言,则增加了较修法前更重的信息披露负担,同时也增加了收购的成本和难度。

(二) 权益披露文件与该文件的内容

权益披露制度的主要作用在于向市场公开收购的变化及其可能性,因此,制度设计的指导原则是以能否判断持股人是否有进一步增持的意图为核心。我国现行证券法律根据投资者及其一致行动人拥有权益的比例,以及是否为第一大股东或者实际控制人为标准,规定了两种不同的披露文件形式,即简式和详式权益变动报告书:

1. 简式权益变动报告书。① 简式权益变动报告书,是指在收购人不是上市公司第一大股东或实际控制人且持股权益比例不太高的情况下使用的内容相对简化的权益披露文件。

具体而言,就是投资者(收购人)及其一致行动人不是上市公司的第一大股东或者实际控制人,其拥有权益的股份达到或者超过该公司已发行股份的5%,但未达到20%的,应当编制包括下列内容的简式权益变动报告书:(1) 投资者及其一致行动人的姓名、住所;投资者及其一致行动人为法人的,其名称、注册地及法定代表人;(2) 持股目的,是否有意在未来12个月内继续增加其在上市公司中拥有的权益;(3) 上市公司的名称、股票的种类、数量、比例;(4) 在上市公司中拥有权益的股份达到或者超过上市公司已发行股份的5%或者拥有权益的股份增减变化达到5%的时间及方式、增持股份的资金来源;(5) 在上市公司中拥有权益的股份变动的时间及方式;(6) 权益变动事实发生之日前6个月内通过证券交易所的证券交易买卖该公司股票的简要情况;(7) 中国证监会、证券交易所要求披露的其他内容。

2. 详式权益变动报告书。② 详式权益变动报告书,是指收购人是上市公司第一大股东或者实际控制人,或者虽然不是上市公司第一大股东与实际控制人,但其持股比例较高的情况下使用的内容较为翔实的权益披露文件。具体而言,就是以下两类主体应当编制并披露详式权益变动报告书:第一类,投资者(收购人)及其一致行动人为上市公司第一大股东或者实际控制人,其拥有权益的股份达到或者超过一个上市公司已发行股份的5%,但未达到20%的;第二类,一般投资者(收购人)及其一致行动人拥有权益的股份达到或者超过一个上市公司已发行股份的20%,但未超过30%的。

详式权益变动报告书除包括上述全部简式权益报告书的内容外,还应包括以下内容:(1) 投资者及其一致行动人的控股股东、实际控制人及其股权控制关系结构图;(2) 取得相关股份的价格、所需资金额,或者其他支付安排;(3) 投资者、一致行动人及其控股股东、实

---

① 参见《上市公司收购管理办法》第16条的规定。
② 参见《上市公司收购管理办法》第17条的规定。

际控制人所从事的业务与上市公司的业务是否存在同业竞争或者潜在的同业竞争,是否存在持续关联交易;存在同业竞争或者持续关联交易的,是否已作出相应的安排,确保投资者、一致行动人及其关联方与上市公司之间避免同业竞争并保持上市公司的独立性;(4)未来12个月内对上市公司资产、业务、人员、组织结构、公司章程等进行调整的后续计划;(5)前24个月内投资者及其一致行动人与上市公司之间的重大交易;(6)不存在不得收购上市公司的情形[①];(7)能够公告上市公司收购报告书时,提交法定的备查文件[②]。

上述投资者及其一致行动人为上市公司第一大股东或者实际控制人的,还应当聘请财务顾问对上述权益变动报告书所披露的内容出具核查意见,但国有股行政划转或者变更、股份转让在同一实际控制人控制的不同主体之间进行、因继承取得股份的除外。投资者及其一致行动人承诺至少3年放弃行使相关股份表决权的,可免于聘请财务顾问和提供上述第(7)项规定的文件。

根据《上市公司收购管理办法》第18条的规定,已披露权益变动报告书的投资者及其一致行动人在披露之日起6个月内,因拥有权益的股份变动需要再次报告、公告权益变动报告书的,可以仅就与前次报告书不同的部分作出报告、公告。但是,自前次披露之日起超过6个月的,投资者及其一致行动人应当按照法律规定编制简式或是详式权益变动报告书,履行报告、公告义务。

对于因上市公司减少股本导致的投资者及其一致行动人拥有权益的股份被动变动,出现持股5%或以上情形的,投资者及其一致行动人将免于履行权益披露的报告和公告义务,上市公司仅需自完成减少股本的变更登记之日起2个工作日内,就因此导致的公司股东拥有权益的股份变动情况作出公告。但是,因公司减少股本可能导致投资者及其一致行动人成为公司第一大股东或者实际控制人的,该投资者及其一致行动人应当自公司董事会公告有关减少公司股本决议之日起3个工作日内,制作详式权益变动报告书履行权益披露的报告、公告义务。[③]

三、权益披露的时间及方式

(一)权益披露时间

根据2019年修订的《证券法》第63条的规定,上市公司收购权益披露的时间分为三种以下情况:

(1)通过证券交易所收购的情形。通过证券交易所的证券交易,投资者持有或者通过协议、其他安排与他人共同持有一个上市公司已发行的有表决权股份达到5%时,应当在该事实发生之日起3日内,向国务院证券监督管理机构、证券交易所作出书面报告,通知该上市公司,并予公告,在上述期限内不得再行买卖该上市公司的股票,但国务院证券监督管理机构规定的情形除外。

(2)协议收购的情形。投资者持有或者通过协议、其他安排与他人共同持有一个上市

[①] 《上市公司收购管理办法》第6条规定,任何人不得利用上市公司的收购损害被收购公司及其股东的合法权益。有下列情形之一的,不得收购上市公司:① 收购人负有数额较大债务,到期未清偿,且处于持续状态;② 收购人最近3年有重大违法行为或者涉嫌有重大违法行为;③ 收购人最近3年有严重的证券市场失信行为;④ 收购人为自然人的,存在《公司法》第146条规定情形;⑤ 法律、行政法规规定以及中国证监会认定的不得收购上市公司的其他情形。

[②] 收购人公告上市公司收购报告书时,应当提交的备查文件,具体见《上市公司收购管理办法》第50条的规定。

[③] 参见《上市公司收购管理办法》第19条的规定。

公司已发行的有表决权股份达到5％后,其所持该上市公司已发行的有表决权股份比例每增加或者减少5％,应当依照前款规定进行报告和公告,在该事实发生之日起至公告后3日内,不得再行买卖该上市公司的股票,但国务院证券监督管理机构规定的情形除外。

(3)每增加或者减少1％的情形。投资者持有或者通过协议、其他安排与他人共同持有一个上市公司已发行的有表决权股份达到5％后,其所持该上市公司已发行的有表决权股份比例每增加或者减少1％,应当在该事实发生的次日通知该上市公司,并予公告。

(二)权益披露的载体①

上市公司的收购及相关股份权益变动活动中的信息披露义务人应当在证券交易所的网站和符合中国证监会规定条件的媒体上依法披露信息;在其他媒体上进行披露的,披露内容应当一致,披露时间不得早于前述披露的时间。

(三)一致行动人信息的整体披露

在上市公司收购的过程中,有一些收购人为了规避法律规定,逃避信息披露或要约收购等法定义务,往往通过非关联化的处理,由多个收购主体出面共同采取行动,每个收购主体购买低于法定比例的同一家上市公司的股票,进而达到既逃避义务又控制上市公司或实现利益输送的目的。为了杜绝上述规避法律法规的行为,立法机关在证券法上制定出"一致行动"和"一致行动人"的法律规范,凡是被认定为实施"一致行动"的"一致行动人",则以各个一致行动人合并计算的收购比例作为其履行法定义务的判断标准。我国《证券法》未对一致行动人如何进行持股权益披露作出规定,但是,在中国证监会颁布的《上市公司收购管理办法》的第22条作出了具体规定,即上市公司的收购及相关股份权益变动活动中的信息披露义务人采取一致行动的,可以以书面形式约定由其中一人作为指定代表负责统一编制信息披露文件,并同意授权指定代表在信息披露文件上签字、盖章。各信息披露义务人应当对信息披露文件中涉及其自身的信息承担责任;对信息披露文件中涉及的与多个信息披露义务人相关的信息,各信息披露义务人对相关部分承担连带责任。

第三节 要约收购、协议收购与间接收购

一、要约收购②

要约收购,是指收购人通过向目标公司的股东发出购买其所持该公司股份的意思表示,并按照依法公告的收购要约中所规定的收购条件、收购价格、收购期限以及其他规定事项,收购目标公司股份的收购方式。它是上市公司收购的一种最常见、最典型的方式。由于要约收购必然导致大量资金涌入证券市场,股价波动大,往往伴随着操纵市场、内幕交易等损害投资者利益和影响证券市场稳定的行为,因此,各国证券立法都将要约收购行为作为重点规制对象。

(一)要约收购方式的适用

根据《上市公司收购管理办法》第23条的规定,投资者自愿选择以要约方式收购上市公司股份的,可以向被收购公司所有股东发出收购其所持有的全部股份的要约(以下简称"全

---

① 参见《上市公司收购管理办法》第21条的规定。
② 参见《上市公司收购管理办法》第三章"要约收购"的规定。

面要约"),也可以向被收购公司所有股东发出收购其所持有的部分股份的要约(以下简称"部分要约")。但是,在以下三种情形下,必须采取强制性要约的方式进行收购,而且收购人其预定收购的股份比例均不得低于该上市公司已发行股份的5%[①]:

(1)通过证券交易所的证券交易,收购人持有一个上市公司的股份达到该公司已发行股份的30%时,继续增持股份的,应当采取要约方式进行,发出全面要约或者部分要约。[②]

(2)采用协议收购方式的,收购人拥有一个上市公司已发行的股份达30%时,继续进行收购的,应向所有股东发出收购要约,但经证券监督管理机构免于发出要约的除外;如果收购人拟通过协议方式收购一个上市公司的股份超过30%,超过30%的部分,应当改以要约方式进行,但经证券监督管理机构免于发出要约的除外。[③]

(3)采用间接收购方式的,收购人拥有权益的股份超过该公司已发行股份的30%的,应向该公司所有股东发出全面要约。收购人预计无法在事实发生之日起30日内发出全面收购要约的,应在前述30日内促使其控制的股东将所持有的上市公司的股份减至30%或者30%以下,并自减持之日起2个工作日内予以公告,其后收购人或者其控制的股东拟继续增持的,应当采取要约方式。收购人可以向证券监督管理机构申请免于其发出要约的义务。[④]

(二)要约收购的规则

1. 大宗持股披露规则[⑤]

大宗持股披露规则,是指通过证券交易所的证券交易,投资者持有或者通过协议、其他安排与他人共同持有一个上市公司已发行的有表决权股份达到5%时,应当在该事实发生之日起3日内,向国务院证券监督管理机构、证券交易所作出书面报告,通知该上市公司,并予公告,在上述期限内不得再行买卖该上市公司的股票,但国务院证券监督管理机构规定的情形除外。投资者持有或者通过协议、其他安排与他人共同持有一个上市公司已发行的有表决权股份达到5%后,其所持该上市公司已发行的有表决权股份比例每增加或者减少5%,应当依照前款规定进行报告和公告,在该事实发生之日起至公告后3日内,不得再行买卖该上市公司的股票,但国务院证券监督管理机构规定的情形除外。投资者持有或者通过协议、其他安排与他人共同持有一个上市公司已发行的有表决权股份达到5%后,其所持该上市公司已发行的有表决权股份比例每增加或者减少1%,应当在该事实发生的次日通知该上市公司,并予公告。违反上述规定买入上市公司有表决权的股份的,在买入后的36个月内,对该超过规定比例部分的股份不得行使表决权。

大宗持股披露规则的制度价值在于:(1)确定收购人持有的股份是否触发强制要约收购义务;(2)避免突发性收购使目标公司的股东和管理层措手不及,而给公司的稳定和持续经营发展带来负面影响;(3)使目标公司的股东,尤其是中小股东能够注意到公司控制权发生变化的可能性,从而在重新估计持有股份价值的基础上作出投资决策,这有利于保护中小投资者的权益。

---

① 参见《上市公司收购管理办法》第25条的规定。
② 参见《上市公司收购管理办法》第24条的规定。
③ 参见《上市公司收购管理办法》第47条的规定。
④ 参见《上市公司收购管理办法》第56条的规定。
⑤ 参见《证券法》第63条的规定。

2. 增减股份的缓步规则

增减股份的缓步规则又称台阶规则,是指投资者及其一致行动人在持股达一定比例后,增持或者减持股份的比例受到限制,并确定增减最短间隔时间的规则。我国《证券法》第63条规定,投资者及其一致行动人在持股达5%后,每一次增加或者减少5%时,应当在事实发生之日起3日内进行报告与公告,在该事实发生之日起至公告后3日内,不得再行买卖该上市公司的股票。这意味着,持股达5%后,投资者及其一致行动人每一次可以买进或者卖出股份的量最大是5%,并且每一次变动后须至少停止6天的交易。

缓步规则的制度价值在于:限制收购人股票交易的节奏,便于市场有充分的时间来接收和消化市场信息,有利于其他投资者作出合理的投资选择。

3. 强制要约规则

这是指投资者及其一致行动人通过证券交易所的证券交易而控制一定比例上市公司的股份,继续进行收购的,法律强制要求收购人发出收购要约的规则。依据《证券法》,通过证券交易所的证券交易,投资者及其一致行动人持有一个上市公司已发行股份达到30%时,继续进行收购的,应当向上市公司所有股东发出收购上市公司全部或者部分股份的要约。收购上市公司部分股份的收购要约应当约定,被收购公司股东承诺出售的股份数额超过预定收购的股份数额的,收购人按比例进行收购。[①] 这表明,强制要约收购的触发点是30%,但仅仅达到这个触发点还不能触发强制要约义务,它还需要另外一个条件,即"继续进行收购的"。实际上,导致强制要约成为收购人的一项法律义务应该是30%+1股。收购要约的发出对象是被收购公司的所有股东。强制仅仅是要约方式的强制,而不是全面要约的强制,收购人可以选择全面要约收购,也可以选择部分要约收购。

强制要约规则的意义如下:(1) 所有股东获得平等的待遇,注重维护中小股东的利益。一旦收购人已经取得了目标公司的控制权,他就有义务发出要约,以不低于其为取得控制权所付的价格,收购公司其他股东所持有的股份,以避免大小股东之间的差别待遇。(2) 赋予非控股股东以撤出公司的权利。非控股股东作出投资决定,是看好公司原经营者的才能和道德品质以及公司的发展前途,现在公司的控制权发生转移,非控股股东对新的经营者和公司原有的信任基础有可能丧失。既然他们无法影响控制权的转移,至少应有公平的机会撤出他们的投资。但是,如果他们一起在股市上出售股票,必然会引起股价下跌而蒙受损失。所以法律强制收购人发出收购要约,使这些股东有机会以公平的价格出售其股份,撤回投资。

4. 股东待遇平等规则

股东待遇平等规则是指在要约收购中,收购人应当对被收购的上市公司的所有股东一视同仁,不得实施歧视性待遇。股东待遇平等的具体体现主要是:(1) 被收购公司的股东有平等参与要约收购的权利,部分要约收购中当股东承诺出售的股份数额超过预定收购的股份数额时,收购人应按比例收购;(2) 收购要约提出的各项收购条件,适用于被收购公司的所有股东;(3) 如果在要约有效期限内,要约人需要变更要约收购条件,则应对所有出售股份的股东适用变更后的条件,不论股东是在变更前接受要约还是在变更后接受要约;(4) 在要约收购期间内,不得采用要约规定以外的形式购入被收购公司的股票。

股东待遇平等规则的意义主要在于:保护中小股东的利益。

---

① 参见《证券法》第65条的规定。

5. 价格从高规则

价格从高规则又称最高价规则,是指在公开要约收购中,收购人的要约价格应该是其在一段时期内购买目标公司股份的最高价格。依据《上市公司收购管理办法》,收购人进行要约收购的,对同一种类股票的要约价格,不得低于要约收购提示性公告日前6个月内收购人取得该种股票所支付的最高价格。要约价格低于提示性公告日前30个交易日该种股票的每日加权平均价格的算术平均值的,收购人聘请的财务顾问应当就该种股票前6个月的交易情况进行分析,说明是否存在股价被操纵、收购人是否有未披露的一致行动人、收购人前6个月取得公司股份是否存在其他支付安排、要约价格的合理性等。①

价格从高规则的意义:(1)可以防止收购人利用不被市场接受的收购价格来规避公开收购义务。(2)在上市公司收购中,目标公司大股东与收购人有讨价还价的优势,为了顺利完成收购,收购人往往给予大股东更优惠的条件,而这些优惠是小股东不能享有的。确立价格从高的规则,就可以防止收购人在收购中歧视中小股东。

(三)要约收购的程序

1. 收购人的主体资格②

收购人进行上市公司的收购必须具备主体资格,有下列情形之一的,不得收购上市公司:(1)收购人负有数额较大的债务,到期未清偿,且处于继续状态;(2)收购人最近3年有重大违法行为或者涉嫌有重大违法行为;(3)收购人最近3年有严重的证券市场失信行为;(4)收购人为自然人的,存在《公司法》第146条规定的情形;(5)法律、行政法规及证券监督管理机构认定的不得收购上市公司的情形。这是证券法律法规规定的收购人主体的消极资格,是对收购人进入上市公司收购市场设立的最低门槛。

规定消极资格的意义在于:避免无良人士利用上市公司的收购损害被收购公司及其股东的合法权益,以有利于维护证券市场秩序。

2. 聘请财务顾问、制作并报送要约收购报告书③

收购人进行上市公司的收购,应当聘请在中国注册的具有从事财务顾问业务资格的专业机构担任财务顾问。财务顾问负责对收购人的主体资格、收购目的、实力、诚信记录、资金来源和履约能力进行尽职调查,关注收购中收购人是否对上市公司有不当行为,并对收购人在收购完成后进行持续督导,防范收购人侵害上市公司和中小股东的合法权益。收购人未按规定聘请财务顾问的,不得收购上市公司。

收购人发出收购要约,必须事先向证券监督管理机构、证券交易所提交要约收购报告书,并同时对要约收购报告书摘要作出提示性公告。要约收购报告书的提交由收购人聘请的财务顾问完成。要约收购报告书应载明以下事项:收购人的名称、住所;收购人关于收购的决定;被收购的上市公司的名称;收购目的;收购股份的详细名称和预定收购的股份数;收购期限、收购价格;收购所需资金及资金保证;报送要约收购报告书时持有被收购公司的股份数占该公司已发行的股份总数的比例;等等。

规定财务顾问制度的意义在于:确立上市公司财务顾问制度,发挥财务顾问对收购人事前把关、事中监督、事后持续督导的市场自律功能,有利于规范上市公司收购行为、保护被收

---

① 参见《上市公司收购管理办法》第35条的规定。
② 参见《上市公司收购管理办法》第6条的规定。
③ 参见《上市公司收购管理办法》第7章"财务顾问"的规定。

购公司及其广大股东的合法权益。需要强调的是,由于财务顾问从事上述活动的酬金是由收购人或者上市公司承担,因而其独立性和公信力要经得起考验。监管部门应当对其加强监管。

3. 公告收购要约[①]

收购人在报送要约收购报告书之日起15日后,公告其收购要约。在上述期限内,证券监督管理部门发现上市公司要约收购报告书不符合法律、行政法规规定的,应及时通知收购人,收购人不得公告其收购要约。收购要约约定的收购期限不得少于30天,并不得超过60天。确定法定最短期限是为了确保股东有充裕的时间了解信息,进行投资决策;确定法定最长时间是为了防止被收购公司长期处于前途未卜的状态影响其发展。

在收购要约确定的承诺期限内,收购人不得撤销其收购要约。收购要约的变更须遵守以下规定:(1)收购人不得随意变更;(2)需要变更其收购要约的,必须事先向证券监督管理机构及证券交易所提出报告,经批准后予以公告;(3)收购要约期限届满前15日内,收购人不得变更收购要约,但出现竞争要约的除外;(4)出现竞争要约时,发出初始要约的收购人变更收购要约距初始要约收购期限届满不足15日的,应延长收购期限,使延长后的要约期限不少于15日,但不得超过最后一个竞争要约的期满日,并须按规定追加履约保证金或者追加证券。

收购人需要变更收购要约的,应当及时公告,载明具体变更事项,且不得存在下列情形:(1)降低收购价格;(2)减少预定收购股份数额;(3)缩短收购期限;(4)国务院证券监督管理机构规定的其他情形。

4. 预受和收购[②]

预受是指被收购公司股东同意接受要约的初步意思表示,在要约收购期限内不可撤回之前不构成承诺。预受股东应通过证券公司办理相关手续。在要约收购期限届满前3个交易日内,预受股东不得撤回其对要约的接受。为了使受要约人了解其他股东的情况,以便更好地作出投资的安排,在要约收购期限内,收购人应当每天在证券交易所网站上公告已预受收购要约的股份数量。

收购期限届满,发出部分收购要约的收购人应按照约定的条件购买被收购公司股东预受的股份,预受要约股份的数量超过预定收购数量时,按同等比例收购预受邀约的股份;以终止被收购上市公司为目的的,收购人应按照收购要约约定的条件购买被收购公司股东预受的全部股份;未取得证券监督管理机构的免除发出要约而发出全面要约的收购人应购买被收购公司股东预受的全部股份。收购价格不得低于要约收购提示性公告日前6个月内收购人取得该种股票所支付的最高价格。收购人可以用现金、证券、现金与证券相结合等合法方式支付收购上市公司的价款。收购期限届满后3个交易日内,接受委托的证券公司应向证券登记结算机构申请办理股份转让结算过户登记手续,解除对超过约定收购比例的股票的临时保管;收购人应公告本次要约收购的结果。

收购人在要约收购期限内不得卖出被收购公司的股票,也不得采用要约规定以外的形式和超过要约的条件买入被收购公司的股票。

---

① 参见《证券法》第67、68条和《上市公司收购管理办法》第40条的规定。
② 参见《上市公司收购管理办法》第42、43条和《证券法》第70条的规定。

5. 收购结束报告与公告[①]

收购期限届满15日内,收购人应向证券监督管理机构报送关于本次收购情况的书面报告,同时抄报派出机构,抄送证券交易所,通知被收购公司,并予公告。

（四）免除发出要约[②]

免除发出要约,是指收购人在实施可触发法定要约收购的增持行为时,依法免除发出收购要约义务。有下列情形之一的,收购人可以免于以要约方式增持股份:(1) 收购人与出让人能够证明本次股份转让是在同一实际控制人控制的不同主体之间进行,未导致上市公司的实际控制人发生变化;(2) 上市公司面临严重财务困难,收购人提出的挽救公司的重组方案取得该公司股东大会批准,且收购人承诺3年内不转让其在该公司中所拥有的权益;(3) 中国证监会为适应证券市场发展变化和保护投资者合法权益的需要而认定的其他情形。

有下列情形之一的,投资者可以免于发出要约:(1) 经政府或者国有资产管理部门批准进行国有资产无偿划转、变更、合并,导致投资者在一个上市公司中拥有权益的股份占该公司已发行股份的比例超过30%;(2) 因上市公司按照股东大会批准的确定价格向特定股东回购股份而减少股本,导致投资者在该公司中拥有权益的股份超过该公司已发行股份的30%;(3) 经上市公司股东大会非关联股东批准,投资者取得上市公司向其发行的新股,导致其在该公司拥有权益的股份超过该公司已发行股份的30%,投资者承诺3年内不转让本次向其发行的新股,且公司股东大会同意投资者免于发出要约;(4) 在一个上市公司中拥有权益的股份达到或者超过该公司已发行股份的30%的,自上述事实发生之日起1年后,每12个月内增持不超过该公司已发行的2%的股份;(5) 在一个上市公司中拥有权益的股份达到或者超过该公司已发行股份的50%的,继续增加其在该公司拥有的权益不影响该公司的上市地位;(6) 证券公司、银行等金融机构在其经营范围内依法从事承销、贷款等业务导致其持有一个上市公司已发行股份超过30%,没有实际控制该公司的行为或者意图,并且提出在合理期限内向非关联方转让相关股份的解决方案;(7) 因继承导致在一个上市公司中拥有权益的股份超过该公司已发行股份的30%;(8) 因履行约定购回式证券交易协议购回上市公司股份导致投资者在一个上市公司中拥有权益的股份超过该公司已发行股份的30%,并且能够证明标的股份的表决权在协议期间未发生转移;(9) 因所持优先股表决权依法恢复导致投资者在一个上市公司中拥有权益的股份超过该公司已发行股份的30%;(10) 中国证监会为适应证券市场发展变化和保护投资者合法权益的需要而认定的其他情形。

相关投资者应在上述规定的权益变动行为完成后3日内就股份增持情况作出公告,律师应就相关投资者权益变动行为发表符合规定的专项核查意见并由上市公司予以披露。相关投资者按照上述第(5)项规定采用集中竞价方式增持股份的,每累计增持股份比例达到上市公司已发行股份的2%的,在事实发生当日和上市公司发布相关股东增持公司股份进展公告的当日不得再行增持股份。上述第(4)项规定的增持不超过2%的股份锁定期为增持行为完成之日起6个月。

[①] 参见《上市公司收购管理办法》第45条的规定。
[②] 参见《上市公司收购管理办法》第六章"免除发出要约"的规定。

二、协议收购[①]

（一）协议收购的定义与特征

协议收购又称"不公开收购"，是指收购人在证券交易所以外与目标公司的个别股东（通常是持股比例较高的大股东）在股票的价格、数量等方面进行私下协商，购买其所持有的股份，从而取得或者巩固目标公司控制权的行为。

与要约收购相比，协议收购具有如下特征：

(1) 交易对方具有个别性。在要约收购中交易对方要么不确定，要么必须面向目标公司的所有股东。而协议收购是收购人与目标公司的个别股东之间进行的收购行为，因而协议收购的相对人是特定的，通常是被收购公司的较大股东，由收购人分析目标公司的股权结构后自行选择交易对象。在协议收购的场合，收购协议实际上就是股份转让合同，其订立方式与一般的合同订立方式无异。

(2) 协议转让在场外进行。要约收购在证券交易所内进行，对二级市场的影响较大；协议收购在场外进行，对二级市场所造成的直接冲击相对较小，股市波动的幅度也相对较小。尽管如此，协议收购仍然对证券市场会产生较大的影响，特别是对被收购公司股票价格和股东权益有较大影响。因此，收购人进行协议收购时，也要遵守《证券法》有关规定，特别是收购协议达成后信息公开的规定。

(3) 协议过程具有不公开性。要约收购必须公开要约，让目标公司所有股东依据要约的条件进行接受或者拒绝的选择。而协议收购是不公开进行的，通过收购人与目标公司个别股东之间个别进行的要约承诺过程达成收购协议。在协议收购的协议达成之前，收购协议的协商过程、收购协议的内容等，通常不需要公开。

(4) 协议收购的股票价格具有自主性。要约收购的价格基本上是随行就市，与市场价格保持一定的均衡，如果存在反收购或者竞争要约的情形，价格可能会更高，这使得收购成本较高。协议收购的价格是双方协商谈判的结果，可能与股票市场存在较大的偏离。

(5) 收购标的的特定性。在我国，要约收购的标的仅限于上市流通的股份，而协议收购的标的包括流通股和非流通股。这也是过去一段时期改革彻底完成以前，国有股及法人股的主要流转方式。

(6) 收购方式的变通性与程序的简捷性。协议收购方式可以与集中竞价交易方式同时使用，而要约收购只能单独运用。并且，要约收购被各国法律作为重点进行规范，交易程序较为烦琐，收购成本、费用较高；而协议收购的交易程序和法律规制相对简单便捷，交易手续费用低廉，可以迅速地获得对目标公司的控制权。

当然，协议收购也存在如下一些不利的因素：

(1) 协议收购具有隐蔽性，协议收购的协商过程不公开，在收购期间容易发生暗箱操作或者内幕交易。

(2) 协议收购不要求收购人公开其收购成功后经营管理目标公司的计划，对收购人收购成功后的行为约束较弱，不利于保护目标公司其他股东的利益。

因此，协议收购必须遵守《证券法》有关信息公开的规定，必须按照《证券法》规定的程序

---

① 参见《上市公司收购管理办法》第四章"协议收购"的规定。

进行。①

(二) 协议收购的程序

协议收购的程序比要约收购的程序简易一些,根据《证券法》与《上市公司收购管理办法》的规定,协议收购的主要程序如下:

1. 聘请财务顾问、协商并签订收购协议②

收购人进行协议收购,首先应当聘请财务顾问,由财务顾问对收购人的资格进行把关,并对收购人最近3年的诚信记录、收购资金来源的合法性、收购人具备履行相关承诺的能力及相关信息披露内容的真实性、准确性、完整性进行核查。

收购人在决定收购一个上市公司之前,一般都通过各种渠道对目标公司进行详细的调查。进行协议收购一般先取得目标公司董事会的支持,然后收购人与目标公司的大股东就收购数量、价格等进行具体协商,达成一致并签订书面协议。

2. 报告并公告收购协议③

收购人与目标公司的股东达成收购协议后,收购人必须在3日内将该收购协议向证券监督管理部门及证券交易所作出书面报告,并予公告。在未作出公告之前,不得履行收购协议。

《证券法》规定在公告之前不得履行收购协议,并不意味着收购协议经公告之后才生法律效力。当事人双方就收购协议的内容达成一致时,收购协议即成立并且生效,开始具有合同效力。《证券法》第71条第3款规定在公告前不得履行收购协议,只是对收购协议的履行条件作出特别规定,而不是对收购协议的生效条件作出规定,因此,不能把收购协议视为附法定停止条件的合同。在订立的收购协议公告之前,如果一方当事人拒不履行合同义务,包括法定的公告义务,应当构成违约行为。④

3. 保存股票与资金存放⑤

为了保证收购协议的顺利履行,协议收购的相关当事人应当向证券登记结算机构申请办理拟转让股份的临时保管手续,并可以将用于支付的现金存放于证券登记结算机构指定的银行。按照《证券法》第72条的原意,保存股票与存放资金只是一种选择性权利,而不是强制性规定。但是,在实际操作中,根据《上市公司收购管理办法》第54条和第55条的规定,实际上带有强制性,否则办理不了股份转让的过户手续。

4. 履行收购协议⑥

收购报告书公告后,相关当事人应当按照证券交易所和证券登记结算机构的业务规则,在证券交易所就本次股份转让予以确认后,凭全部转让款项存放于双方认可的银行账户的证明,向证券登记结算机构申请解除拟协议转让股票的临时保管,并办理过户登记手续。

收购人未按规定履行报告、公告义务,或者未按规定提出申请的,证券交易所和证券登记结算机构不予办理股份转让和过户登记手续。

收购人在收购报告书公告后30日内仍未完成相关股份过户手续的,应当立即作出公告,说明理由;在未完成相关股份过户期间,应当每隔30日公告相关股份过户办理进展情况。

---

① 陈甦主编:《证券法专题研究》,高等教育出版社2006年版,第153页。
② 参见《上市公司收购管理办法》第4章"协议收购"和第7章"财务顾问"的规定。
③ 参见《证券法》第71条第2、3款的规定。
④ 陈甦主编:《证券法专题研究》,高等教育出版社2006年版,第154页。
⑤ 参见《证券法》第72条和《上市公司收购管理办法》第54条的规定。
⑥ 参见《上市公司收购管理办法》第55条的规定。

5. 收购结束报告与公告[1]

收购行为完成后,收购人应在 15 日内将收购情况报告证券监督管理机构和证券交易所,并予公告。

(三) 协议收购转化为要约收购及其免除发出要约[2]

1. 协议收购转化为要约收购及其免除发出要约

通过协议收购,当收购人拥有权益的股份达到该公司已发行股份的 30% 时,继续进行收购的,应当转为要约的方式并按照要约收购的程序进行收购。但收购人可以向证券监督管理机构申请免除发出要约义务。收购人取得证券监督管理机构豁免后,可以履行其收购协议;未获得证券监督管理机构免除且拟履行其收购协议的,或者不申请免除的,在履行其收购协议之前,应当发出全面要约。

由此可见,无论是要约收购,还是协议收购,"30%"均为二者的触发点,继续收购的,皆进入强制收购程序。此时,协议收购的收购人若不申请免除发出要约,则与要约收购在程序上具有一致性,换言之,在此背景下的"30%"以上的继续收购,就没有了要约收购与协议收购在收购程序上的差异。

2. 协议收购超过 30% 的免除发出要约申请

这里讨论的是以协议方式收购上市公司股份因《上市公司收购管理办法》第 63 条所规定的某种原因,而导致收购人持有目标公司股份超过 30% 的免除发出要约申请的情形。以协议方式收购上市公司股份超过 30% 的,收购人拟向证券监督管理机构申请免除其要约收购义务的,应自与被收购公司股东达成收购协议之日起 3 日内编制上市公司收购报告书,提交免除发出要约收购的申请,委托财务顾问向证券监督管理机构、证券交易所提交书面报告,同时抄送派出机构,通知被收购公司,并公告上市公司收购报告书摘要。派出机构收到报告书后通报上市公司所在地省级政府。收购人获得豁免的,应公告收购报告书、财务顾问专业意见和律师出具的法律意见书。收购人未获得豁免的,应在收到证券监督管理机构通知之日起 30 日内将持有的股份减持到 30% 或者 30% 以下。[3]

可见,协议收购的免除发出要约申请分两种情形:一种是,当收购人拥有权益的股份达到该公司已发行股份的 30% 时,继续进行收购的情形;另一种是,以协议方式收购上市公司股份因某种原因超过 30% 的免除发出要约申请的情形。在这两种情形中未获得免除发出要约的,其结果不同:前者的结果是,在履行其收购协议之前,应当发出全面要约;后者的结果是,应在收到证券监督管理机构通知之日起 30 日内将持有的股份减持到 30% 或者 30% 以下。

(四) 协议收购中收购人与被收购公司控股股东及实际控制人的义务

由于协议收购在股东待遇平等、交易公正与信息公开、有效监管等方面存在很大的局限性,只有证券市场发达、法律制度完备的国家才允许上市公司的协议收购。我国上市公司在股本结构上具有复杂性与特殊性,证券立法允许协议收购,某种程度上是为了解决国有股、法人股的流通问题。从实践来看,证券市场上已发生的收购上市公司案例中绝大多数都是采用的协议收购方式。为了保护中小股东的权益,防止协议收购过程中的暗箱操作,证券法

---

[1] 参见《证券法》第 76 条第 2 款的规定。
[2] 参见《证券法》第 73 条和《上市公司收购管理办法》第 6 章"免除发出要约"的规定。
[3] 参见《上市公司收购管理办法》第 61 条的规定。

规定了协议收购中收购人与被收购公司控股股东及实际控制人的义务。

1. 协议收购中收购人的义务

① 权益披露义务。[1] 由于协议收购较要约收购而言具有天然的封闭性,收购双方就有关收购事宜达成共识后就签订收购协议,而中小股东很可能就收购事宜一无所知。为了使中小股东在上市公司的控制权发生转移或者可能发生转移时能够作出选择,同时也为了避免收购中的国有资产流失,我国证券法律制度规定了收购人的权益披露义务。具体内容如下[2]:

第一,在协议收购中,收购人在一个上市公司中拥有权益的股份拟达到或者超过5%时,应当在事实发生之日起3日内编制权益变动报告书,向证券监督管理机构、证券交易所提交书面报告,抄送派出机构,通知上市公司,并予公告。[3]

第二,收购人拥有权益的股份达到一个上市公司已发行股份的5%后,其拥有权益的股份占该上市公司已发行股份的比例每增加或者减少达到或者超过5%的,应当在该事实发生之日起3日内继续履行报告、公告义务。在履行报告、公告义务之前,不得再行买卖该上市公司的股票。

第三,其中持股介于5%—20%之间且不是第一大股东或者实际控制人的,编制简式权益变动报告书,简要披露信息;持股介于20%—30%之间或者持股介于5%—20%之间又是第一大股东或者实际控制人的,编制详式权益变动报告书,进行详细披露;成为公司第一大股东或者实际控制人并且持股20%以上的,还应当聘请财务顾问对权益变动报告书所披露的内容出具核查意见。收购协议达成后,收购人必须在3日内将该收购协议向证券监督管理机构及证券交易所作出书面报告,并予公告,在公告之前不得履行收购协议。

② 强制要约收购义务。协议收购主要是针对目标公司的大股东进行,为了保护中小股东的利益,一方面使中小股东在公司控制权发生转移时有机会撤出公司,另一方面使中小股东与控股股东平等地享有股份转移所带来的控制权溢价,我国《证券法》在协议收购中导入了强制要约收购方式。具体内容如上所述,即收购一个上市公司已发行股份达30%时,继续进行收购的,应转用强制要约方式收购,但经证券监督管理机构同意免除发出要约的除外。

2. 协议收购中被收购公司控股股东及实际控制人的义务

协议收购中被收购公司的控股股东及实际控制人要承担忠实和注意的义务。忠实义务要求控股股东或者实际控制人不得滥用股东权利损害被收购公司或者其他股东的合法权益;控股股东、实际控制人及其关联方在转让被收购公司的控制权之前,有损害被收购公司及其他股东合法权益行为的,应主动消除损害,未能消除损害的应就其转让股份所得收入对消除损害作出安排;控股股东在转让其对公司的实际控制权时,未清偿其对公司的负债,未解除公司为其负债提供的担保,或者存在损害公司利益的其他情形的,应提出切实可行的解决方案,被收购公司的董事会应对前述情形予以披露,并采取有效措施来维护公司的利益。注意义务则要求控股股东对收购人的主体资格、财务背景及收购意图进行调查,并在其权益变动报告书中披露有关调查情况,如果发现收购人可能是一个劫掠者,就不得将控股股份出售。

---

[1] 参见《上市公司收购管理办法》第2章"权益披露"的相关规定。
[2] 参见《上市公司收购管理办法》第14、16、17条的规定。
[3] 参见《上市公司收购管理办法》第14条的规定。

(五) 上市公司管理层收购

在协议收购中,有一种情况是上市公司管理层收购(Management Buyout,MBO)。这是指上市公司的董事、监事、高级管理人员、员工或者其所控制或者委托的法人或者其他组织,以自有资产或者通过外部融资直接或者间接对上市公司进行收购,从而改变该公司的所有权结构、控制权结构和资产结构,进而达到重组公司并获得预期收益的目的。管理层收购引发的股份转让实际上是一种关联交易,这种交易不仅涉及国家税收及会计监管问题,更关系到公平交易和投资者利益保护等问题,成为各国证券监管的一个重要方面。我国《证券法》对上市公司收购中的管理层收购未作规定,但是《证券法》第77条赋予了国务院证券监督管理机构依据《证券法》的原则制定上市公司收购的具体办法的权力。因此,《上市公司收购管理办法》第51条对管理层收购进行了相应规定。由于一直以来对于管理层收购的现象毁誉参半,证券监督管理机构采取了谨慎的态度,对管理层收购在公司治理、批准程序、信息披露、公司估值等方面作出了特别要求①:(1)在公司治理方面,要求上市公司应当具备健全且运行良好的组织机构以及有效的内部控制制度,独立董事的比例应当达到或者超过董事会成员的1/2以上。(2)在批准程序上,要求本次收购经董事会非关联董事作出决议,并且2/3以上的独立董事赞成本次收购,之后经出席公司股东大会的非关联股东所持表决权的半数通过。(3)在信息披露上,要求管理层及其直系亲属就其在最近24个月内与上市公司业务往来情况、定期报告中就管理层还款计划落实情况等予以披露;要求独立董事就管理层收购一事发表意见,独立董事在发表意见前必须聘请独立财务顾问出具专业意见。独立董事聘请的独立财务顾问,应对上市公司进行估值分析,就本次收购的定价依据、支付方式、收购资金来源、融资安排、还款计划及其可行性,上市公司内部控制制度的执行情况及其有效性,管理层及其直系亲属在最近24个月内与上市公司业务往来情况以及收购报告书披露的其他内容进行全面核查,发表明确意见。独立董事及独立财务顾问的意见应当一并予以公告。(4)上市公司必须聘请符合《证券法》规定的资产评估机构提供公司资产评估报告。(5)收购人必须聘请财务顾问,由财务顾问进行事前把关、事中跟踪及事后持续督导,独立董事聘请的独立财务顾问不得担任收购人的财务顾问或者与收购人的财务顾问存在关联关系。(6)上市公司董事、监事、高级管理人员存在《公司法》第146、148条规定的情形,或者最近3年有证券市场不良诚信记录的,禁止收购上市公司。

(六) 协议收购的过渡期内收购人与被收购公司的义务②

所谓协议收购的过渡期,是指自签订收购协议至相关股份完成过户的期间。在过渡期内,应保持上市公司的独立与稳定经营。收购人不得通过控股股东提议改选上市公司的董事会,确有充分理由改选董事会的,来自收购人的董事不得超过董事会成员的1/3;被收购公司不得为收购人及其关联方提供担保;被收购公司不得公开发行股份募集资金,不得进行重大购买、出售资产及重大投资行为或者与收购人及其关联方进行其他关联交易。但收购人为挽救陷入危机或者面临严重财务困难的上市公司的情形除外。

三、间接收购

如前所述,《证券法》第62条规定上市公司收购的"其他合法方式",被《上市公司收购管

---

① 参见《上市公司收购管理办法》第51条。
② 参见《上市公司收购管理办法》第52条。

理办法》具体化为这里的"间接收购"的形式。① 因此,从法律地位上看,间接收购与要约收购和协议收购属于并列的上市公司收购的形式。对应于"间接收购",后二者可统称为"直接收购"。

(一) 间接收购的定义及其特征

这里的间接收购是指,不具有目标公司股东身份的人通过受其支配的目标公司股东来实现自己对目标公司的收购,并由此取得对目标公司实际控制权的上市公司收购形式。其基本特征如下:

(1) 收购人间接掌控目标公司的股份。即收购人虽不是目标公司的股东,但通过投资关系、协议、其他安排导致其实际取得该目标公司拥有权益的股份。这里"拥有权益的股份"根据《上市公司收购管理办法》第12条的规定,是指"投资者在一个上市公司中拥有的权益,包括登记在其名下的股份和虽未登记在其名下但该投资者可以实际支配表决权的股份。投资者及其一致行动人在一个上市公司中拥有的权益应当合并计算"。收购人拥有权益的股份如果达到控股的比例或者达到掌握目标公司控制权的程度②,即可视为收购人实现了对目标公司的间接收购。此时收购人处于《公司法》规定的"实际控制人"的地位。

(2) 收购人需要借助目标公司的股东实现其收购目的。即收购人需要通过受其支配的目标公司的股东相互配合来最终完成对目标公司的收购。

(二) 间接收购的法律监管

对间接收购的法律监管主要包括以下内容:

(1) 间接收购人拥有权益的股份达到或者超过一个上市公司已发行股份的5%未超过30%的,应当在该事实发生之日起3日内编制权益变动报告书,向中国证监会、证券交易所提交书面报告,抄报该上市公司所在地的中国证监会派出机构,通知该上市公司,并予公告;在上述期限内,不得再行买卖该上市公司的股票。③

(2) 收购人拥有权益的股份超过该公司已发行股份的30%的,应当向该公司所有股东发出全面要约;收购人预计无法在事实发生之日起30日内发出全面要约的,应当在前述30日内促使其控制的股东将所持有的上市公司股份减持至30%或者30%以下,并自减持之日起2个工作日内予以公告;其后收购人或者其控制的股东拟继续增持的,应当采取要约方式;如果申请免除发出要约并获得批准的,则可以选择协议收购方式。④

(3) 当收购人取得目标公司实际控制人的地位时,该实际控制人及受其支配的股东,负有配合上市公司真实、准确、完整披露有关实际控制人发生变化的信息的义务;实际控制人及受其支配的股东拒不履行上述配合义务,导致上市公司无法履行法定信息披露义务而承担民事、行政责任的,上市公司有权对其提起诉讼。实际控制人、控股股东指使上市公司及其有关人员不依法履行信息披露义务的,中国证监会依法进行查处。⑤

(4) 当收购人取得目标公司实际控制人的地位时,该实际控制人及受其支配的股东未履行报告、公告义务的,目标公司应当自知悉之日起立即作出报告和公告。目标公司就实际控制人发生变化的情况予以公告后,实际控制人仍未披露的,目标公司董事会应当向实际控

---

① 见《上市公司收购管理办法》第5章"间接收购"。
② 控制权的具体标准,见《上市公司收购管理办法》第84条的规定。
③ 参见《上市公司收购管理办法》第56条和第13条的规定。
④ 参见《上市公司收购管理办法》第56条第2款的规定。
⑤ 参见《上市公司收购管理办法》第58条的规定。

制人和受其支配的股东查询,必要时可以聘请财务顾问进行查询,并将查询情况向中国证监会、派出机构和证券交易所报告;中国证监会依法对拒不履行报告、公告义务的实际控制人进行查处。目标公司知悉实际控制人发生较大变化而未能将有关实际控制人的变化情况及时予以报告和公告的,中国证监会责令改正,情节严重的,认定目标公司负有责任的董事为不适当人选。①

(5)当收购人取得目标公司实际控制人的地位时,该实际控制人及受其支配的股东未履行报告、公告义务,拒不履行前述配合目标公司信息披露义务,或者实际控制人存在不得收购上市公司情形的,目标公司董事会应当拒绝接受受实际控制人支配的股东向董事会提交的提案或者临时议案,并向中国证监会、派出机构和证券交易所报告。中国证监会责令实际控制人改正,可以认定实际控制人通过受其支配的股东所提名的董事为不适当人选;改正前,受实际控制人支配的股东不得行使其持有股份的表决权。目标公司董事会未拒绝接受实际控制人及受其支配的股东所提出的提案的,中国证监会可以认定负有责任的董事为不适当人选。②

四、上市公司收购的后果

上市公司收购完成后,将产生一系列的法律后果。这些后果包括:

(一)在一定期限内禁止转让股份

《证券法》第75条规定,收购人持有的上市公司的股票,在收购行为完成后的18个月内不得转让。这是因为,以获得或者巩固上市公司的控制权为目的的收购行为,在收购行为完成后,收购人不会在很短的时间内而是要在一定期间内支配被收购的上市公司。但是有的投资者可能会进行恶意收购,利用收购来操纵上市公司股票行情,阻碍与其存在竞争关系的上市公司的正常经营。因此,为了遏制操纵市场行为,维护证券市场的交易秩序,保护投资公众的利益,法律有必要规定在一定期限内禁止转让股份。

(二)目标公司的股票终止上市交易

股票上市的一个重要条件是公司公开发行的股份达到公司股份总数的25%以上,如果公司的股权结构发生变化不再符合上市条件,在证券交易所规定的期限内又不能扭转局面,说明公司已丧失了公众性,其股票就应当终止上市交易。

在上市公司的收购中,收购期限届满时,若收购人持有的被收购公司的股票在75%以上,股权结构就不再符合上市条件,由于18个月内不得转让,意味着短期内无法改变股权结构,则该公司的股票应由证券交易所依法终止上市交易。

(三)余额股东享有强制性出售权

强制性出售权是指上市公司的收购导致被收购公司的股票终止上市交易时,法律赋予被收购公司的其余股东以收购要约的同等条件出售其所持有的被收购公司股票给收购人的权利。强制性出售权是法律为了避免控股股东对少数股东可能的劫掠与压榨,为少数股东提供的一条退出通道。

依据《证券法》第74条第1款的规定,强制性出售权的行使条件是收购期限届满后被收购的上市公司的股票终止上市交易;行使时间是收购期限届满后;行使主体是收购期限届满

---

① 参见《上市公司收购管理办法》第59条的规定。
② 参见《上市公司收购管理办法》第60条的规定。

后仍持有被收购公司股票的股东;行使的权利内容是要求收购人按照收购要约的同等条件购买其股票;行使的法律效力是收购人必须按照收购要约的同等条件收购其股票。

(四) 变更企业形式

收购行为完成后,被收购公司不再具备股份公司条件的,应当依法变更其企业形式。[1] 例如经过收购,收购人已经持有了被收购的上市公司的全部股份,被收购的上市公司的股东就只有收购人一人,该公司将不再是股份公司,而要变更为其他形式的企业。变更的企业形式,可以是有限责任公司,也可以是有限责任公司以外的企业形式。

(五) 更换股票[2]

收购行为完成后,需要更换被收购的上市公司的股票的情形是,收购人购入被收购的上市公司的具有控制权的股份,通过股东大会决议,将被收购的上市公司与收购人合并,解散被收购的上市公司。

收购人兼并被收购的上市公司后,被收购的上市公司成为收购人的一部分,被收购的上市公司的股东成为收购人的出资人,收购人应给这部分出资人签发证明其对本企业出资的出资证明,并注销这部分人持有的被收购的上市公司的股票。

(六) 收购结束后的报告与公告[3]

收购行为完成后,收购人应当在15日内将收购情况报告国务院证券监督管理机构和证券交易所,并予公告。

第四节 上市公司收购中的反收购措施与反垄断

一、上市公司收购中的反收购措施

(一) 反收购措施概述

1. 概说

由于上市公司收购的结果往往意味着公司经营者的改变和公司经营策略的变化,这对目标公司原经营者的利益、目标公司及股东的利益都至关重要,因此,为了维护自己的利益或公司股东的利益,目标公司的经营者经常运用手中的权力,动用公司的资源,采取一系列措施防止收购的发生或者挫败已经发生的收购。这些措施由两大部分组成,即"收购防御策略"和"收购抵御策略"。

一般来说,收购人在收购要约中都会向目标公司的股东提出高于当时市场股价的有吸引力的溢价,股东可以由此获利。因而对收购的阻碍可能不利于股东的利益。但是目标公司的经营者也可能有充分的理由认为收购人提出的要约价格仍然没有反应公司股票的内在价值,或者收购人提出的对公司未来的经营计划会损害公司的发展,因而收购行动并不符合公司股东的最大利益,应当对收购行动予以防范和回击。由于目标公司经营者和公司股东之间存在着潜在的利益冲突,因而如何既要鼓励公司董事会运用其专业知识和技能保护公司股东的利益,又要防止经营者为保护自己的私利而阻止、破坏对目标公司有利的收购行动,一直是各国立法者费尽心思试图解决的问题。

---

[1] 参见《证券法》第74条第2款的规定。
[2] 参见《证券法》第76条第1款的规定。
[3] 参见《证券法》第76条第2款的规定。

2. 反收购措施不得滥用原则[①]

反收购措施不得滥用原则的依据,来源于目标公司经营者应当忠实于股东利益的基本要求。上市公司收购法律关系的主体是收购者与目标公司股东,目标公司在这一法律关系中不具有当事人的主体资格。上市公司收购表面上是股权的交易与易手,而实质上则是对目标公司控制权的争夺,收购行为直接危及的是目标公司经营者的地位和利益,因而公司经营者往往采取相应的反收购措施,以期挫败收购者的收购行为。然而,这些反收购措施未必都有利于公司股东利益,相反,有些是有害于股东利益的;而收购行为在不少情况下是则有利于目标公司股东利益的。在收购者提出的价格合理情况下,接受要约的股东可以得到高于要约前市价的溢价收益;不接受要约的股东,可以与新的具有较高管理水平的收购者合作,以实现公司的长远利益,从而增进自己的利益。如果目标公司经营者反收购措施取得成功的话,那么目标公司还是在原来的那种较低管理水平下生存,公司资源利用的效率未能借收购而提高,这不但违背公司"股东利益最大化"的经营宗旨,而且也造成社会资源的浪费。因此,目标公司经营者不得随意阻挠收购,除非已有证据证明该项收购对股东不利。总之,目标公司的经营者所采取的反收购措施不能对公司股东或公司的利益产生负面影响。法律应当甄别出那些明显有损于目标公司及其股东利益有害的反收购措施,并予以禁止。

我国《证券法》在上市公司收购立法中,没有对目标公司在收购过程中的行为进行规制。但《上市公司收购管理办法》对上市公司管理层采取反收购措施方面作了规制,以防范其滥用反收购措施,损害上市公司股东的利益。《上市公司收购管理办法》第8条第2款规定,被收购公司董事会针对收购所作出的决策及采取的措施,应当有利于维护公司及其股东的利益,不得滥用职权对收购设置不适当的障碍。《上市公司收购管理办法》第33条对收购期间董事会的权限直接作了限制,规定收购人作出提示性公告后至要约收购完成前,被收购公司除继续从事正常的经营活动或者执行股东大会已经作出的决议外,未经股东大会批准,被收购公司董事会不得通过处置公司资产、对外投资、调整公司主要业务、担保、贷款等方式,对公司的资产、负债、权益或者经营成果造成重大影响。可见,在实践中遏制滥用反收购措施的行为,较为可行的办法是把采取反收购措施的权力赋予股东大会,从而切实保护股东利益。

(二) 反收购措施

随着公司收购的发展,目标公司为对抗敌意收购行为,创造出了许多反收购措施。根据采取反收购措施的阶段不同,主要分为防御策略与抵御策略两种类型。

1. 防御策略(defensive tactics/measures)

这是公司经营者为防止本公司成为他人收购的目标,事先采取的预防性措施。其典型策略如下:

(1) "驱鲨剂条款"(shark repellent provision)。"驱鲨剂条款",是指通过在公司章程中设计一些收购人不愿接受的条款而为控制权的转移制造障碍的反收购措施。这一做法有时被称为"豪猪条款"(porcupine provision)。这类条款较为常见的有:① 交错选举董事条款(staggered terms provision)是规定每次股东大会只改选一部分董事(如1/3),每个董事任期3年,这一条款使得获得多数股权的人,至少要经过两次股东大会才能获得公司的控制权,

---

[①] 学界一般称此原则为"阻挠不得滥用原则",本书认为从表达的准确性和直观性出发,使用"反收购措施不得滥用原则"更为合适。

但这一条款的作用有限,收购人可以利用自己的股权通过股东大会修改公司章程。② 更换董事需要说明理由(remove with cause)加大了收购后改组董事会的难度。如果更换董事需要说明理由再配合以交叉董事制,就更能够有效地防御公司收购。特别是,在正常情况下,股东可以更换董事而无须说明理由,但是在交叉董事的情况下,股东没有合理的理由则不能更换董事,除非章程有相反规定。③ 特别决议条款,又称公平价格条款(fair price provisions)是规定在收购人取得目标公司一定比例的股份时,除非经非利害关系人股东多数同意(或收购人以公平价格收购持异议股东),否则该取得股份没有投票权。

(2)"毒丸(poison pill)策略"。"毒丸"从其原始形式来看,是指目标公司以股利形式向公司原有普通股东发行一系列可转换优先股(convertible preferred stock)。"毒丸策略"是公司分配给股东具有优先表决权、偿付权的有价证券,或者一种购买期权(call option)。当某些"触发事件"(triggering event)发生时(比如,外部人对目标公司进行现金要约收购),将会导致目标公司股东能够以较低价格购买公司的股票或债券,或以较高的价格向收购人出售股份或者债权。毒丸策略的指导思想是通过发行若干不同证券或期权,稀释收购人的持股或者弱化目标公司的财务状况,使收购人在收购后遭受经济上严重不利的后果。毒丸策略在实践中有多种形式,如向内翻转毒丸和向外翻转毒丸。向内翻转毒丸条款(flip-in provision)是目标公司给予股东一种购买权,当收购人未经目标公司经营者同意而收购目标公司股份达一定比例时,其他股东低价认股的权利即生效,有权以较低的价格购买目标公司的股份,这将导致目标公司的股份总数激增,不仅稀释了收购人持股,而且加重了其负担。向外翻转毒丸条款(flip-over provision),是指公司作为分红给予股东一种购买权,如果收购人将目标公司兼并,被挤出的股东可以凭此权利以半价购买合并后存续公司(一般是收购公司)的股份。

(3)为收购制造法律障碍。目标公司可以设置合法的障碍以阻止收购(creating legal obstacles to the takeover)。比如,目标公司可以收购一家其股份的转让需要获得政府同意的企业(例如一家母公司持有一家保险子公司),以此增加收购难度。又如,目标公司可以购买一个同行企业,以此增加收购违反反托拉斯法的危险性。再如,目标公司可以提起诉讼,以违反收购法(如起诉收购人的收购要约中有错误陈述或者误导陈述或者重大遗漏)、反托拉斯法或者其他法律为由,要求禁止该收购要约。采用这种防御措施的真实目的"并非在于目标公司管理层希望在诉讼中最终获得胜诉,而是为其赢得宝贵时间而已"。

2. 抵御策略(anti-takeover tactics/measures)

这是发生在收购行为后,公司经营者为对抗收购而采取的各种策略。其典型策略如下:

(1)新股发行。新股发行是指目标公司向原股东配售新股,或者向特定主体定向发行或向社会公众发行新股,通过增加股本总额稀释收购者持股,或使特定主体持股增加的方式使收购难度加大。

(2)股份回购。股份回购(repurchase/redemption),又称"自我收购"(self tender offer),是指目标公司购买自己发行在外股份的行为,该方式可以提高目标公司经营者或控股股东的持股比例,增加他们对公司的控制力,同时还会提高目标公司股份价格,迫使收购人提高出价。但是应当说明的是,在进行这样的购买时需要预先予以披露,且在不同的国家将受到不同的回购法律制度的限制。

(3)寻找白衣骑士(white knights)。寻找白衣骑士是指收购发生后,目标公司经营者往往会寻找一个更能友好合作的公司,使其以更高的价格向目标公司的股东们发出收购要约,以挫败敌意收购者,这个友好公司被形象地称为"白衣骑士"。白衣骑士实际上是一个救援者,目标公司为了吸引救援者或减少本公司的吸引力,往往给予救援者一种选择权,即购买期权(call option),使救援者在敌意收购人获得目标公司一定比例的股份时,有权以一定价格(多为优惠价格)购买目标公司最有价值的子公司、分公司或财产,即所谓的"皇冠明珠"(crown jewels),而这种交易则被称为"定局交易"或"锁定交易"(lock up)。定局交易会使敌意收购人在完成收购后一无所获,因此在很大程度上增加了救援者在收购战中获胜的可能性;另外,救援者一旦收购失败,这种选择权可以为救援者提供补偿。

反收购措施的核心思想是使目标公司变得不再具有吸引力,或者是使收购者为取得公司控制权而付出高昂代价,乃至不可能取得目标公司控制权,以防止收购行为的发生,或者挫败已发生的收购行为。区分收购预防策略与收购抵御策略的意义在于法律规制不同,实践中并无严格界限,比如"毒丸策略",目标公司在收购开始前可以采取,收购开始后同样可以使用。

(三) 我国法律对反收购措施的规制

我国现行《公司法》没有直接针对反收购问题的规定,而是侧重于董事行为是否符合忠实义务的审查。《证券法》对上市公司收购的立法则过于原则,根本没有涉及上市公司的反收购问题。但在实践中,上市公司收购中的反收购现象已经出现,如在1993年发生的"宝延事件"中,延中公司在整个事件中采取了一系列宣传、经济等方面的反收购措施。宝延事件之后,许多上市公司对反收购问题给予了高度重视,采取了一系列相应的反收购预防措施,比如员工内部持股计划、在公司章程中增订反收购条款限制董事会改选的人数等。《证券法》第77条授权国务院证券监督管理部门制定《上市公司收购管理办法》,《上市公司收购管理办法》第8条、第32—34条对反收购问题进行了规定。具体内容是:被收购公司的董事、高级管理人员对公司负有忠实义务和勤勉义务,应当公平对待收购本公司的所有收购人;被收购公司董事会针对收购所作出的决策及采取的措施,应当有利于维护本公司及其股东的利益,不得滥用职权对收购设置不适当的障碍,不得利用公司资源向收购人提供任何形式的财务援助,不得损害公司及股东的合法权益。

被收购公司的董事会应当对收购人的主体资格、资信情况及收购意图进行调查,对要约收购条件进行分析,对股东是否接受要约提出建议,并聘请独立财务顾问提出专业意见,在收购人公告要约收购报告书后20日内,被收购公司董事会应当将被收购公司董事会报告书和独立财务顾问的专业意见报送证券监督管理部门,同时抄报派出机构,抄送证券交易所,并予公告。当收购人对收购要约条件作出重大变更时,被收购公司董事会应在3个工作日内公告董事会及独立财务顾问就要约条件的变更情况所出具的补充意见,并予以报告、公告。

收购人作出提示性公告后至要约收购完成前,被收购公司除继续从事正常的经营活动或者执行股东大会已作出的决议外,未经股东大会批准,被收购公司董事会不得通过处置公司资产、对外投资、调整公司主要业务、担保、贷款等方式,对公司资产、负债、权益或者经营成果造成重大影响。在收购期间,被收购公司董事不得辞职。由此可以看出:我国不禁止董事会提出有关反收购的议案,但必须经股东大会批准方可采取反收购措施。

二、上市公司收购中的反垄断监管

在我国,股权分置改革基本成功完成之后,股市即进入全流通时代,利用证券市场,通过公司收购实现产业结构调整、追求规模经济效益已在资本市场兴起。作为经营者集中的一种方式的股权收购,被纳入2007年8月30日颁布的《反垄断法》中,这标志着我国上市公司收购中的反垄断问题步入了有法可依的时代。《反垄断法》第4章专章对"经营者集中"进行了规定,在我国正式建立了经营者集中规制制度。但是,《反垄断法》的规范较为原则性,仅对反垄断审查的机构、审查应予考虑的因素、初步审查与进一步审查进行了框架性规定。对于达到什么标准应进行反垄断申报以便启动审查程序、未进行申报的责任等等均未作出具体规定。

此后,国务院制定发布了《关于经营者集中申报标准的规定》;商务部作为法定的反垄断执法机构先后制定并发布了《经营者集中申报办法》《经营者集中审查办法》《关于评估经营者集中竞争影响的暂行规定》等文件对《反垄断法》的内容进行了细化规定。

根据上述规定,在上市公司收购中,达到申报标准的收购人必须向国务院反垄断执法机构进行申报,具体的申报标准是:(1) 参与集中的所有经营者上一会计年度在全球范围内的营业额合计超过100亿元人民币,并且其中至少两个经营者上一会计年度在中国境内的营业额均超过4亿元人民币;(2) 参与集中的所有经营者上一会计年度在中国境内的营业额合计超过20亿元人民币,并且其中至少两个经营者上一会计年度在中国境内的营业额均超过4亿元人民币。营业额的计算,应当考虑银行、保险、证券、期货等特殊行业、领域的实际情况,具体办法由国务院商务主管部门会同国务院有关部门制定。

收购人向国务院反垄断执法机构申报集中,应当提交下列文件、资料:(1) 申报书;(2) 集中对相关市场竞争状况影响的说明;(3) 集中协议;(4) 参与集中的经营者经会计师事务所审计的上一会计年度财务会计报告;(5) 国务院反垄断执法机构规定的其他文件、资料。申报书应当载明参与集中的经营者的名称、住所、经营范围、预定实施集中的日期和国务院反垄断执法机构规定的其他事项。

国务院反垄断执法机构自收到申报文件、材料之日起30日内进行初步审查,作出是否实施进一步审查的决定;国务院反垄断执法机构决定实施进一步审查的,应当自决定之日起90日内审查完毕,作出是否禁止经营者集中的决定。

收购人实施收购在向证券主管部门提供的申报材料中应当说明其经营者集中行为是否达到国务院规定的申报标准并提供有关依据;对于达到申报标准的,收购人应当提供国务院反垄断执法机构作出的不实施进一步审查的决定或对经营者集中不予禁止的决定;收购人聘请的财务顾问应就相关经营者集中行为是否达到国务院规定的申报标准、是否符合有关法律规定等进行核查,并发表专业意见;收购人聘请的法律顾问应就相关经营者集中行为是否符合《反垄断法》的有关规定、是否已经经过有权部门审查批准、是否存在法律障碍等问题发表明确意见;收购人的有关说明、国务院反垄断执法机构作出的有关决定以及相关专业机构出具的专业意见,均应作为信息披露文件的组成部分予以公告。

收购人为外国投资者,并且收购行为涉及国家安全的,收购人还应当提供国家安全审查的相关文件及行政决定,并由财务顾问、法律顾问发表专业意见。

【测试题】

甲在证券市场上陆续买入力扬股份公司的股票,持股达6%时才公告,被证券监督管理机构以信息披露违法为由处罚。之后甲欲继续购入力扬公司股票,力扬公司的股东乙、丙反对,持股4%的股东丁同意。对此,下列哪些说法是正确的?( )(2017年国家司法考试,

卷三第75题）

A. 甲的行为已违法，故无权再买入力扬公司股票
B. 乙可邀请其他公司对力扬公司展开要约收购
C. 丙可主张甲已违法，故应撤销其先前购买股票的行为
D. 丁可与甲签订股权转让协议，将自己所持全部股份卖给甲

【答案与解析】

答案：BD

解析：我国《证券法》第5条仅禁止欺诈、内幕交易和操纵市场类的证券交易行为，如果属于证券交易因违反大额持股信息披露被行政处罚的情形，目前还不能剥夺当事人继续从事证券交易的权利，故选项A错误。考生如果不能正确理解证券行政违法行为与证券交易之间的关系，可能对此判断错误。

选项B所描述情形是反收购措施，尽管《证券法》对此无规定，但从第5条的规定以及要约收购的原理可以推知B项是正确的。有考生不能理解选项中"乙邀请……展开要约收购"的情形，或者错误理解要约收购的适用情形，对本选项可能误判。

2014年《证券法》第120条（2019年修订的《证券法》第117条）不允许已经进行的证券交易被撤销，故选项C错误。如果考生正确理解证券交易的特点对此不难判断。

力扬公司是股份公司，故依据《公司法》第137条，股份可以自由流转，包括以协议转让给他人，即使在上市公司收购中，协议转让仍是允许的，只是要履行相关的大额持股披露义务，故选项D正确。有考生混淆了股份公司股份转让和有限公司股份转让的区别，可能对此误判。

依据2014年《证券法》第5条（2019年修订的《证券法》第5条，内容未修改）、第120条（2019年修订的《证券法》第117条）、《公司法》第137条的规定，即使甲被行政处罚，但仍享有证券交易的权利，故选项A错误。选项B正确。已经进行的证券交易是不能撤销的，故选项C错误。股份公司股份转让是自由的，故选项D正确。

【测试题】

吉达公司是一家上市公司，公司称其已获得某地块的国有土地使用权。嘉豪公司资本雄厚，看中了该地块的潜在市场价值，经过细致财务分析后，拟在证券市场上对吉达公司进行收购。下列哪些说法是正确的？（　　）（2016年国家司法考试，卷三第75题）

A. 若收购成功，吉达公司即丧失上市资格
B. 若收购失败，嘉豪公司仍有权继续购买吉达公司的股份
C. 嘉豪公司若采用要约收购则不得再与吉达公司的大股东协议购买其股份
D. 待嘉豪公司持有吉达公司已发行股份30%时，应向其全体股东发出不得变更的收购要约

【答案与解析】

答案：BC

解析：本题考查上市公司收购的概念与方式、上市公司收购的程序和规则。

按照我国《上市公司收购管理办法》的相关规定，上市公司收购是取得上市公司控制权

的行为,收购成功并非必然终止上市资格,不符合上市条件才终止,故 A 选项错误。

若收购失败,《证券法》并未禁止收购人继续购买目标公司的股份,故 B 选项正确。

收购分为协议收购和要约收购,如果采用要约收购,依据 2014 年《证券法》第 93 条(2019 年修订的《证券法》第 70 条,内容未作修改)的规定,即:"采取要约收购方式的,收购人在收购期限内,不得卖出被收购公司的股票,也不得采取要约规定以外的形式和超出要约的条件买入被收购公司的股票。"可见不得在要约收购期间采用协议收购,故 C 选项正确。

依据 2014 年《证券法》第 88 条的规定,收购人持有目标公司 30% 的股份后,应当进行强制要约收购,此外 2014 年《证券法》第 91 条规定:"在收购要约确定的承诺期限内,收购人不得撤销其收购要约。收购人需要变更收购要约的,必须及时公告,载明具体变更事项。"可见要约收购是发出不得撤销的收购要约,该要约并非不得变更,故 D 选项错误。

第五章

证券信息披露制度

导读

证券市场就本质而言是一个信息市场,证券市场的运转过程就是一个证券信息处理的过程,证券市场效率的关键问题是如何提高证券信息的充分性、准确性和对称性。学习本章的目的和意义在于深刻理解证券信息在证券市场运行过程中起着核心作用,信息失灵往往会直接导致证券市场的失灵,因此,信息披露制度在整个证券法律制度体系的框架中居于基础性地位。学习本章要求掌握的重点包括:证券信息披露制度的概念;证券信息披露制度的意义;证券信息披露的标准;发行信息披露制度和持续信息披露制度等内容。

信息在证券市场运行过程中起着核心作用,而信息失灵又往往会直接导致证券市场的失灵。并且证券市场上的违法行为通常与证券信息披露的不充分性和不及时性有直接的关系。因此,维护证券信息的公开性、公平性以及提高证券信息的效率,是保证投资公众的信心与利益,实现资本优化配置的关键所在。只有依靠政府的监管力量来促进信息的完全性和对称性,才能减少信息失灵和信息成本。高质量的信息披露制度是抑制投机泛滥,防止证券欺诈和操纵证券市场的重要手段。因此,信息披露制度在证券法律制度的框架中居于基础性地位。

第一节 证券信息披露制度概述

一、证券信息披露制度的概念及其意义

(一)证券信息披露制度的概念

证券信息披露制度,是指证券法强制性要求证券发行公司在证券发行和上市交易的全过程中,依法以一定的方式向社会公众公开与该公司证券有关的一切真实信息,以便投资者能够获取该真实信息而作出证券投资判断的证券法律制度。

证券信息披露制度源于英国,而在美国证券市场得以发展和完善,并成为美国证券法的核心与基石。受美国的影响,现今,世界各国和地区证券法均确立了信息披露制度。例如,日本在1948年制定《证券交易法》时,即参照了美国的《1933年证券法》和《1934年证券交易法》,吸收了信息披露制度,后经几度修正,至1988年臻于完善。同样,我国在证券立法上,也确立了信息披露制度。

纵观各国的证券立法,信息披露制度一般由证券发行时的信息披露和证券上市后的信息披露两部分组成。证券发行时的信息披露称为发行公开或初次公开,它是指证券发行人在首次发行证券时完全公开公司以及与其发行证券有关的所有信息,这是证券发行人应当承担的强制性义务。证券上市后的信息披露称为持续公开或继续公开,它是指证券发行后,在上市交易的整个过程中,上市公司应定期或不定期依法公开与其发行证券相关的影响证券交易价格的重大信息。上述信息的公开均须以法定的方式进行,一般而言,依法披露的信息,应当在证券交易场所的网站和符合证券监督管理机构规定条件的媒体发布,同时将其置备于公司住所、证券交易场所,供社会公众查阅。此外,还可由公司召开股东会公开以及通过召开记者会或新闻发布会等形式予以公开,有些信息资料还要求上市公司向投资者、证券商寄送等。具体形式,各国规定有所不同。

(二)信息披露制度的意义

信息披露制度的意义是指信息披露所能达到的目的,它是制定证券法重要的着眼点,更是建立和完善信息披露制度的落脚点。信息披露制度的意义主要体现在以下几个方面:

1. 信息披露制度最根本、最直接的意义在于保护公众投资者的投资权益

在证券市场上,大多数投资者与发行人只具有一种松散和暂时的关系,他们并不希望也没有积极性去参与上市公司的管理,其利益和债权人的利益相似,是一种金融利益,或者说是一种投资收益利益,而不是管理利益。

然而,在证券市场上,发行人与证券商始终居于主动的强者地位,易于对证券交易信息进行垄断或操纵;而投资者则始终处于被动的弱者地位,欲获得其正常投资所需的充分信息较为困难。这种信息获取的不对称状况很容易造成证券市场的非公平性。上市公司的财务现状、发展潜力和商业风险等状况,总是处于不断变化之中,如果只有少部分人知晓上市公司的上述变化,这少部分人即可利用预先知悉的信息从事证券交易,扭曲市场价格信号,进而操纵市场,致使一般投资者无法作出理性的价格判断和投资行为而使自己的利益受到损害。如果没有信息披露制度,对于证券市场中的上市公司、证券商及其他极易利用内幕信息的人,则无法律上的约束,这将威胁到投资公众对证券市场的信心,乃至造成人们纷纷退出证券市场的结果,一旦人气殆尽,则证券市场将无以存在和发展。投资者对证券市场的信心,是证券市场得以健康发展的社会心理基础。因此,可以认为,证券立法基本框架的核心机制,就是上市公司信息的披露机制。

2. 信息披露制度有利于优化公司内部管理

信息披露制度要求上市公司必须定期和不定期地公开其经营状况和财务状况,以及内部人员交易、股权结构变化等情况,使其经营状况始终处于社会公众的了解与监督之下,这种压力必然会促使公司大力加强内部管理,提高经济效益,以维护上市公司在证券市场上的良好信誉。

公开内部人员交易情况还能有效地遏制上市公司内部人员的不当竞业。所谓不当竞业指公司董事等高级管理人员为自己或第三人从事属于公司经营范围的交易时,利用职务之便来夺取公司交易机会,牺牲公司利益,或利用职务上知道公司机密的便利,而对公司造成损害。因此,一些国家的公司法规定董事等高级管理人员承担竞业禁止义务,来维护公司和股东的权益。董事等高级管理人员未尽竞业禁止义务,为自己或他人从事营业行为时,该行为虽然有效,但是必须通过股东会来表决,将该行为所得视为公司行为所得,即,此时公司有权行使归入权。然而,公司法所要求的竞业禁止义务的公开,远不及证券法所要求的信息披

露,后者将公司董事等高级管理人员与公司有利益冲突的行为更加暴露无遗,从而使公司内部监督转为社会监督。这样,一方面更能维护公司、股东的合法权益;另一方面也能使内部管理得到不断优化,使舞弊行为难以生根。

3. 信息披露制度有助于维护证券市场秩序

信息披露制度的有效实现,可以减少内幕信息的数量和隐蔽的时间,有助于抑制内幕交易等行为,从而减少投资者受内幕交易等不正当交易行为危害的可能性,提高证券投资的安全性。信息披露制度的运行可以在相当程度上缩小虚假信息在证券市场上存在的时间与空间,有助于及早发现和禁止散布谣言等操纵市场行情的行为,从而有效地维护证券市场秩序。

4. 信息披露制度有利于发挥证券市场资源配置的功能

证券的发行与投资是实现社会资源配置的过程,这一过程,主要是通过市场机制来进行调节的。除去监管机构的监管因素,公司证券发行的数量、种类及时间均取决于证券市场的供求关系。证券投资是一个选择性的过程,而信息披露制度,将发行公司的全部真实情况如实地展示在投资者面前,投资者可依据这些信息作出较为合理的投资取向。如果某一发行公司管理先进,实力雄厚,并且连年盈利,其发行的证券必然走俏,这样就使得资源流向高回报、高效益的公司,从而实现社会资源的优化配置。

二、证券信息披露义务的特征与责任主体

对于证券发行人或者其他特定主体来说,信息披露是一种必须依法履行的义务;证券发行人或者其他特定主体,要依照《证券法》的规定进行信息披露活动,否则要承担相应的法律责任。故有必要讨论证券信息披露义务的性质与信息披露的责任主体及其归责原则。

(一)信息披露义务的特征

1. 信息披露是特定主体的义务

信息披露义务人,是指根据证券法的规定,有义务以自己的名义公开有关证券发行和交易的信息,并对此承担法律责任的法人或自然人。2005 年《证券法》使用了信息披露义务人的概念[1],2019 年《证券法》第 78 条第 1 款规定:"发行人及法律、行政法规和国务院证券监督管理机构规定的其他信息披露义务人,应当及时依法履行信息披露义务。"该规定扩展了信息披露义务人,即发行人只是信息披露义务主体之一,此外,还包括法律、行政法规和国务院证券监督管理机构规定的其他信息披露义务人。具体而言,信息披露义务人包括:(1)证券发行人。发行人在发行证券时,要以自己的名义公开与发行有关的信息。除了政府债券的发行人不需负信息披露义务以外,其他证券发行人都是信息披露义务人。(2)上市公司。上市公司是持续信息披露的义务主体,在其股票的整个上市期间,都应当按照证券法的规定持续披露信息。(3)上市公司控股股东。控股股东由于可以控制上市公司的经营活动包括信息披露活动,因此在特定情况下要履行直接的信息披露义务。(4)特定投资者。由于某些交易行为会对证券市场行情有较大的影响,法律规定某些投资者在特定情况下,也要公开其持有的特定股票或交易活动的信息,如在上市公司收购时就存在这一问题。

---

[1] 2005 年《证券法》第 71 条和第 193 条被 2019 年《证券法》调整为第 87 条和第 197 条,其中的内容也进行了相应修改。另,2019 年《证券法》第 78 条第 1 款对信息披露义务人的范围进行了扩大;第 2 款在信息披露的标准方面,增加了"简明清晰,通俗易懂"的要求;第 3 款增加了境内外两地同时上市的上市公司的信息同时披露的原则。

法律对信息披露义务人的总体要求是：信息披露义务人有权也有义务以自己名义发布应公开信息；信息披露义务人是应公开信息的最初拥有者，除了信息披露义务人之外，其他任何人无权公开应公开信息；信息披露义务人必须按法定方式发布应公开信息，并且对已发布信息的真实性、准确性、充分性和及时性，负有直接责任。

2. 信息披露义务具有法定性

信息披露义务法定包括实体法定义务和程序法定义务。

(1) 实体法定义务。信息披露义务既不是具体当事人之间的合同义务，也不是特定信息披露义务人与全体投资者之间的约定义务，而是信息披露义务人面向整个证券市场的法定公开义务。理由有三：① 在证券发行中，虽然发行人与认购人是特定的双方当事人，但发行人的信息披露义务并非仅向认购人履行，而是向包括认购人在内的所有投资公众履行，因为有关证券发行的信息是对整个证券市场有影响的信息。② 在证券交易市场上，特定证券的交易双方是该证券发行人的股东或者债权人，发行人并不参与该交易，所以，发行人在信息持续公开中，并不是基于证券交易关系而公开有关信息。③ 特定投资者的信息披露义务，也不是合同义务。如股份大量持有的信息披露，是向所有的投资者进行的；上市公司收购人的有关信息，不仅要向被收购公司的全体股东公开，也要向整个证券市场公开。

所以，信息披露义务是法定义务，是基于证券监管法的直接规定而形成的特定义务。信息披露义务人之所以应承担法定信息披露义务，是由于其发行和交易的股票或债券是投资者的投资对象，其所应公开的信息影响投资者的投资判断与决定，与投资者权益有重大联系。同时，其发行和交易行为对证券市场的整体会产生直接影响。

(2) 程序法定义务。程序法定义务是指信息披露义务人不仅要公开法定的事项，而且还要按照法定的程序公开有关信息。这是因为，按法定程序履行信息披露义务，一方面便于投资者对所披露信息的识别；另一方面也便于证券监管机构及投资者对信息披露活动的监督，有助于确保信息披露活动的合法性与适当性。信息披露义务履行程序法定性的主要内容如下：① 必须采取书面形式公开有关信息；② 公开文件应记载的事项与格式，必须按照证券监管法或者证券监管机构的规定制作，另外，一些信息披露文件必须由有证券从业资格的专业机构及其专业人员制作，应当符合法律要求，例如财务报告必须由会计师事务所及其注册会计师制作，法律意见书必须由律师事务所及其律师制作等；③ 信息披露义务必须严格按照法定的时间履行，如中期报告和年度报告应当在法定期间内提交并公告，重大事件报告应当立即报告和公告等；④ 依法披露的信息，应当在证券交易场所的网站和符合国务院证券监督管理机构规定条件的媒体发布，同时将其置备于公司住所、证券交易场所，供社会公众查阅。

3. 信息披露是向不特定的投资者履行的义务

信息披露义务人的信息披露义务，一方面与合同义务中义务的相对性不同，它不是向特定的投资者公开其信息；另一方面与合同当事人的说明义务也有所不同，合同当事人的说明义务，是基于合同关系，一方当事人向对方当事人如实说明自己一方有关事项的义务。但信息披露义务是基于法律的直接规定而产生，在信息披露活动所形成的法律关系中，按照法律规定向投资者披露信息的义务人是特定的，而享有证券信息权利的主体则是不特定的，信息披露义务要向整个证券市场的所有投资者履行，而无须考虑权利主体与信息披露义务人之间是否已存在何种法律关系。

(二) 信息披露的责任主体及其归责原则

上述可知,信息披露义务人包括证券发行人、上市公司和上市公司控股股东。但这与信息披露的责任主体不能等同,信息披露的责任主体范围要大于义务主体的范围。因为,根据《证券法》的规定,除了信息披露义务人在违反信息披露法律制度时当然要承担相应的法律责任之外,发行人、上市公司的董事、监事、高级管理人员和其他直接责任人员,保荐人、承销的证券公司,发行人、上市公司的控股股东、实际控制人,出具信息披露文件的专业机构及其专业人员,视其具体情况,也要承担相应的法律责任。而且根据各个责任主体在信息披露活动中的地位和作用,其归责原则也不相同,归责原则包括无过错责任、过错推定责任和过错责任。[①] 下面具体论述。

1. 发行人与上市公司

证券发行人与上市公司是主要的信息披露义务人,如果其信息披露活动违反证券法律的规定,应当依法承担无过错责任。发行人、上市公司应当对已披露信息的真实性、充分性和准确性负法律责任,而且是一种严格责任(strict liability)。即使其主观上无任何过错,当其信息的真实性、充分性和准确性出现了错漏或不实,亦当承担责任。即其责任的承担不以过错为要件,也正是从这个角度而言,其承担的是一种无过错责任。

2. 发行人、上市公司的董事、监事、高级管理人员和其他直接责任人员

发行人、上市公司的董事、监事、高级管理人员等不是信息披露义务人,他们可以预先掌握应披露信息的内容,但无权自行公开有关信息;他们在信息披露活动中,与投资者之间并无直接的联系,只是因其职务上的关系,因发行人的信息披露活动而与投资者发生间接的联系。即他们在公司信息披露活动中的行为只是执行职务,按通常法理,在发行人、上市公司违反信息披露制度时,只可直接追究其董事、监事、高级管理人员的行政责任和刑事责任,而一般难以直接追究其民事责任。将发行人、上市公司的董事、监事、高级管理人员违反信息披露制度的民事责任,由间接责任改为直接责任,是《证券法》对民商法一般规则的重要修正。

《证券法》上作此修正的理由,一是董事、监事、高级管理人员在公司中具有支配或决定地位,对公司信息披露文件的制作、公开或使用活动均具有决定性的作用;二是《证券法》规定这类人员直接承担信息披露责任,包括承担直接的民事责任,有助于约束其在信息披露活动中的行为,促进其依法履行职务,以此提高信息披露的质量和信息披露制度的实效。

当然,此类人员毕竟不是信息披露义务人本身,因此,不适用严格责任原则,而是适用过错推定原则,即当发行人、上市公司的虚假公开等行为给投资者造成损害时,发行人、上市公司的董事、监事、高级管理人员如果能够证明自己没有过错的,可以免责。

3. 保荐人、承销的证券公司

由于保荐人要承担保荐责任,证券承销商是发行人与投资者之间联系的中介,因此保荐人、证券承销商在证券发行中起着重要作用。在信息披露方面的作用表现在:一是保荐人应当对发行人的申请文件和信息披露资料进行审慎核查,督导发行人规范运作;二是证券公司承销证券,应当对公开发行募集文件的真实性、准确性、完整性进行核查。在证券发行过程中,证券发行情况与投资者对保荐人、承销商的信赖程度有一定联系,这种投资者对保荐人、证券承销商的信赖关系,便成为要求保荐人、承销商对发行人的信息披露活动负直接法律责

[①] 信息公开法律责任包括民事责任、行政责任和刑事责任,这里只讨论民事责任。

任的立法根据。但是由于保荐人、承销的证券公司自身并不是信息披露义务人,因此《证券法》对其信息披露责任的承担采取的也是过错推定原则。①

4. 发行人、上市公司的控股股东、实际控制人

发行人、上市公司的控股股东、实际控制人,由于能够实际支配发行人、上市公司的行为,所以,这类主体如果实际操纵了发行人、上市公司的信息披露活动,并产生违法后果的,则要追究其相应的过错责任。即追究发行人、上市公司的控股股东、实际控制人的信息披露责任时,应当采取过错推定责任原则。

5. 证券服务机构

证券服务机构与发行人或者上市公司之间的关系,是民法上的服务合同关系,证券服务机构因此种关系而与投资者的联系是间接性的。证券服务机构对出具文件的内容没有公开义务,相反,他们对出具文件的内容以及在制作文件过程中知晓的有关信息,负有为委托人(即发行人或者上市公司)保密的义务。但是,为了强化证券服务机构的勤勉注意义务,并且防止证券服务机构与发行人或者上市公司串通起来欺诈投资者,《证券法》第163条规定,证券服务机构为证券的发行、上市、交易等证券业务活动制作、出具审计报告及其他鉴证报告、资产评估报告、财务顾问报告、资信评级报告或者法律意见书等文件,应当勤勉尽责,对所依据的文件资料内容的真实性、准确性、完整性进行核查和验证。其制作、出具的文件有虚假记载、误导性陈述或者重大遗漏,给他人造成损失的,应当与委托人②承担连带赔偿责任,但是能够证明自己没有过错的除外。由于证券服务机构不是信息披露义务人,证券法为其规定了免责事由,即"能够证明自己没有过错的除外"。

总之,信息披露法律责任是责任人对其信息披露行为及其后果所承担的法律责任,这种责任的性质是法定责任。信息披露责任的主体不限于信息披露义务人,除了信息披露义务人之外,其他由《证券法》明确规定的主体,也要承担信息披露法律责任。在有多个责任主体的情形下,除了信息披露义务人要承担全部责任外,其他责任主体要承担连带责任。

三、信息披露的标准

证券监管机构为了能够有效地对证券信息实施监管,必须制定一定的标准来衡量和约束信息披露义务人的披露行为。2019年《证券法》第78条第2款规定:"信息披露义务人披露的信息,应当真实、准确、完整,简明清晰,通俗易懂,不得有虚假记载、误导性陈述或者重大遗漏。"在信息披露标准方面,相对于2014年《证券法》第63条而言,增加了"简明清晰,通俗易懂"的要求。下面就信息披露的几个基础性标准进行讨论。

(一)真实性

真实性,是指发行者公开的信息资料应当准确、真实,不得作虚假记载、误导或欺诈。真实主要包括两项内容:(1)公开的信息必须准确反映客观事实;(2)当以前的信息变得不准确时,发行人必须适时予以更正,使它能准确反映当前的事实。为了保证信息披露的真实性,《证券法》应从以下几个方面予以规范:

---

① 2019年《证券法》第85条对2014年《证券法》第69条的规定作了修订。在发生违反信息披露制度的情形时,调整了发行人的控股股东、实际控制人的过错形式,由过错责任修改为过错推定责任。将承担连带责任的主体范围扩展到保荐人、承销的证券公司的直接责任人员,使得承担民事责任的主承销的证券主体更精准。

② 2019年《证券法》第163条将2014年《证券法》第173条中的"发行人、上市公司"修改为"委托人",委托人的范围当然不仅限于发行人和上市公司,可见扩大了责任人的范围。

1. 公开资料签证制度

公开信息资料,主要包括如资产负债表、损益表等财务文件以及法律意见书、资产评估报告等,应由具有从事证券业务资格的会计师事务所、律师事务所和资产评估机构等专业性机构独立进行签证。为证券发行人出具文件的会计师及其所在事务所、专业评估人员及其所在机构、律师及其所在事务所,在履行各自的职责时,应当按照本行业公认的业务标准、道德规范和勤勉尽责精神,对其出具文件内容的真实性、准确性和完整性进行核查和验证并承担相应的法律责任。

2. 信息审核监管制度

证券发行无论是采用注册审核制,还是采用核准或审批审核制,均须对信息资料的公开进行必要的审核监管,只是不同类型的审核制度对信息资料公开监管的方式和侧重点不同而已。采用证券发行注册审核制度的国家,证券监管机构主要对信息披露的充分性进行审核,而采用证券发行核准制度的国家,证券监管机构主要对信息披露的真实性或准确性进行审核。

3. 法律责任保障制度

上市公司以及证券商、会计师事务所、律师事务所等中介机构如果违反信息披露制度的基本要求,对应公开的信息未予公开,或虽然公开,但公开不充分,以及有意误导,甚至作虚假陈述,则责任人应对其行为承担相应的法律责任。

(二)充分性

在证券市场上,投资者是对证券上市公司所公开的全部信息进行综合分析后,才作出投资决策的。虽然,不同的投资者在作投资决定时,对各种公开信息重要性的认识与有用性的选择是各不相同的,但是,对于投资者整体来说,上市公司公开各种可能对股票市场价格造成影响的重大信息,是投资公众进行投资判断和抉择公平性与正确性的前提条件。如果上市公司在披露信息时有重大遗漏或缺失,即使已公开的单个信息具有单个的真实性,也会在已公开信息总体上造成整体的非真实性。因此,信息披露的充分性是指上市公司提供给投资人判断证券投资价值的相关资料必须全面,不得故意隐瞒或有重大遗漏。

上市公司信息披露的充分性,至少应包含以下两方面的内容:(1)《证券法》上要求应当充分公开的信息,在性质上必须是那些能够影响股票市场价格的重大信息。换言之,信息披露的充分性,并非要求上市公司巨细不分地将所有经营状况和财务信息一概公开。将那些对股票的市场价格毫无影响的信息一并公开,不仅增加了上市公司信息披露的成本,而且亦无助于投资者作投资判断,反而增加了投资者信息选择的难度。因此,我们一方面应坚持信息披露的充分性;另一方面,还必须坚持信息披露的甄别性。(2)充分公开的信息,在数量上应当能够使投资者有足够的投资判断依据。虽然,信息披露的充分性,并不要求公开所有的信息,即便是重大信息,法律也允许在一定条件下不予公布;但是,已公开的重大信息,在数量上必须达到一定的标准,从而使投资者能够在通常市场情况下足以据此作出投资取向的判断。

可见,在衡量信息披露的充分性时,对于应披露信息的重大性和充分性的选择和认定,具有较强的主观性。由于在认识上和利益上的差异,作为发布信息的上市公司和作为接受信息的证券投资者,对应披露信息的重大性和充分性的认定自然会有所不同。因此,有必要通过《证券法》的规范,来实现对充分性认定标准的统一。

信息披露的充分性,须通过法律规范来保障制度规定上的充分与公开内容上的充分可以最大限度地得以实现。所谓制度规定上的充分是指以法定的形式来界定上市公司应充分公开信息的范围。现行《证券法》通过授权证监会制定各种信息披露的内容与格式准则,并通过规定上市公司应定期公开的财务报告等文件的应记载事项,来实现制度规定上的充分;同时还采取列举的方式,规定上市公司应随时公开的重大事件的范围。"重大事件"是可能对上市公司股票市场价格产生较大影响而投资人尚未得知的事件。[①] 各国证券法对重大事件的界定不尽相同,但是,总的发展方向是法定重大事件的范围在不断扩大。我国 2019 年《证券法》第 80 条在 2014 年《证券法》第 67 条的基础上就对"重大事件"的范围进行了扩大,具体内容见本章第三节。

公开内容上的充分,是指上市公司依法充分公开内容完整的财务报告和实际发生的法定重大事件范围内的事项。公开内容上的充分不同于制度规定上的充分,除了两者之间具体与抽象的区别之外,后者是格式化的,受监管对象只能服从,别无选择;而对于前者,上市公司却有依一定理由决定是否公布重大事件的选择权。比如在有些情况下,公开某些重大事件,可能不利于上市公司,最终将不利于持有上市公司股票的投资者,因此《股票发行与交易管理暂行条例》第 60 条第 1 款规定:"……上市公司有充分理由认为向社会公布该重大事件会损害上市公司利益,且不公布也不会导致股票市场价格重大变动的,经证券交易场所同意,可以不予公布。"然而,该条款给予上市公司的选择权过大,易使信息披露的充分性落空。因为,如果法律对上市公司可以不予公布的重大事件的范围不进行限制,那么,上市公司基于自身利益的考虑,就会任意扩大该范围,信息披露的充分性因此将不能实现。《证券法》允许上市公司自行决定是否公布的重大事件,只能是那些与商业秘密有关的重大事件。因此,我国《股票发行与交易管理暂行条例》第 64 条第 2 款规定:"证监会要求披露的全部信息均为公开信息,但是下列信息除外:(1) 法律、法规予以保护并允许不予披露的商业秘密;(2) 证监会在调查违法行为过程中获得的非公开信息和文件;(3) 根据有关法律、法规规定可以不予披露的其他信息和文件。"这样《股票发行与交易管理暂行条例》通过除外条款,实际上限制了上市公司可以不予公布的重大事件的范围,使法律允许不予公开的信息范围不得被任意扩大。

(三) 及时性

1. 信息披露内容的时效性

信息披露的及时性是指上市公司向投资公众公开的信息应当具备最新性,所公开的信息必须是上市公司的现实状况并且交付公开信息资料的时间不得超过法定期限。由于上市公司的经营活动是处于持续和不断变化状态之中的,因而其股票市场价格的决定因素也就必然处于不断的变动状态。如果上市公司在公开对股票市场价格起决定作用的信息时,该信息所反映的经营状况已被新的内容所替代,或者早已被变动的证券市场所吸收,则该信息就再也不能起到价格信号的作用。因此,上市公司信息披露的内容应具有两个时效性要件:(1) 公司经营状况和财务状况一经发生变化,公司就应以最快的速度向投资公众公开其变化了的信息;(2) 公司所公开的公司信息应一直保持最新的状态,不能给投资公众以陈旧的或过时的信息。公司信息披露内容不具备上述要件者,应视为信息披露瑕疵,从而不生法律效力。

[①] 参见《股票发行与交易管理暂行条例》第 60 条第 1 款。

2. "法定期限"与"及时"的具体要求

及时性要求信息披露义务人公告信息的时间不超过"法定期限"和符合中国证监会关于"及时"的规定。根据《上市公司信息披露管理办法》第71条第1款第(2)项的规定,及时,是指自起算日起或者触及披露时点的两个交易日内。在理论上,投资者是根据信息披露义务人公开的信息作出投资价值判断。如果影响证券及其衍生品种市场价格的重要信息,在其发生相当长时间后才得以公开,公开的信息作为判断依据的价值将不复存在。为保证公开信息的及时,《证券法》等相关立法的主要要求有:公开信息的时间应符合法定期限的要求,不能超过有关的有效期限。如《证券法》第79—80条关于中期报告、年度报告和临时报告都有不同的公告时限要求。即:上市公司和公司债券上市交易的公司,应当在每一会计年度的上半年结束之日起2个月内,向国务院证券监督管理机构和证券交易所报送中期报告,并予以公告;上市公司和公司债券上市交易的公司,应当在每一会计年度结束之日起4个月内,向国务院证券监督管理机构和证券交易所报送年度报告,并予公告;发生可能对上市公司股票交易价格产生较大影响,而投资者尚未得知的重大事件时,上市公司应当立即将有关该重大事件的情况向国务院证券监督管理机构和证券交易所报送临时报告,并予公告,说明事件的起因、目前的状态和可能产生的法律后果。

3. 正确处理及时性与真实性和充分性之间的关系

恰当处理信息披露及时和信息披露真实、充分之间的关系。公开信息及时是信息披露真实、充分的进一步要求。要保证所公开信息的真实和充分,须有适当时间进行信息处理,如调查核实有关信息及制作信息披露文件所需的时间。如果片面要求信息披露的及时性,可能导致不真实信息的公开,这违背信息披露制度设立的宗旨。

最后,关于及时性还要求信息披露义务人,当任何公共传播媒介中出现的消息可能对上市公司的股票价格产生影响时,该公司知悉后应当立即对该消息作出澄清公告,并公开公司的真实情况。

四、完善虚假陈述责任追究制度

证券与其他商品的区别在于,证券本身没有使用价值,它只有交换价值,即投资价值,由于证券的投资价值不等同于证券的面额,证券的面额不决定证券的投资价值,因此,投资者在进行证券交易时无法直接看到证券的投资价值。证券的投资价值取决于上市公司的财务状况、经营前景、赢利多寡等因素的影响,而对这些因素的判断有赖于上市公司相关信息的全部公开。只有投资者全面、准确、及时地了解到有关信息,才有可能根据该信息,对相关证券的投资价值作出正确判断,并作出相应的投资决定,可见在投资者的判断过程中,信息的真实性与完整性至关重要。因此,法律严厉禁止虚假陈述。所谓虚假陈述是指,证券信息披露义务人违反信息披露义务,在提交或公布的信息披露文件中作出违背事实真相的陈述或记载。

虚假陈述是对信息披露真实性与完整性的违反,上市公司公开的信息资料如有虚假、严重误导性记载或重大遗漏,就会干扰投资者的投资判断,纵容不正当竞争,引发过度投机,其结果是投资者丧失对证券市场的信心。投资者对证券市场的信心是证券市场赖以生存、发展的基础,证券信息披露制度的最终目的就是维系投资者对证券市场的信心,使得证券市场健全发展。因此,证券发行人、上市公司与信息披露文件制作、签证者等,应当对信息披露文件的真实性、准确性、完整性承担相应的法律责任。可见,证券信息披露法律责任的核心内容在于对虚假陈述行为的法律追究。而目前我国虚假陈述的民事、刑事责任制度不论是在立法上,还是在实施过程中都存在许多不足,这极大地制约了证券信息监管效率的提高。我们应当在对《证券法》进一步完善的过程中,逐步建立一整套包括民事、刑事和行政责任在内的多层次的信息披露监管体制,逐步改变目前过多依赖行政监管来规范证券市场信息披露行为的做法。同时,完善证券诉讼的配套制度,建立和完善证券纠纷调解和仲裁制度;另外,还要进一步完善股东代表诉讼制度,建立符合中国国情的集团诉讼制度。

第二节 证券发行的信息披露制度

证券发行是发行人与证券认购者之间的一种交易关系,由此形成了证券市场中的一级市场,它是形成证券二级市场的前提和基础,证券发行中的信息披露制度是保障证券市场有序发展的基础。证券发行中的信息披露是通过强制证券发行人或其承销机构在证券发行前必须依法进行申请文件的预先披露和制作股票的招股说明书或债券的募资说明书来实现的。强制进行申请文件的预先披露和公开招股说明书或募资说明书,是为了向投资者公开发行人的有关信息,使投资者在购买证券时有较为充分的判断依据,同时这也是为了防止证券欺诈而实施的有效手段。

一、申请文件的预先披露制度

(一)申请文件的预先披露制度的概念和意义

申请文件的预先披露制度,又称证券发行预披露制度,是指发行人申请首次公开发行(initial public offering,IPO)股票的,在依法向国务院证券监督管理机构提交申请文件并在其受理后,预先向社会公众披露有关申请文件,而不是等到国务院证券监督管理机构对发行文件审核完毕,作出注册发行的决定之后再进行披露的制度。这是2005年《证券法》新引入的制度,意在拓宽社会监督渠道,提高上市公司的质量。2019年《证券法》的修订未对预披露制度的内容做修改。只是从2014年《证券法》的第21条平移至第20条。

美国、欧盟、日本的证券法都没有规定证券发行预披露制度,我国是将美国行之有效的对发行上市中虚假陈述的举报制度上升到法律层次,这是我国在证券立法技术上的一种创新。证券发行预披露可以说是信息披露制度的内在要求,其意义如下:

(1)提前披露发行文件,可以使社会公众提前了解发行文件的内容,有助于其进行投资决策。

(2)将申请材料提前披露,社会公众可以对发行文件中的问题进行举报,使注册机构能够提前了解、调查有关情况,有利于缩短审核时间,提高发行审核的效率。

(3)在发行文件审核完毕和作出注册发行的决定之前,就将有关的发行申请文件公之于众,可以对发行审核工作形成有效的社会监督,以免发行审核过程中可能出现的暗箱操作。

当然,预披露制度要求在向国务院证券监督管理机构申报募股材料后、获得注册发行之前向社会公开有关申请文件,已超出一般意义上证券信息披露的范围,属于事先性强制信息披露制度,是信息披露制度适用范围的向前延伸。但无论如何,作为强制信息披露的第一道关,预披露制度大大丰富了证券信息披露制度的内涵,有利于确保信息披露制度价值得到充分实现,从而有利于保护投资者权益,提高公众投资者的投资信心。

(二) 证券发行预披露制度的进一步细化和完善

《证券法》确立的预披露制度，目前仅适用于 IPO，而且只是一个原则性的规定，如何落实尚待国务院证券监督管理机构依照法定的职权，制定出预披露方面的实施细则。本书认为，我国预披露制度应当在以下三个方面进一步细化和完善：

1. 明确预披露所要求公开申请文件的具体范围及披露的具体要求

由于证券预披露制度是通过向社会公开有关募股申请文件，以发挥社会监督的作用，从而克服发行人及其有关证券服务机构单方提供信息所带来的信息不对称，提高国务院证券监督管理机构证券发行的注册质量。因此，预披露主要是宣示性的，即向社会公告发行申请人将公开发行股票，从而引起社会各界的关注和监督，所以没有必要披露所有的 IPO 申请文件。本书认为，披露募股申请文件之外，还应当披露的信息包括：(1) 发行人及发行的基本信息，以及有关发行人发展前景、利润预测等方面的综合信息。(2) 发行人是否具有公开发行股票资格以及发行人历史沿革、改制重组等重大历史信息。(3) 对投资者投资决策产生重大影响并直接决定是否能够获准公开发行的信息，这主要是指财务和经营状况信息，如审计报告和财务报表、资产评估报告等。

为发挥预披露制度的社会监督作用，让社会各界对预披露文件所陈述的事实进行监督、检举和揭发，预披露的申请文件应在指定报刊及网站披露，以便于社会公众获取，同时要尽量少用投资者不熟悉的专业和技术词汇，尽量采用图表或其他较为直观的方式准确披露发行人及其产品、财务等情况，做到简明扼要，通俗易懂。

2. 预披露制度的范围有必要扩展到新股的发行

《证券法》仅在 IPO 中规定了预披露制度，该项制度并不要求新股发行进行预披露。新股发行是已成立公司再次募集股本的行为，对于上市公司而言，由于其必须履行持续信息披露义务，其所有的对投资者投资决策产生重大影响的信息都应及时、准确、真实地披露，似乎不必要在新股审核时再进行预披露。其实不然，持续信息披露义务主要在于保障投资者的知情权，使其在完全知情的基础上作出投资的决策，而预披露制度所要求的信息披露，其主要目的是通过向社会披露募股文件，发挥社会监督作用，克服国务院证券监督管理机构在发行注册时存在的信息不对称，将那些欺诈发行者揭露出来并绳之以法，从而提高发行注册的透明度和质量。将信息预披露制度运用于新股发行中，毫无疑问有利于提高上市公司新股发行的质量。因此，我们认为，在上市公司发行新股时有必要创设预披露制度。

3. 建立健全举报制度

预披露制度发挥社会监督功能的前提条件是知情人士对证券发行中的欺诈行为进行举报，因此，如何建立有效的举报制度，以激励知情人士进行积极举报，是预披露制度能否达到预期目的的关键。值得肯定的是，2019 年《证券法》第 176 条终于在证券基本法中确立了举报制度。但是，这一制度还只是原则性的，须进一步完善，对于完善的建议，见本书第十二章的相关内容。

二、募集设立时的招股说明书制度

(一) 招股说明书的性质和特点

招股说明书是股票发行人向社会公众公开发行股票时，依照法律规定的格式、内容和程序向社会公众公开相关信息，并邀请该公众认购公司股票的规范性文件。在招股说明书中发出的邀请，在合同法上属于要约邀请。然而，以往学术界却认为，招股说明书是以股票发

第五章 证券信息披露制度

行人为一方向以投资者为另一方发出的募集资金的意思表示,符合《股票发行与交易管理暂行条例》关于要约的规定,即是"向特定人或者不特定人发出购买或者销售某种股票的书面的意思表示",属于要约并应遵守《民法典》关于要约的规范。的确,要约和要约邀请均为意思表示的行为,但这两种行为的性质不同。要约是以缔结合同为目的,希望相对人承诺的一种意思表示。而要约邀请则是希望对方向自己提出要约,即要约邀请人并不希望受到由自己发出的要约的约束力。我国《民法典》接受了这种观点,并特别规定招股说明书是要约邀请。①

为了规范公开发行股票的信息披露行为,中国证监会于2006年5月18日重新发布了《公开发行证券的公司信息披露内容与格式准则第1号——招股说明书》(2015年修订,以下简称《第1号准则》)(1997年1月6日颁布的《关于发布公开发行股票公司信息披露的内容与格式准则第1号〈招股说明书的内容与格式〉的通知》同时废止,2003年对该规范进行过修订)。招股说明书具有如下特点:(1)招股说明书记载的事项具有法定性。招股说明书记载的事项、方式和格式等均为法定,发行人不得就该法定内容作出删减,记载格式及形式也不得违背证券法律法规的规定,除非法定事项要求的内容确实与特定证券发行人实际情况不相符合。(2)招股说明书是向不特定之社会公众投资者发出的、旨在募集股份的规范性文件。(3)招股说明书的签署人,即发行人、发行公司董事或发起人等,不得对所公开的事实作出假定前提的陈述,也不得声明免除其法定责任;各发行中介机构,即会计师事务所、律师事务所等,在各自的专业范围内,须对相关文件及表述的真实性、准确性和完整性承担相应责任。(4)招股说明书应当全面公开与股票发行有关的各种信息,且所公开的信息应当准确和真实,不得存在虚假、严重误导性陈述或重大遗漏。(5)招股说明书只是公开股票发行人向投资公众出售股份总额的意图,而非向特定投资者发出的、出售确定股份数量的意思表示。

(二)招股说明书的披露规则

1. 招股说明书在公开之前须经证券监管机关审核

在国际上,对招股说明书的审核通常有两种模式:一种是英美法系国家采取的注重公开原则的注册制或申报制,另一种则是大陆法系国家采取的核准制。我国对招股说明书的审核是采注册制(原核准制已改为注册制),即证券监管机构在收到发行人的送审文件和招股说明书后,应在法定期限内对发行人的股票是否公开发行作出审核决定,而招股说明书作为向中国证监会申请首次公开发行股票的必备法律文件,理应在其注册审核之中。

2. 招股说明书的有效期间

在我国,招股说明书的有效期为6个月,自中国证监会下发注册通知前招股说明书最后一次签署之日起计算。发行人在招股说明书有效期内未能发行股票的,应重新修订招股说明书。在符合规范的前提下,发行人可在特别情况下申请适当延长招股说明书的有效期限,但至多不超过1个月。发行人应在发行前2—5个工作日内将招股说明书摘要刊登于至少一种中国证监会指定的报刊,同时将招股说明书全文刊登于中国证监会指定的网站,并将招股说明书全文文本及备查文件置备于发行人住所、拟上市证券交易所、主承销商和其他承销机构的住所,以备查阅。

---

① 参见《民法典》第472、473条。

3. 招股说明书必须披露的主要内容

根据《第1号准则》，招股说明书必须披露的主要内容包括：释义；本次发行概况；风险因素；发行人基本情况；业务和技术；同业竞争和关联交易；董事、监事、高级管理人员与核心技术人员概况；公司治理结构；财务会计信息；管理层讨论与分析；业务发展目标；募股资金运用；发行定价及股利分配政策；董事及有关中介机构声明；附录和备查文件等。

三、发行新股募集说明书制度

（一）发行新股募集说明书制度概述

如前所述股份有限公司成立后，基于增资目的而再次申请公开发行股票，称为发行新股。发行新股必须依照相关的法律法规进行信息披露，根据中国证监会2006年颁布的《公开发行证券的公司信息披露内容与格式准则第11号——上市公司公开发行证券募集说明书》(以下简称《第11号准则》)的规定，所要公开的发行新股募集说明书，主要包括：本次发行概况；风险因素；发行人基本情况；同业竞争与关联交易；财务会计信息；管理层讨论与分析；本次募集资金运用；历次募集资金运用；董事及有关中介机构声明；募集说明书摘要等。募集说明书及其摘要是发行人向中国证监会申请发行新股的必备法律文件。

凡对投资者投资决策有重大影响的信息，不论《第11号准则》有无规定，均应披露。发行人因商业秘密或其他原因致使某些信息确实无法披露，可向中国证监会申请豁免。发行人配股，应在承销开始前5个工作日内将配股说明书摘要刊登在至少一种中国证监会指定的报刊，同时将配股说明书全文刊登在中国证监会指定的互联网网站，并将正式印制的配股说明书文本置备于发行人住所、证券交易所、承销团成员住所，以备公众查阅。

增发招股意向书除发行数量、发行价格及筹资金额等内容可不确定外，其内容和格式应与增发招股说明书一致。

发行人应将增发招股意向书刊登在中国证监会指定的互联网网站，并应载明："本招股意向书的所有内容均构成招股说明书不可撤销的组成部分，与招股说明书具有同等法律效力。"

发行人应将增发招股意向书摘要刊登在至少一种中国证监会指定的报刊。已编制和在指定报刊刊登增发招股意向书摘要的，不必制作增发招股说明书摘要。

发行价格确定后，发行人应编制增发招股说明书，报中国证监会备案。招股说明书应刊登于中国证监会指定的互联网网站上，并置备于发行人住所、拟上市证券交易所及承销团成员住所，以备公众查阅。

特殊行业的发行人编制招股说明书，还应遵循该行业信息披露的特别规定。

（二）新股招股说明书及其摘要的规范

关于招股说明书的编制，根据《第11号准则》的规定，应具体遵循以下要求：(1) 使用通俗易懂的事实描述性语言，并采用表格或其他较为直观的方式披露公司及其产品、财务等情况；(2) 引用的资料应注明来源，事实依据应充分、客观；(3) 引用的数字应采用阿拉伯数字，有关金额的资料除特别说明之外，应指人民币金额，并以元、千元或万元为单位；(4) 发行人可编制募集说明书外文译本，但应保证中外文文本的一致性，在对中外文文本的理解上发生歧义时，以中文文本为准；(5) 募集说明书摘要的编制必须忠实于募集说明书全文的内容，不得出现与全文相矛盾之处。

此外，在不影响信息披露的完整并保证阅读方便的前提下，发行人可采用相互引证的方法,对各相关部分的内容进行适当的技术处理;对于曾在募集说明书、上市公告书和定期报告、临时报告中披露过的信息,如事实未发生变化,发行人可采用索引的方法进行披露,以免重复。

发行人将募集说明书及其摘要全文刊登并保留在公司网站的,其内容应当与在报刊上刊登的一致。

四、募资说明书制度

募资说明书亦称为债券公开说明书,我国《公司法》和《证券法》称之为债券募集办法。债券募集办法是发行公司在发行公司债券时,根据法律规定的要求制作的记载与公司债券发行相关的实质性重大信息的一种规范性文件。发行公司债券的申请经国务院授权的部门注册后,应当公告公司债券募集办法。公司债券募集办法中应当载明下列主要事项:公司名称;债券募集资金的用途;债券总额和债券的票面金额;债券利率的确定方式;还本付息的期限和方式;债券担保情况;债券的发行价格、发行的起止日期;公司净资产额;已发行的尚未到期的公司债券总额;公司债券的承销机构。鉴于公司债券均属公开发行,因此,在公告公司债券募集办法的同时,发行公司还应公告公司财务会计报告,以供投资者合理判断公司债券的投资价值。

在我国,债券募集办法公开的方式一般为公告和置备。公告是指公司债券发行人应当将公司债券募集办法刊登在证券监管机构指定的刊物上的行为。置备是指将公司债券募集办法存放于指定场所供公众查阅。所谓指定场所,主要包括公司债券发行人主要办公场所或营业场所、承销发行的证券公司的营业场所。在有些国家,公司债券发行信息的公开方式还包括邮寄方式,如将募资说明书邮寄送至投资者。

在我国,依法公开公司债券发行信息,除应符合上述公开方式外,还应当遵循以下规则和要求:(1)公司债券募集办法于国务院授权部门注册后始得披露,发行人及中介机构于公司债券发行申请获得注册前,不得以任何方式披露相关信息。(2)公司债券募集办法必须真实、准确、完整,为证券发行出具有关文件的专业机构和人员,必须严格履行法定职责,保证其所出具文件的真实性、准确性和完整性。

第三节 持续信息披露制度

持续信息披露,是指监管部门对证券交易中的信息披露实施监管。为便于投资者及时、准确地掌握市场信息,同时防止证券交易中的欺诈和操纵行为,《证券法》规定上市公司必须定期向社会公众公开其经营和财务状况,及时、不定期地提供可能影响上市公司证券的买卖活动及对价格有重大影响的任何信息,为投资者进行投资判断提供依据,以保护投资者的交易安全。各国证券法对上市公司在证券交易市场上的信息持续公开都有相应的制度规定。信息在交易市场上持续公开的主要制度有:定期报告制度和临时报告制度。

一、定期报告制度

定期报告,是指上市公司定期公布其财务和经营状况的文件,主要包括年度报告和中期报告。但有些国家和地区对此有不同的规定,比如在我国台湾地区,定期报告包括年度、半年度财务报告以及季度报告和月报告;而在美国,定期报告则仅指年度报告和季度报告。

（一）年度报告

年度报告（annual report），是上市公司在每个会计年度结束后一定时期内，向证券监管部门呈报的，并向社会公众公告的，反映该公司在该会计年度中的经营状况和财务状况的书面报告。

依照各国证券监管法律制度，上市公司负有向证券监管机构提交年度报告的义务。由于上市公司情况复杂，规模大小、股东人数多寡不一，因此，各国证券监管法规定的提交报告义务不尽相同。概括各国法例，主要有两种规定方式：（1）美国方式，即美国1964年《证券交易法修正案》第12条（b）项规定，在证券交易所上市的证券发行公司及在事业年度终了时其资产总额在100万美元以上、股东人数为500人以上的公司，应在事业年度终了90日内，将年度报告提交美国证管会；（2）日本方式，即日本1971年《证券交易法修正案》第4条第1项规定，只要是申报募集或出售有价证券的发行公司，每事业年度均有向大藏大臣提交报告的义务。比较而言，美国模式有较明显的缺陷：当资产总额少于100万美元，股东人数少于500人时，投资者也有依公开制度获取信息和受到法律保护的权利，而其相应规定显然对这部分投资者保护不力。另外，这一模式亦不利于对发行公司进行持续监管，因为提交报告义务随公司资产、股东人数的变化而变化，容易造成监管困难。相对而言，日本模式较为有利于保护所有投资者，有利于对发行公司进行持续监管，我国现行证券法律法规亦采取此类模式。

关于年度报告的内容，各国和各地区规定不一。按照美国《证管会规则》第14条a-31b的规定，年度报告的内容主要包括：最近两个营业年度的资产负债表和最近三个营业年度的损益表、过去5年内的净利润额与营业收入额，每股收益及总收益等财务数据等。对于年度报告的内容，我国《股票发行与交易管理暂行条例》做了较为具体的规定，要求年度报告应当载明的内容包括[1]：公司简况；公司的主要产品或者主要服务项目简况；公司所在行业简况；公司所拥有的重要工厂、矿山、房地产等财产简况；公司发行在外的股票情况，包括持有公司5%以上发行在外普通股的股东的名单及前10名最大股东的名单；公司股东数量，公司董事、监事和高级管理人员简况、持股情况和报酬；公司及其关联人一览表和简况；公司近3年或者成立以来的财务信息摘要；公司管理部门对公司财务状况和经营成果的分析；公司发行在外债券的变动情况；涉及公司的重大诉讼事项；经注册会计师审计的公司最近两个年度的比较财务报告及其附表、注释；该上市公司为控股公司的，还应当包括最近两个年度的比较合并财务报告等。1998年由中国证监会发布的《公开发行证券的公司信息披露内容与格式准则第2号——年度报告的内容与格式》（2017年修订）（以下简称《第2号准则》）对上述年度报告的内容作了进一步细化的规定，并制定了统一的格式。总之，我国年度报告制度内容较为详细，编制体例及结构安排均较为完整。

（二）中期报告和季度报告

中期报告（semi-annual report），是上市公司在每一会计年度的前6个月结束后向证券监管部门提交的，并向社会公众公告的书面报告。中期报告是信息披露的又一种表现形式，其目的在于弥补年度报告披露信息在时效性方面的局限，确保证券发行公司信息披露的最新性。

中期报告的内容主要包括：大股东情况、资本变动、股价及交易量状况、涉及公司重大诉

---

[1] 参见《股票发行与交易管理暂行条例》第59条。

讼事项、经营成果分析等。在具体规定方面,各国立法不尽相同,如日本立法要求记载资本额变动,大股东状况、股价及股票交易量的走势变化,董事和监事人员变动,员工情况,与前半期及前年同期生产经营业绩的比较,设备变动,设备添置计划的执行及其财务状况等;美国则要求记载公司总销售量、营业收益、租税扣除前后的净利润、特殊事项等。

我国《股票发行与交易管理暂行条例》和《上市公司信息披露管理办法》均对中期报告的内容作了相应规定,它们所规定的内容大体一致,主要包括[①]:股票或公司债券上市交易的公司,应在每一会计年度的上半年结束之日起2个月内,向国务院证券监督管理机构和证券交易所提交记载有以下内容的中期报告,并予公告:(1) 公司财务报告和经营情况;(2) 涉及公司的重大诉讼事项;(3) 已发行的股票、公司债券变动情况;(4) 提交股东大会审议的重要事项;(5) 国务院证券监督管理机构规定的其他事项。证监会发布的《公开发行证券的公司信息披露内容与格式准则第3号——半年度报告的内容与格式》(以下简称《第3号准则》)对中期报告的内容与编制作了具体的规定,《第3号准则》与《第2号准则》相比,在内容上与年度报告的编制基本相同,只是正文内容要简略些。

为保证公司信息披露的及时性,自20世纪70年代以来,一些国家或地区的证券监管法要求发行公司每个季度都公开一次本公司的营业情况,此为季度报告制度。例如我国台湾地区的"证券交易法"就规定,发行公司应于每营业年度第一季度及第三季度终了后1个月,公告并申报经会计师核阅之财务报告。中期报告与季度报告结合,使投资者在每个季度都能够获得上市公司的相关信息。从季度报告制度产生的宗旨来看,它主要是为了保证信息披露的及时性,这对于保护投资者的利益,是完全必要的。我国证监会发布的《公开发行证券的公司信息披露编报规则第13号——季度报告的内容与格式》(2016年修订)》对季度报告的内容与编制作了具体的规定。

二、临时报告制度

定期报告制度的缺陷是信息披露滞后,难以满足公司信息披露的最新性与及时性的需要,不利于投资者的投资判断。为此,许多国家都实行了临时报告制度(current report)。例如,日本规定,发生下列情形时,发行公司应立即向大藏大臣提交临时报告:(1) 发行价额在1亿日元以上的有价证券,不依募集发行,而由董事会、股东会的决议时;(2) 该公司发行的有价证券,其募集或出卖是在本国以外的地域开始时;(3) 主要股东有异常变动时;(4) 母公司或特定子公司有异常变动时;(5) 重要灾害发生之场合,而在该灾害停止时。美国规定,在发生对证券投资判断有特殊影响的事项时,应将临时报告提交美国证券交易委员会。上述事项包括:(1) 发行公司的支配权发生变动;(2) 在正常营业外的发行公司或控股公司重要资产的得与失;(3) 重大诉讼的开始与终结;(4) 以注册证券作为担保的资产的重要撤销或变更行为;(5) 有关发行公司或重要从属公司以前发行证券的重要不履行行为;(6) 发行公司已发行的证券有5%以上的增加或减少;(7) 发行公司或从属公司的证券有5%以上的股票买卖选择权的授予或延长;(8) 发行公司或其重要从属公司资产的重新评估或注册的资本证券的重要评估变更;(9) 应由证券持有人投票的事项。

我国也规定了临时报告制度,根据《证券法》第80条第1款的规定,发生可能对上市公

[①] 2014年《证券法》第65条原本也规定了这些内容,2019年《证券法》的替代条款第79条将这些具体内容删除了,留给国务院行政法规和中国证监会部门规章以及交易所的交易规则进行规定。

司、股票在国务院批准的其他全国性证券交易场所交易的公司的股票交易价格产生较大影响的重大事件,投资者尚未得知时,公司应当立即将有关该重大事件的情况向国务院证券监督管理机构和证券交易场所报送临时报告,并予公告,说明事件的起因、目前的状态和可能产生的法律后果。上述"重大事件"①中的证券信息"重大性",其标准是什么?很值得探讨。

1. 与"重大性"相关的概念没有统一

我国目前所使用的"重大性"概念包含三个内容:一是"重大事件",即对上市公司股票价格产生较大影响的事件。如上述《证券法》第80条中:可能对上市公司股票交易价格产生较大影响的重大事件;最高人民法院《关于审理证券市场因虚假陈述引发的民事赔偿案件的若干规定》第17条中:对重大事件作出违背事实真相的虚假记载……等。二是"重大影响的信息",如《第1号准则》第3条规定,招股说明书的披露要求是"对投资者作出决策有重大影响的信息"。三是"重要事项",其基础依然是"对投资者判断有重大影响的事项"。如年度报告和中期报告中必须按要求公开有关重要事项,另外,招股说明书和募集说明书要求作出提示的风险因素也属于重要事项。

2. "重大性"标准的多元性特征

通过以上分析可以看出,我国证券信息的"重大性"标准具有多元性的特点。具体表现为:

(1) "投资者决策"标准。这是以招股说明书为代表的"投资者决策"标准。《第1号准则》明确指出:本准则的基本原则是要求发行人将一切对投资者进行投资判断有重大影响的信息予以充分披露,以利于投资者更好地作出投资决策;凡对投资者作出投资决策有重大影响的信息,不论本准则是否有规定,均应予以披露;"发行人认为有助于投资者作出投资决策的信息,发行人可以增加这部分内容"。在规定"其他重要事项"时,准则认为应当"披露发行人认为对投资者作出投资判断有重大影响的其他事项"。此外,《第2号准则》《第3号准则》也作出了类似规定。可见,"投资者决策"标准不仅适用于证券发行公开阶段,也适用于信息持续公开阶段。按照这个标准,法律要求判断者一律从理性投资者的角度出发来考虑重大性,其与前述美国采用的"影响投资者决策标准"大体一致,都以是否影响投资者的决策作为判断信息是否具有"重大性"的标准。

(2) "股价较大影响"标准。"股价较大影响"标准是指以该事实对于股票价格是否会产生较大影响作为判定其是否具有重大性的标准。《证券法》第80条和《股票发行与交易管理暂行条例》第60条以及《上海证券交易所股票上市规则》(2019年修订)第2.3条均采用了"股价较大影响"标准。年度报告与中期报告中对重大事项的披露准则也是遵循这一标准。

---

① 根据2019年《证券法》第80条第2款的规定,重大事件包括:(1) 公司的经营方针和经营范围的重大变化;(2) 公司的重大投资行为,公司在1年内购买、出售重大资产超过公司资产总额30%,或者公司营业用主要资产的抵押、质押、出售或者报废一次超过该资产的30%;(3) 公司订立重要合同、提供重大担保或者从事关联交易,可能对公司的资产、负债、权益和经营成果产生重要影响;(4) 公司发生重大债务和未能清偿到期重大债务的违约情况;(5) 公司发生重大亏损或者重大损失;(6) 公司生产经营的外部条件发生的重大变化;(7) 公司的董事、1/3以上监事或者经理发生变动,董事长或者经理无法履行职责;(8) 持有公司5%以上股份的股东或者实际控制人持有股份或者控制公司的情况发生较大变化,公司的实际控制人及其控制的其他企业从事与公司相同或者相似业务的情况发生较大变化;(9) 公司分配股利、增资的计划,公司股权结构的重要变化,公司减资、合并、分立、解散及申请破产的决定,或者依法进入破产程序、被责令关闭;(10) 涉及公司的重大诉讼、仲裁,股东大会、董事会决议被依法撤销或者宣告无效;(11) 公司涉嫌犯罪被依法立案调查,公司的控股股东、实际控制人、董事、监事、高级管理人员涉嫌犯罪被依法采取强制措施;(12) 国务院证券监督管理机构规定的其他事项。公司的控股股东或者实际控制人对重大事件的发生、进展产生较大影响的,应当及时将其知悉的有关情况书面告知公司,并配合公司履行信息披露义务。

《股票发行与交易管理暂行条例》第60条规定:发生可能对上市公司股票的市场价格产生较大影响,而投资人尚未得知重大事件时,上市公司应当立即将有关该重大事件的报告提交证券交易场所和证监会,并向社会公布,说明事件的实质。《证券法》第80条作了与《股票发行与交易管理暂行条例》第60条基本一致的规定。《上海证券交易所股票上市规则》规定了上市公司应及时披露所有对上市公司股票价格可能产生较大影响的重大事件的基本义务。《信息披露细则》则更为直接地将"重大事件"定义为"可能对公司的股票价格产生重大影响的事件"。从以上规定可以看出,该标准主要适用于上市公司持续性信息公开阶段。

(3)"发行人状况严重不利影响"标准。"发行人状况严重不利影响"标准,是指有关事实是否能够对发行人的经营状况、财务状况、持续盈利能力状况等产生严重不利影响,来判断其是否具有重大性。该标准主要用于证券发行信息公开阶段,主要是针对发行人的风险揭示要求,其典型代表是招股说明书和募集说明书的有关风险提示规则。《第1号准则》《第2号准则》均规定,有关风险因素可能对发行人生产经营状况、财务状况和持续盈利能力有严重不利影响的,应作"重大事项提示"。这些风险属于预测性信息,一旦其可能对发行人的经营品质产生严重不利影响,就符合重大性的要求,必须予以披露。

上述可见,我国"重大性"标准主要因公开文件的不同而不同。客观上讲,不同的信息披露文件在一定程度上影响着不同类型投资者的利益。我国证券市场发展的初期阶段,在信息公开制度上主要是借鉴了美国对发行市场和交易市场分别监管的二元体制,一、二级市场的信息公开制度相对独立,这在一定程度上形成了二元化公开标准。即发行市场与投资者的投资决策有关,交易市场与股票价格的波动有关。我国证券市场对"重大性"标准基本上也是采取二元化规则,即对发行市场适用以招股说明书为代表的"投资者决策"标准,对交易市场则采用以《证券法》第80条为代表的"股票交易价格影响"标准。实际上,在一个有效市场里,信息的传递必然是灵敏的、连续的,对投资者决策有重大影响的信息一般也会影响股票价格;同样的,对股票价格有重大影响的信息,投资者也不会无动于衷。所以,发行市场和交易市场应当是一个衔接紧密而又相互反馈的有机系统。也就是说,如果市场是有效的,"投资者决策""股价重大影响"和"发行人状况严重不利影响"之间存在正向传导的信息关联,因此在这个理想前提下,无论采取哪一种标准其实都并无本质的冲突,只是角度或侧重点不同而已。

确定"重大性"的各种标准各有功用,无法用其中的某一个标准替代其他标准:

(1)"投资者决策"标准是以投资者的判断为中心,其优点是[①]:①"投资者决策"标准涉及的因素与考虑的范围远比"股价重大影响"标准深刻与广泛,"股价重大影响"只是投资者作出理性投资决策所必须考虑的重要因素之一,其他如发行人未来前景、投资的市场状态等都是必须予以考虑但又无法为证券价格标准所包容的因素。因此"股价重大影响"标准相对而言显得较为狭窄,是一个相对较低的标准,这会导致太多烦琐细小的信息进入市场,一方面导致上市公司过于沉重的公开负担,另一方面也会加重投资者甄别、寻找真正有用且重大信息的负担。②"投资者决策"标准要求比"股价重大影响"标准严格。因为投资者决策标准要求发行人站在投资者的角度评价事件的重大性从而决定是否公开,因此行为人必须考虑的不完全是该信息公开对自己的影响,更多的是对投资者利益的影响,体现了现代"证券法"卖者自慎和"保障投资者"的精髓。③"投资者决策"标准更具有实用性。从市场有效性

[①] 参见齐斌:《证券市场信息披露法律监管》,法律出版社2000年版,第174—175页。

角度分析,我国证券市场正处于从无效状态进入弱式有效的状态,尚未达到半强式有效状态。在这种市场环境中,股票价格只能反应历史性信息,其对当前信息的反应具有滞后性,即股票价格对信息反应是迟钝的。那么用价格标准来衡量信息重要性的做法是不现实的,因为价格也许根本还没有对信息作出应有的敏感反映。也就是说价格里根本还没有包含公开的信息。况且我国现阶段股市发展很不规范,可预测的因素很少,投机性很强,价格的波动有时受很多与发行人状况根本无关的人为操纵影响很大,却对诸如利率变化这种信息显得无动于衷。因此很难断定股票价格与事件之间的必然联系。"股价重大影响"标准最大的缺陷便在于它忽视了对信息接受者,即对投资者的直接关注。

"投资者决策"标准的不足是,由于它是无形的、主观的和飘忽不定的,因此往往使人难以把握。即使是在推崇投资者决策标准的美国,仍有不少学者指出:抽象的表述重大性标准非常容易,但要在具体个案中加以运用却极为困难。究其原因就在于该标准的主观性过强。①

(2)"股价重大影响"标准的优点是其具有很强的操作性。因为价格变动是有形的、客观的,因此可以作为衡量信息是否重大的一个重要参照物。但其缺陷也是明显的,具体分析见上述(1)中的相关内容。

(3)"发行人状况严重不利影响"标准,由于有关"事实"是否能够对发行人的经营状况、财务状况、持续盈利能力状况等产生严重不利影响,带有较强的主观性,发行人必然从自身的利益出发去判断各类"事实"对公司影响的结果,因而这一标准更有利于发行人而不是投资者的利益。但是这一标准有利于鼓励证券市场上需要的预测信息的披露。

通过上述分析可以看出,不同的"重大性"标准虽然不能等量齐观,但是也不宜由某一标准去替代其他标准。本书的观点是,对于证券信息的"重大性",应当从证券市场的实际需要出发而确定其"标准",才是一个合适的选择。

【测试题】

某上市公司因披露虚假年度财务报告,导致投资者在证券交易中蒙受重大损失。关于对此承担民事赔偿责任的主体,下列哪一选项是错误的?(   )(2010年国家司法考试,卷三第30题)

A. 该上市公司的监事
B. 该上市公司的实际控制人
C. 该上市公司财务报告的刊登媒体
D. 该上市公司的证券承销商

【答案与解析】

答案:C

解析:本题综合考察了上市公司的持续信息披露制度的有关法律规定。2005年《证券法》第69条(2019年《证券法》第85条)规定:"发行人、上市公司公告的招股说明书、公司债券募集办法、财务会计报告、上市报告文件、年度报告、中期报告、临时报告以及其他信息披露资料,有虚假记载、误导性陈述或者重大遗漏,致使投资者在证券交易中遭受损失的,发行

---

① 参见周友苏主编:《新证券法论》,法律出版社2007年版,第408页。

人、上市公司应当承担赔偿责任;发行人、上市公司的董事、监事、高级管理人员和其他直接责任人员以及保荐人、承销的证券公司,应当与发行人、上市公司承担连带赔偿责任,但是能够证明自己没有过错的除外;发行人、上市公司的控股股东、实际控制人有过错的,应当与发行人、上市公司承担连带赔偿责任。"

由该条规定可知,A选项中的监事及B选项中的实际控制人都应当对上市公司披露虚假信息导致的投资者损失承担赔偿责任。

上市公司财务报告的刊登媒体对上市公司财务报告的真实性不具有审查义务,从另一个角度看,也没有审查的权利,实际上刊登媒体也没有审查的能力,因此刊登媒体对上市公司虚假披露信息导致的投资者损失当然不承担赔偿责任,所以C选项应选。

需要指出的是,虽然第69条(2019年《证券法》第85条)规定保荐人、承销商的证券公司对虚假信息披露亦承担赔偿责任,但这实际上指的是证券发行过程中,保荐人、证券承销商对于发起人的虚假信息披露承担连带责任。公司上市后,披露年度报告时,并不存在保荐人和证券承销商的问题,所以对于上市公司虚假披露年度报告导致的投资者损失,不存在证券承销商承担赔偿责任的问题。

【测试题】

申和股份公司是一家上市公司,现该公司董事会秘书依法律规定,准备向证监会与证券交易所报送公司年度报告。关于年度报告所应记载的内容,下列哪一选项是错误的?( )(2015年国家司法考试,卷三第33题)

A. 公司财务会计报告和经营情况
B. 董事、监事、高级管理人员简介及其持股情况
C. 已发行股票情况,含持有股份最多的前二十名股东的名单和持股数额
D. 公司的实际控制人

【答案与解析】

答案:C

解析:本题考查的是《证券法》对上市公司年度披露的要求。

《证券法》第66条(2019年《证券法》第79条)规定:上市公司应当在每一会计年度结束之日起4个月内,向国务院证券监督管理机构和证券交易所报送以下内容的年度报告,并予以公告……(2)公司财务会计报告和经营情况;(3)董事、监事、高级管理人员简介及其持股情况;(4)已发行股票、公司债券情况,包括持有公司股份最多的前十名股东的名单和持股数额;(5)公司的实际控制人……上述四个选项中,只有C选项的说法不符合法律规定,故选C。

第六章

投资者保护法律制度

保护投资者的合法权益是证券法的立法宗旨。本章应重点掌握的内容主要包括:我国证券投资者保护存在的主要问题,投资者适当性管理,对普通投资者的倾斜保护,上市公司投票权公开征集,上市公司强制现金分红,债券投资者的保护,先行赔付,投资者保护机构的职能,代表人诉讼和上市公司投资者关系管理等制度。

第一节 投资者保护概述

一、我国证券投资者保护存在的主要问题[①]

长期以来,控股股东、实际控制人对外部投资者的侵害、各类证券欺诈行为对投资者的侵害、证券经营机构对投资者利益的各种忽视与侵害、不当监管对于证券投资者利益的侵害等各种侵害投资者权益的现象屡屡发生,甚至某些情况还成了业界常态。具体而言,证券市场上侵害投资者的行为主要有以下几类:

1. 控股股东、实际控制人对外部投资者的侵害

公司控股股东、实际控制人为了自身利益对公司和中小股东造成损害,一直以来都是公司治理中的一个突出问题,例如,上市公司长期不分红,将公司的利润或者现金流转移,不按照市场价格实施资产置换等各类利益输送行为,高管层过高的职务消费与薪酬,等等。对于这类对投资者的侵害,一方面要通过公司治理结构的完善来加以解决,另一方面就是通过在《证券法》中建立相关的制度进行规制,例如,2019年《证券法》修订后就增加了强制现金分红制度。

2. 各类证券欺诈行为对投资者的侵害

这是证券市场上最常见的侵害投资者利益的现象。由于证券市场上的上市公司与普通投资者之间存在着巨大的信息不对称,证券投资者处于相对弱势一方,这就为虚假陈述、内幕交易、欺诈客户以及操纵市场等违法行为提供了存在的空间。对于这类侵害证券投资者利益的现象,除了要突出违法行为的法律责任、完善信息披露制度外,还要辅助专门针对投

---

① 参见李东方主编:《证券法学》(第三版),中国政法大学出版社2017年版,第200—201页。

资者受到此类侵害的事后救济制度。

3. 证券经营机构对投资者利益的侵害

证券市场上除了上市公司与投资者之间存在信息不对称的问题外,作为证券交易的服务机构,证券经营机构相对于普通投资者来说也拥有着更加全面、准确、及时的市场信息。因为这些信息资料并非证券经营机构自身的信息,且这种信息不对称是由于信息获取者自身能力的差异造成的,证券监管者无法通过类似信息披露的制度来均衡两者之间的信息鸿沟,这就往往导致券商挪用客户资金、不优先处理客户交易指令等侵害投资者利益的现象出现。对于这类问题,需要直接规定证券经营机构在与投资者签订委托代理协议时必须以履行一定的告知提示义务的方式来实现对投资者的保护。

4. 不当监管对投资者利益的侵害

证券市场监管应当恪守依法管理与保护投资者利益等原则。这要求证券监管者在制定和实施各项法律、法规、制度的时候,必须要求各方市场参与者以诚实信用为原则,据此来划分有关各方面的权利与义务,保护市场参与者的合法权益。由于投资者是拿出自己的资金购买证券,且大多数投资者缺乏证券投资的专业知识与技巧,证券市场发展的关键在于投资者对市场的信心。要确保投资者信心,就必须切实保护投资者的利益。为此,在证券市场监管中,必须采取相应措施来维护公开、公平与公正原则的实现,努力减少、杜绝欺诈、操纵市场、内幕交易、虚假陈述等行为发生,使投资者得到公平的对待,维护其合法权益,以促进人们投资的增加。反之,监管者如果对证券市场监管过度,抑或监管不足,都会对投资者的利益造成不利影响甚至损害。

证券市场上述种种侵害投资者的行为,急需《证券法》在修订的过程中,进一步完善投资者保护制度,2019年修订的《证券法》设投资者保护专章因应了证券市场的上述需求。

二、设专章规定投资者保护的立法意义

如本书第一章所述,保护投资者的合法权益是证券法的立法宗旨。我国《证券法》自1998年颁布实施以来,历经五次修改,2019年《证券法》专设第六章"投资者保护",一方面进一步彰显了我国《证券法》对投资者保护的立法目的,另一方面通过新设或者确立相关投资者保护的具体制度,切实增强我国投资者合法权益保护的整体效能。有些国家采取单独制定诸如"证券投资者保护法"的立法例,我国这次在《证券法》中设专章规定投资者保护制度,这是一种立法资源的节约和高效立法的行为。其具有如下两个方面的立法意义:

首先,我国历年《证券法》均开宗明义表明保护投资者的合法权益是其立法宗旨和核心价值。但是,《证券法》有关对投资者合法权益保护的规定却是散乱残缺不成体系的。2019年的这次修法,以单独成章的立法方式梳理并新设了投资者保护制度,这样不仅有利于唤起整个证券市场对投资者合法权益保护的关注,增强证券市场各方对投资者合法权益保护的法律意识,对损害投资者行为起到宣示威慑作用,更有利于证券市场各类主体充分利用《证券法》提供的各项投资者保护制度来维护投资者的合法权益,实现市场公平。

其次,实现了《证券法》投资者保护的立法宗旨及核心价值与制度设计的配套化,有利于法律条文的具体落实与便捷应用。《证券法》中几乎每项制度都渗透着保护投资者的价值理念,因此如果其中关于投资者保护的制度规范始终是零散不成体系的,而法条之间的逻辑与分布过于松散,势必影响到对法律规范的整体把握与准确实施。2019年修订的《证券法》"投资者保护"专章不仅把难以被其他章节吸收的内容,一并纳入"投资者保护"的专章规定中,而且建构了以投资者权利为本位的规范架构与思维范式,即以投资者与证券公司、投资者与上市公司、投资者与发行人的控股股东、实际控制人等的关系为主线的投资者保护制度。

三、《证券法》投资者保护专章中的主要制度

2019年《证券法》第六章共8个条文(第88—95条),依次规定了投资者适当性管理、对普通投资者的倾斜保护、上市公司投票权公开征集、上市公司强制现金分红、债券投资者的保护、先行赔付、投资者保护机构及其职责、集体诉讼等八项制度。本书分别将投资者适当性管理和上市公司投资者关系管理作为本章的第二、三节,故在此只讨论除此之外的几项制度。

(一)上市公司投票权公开征集[①]

上市公司投票权公开征集,是指上市公司董事会、独立董事、持有1%以上有表决权股份的股东或者依照法律、行政法规或者国务院证券监督管理机构的规定设立的投资者保护机构(以下简称"投资者保护机构"),可以作为征集人,自行或者委托证券公司、证券服务机构,公开请求上市公司股东委托其代为出席股东大会,并代为行使提案权、表决权等股东权利。对这一概念有三点需要把握:(1)可以公开征集投票权的主体,是上市公司董事会、独立董事、持有1%以上有表决权股份的股东或者依照法律、行政法规或者国务院证券监督管理机构的规定设立的投资者保护机构;(2)征集的方式是自行或者委托证券公司、证券服务机构公开征集;(3)征集投票权的内容是请求上市公司股东委托其代为出席股东大会,并代为行使提案权、表决权等股东权利。

依照上述规定征集股东权利的,征集人应当披露征集文件,上市公司应当予以配合。禁止以有偿或者变相有偿的方式公开征集股东权利。公开征集股东权利违反法律、行政法规或者国务院证券监督管理机构有关规定,导致上市公司或者其股东遭受损失的,应当依法承担赔偿责任。

(二)上市公司强制现金分红[②]

股东投资公司的主要目的是获取投资回报,但在获取回报方式的选择上可能存在差异,多数股东还可能通过左右股利分配政策来利己损人,即损害少数股东的利益。所以,股利分配中存在着股东间的利益冲突,法律应该关注对少数股东的保护。2019年《证券法》确立的强制现金分红制度,本质上就是对上市公司中小股东合法权益保护的一项重要举措。所谓强制现金分红制度,是指上市公司应当在章程中明确分配现金股利的具体安排和决策程序,依法保障股东的资产收益权。上市公司当年税后利润,在弥补亏损及提取法定公积金后有盈余的,应当按照公司章程的规定分配现金股利。

(三)债券投资者的保护[③]

债券投资者保护制度的内容包括以下三个方面:

(1)债券持有人会议。这是指公开发行公司债券的,应当设立债券持有人会议,并应当在募集说明书中说明债券持有人会议的召集程序、会议规则和其他重要事项。

---

① 参见《证券法》第90条的规定。
② 参见《证券法》第91条的规定。
③ 参见《证券法》第92条的规定。

(2) 债券受托管理人。这是指公开发行公司债券的,发行人应当为债券持有人聘请债券受托管理人,并订立债券受托管理协议。受托管理人应当由本次发行的承销机构或者其他经国务院证券监督管理机构认可的机构担任,债券持有人会议可以决议变更债券受托管理人。债券受托管理人应当勤勉尽责,公正履行受托管理职责,不得损害债券持有人利益。

(3) 债券受托管理人维护债券投资者利益的相关主体资格。这是指债券发行人未能按期兑付债券本息的,债券受托管理人可以接受全部或者部分债券持有人的委托,以自己名义代表债券持有人提起、参加民事诉讼或者清算程序。这从法律上确立了债券受托管理人参与诉讼和介入清算程序的主体资格,有利于维护债券投资的合法权益。

(四) 投资者保护机构及其职责[①]

1. 投资者保护机构

域外法定投资者保护机构一般是指投资者保护基金,但是,从我国法律对投资者保护基金的功能定位与《证券法》为投资者保护机构设定的特殊职能相比较来看,投资者保护基金是一般意义上的投资者保护机构,而《证券法》第94条所规定的"投资者保护机构"是特指中证中小投资者服务中心有限责任公司(以下简称"投服中心")。投服中心是经中国证监会批准设立并直接管理的证券金融类公益机构,经国家工商行政管理总局注册,并于2014年12月5日在上海成立。投服中心的主要职责是为中小投资者自主维权提供教育、法律、信息、技术等服务,并负责中国投资者网网站的运营。

其中,"公益性持有证券等品种,以股东身份行权维权"是其重要职责之一。投服中心采取由中国证监会主导,其他社会组织力量积极配合的模式依法组建。此种由证券监管机构支持成立的半官方组织身份可能使投服中心的独立性受到质疑,但同时也方便了它的设立,使其具有较为充沛的经费来源。这种制度设计是充分考虑我国证券市场的结构特征以及证券监管机制的运行环境所作出的选择,也是对我国台湾地区"证券投资人及期货交易人保护中心"模式成功经验的借鉴。总之,投服中心的成立,是中国证监会完善监管政策、丰富投资者保护体系、切实加强中小投资者合法权益保护工作的重要举措,也是我国资本市场迈向法治化、成熟化进程的重要标志。

投资者保护机构兼具公共机构和机构投资者(公益股东)的双重属性,是集市场职能和监管职能于一身的特殊市场主体。就其市场职能来看,投资者保护机构运行机制的本质逻辑是由政府成立专门的维权组织,通过公益性持有股票并行使股东权利,充分发挥市场自律作用,向市场释放信号,形成威慑,进而示范动员其他广大投资者共同参与到维权过程中,提高投资者维权意识和能力,将市场力量集中化、组织化。它与行政监管、自律管理共同构成我国保护中小投资者合法权益的"三驾马车"。实践表明,投资者保护机构的有效运行,不仅在结构上可以弥补我国资本市场成熟投资者的数量不足,从而强化投资者权益保护自为机制的组织基础;而且在功能上,可以投资者身份行使民事权利,从而启动证券民事权利的实现机制,优化配置证券市场上的民事权利资源。[②]

2. 投资者保护机构的职责

投资者保护机构的职责主要包括以下三个方面:

第一,组织调解。共有投资者与发行人、证券公司等发生纠纷的,双方可以向投资者保

---

① 参见《证券法》第94条的规定。
② 参见陈洁:《新证券法投资者保护制度的三大"中国特色"》,载《中国证券报》2020年3月14日第A06版。

护机构申请调解。普通投资者与证券公司发生证券业务纠纷,普通投资者提出调解请求的,证券公司不得拒绝。

第二,支持起诉。投资者保护机构对损害投资者利益的行为,可以依法支持投资者向人民法院提起诉讼。

第三,提起公益诉讼。发行人的董事、监事、高级管理人员执行公司职务时违反法律、行政法规或者公司章程的规定给公司造成损失,发行人的控股股东、实际控制人等侵犯公司合法权益给公司造成损失,投资者保护机构持有该公司股份的,可以为公司的利益以自己的名义向人民法院提起诉讼,持股比例和持股期限不受《公司法》规定的限制。

(五)实现民事赔偿的先行赔付与集体诉讼制度[①]

1. 先行赔付制度

先行赔付是指发行人因欺诈发行、虚假陈述或者其他重大违法行为给投资者造成损失的,发行人的控股股东、实际控制人、相关的证券公司可以委托投资者保护机构,就赔偿事宜与受到损失的投资者达成协议,予以先行赔付。先行赔付后,可以依法向发行人以及其他连带责任人追偿。这里的"投资者保护机构"可以是投服中心,也可以是中国证券投资者保护基金有限责任公司。

先行赔付制度能够及时赔偿投资者的损失,有利于维护投资者的权益,避免因责任人之间的相互推诿和求偿程序复杂而导致投资者求偿无门,是我国证券民事责任制度的必要而有益的补充。在我国证券市场的实践中,已经出现了先行赔付的做法。《证券法》总结市场监管实践经验,在全面实行证券发行注册制的制度预期下,为弥补当前证券民事责任制度实施机制的不足,及时引入先行赔付制度,积极建构我国资本市场民事赔偿的新模式,无疑是完善投资者保护制度的一项重要措施。

2. 集体诉讼制度

集体诉讼是指投资者提起虚假陈述等证券民事赔偿诉讼时,诉讼标的是同一种类,且当事人一方人数众多的,可以依法推选代表人进行诉讼。

对按照上述规定提起的诉讼,可能存在有相同诉讼请求的其他众多投资者的,人民法院可以发出公告,说明该诉讼请求的案件情况,通知投资者在一定期间向人民法院登记。人民法院作出的判决、裁定,对参加登记的投资者发生效力。

投资者保护机构受50名以上投资者委托,可以作为代表人参加诉讼,并为经证券登记结算机构确认的权利人依照上述规定向人民法院登记,但投资者明确表示不愿意参加该诉讼的除外。

投资者保护机构按照"明示退出""默示加入"的诉讼原则,依法为受害投资者提起民事损害赔偿诉讼。在该集体诉讼机制下,一旦胜诉,法院作出的判决裁定对参加登记的投资者均发生效力,这无疑将有效利用司法资源,极大降低投资者的维权成本。与此同时,我国的集体诉讼制度以投资者保护机构为抓手,通过维权组织来发动对于证券违法行为的诉讼,同域外由律师主导的集团诉讼相比较,具有以下两个方面的优势:第一,投资者保护机构公益性足以有效避免集团诉讼普遍存在的滥诉问题。第二,投资者保护机构可以更好地协调其与其他执法资源之间的关系,尤其有利于和政府监管、市场约束等执法机制的协同发展,既

[①] 参见陈洁:《新证券法投资者保护制度的三大"中国特色"》,载《中国证券报》2020年3月14日第A06版以及《证券法》第93、95条的规定。

弥补现有的执法机制之不足,也避免执法资源的浪费。

第二节 投资者适当性管理

一、投资者适当性管理概念

中国证监会2016年5月26日通过的《证券期货投资者适当性管理办法》,作为部门规章,适用范围包括整个证券期货市场,在2019年修订的《证券法》出台之前,该部门规章构成投资者适当性管理的基本制度。本书认为,投资者适当性管理,是指证券公司在销售证券或者提供服务的过程中,勤勉尽责,深入调查分析证券或者服务信息,有效评估并揭示风险,基于投资者的不同风险承受能力以及证券或者服务的不同风险等级等因素,提出明确的适当性匹配意见,将适当的证券或者服务销售或者提供给适合的投资者。

投资者适当性制度运行过程中包含三类法律关系主体:证券公司、投资者、监管机构。他们各自的义务如下:

1. 证券公司

证券公司向投资者销售证券、提供服务时的义务:(1)应当按照规定充分了解投资者的基本情况、财产状况、金融资产状况、投资知识和经验、专业能力等相关信息;(2)如实说明证券、服务的重要内容,充分揭示投资风险;(3)销售、提供与投资者上述状况相匹配的证券、服务;(4)证券公司和投资者发生纠纷时,证券公司应协商解决、支持投资者提出的调解,并由证券公司为自己履行了适当性义务承担举证责任。证券公司违反上述规定导致投资者损失的,应当承担相应的赔偿责任。

2. 投资者

投资者在购买证券或者接受服务时,应当按照证券公司明示的要求提供真实信息。拒绝提供或者未按照要求提供信息的,证券公司应当告知其后果,并按照规定拒绝向其销售证券、提供服务。

3. 监管机构

中国证监会及其派出机构依照法律、行政法规及其他相关规定,对证券公司履行适当性义务进行监督管理。证券期货交易场所、登记结算机构及中国证券业协会、中国期货业协会、中国证券投资基金业协会等自律组织对证券公司履行适当性义务进行自律管理。

二、投资者适当性管理制度的法律分析

(一)对"适当性管理"的认识

有人认为中国将投资者适当性定位为证券公司为满足监管要求而进行的管理投资者的制度,该基本定位具有明显的管制特点,也反映出我国对证券投资者适当性法律性质的认识存在一定的误区,主要体现在:将投资者适当性制度认定为一种管理制度……投资者适当性制度不是一种管理制度,"管理人是证券公司,被管理人是投资者",这不符合当事人之间法律关系的现实,证券公司和投资者在合同关系中是法律上平等的民事主体,不存在管理上的关系。

本书认为:投资者与证券公司存在的"管理"关系,实际上是一种证券公司对投资者的"服务"关系,由于这种"服务"除了当事人双方的意思自治,还有法定的服务内容,这一部分

服务是具有强制力的"法定服务",证券公司若有违背则承当相应的法律责任。"法定服务"有一定的硬性,正是这种硬性服务,体现出一定的管理性。但是,将"投资者适当性管理"称为"对投资者适当性服务"更为准确。

（二）投资者适当性管理在一定程度上是对"买者自负"的突破

私法预设的平等是抽象平等,若把主体还原为现实生活中具体的人,主体之间的不平等是常态,在不受第三方约束和干预的权利义务分配格局的设定过程中,这种利益分配的格局会有利于具有优势地位的一方。面对这种现实,当事人之间的利益要均衡,一种可能的情况是当事人之间的优势地位具有互换性,但如果这种事实上的不平等状态是结构性的,双方不具有互换的可能,若不加干预,双方利益平衡的状态永远不会出现。而且,在现实中即便双方达成了合意,甚至也有书面材料证明合意的存在,但是当事人可能对合意达成的内容根本没有明确的认识。主体之间不可逆转的不平等和合意的虚化在因证券公司向投资者提供产品或服务而建立的法律关系中有着非常明确的体现,投资者对自己表示的同意处于懵懂状态是非常普遍的,仅仅依据形式上合意的存在来判断金融产品销售之法律行为的正当性,在很多情况下是对投资者权利的剥夺。

投资者适当性管理制度打破了民事主体平等的预设,由于证券公司和投资者对交易对象和交易过程中信息获取、理解及运用能力的差异,因此,向明显具有优势的证券公司所提供的产品或服务对于特定的投资者是否适当的义务施加判断,可以为投资者在提起自己权利救济时增加一个砝码,只有卖者尽到公法对其增加的双方合同之外附加的适当性管理义务时,才"买者自负",这在一定程度上是对"买者自负"的突破。

（三）适当性义务是诚实信用原则的具体化

诚实信用原则（简称"诚信原则"）,在私法中作为一般性的法律原则对权利行使进行抽象限制,在私法既有制度中被称为"帝王条款",有学者将其大致归纳为四个方面的要求：（1）要求当事人言而有信,遵守已经达成的协议,保护对方的合理期待；（2）善意并尽合理的告知义务与披露义务；（3）任何一方不得以不合理的方式致使另一方的不利益；（4）诚信原则可以以公平合理的方式调整当事人之间的不合理与不公平的义务。据此,又有人将诚信原则粗分为两个层次：第一层要求当事人诚实、不欺诈并不得以损害他人的方式谋求自身的利益；第二层是较高的要求,即要求当事人守信用并力求实现实质的公平。这两个层次的内容通过两种不同的关系具体展现：一种是当事人之间的利益关系,双方因发生特殊情况而利益失衡时,应通过衡平来恢复,以实现社会秩序；另一种是发生在当事人和第三人之间,诚信原则要求当事人不得损害社会利益。投资者适当性制度要求证券公司不但不能欺诈,要进行关于证券或服务的信息披露,这与诚信原则的第一层次要求相一致,而且还要求在充分了解投资者的基础上履行差别的信息告知、风险警示、适当性匹配等义务,为投资者所购买的金融产品服务是否适合投资者作出判断,以求实质公平,这与诚信原则的第二层次要求相一致。因此,投资者适当性制度的要求不可能超过诚信原则所涵盖的范围,投资者适当性制度存在的必要性在于诚信原则作为抽象的法律原则,在具体化之前不具有适用性,投资者适当性制度所具有的独特价值正在于将诚信原则的要求实现了具体化。作为诚信原则具体化的投资者适当性制度追求的是社会秩序和社会利益,本质上都是以"社会"的名义来表达个人利益,即以"社会"的名义限制证券公司的自由,最终落实到对每个具体的投资者利益之保护,追求实质公平和正义。

(四)适当性义务是保护社会整体信赖的法律规则

证券公司与投资者之间除了合同关系,还存在信赖关系。正是因为信赖证券公司才发生了交易,若因证券公司不当推荐或销售行为产生了损失,如何保护投资者的信赖利益?对此,有人认为中国在金融法领域应当借鉴引入英美法中的信赖关系和信义义务,证券公司应当对投资者承担忠实与勤勉之责。投资者适当性管理制度明确要求证券公司履行适当性义务,那信义义务与适当性义务又是什么关系?学界大都认为证券公司的信义义务是比适当性义务更高的义务。在立法上,还有学者主张中国金融法引入信义义务并以此作为适当性义务的依据,明确证券公司违反信义义务和适当性义务的民事责任。

立法空白时,有学者主张以诚信原则作为理论基础,在个案中根据诚信原则引入信赖关系和信义义务。在学界,对于信赖原则与诚信原则二者关系的主要观点如下:信赖原则在私法体系中独立于诚信原则,信赖原则是指私法体系中对当事人的合理信赖予以正当保护的原则,当事人信赖是否合理是授予一方权利或强加另一方义务的原则性根据,属于立法准则性法律原则,意义主要在于指导立法者和执法者如何保护信赖;而诚信原则是一种义务性道德准则,以道德伦理为理论基础将参与市场经济活动的人均纳入义务人的范畴,意义在于指导人们基于道德观念尽各种应尽之义务,如保密义务、通知义务、协助义务、告知义务、诚实不欺义务等。据此观点,有学者提出信赖保护理论才是投资者适当性制度的理论基础,信赖保护原则源于诚信原则,但严于诚信原则。证券市场出现后,个体之间以道德为基础的诚信原则逐渐发展为更广泛的社会诚信或整体诚信,一个重要方式就是外化为保护社会整体信赖的法律规则。

三、投资者的分类以及对普通投资者的倾斜保护

根据《证券法》第89条第1款的规定,投资者可以类分为普通投资者和专业投资者。即根据财产状况、金融资产状况、投资知识和经验、专业能力等因素,投资者可以分为普通投资者和专业投资者。专业投资者的标准由国务院证券监督管理机构规定。

《证券法》第89条第2款明确规定对普通投资者实施倾斜保护。即普通投资者与证券公司发生纠纷的,证券公司应当证明其行为符合法律、行政法规以及国务院证券监督管理机构的规定,不存在误导、欺诈等情形。证券公司不能证明的,应当承担相应的赔偿责任。这里要求证券公司举证责任倒置,较以往而言,明显加大了对投资者的保护力度。

第三节 上市公司投资者关系管理

一、上市公司投资者关系管理概述

(一)上市公司投资者关系管理的相关概念

1. 上市公司投资者关系

上市公司投资者关系,是指上市公司与股东、债权人,以及上市公司与潜在的投资者之间的关系。但是,上市公司与中介机构的关系也不可忽视,证券市场上投资者众多,上市公司需要借助媒体、咨询公司、证券公司等中介机构向投资者传递上市公司股权变动、重大经营决策、财务状况等信息。而投资者也需要中介机构对上市公司的信息进行筛选、分类、分析和传达,以快速准确对上市公司的基本情况作出分析判断。中介机构在上市公司与投资

者之间起着桥梁和纽带的作用。在某种程度上，可以说，上市公司投资者关系实际上是上市公司与中介机构的关系。中介机构信息传导作用的效果直接影响着投资者对上市公司的分析和判断。因此，上市公司投资者关系不仅包含上市公司与投资者之间的关系，而且还应当包括上述二者与中介机构之间的关系。

2. 上市公司投资者关系管理

依据美国投资者关系管理协会(National Investor Relations Institute，NIRI)关于投资者关系管理的定义，投资者关系是指公司的战略管理职责，它运用金融、市场营销学和沟通方法来管理公司与金融机构以及其他投资者之间的信息交流，以实现企业的价值最大化。香港投资者关系管理协会(Hong Kong Investor Relations Association，HKIRA)对投资者关系管理的定义是，投资者关系是指通过相关和必要信息的交流沟通，使得投资群体能够对公司股份和证券的公允价值作出可靠的判断。而我国证监会于2005年7月发布的《上市公司与投资者关系工作指引》(以下简称《工作指引》)第2条，则认为"投资者关系工作是指公司通过信息披露与交流，加强与投资者及潜在投资者之间的沟通，增进投资者对公司的了解和认同，提升公司治理水平，以实现公司整体利益最大化和保护投资者合法权益的重要工作"。

虽然各国或各地区关于投资者关系管理的定义存在差别，但是从总体上讲，投资者关系管理具有以下特征：(1) 投资者关系管理的主体主要包括公司和投资者及潜在投资者；(2) 投资者关系管理的内容是加强公司与投资者之间的信息沟通和交流；(3) 投资者关系管理的主观目标在于增进投资者对公司的了解，以实现公司利益最大化。

综上所述，可以对上市公司投资者关系管理的内涵作如下界定，即上市公司投资者关系管理是指上市公司综合运用金融、市场营销、网络等手段，或者借助中介机构的媒介作用，实现上市公司与投资者之间的沟通与交流，帮助投资者作出合理地投资判断和决策，以实现公司利益的最大化。

(二) 上市公司投资者关系管理的分类

根据上市公司投资者关系管理行为的不同，可以区分为被动型投资者关系管理和主动型投资者关系管理。前者一般是指依据法律强制性规定或公司章程明确约定所进行的投资者关系管理工作。例如，在我国《证券法》中，第79、80条分别对上市公司中期报告、年度报告、临时报告的披露程序作了明确的规定。因此，上市公司对上述中期报告、年度报告和临时报告的发布和披露具有强制性的义务。

而主动型投资者关系管理一般是上市公司为了公司经营和战略需要，通过召开说明会、参加投资者见面会、走访投资者等行为，主动向投资者提供公司经营管理和战略方面的信息，增进公司管理层与投资者之间的了解和信任。对于主动型的投资者关系管理，在法律上并无强制性规定，它的形成和发展更多地受到了企业经营理念和公司文化的影响。

在现代上市公司，特别是大型跨国企业，主动型投资者关系管理已经成为投资者关系管理的主流，投资者关系管理中的强制性色彩已经逐步淡化。从本质上讲，投资者关系管理对上市公司应当是自愿性而非强制性的选择。

(三) 上市公司投资者关系管理的目的、意义及其基本原则

1. 上市公司投资者关系管理的目的

按照《工作指引》第3条的规定，投资者关系工作的目的是：(1) 促进公司与投资者之间的良性关系，增进投资者对公司的进一步了解和熟悉；(2) 建立稳定和优质的投资者基础，

获得长期的市场支持;(3) 形成服务投资者、尊重投资者的企业文化;(4) 促进公司整体利益最大化和股东财富增长并举的投资理念;(5) 增加公司信息披露透明度,改善公司治理。

2. 上市公司投资者关系管理的意义

从宏观角度来说,上市公司投资者关系管理的意义在于为上市公司和投资者架设沟通和交流的桥梁,通过两者之间良性的信息互动与交流,达到上市公司利益与投资者利益的动态平衡,实现双方利益的最大化。具体来说,主要包括以下四个方面:

(1) 从上市公司角度出发,投资者关系管理有助于改善公司治理结构,提升公司价值。良好的公司治理结构是公司得以健康持续经营的基础。从广义的公司治理概念出发,公司治理包括内部治理和外部治理。内部治理主要是关于公司内部组织机构的制度安排,在我国由股东会、董事会、监事会构成。外部治理是指公司投资者(股东、债权人等)通过外部市场对管理层进行控制,以确保投资者收益的非正式制度安排。[①] 由于上市公司的公众性特点,不同的投资者成分构成对上市公司治理机制产生作用的路径和效果便不相同。

从上市公司内部治理的角度来看,上市公司投资者关系主要为上市公司管理层与股东之间的关系。在传统公司法理论中,股份公司治理结构围绕股东会、董事会、监事会为中心,其主要目的在于实现以上三者权力的分工与制衡,在股东所有权与管理层管理权之间寻求利益平衡的临界点。在现代上市公司董事会中心主义盛行的背景下,以公司董事会为代表的公司管理层权力不断扩大。而股东由于其固有的信息不对称劣势,通过定期举行股东会等形式并不能对公司管理层的权力形成有效约束。由于缺少必要的沟通和交流,如果公司股东和管理层就公司战略方向、经营策略等问题产生分歧,容易导致大股东与大股东之间、大股东与小股东之间、大股东与公司管理层之间的矛盾和冲突,严重情况下可能会引起公司僵局的出现,不利于公司的持续经营。

因此,在公司内部治理层面,上市公司投资者关系管理的意义在于加强公司信息披露的及时性、准确性和有效性,减少股东与公司管理层之间信息不对称问题的存在,特别是就公司战略方向、重大经营决策等问题能够在公司股东和管理层之间及时沟通并达成谅解。对于管理层来说,在作出决策前会慎重考虑各方面因素,防止公司管理层决策冒进或自我寻租行为;对于股东来说,也会减少因为对公司管理层不信任而产生的"用脚投票"现象。同时,上市公司完善的信息披露制度也会为公司树立起良好的声誉,吸引更多的投资者购买上市公司股票,从而推高公司股价,提升上市公司价值。

从上市公司外部治理的角度来看,上市公司投资者关系还包括上市公司与债权人的关系。由于现代企业融资方式的多样化,除了股权融资和向商业银行借贷之外,向公开市场发行债券已经成为许多上市公司重要的融资方式。[②] 由于债券发行程序简单,发行周期短,对公司股权结构影响小,因此颇受上市公司青睐。在现代上市公司,债权人作为利益相关方已经成为影响公司经营及治理状况的重要因素,因此有必要将债权人纳入现代公司治理研究视域之内。

但是,同股票公开发行上市相比,上市公司债券发行强制信息披露约束较少,公司债权人对上市公司债券融资用途也缺乏有效的监督。而上市公司投资者关系管理的重要意义在于通过积极的信息披露,加强债权人对债券融资范围和用途的监督,从而对上市公司关联交

---

① 参见李建伟:《公司法学》,中国人民大学出版社2008年版,第338页。
② 在我国,上市公司可以在银行间债券市场或证券市场发行企业(公司)债券。

易和管理层自我寻租等行为形成制约。同时信息披露制度的存在也增加了上市公司的透明度,使债权人对公司财务状况和发展前景可以有更清晰地了解和判断,从而减少上市公司债券融资难度,降低公司融资成本。

(2)从投资者角度来说,公司投资者关系管理在主观上实现公司利益最大化的同时,在客观上也对投资者特别是中小投资者的利益保护起到促进作用。在证券市场,依据投资者主体不同,可以划分为个人投资者和机构投资者。个人投资者一般是指在资本市场上购买股票、债券等有价证券的自然人。而机构投资者与其相对,包括证券中介机构、证券投资基金、养老基金、社会保险基金及保险公司等。机构投资者由于资金规模较大、信息获取渠道广泛、专业化水平较高,能够对公司管理层施加较大的影响力。在英美等发达国家,随着机构投资者规模的扩大和对董事会影响力的增强,有人认为"美国的公司治理制度正在从由经理人事实上执掌全权、不受监督制约的'管理人资本主义'向由投资者控制、监督经理层的'投资人资本主义'转化,机构投资者已经一改历史上对企业管理的被动、旁观的态度,开始向积极参与企业战略管理的方向演变"①。在此背景下,投资者关系管理制度的建立实际上是向机构投资者提供了更多的信息供给渠道,方便机构投资者对公司做全面深入的了解。机构投资者通过对这些信息的搜集和分析,作出专业的投资判断和决策,并通过其他正式或非正式的渠道向公司管理层施压,从而影响公司治理结构,改变公司决策进程,确保自身利益的实现。

在资本市场中,包括个人投资者在内的中小投资者的利益需要得到更多的关注和保护。相较于机构投资者而言,单个个人投资者资金规模相对较小,获取信息渠道匮乏,专业化水平较低,在同上市公司及机构投资者的利益博弈中易处于劣势地位。投资者关系管理制度的建立,使个人投资者能够获得更多的上市公司信息,在进行投资决策时更加理性,避免因为不可知因素而遭受损失。

总之,上市公司主动进行投资者关系管理工作,其目的并非仅仅处理公司与股东、公司与债权人之间的关系,而是通过积极主动的信息披露和沟通交流,在主观价值目标上实现公司利益的最大化。另外,通过上市公司与投资者进行的沟通交流,可以帮助投资者对上市公司的基本情况作出更加合理的判断,在客观上对投资者利益保护也起到了促进作用。

(3)从证券市场发展的角度来看,投资者关系管理的意义在于提高上市公司整体质量,减少投机现象,促进资本市场良性发展。在证券市场,上市公司管理层和投资者实际上处于利益博弈的动态平衡中。上市公司管理层滥用管理权的行为及控股股东滥用控制权的行为,往往会导致投资者利益受到损害。而投资者关系管理在上市公司和投资者之间架设了沟通的桥梁,使得投资者能够根据上市公司提供的信息作出更加理性的分析和判断。上市公司为了实现自身利益最大化,通过加强信息披露的方式增加了公司透明度。优质的上市公司因其完善的公司治理结构、良好的财务状况、高效的管理团队而受到投资者的关注和青睐。在优胜劣汰的竞争机制下,投资者关系管理制度的普遍建立将有利于上市公司质量的普遍提升。

投资者关系管理对资本市场的投机现象也会起到一定作用的抑制作用。首先应当认识到,投机现象对资本市场的发展有其积极性的一面。"这是因为,如果金融市场上只有长线

---

① 参见李维安、李滨:《机构投资者介入公司治理效果的实证研究——基于CCGI^{NK}的经验研究》,载《南开管理评论》2008年第1期。

投资者,市场就没有流动性,价格也不能被发现。投机者寻求风险收益使交易得以连续进行。"①但是过度投机的不良后果也是显而易见的。在弥漫着投机氛围的资本市场中,具有长期发展价值的优质上市公司资源不被人所重视,反而是那些业绩差强人意的上市公司的股票得到了投资者的青睐。在"庄家"引导下,大量中小投资者蜂拥而入购买这些上市公司股票,使得股价虚高。随后庄家又在高位大量抛售公司股票,导致股价大幅下跌,股市泡沫破灭。不少中小投资者血本无归,而那些大的投机家们则赚得盆满钵满。长此以往,这种不健康的炒作投机行为必定会对证券市场的发展造成严重损害。

当然,过度投机现象出现的原因复杂。除了我国证券市场上固有的制度缺陷外,过度投机现象还与上市公司的透明度相关。在上市公司透明度不高的情况下,投资者无法对上市公司的价值作出合理准确的判断。因此,在避险心理的驱动下,投资者会选择短期而非长期持有上市公司股票,使得股票换手率偏高,导致证券市场投机风气的盛行。而投资者关系管理的意义在于提高了上市公司的信息透明度,使得投资者能够更好地了解公司的基本情况,参与公司治理,从而对公司的价值作出更加客观准确的判断。在追求长期稳定利益的目标下,长期持有这些信息透明度高的上市公司股票会成为越来越多投资者的选择,从而有效的抑制股票过度投机现象。②

(4) 上市公司投资者关系管理是上市公司危机预防的一个重要方面。危机公关本身就是投资者关系管理的一个分支。所谓危机公关是指上市公司遇到危机时,通过一系列的活动来获得投资公众的谅解,进而挽回不良影响和避免危机发生的一项工作。危机公关的基本原则实际上是上市公司投资者关系管理面临危机特殊情况下的基本原则,这些原则是③:① 预防第一原则。危机预防从事前做起,建立危机应急预案,在危机的诱因还没有演变成危机之前就将其平息。② 主动面对原则。当危机发生时,公司应立即承担第一消息来源的职责,主动配合媒体的采访和公众的提问,掌握对外发布信息的主动权。③ 快速反应原则。危机一旦发生,会马上引起公众的注意,公司必须以最快的速度调集人员、设备、资金,以便迅速查明情况进行处理,实施危机监管计划。④ 单一口径原则。在危机处置过程中,公司应指定专人,即新闻发言人,与外界沟通。对于同一危机事件,如果公司内部传出不同的声音,这是危机监管的大忌,它暴露出公司内部的"矛盾",可能由此引发新的危机。⑤ 绝对领导原则。没有权威必然引发混乱,危机刚一出现时便赋予危机事件处理者充分的权力,对危机实行"集权管理"。⑥ 媒体友好原则。媒体是危机信息传播的主要渠道,向公众传播危机信息也是传媒的责任和义务。公司应当在平时就与媒体,尤其是主流媒体建立战略性的合作关系,监控有关舆论导向,及时公布信息,有效引导舆论方向。

3. 上市公司投资者关系管理的基本原则

按照《工作指引》第 4 条的规定,投资者关系工作的基本原则是:(1) 充分披露信息原则。除强制的信息披露以外,公司可主动披露投资者关心的其他相关信息。(2) 合规披露信息原则。公司应遵守国家法律、法规及证券监管部门、证券交易所对上市公司信息披露的

---

① 参见吴敬琏:《当代中国经济改革教程》,上海世纪出版股份有限公司远东出版社 2010 年版,第 207 页。
② 有学者以 2004—2006 年的深市 A 股为样本,研究上市公司信息透明度对公司股票流动性的影响及投机行为的关系。实证研究结果表明:"提高上市公司透明度对减少投资者投机行为、持续稳定发展资本市场具有积极作用。"参见蔡传里、许家林:《上市公司信息透明度对股票流动性的影响——来自深市上市公司 2004~2006 年的经验证据》,载《经济与管理研究》2010 年第 8 期。
③ 参见邢会强、詹昊:《上市公司投资者关系》,法律出版社 2007 年版,第 102—104 页。

规定,保证信息披露真实、准确、完整、及时。在开展投资者关系工作时应注意尚未公布信息及其他内部信息的保密,一旦出现泄密的情形,公司应当按有关规定及时予以披露。(3)投资者机会均等原则。公司应公平对待公司的所有股东及潜在投资者,避免进行选择性信息披露。(4)诚实守信原则。公司的投资者关系工作应客观、真实和准确,避免过度宣传和误导。(5)高效低耗原则。选择投资者关系工作方式时,公司应充分考虑提高沟通效率,降低沟通成本。(6)互动沟通原则。公司应主动听取投资者的意见、建议,实现公司与投资者之间的双向沟通,形成良性互动。

二、投资者关系管理的主要内容

上市公司投资者关系管理的内容是指上市公司在投资者关系管理方面的职责及所应从事的主要工作。依照《工作指引》第22条的规定,上市公司投资者关系工作包括的主要职责是:(1)分析研究。统计分析投资者和潜在投资者的数量、构成及变动情况;持续关注投资者及媒体的意见、建议和报道等各类信息并及时反馈给公司董事会及管理层。(2)沟通与联络。整合投资者所需信息并予以发布;举办分析师说明会等会议及路演活动,接受分析师、投资者和媒体的咨询;接待投资者来访,与机构投资者及中小投资者保持经常联络,提高投资者对公司的参与度。(3)公共关系。建立并维护与证券交易所、行业协会、媒体以及其他上市公司和相关机构之间良好的公共关系;在涉诉、重大重组、关键人员的变动、股票交易异动以及经营环境重大变动等重大事项发生后配合公司相关部门提出并实施有效处理方案,积极维护公司的公共形象。(4)有利于改善投资者关系的其他工作。该《工作指引》第6条规定,投资者关系工作中上市公司与投资者沟通的内容主要包括:(1)公司的发展战略,包括公司的发展方向、发展规划、竞争战略和经营方针等;(2)法定信息披露及其说明,包括定期报告和临时公告等;(3)公司依法可以披露的经营管理信息,包括生产经营状况、财务状况、新产品或新技术的研究开发、经营业绩、股利分配等;(4)公司依法可以披露的重大事项,包括公司的重大投资及其变化、资产重组、收购兼并、对外合作、对外担保、重大合同、关联交易、重大诉讼或仲裁、管理层变动以及大股东变化等信息;(5)企业文化建设;(6)公司的其他相关信息。

另外,上市公司在特殊阶段还会有特殊的投资者关系管理内容,主要包括:(1)IPO中的投资者关系管理;(2)增发或配股再次融资中的投资者关系管理;(3)重组和收购中的投资者关系管理;(4)重大危机事故处理中的投资者关系管理等。

三、上市公司投资者关系管理的沟通渠道

投资者关系管理中常用的沟通渠道包括正式沟通渠道和非正式沟通渠道两种。正式的沟通渠道包括年报、中期报告、季报、股东会议(年度会议和临时会议)。非正式的沟通渠道被分为私人沟通和公开沟通两类。私人沟通包括给分析师和基金经理邮寄信息、回答投资者询问、对分析师的报告提供反馈、与特定投资者的见面等。公开的沟通包括通过新闻媒介发布的新闻稿件以及公开的新闻发布会等。[①]

在上述投资者关系管理沟通渠道中,需要注意投资者关系网站在上市公司投资者关系管理中的重要作用。投资者关系网站集中了上市公司治理结构、公司经营状况、年报、季报

[①] 参见刘华:《上市公司投资者关系沟通渠道调查与分析》,载《商业时代》2012年第11期。

等信息,包括中小投资者在内的投资者可以更加方便快捷地从中获取上市公司信息,节约了大量信息获取成本。因此,在大型上市公司投资者关系管理中,投资者关系网站建设已经成为上市公司投资者关系管理中的不可或缺的组成部分。

关于上市公司投资者关系管理的沟通内容,一般认为,除了个人隐私、商业秘密等法律规定不得披露的信息外,都可以作为上市公司与投资者沟通的信息内容。具体来说,包括以下内容[1]:

(1) 上市公司发展战略。包括上市公司未来的战略定位、规划、产业发展方向等方面的内容。

(2) 上市公司日常经营信息。包括上市公司主要股东、董事、监事人员变更、公司资产负债情况、担保状况、主营业务盈利状况等。此类信息一般通过年报、季报等定期报告的形式发布。

(3) 上市公司突发事件。如因战争地震、洪灾等不可抗力因素造成公司盈利状况的大幅度下降。此类信息一般通过临时报告的形式发布。

(4) 其他上市公司相关信息,如上市公司社会责任信息报告及公司文化建设信息等。

四、上市公司投资者关系管理的运作模式

一般来说,上市公司投资者关系管理的主体包括上市公司、投资者(潜在投资者)、监管部门及中介机构。

其中,上市公司与投资者之间的关系是上市公司投资者关系管理中最基本的关系,决定着投资者关系管理运作的目的和模式。在上市公司中,一般有专门的投资者关系管理部门处理与投资者之间的沟通事宜。我国上市公司投资者关系管理工作主要由董事会秘书负责。[2]

以证监会、证券交易所[3]为代表的监管部门在上市公司投资者关系管理中的作用主要体现在三个方面:(1) 对于上市公司强制性的信息披露,直接进行约束和监管;(2) 对于上市公司非强制性的信息披露,通过发布通知、指引的方式进行引导;(3) 通过发布预警、公告等引导投资者理性投资。

中介机构的范围较为广泛,除了在证券市场中较为常见的会计师事务所、律师事务所、资产评估机构及证券公司外,还应当包括新闻媒体、公关咨询公司等。共同特点是在上市公司和投资者之间起到信息处理、分析和传导的作用,一方面可以帮助投资者更加方便准确地获取上市公司信息,另一方面也可以使上市公司能够更加系统科学地了解投资者需求。

五、上市公司投资者关系管理与信息披露制度

上市公司信息披露可以分为强制性信息披露和自愿性信息披露。强制性信息披露一般

---

[1] 参见《工作指引》第 6 条的规定。
[2] 《工作指引》第 19 条规定,公司应确定由董事会秘书负责投资者关系工作。
[3] 在我国,证券交易所在"监管功能上逐步异化为中国证监会行政监管权的延伸",具有较强的行政性色彩。因此,证券交易所在我国投资者关系管理运作模式中也应当视为监管部门的重要组成部分。笔者认为,即使证券交易所没有上述证监会行政权的延伸,其作为自律监管机构行使自律监管权也是正当的。参见彭冰、曹里加:《证券交易所监管功能研究——从企业组织的视角》,载《中国法学》2005 年第 1 期。

涉及上市公司治理结构、重大经营决策信息及公司财务报表等,其信息披露的内容及形式均有相关法律文件明确规定。如果上市公司不能满足强制信息披露要求,即上市公司未履行信息披露义务或者履行信息披露义务有重大瑕疵的,依照我国《证券法》第197条的规定,证券监督管理部门可以对上市公司采取责令改正、警告、罚款等行政处罚措施。强制性信息披露作为最低信息披露标准,其意义在于满足上市公司最低限度的公开要求,保护投资者及其他利益相关方利益。

自愿性信息披露的范围较为广泛。除了强制性信息披露的事项以及涉及个人隐私、商业秘密等法律规定不得对外披露的事项外,都可以作为公司自愿信息披露的内容。如上市公司战略规划、员工平均薪酬、公司盈利预测等。在现代上市公司,信息披露特别是自愿性信息披露是投资者关系管理的核心。自愿性的信息披露可以帮助投资者更为全面深入地了解上市公司,从而对投资决策作出更加合理准确的判断,降低上市公司与投资者信息不对称程度,有利于公司未来价值的提升。

但是需要注意的是,虽然上市公司投资者关系管理涵盖了上市公司信息披露的主要内容,但是两者并不完全等同。首先,从信息发布主体方面来说,上市公司投资者关系管理中的信息发布主体是上市公司,而信息披露的信息发布主体除了上市公司外,还包括上市公司收购方、实际控制人、控股股东、一致行动人等。其次,从对象方面来说,上市公司投资者关系管理的对象主要是投资者,而信息披露的对象则比较广泛,所有资本市场的参与者都可以视为信息披露的对象。再次,从内容方面来说,投资者关系管理的内容除了以信息披露为主的沟通与联络外,还包括投资者分析、媒体关系处理及突发事件应对等内容。最后,从形式方面来说,投资者关系管理可以通过召开股东会等公开形式进行,也可以通过一对一的私人沟通方式进行;而信息披露一般通过公开方式进行。另外,投资者关系管理是上市公司和投资者之间的双向互动,而信息披露一般是上市公司向投资者单向的披露工作。

【测试题】

小月河股份公司是一家上市公司,小王是小月河公司持有1%以上有表决权股份的股东,下列哪一选项是错误的?(   )

A. 小王可以作为征集人,公开请求上市公司股东委托其代为出席股东大会,并代为行使提案权、表决权等股东权利

B. 可以委托证券公司、证券服务机构公开征集股东权利

C. 公开征集股东权利过程,可以依据内部协议获得适当的报酬

D. 征集股东权利时,小王应当披露征集文件,小月河公司应当予以配合

【答案与解析】

答案:C

解析:本题考查的是《证券法》对股权投资者保护的内容。

根据《证券法》第90条第1款的规定,持有1%以上有表决权股份的股东可以作为征集人,自行或者委托证券公司、证券服务机构,公开请求上市公司股东委托其代为出席股东大会,并代为行使提案权、表决权等股东权利,因此A、B项正确。第2款规定:"依照前款规定征集股东权利的,征集人应当披露征集文件,上市公司应当予以配合",因此D项正确。第3款规定:"禁止以有偿或者变相有偿的方式公开征集股东权利",因此C项错误。

第六章 投资者保护法律制度

【测试题】

蓟门桥股份公司是一家上市公司,准备公开发行公司债券,锦鲤证券股份有限公司是本次发行的承销机构。下列哪一行为是不符合法律规定的?(　　)

A. 应当设立债券持有人会议,并应当在募集说明书中说明债券持有人会议的召集程序、会议规则和其他重要事项

B. 蓟门桥股份公司可以将锦鲤证券股份有限公司聘请为债券受托管理人,并订立债券受托管理协议

C. 债券持有人会议可以决议变更债券受托管理人

D. 如果蓟门桥股份公司未能按期兑付债券本息的,在接受全部债券持有人委托的情况下,作为债券受托管理人的锦鲤证券股份有限公司才能以自己名义代表债券持有人提起清算程序

【答案与解析】

答案:D

解析:本题考查的是《证券法》对债券投资者保护的内容。

《证券法》第92条第1款规定:"公开发行公司债券的,应当设立债券持有人会议,并应当在募集说明书中说明债券持有人会议的召集程序、会议规则和其他重要事项。"因此A项正确。

第2款规定:"公开发行公司债券的,发行人应当为债券持有人聘请债券受托管理人,并订立债券受托管理协议。受托管理人应当由本次发行的承销机构或者其他经国务院证券监督管理机构认可的机构担任,债券持有人会议可以决议变更债券受托管理人……"锦鲤证券股份有限公司作为本次发行的承销机构,可以担任债券受托管理人,因此B正确,C正确。

第3款规定:"债券发行人未能按期兑付债券本息的,债券受托管理人可以接受全部或者部分债券持有人的委托,以自己名义代表债券持有人提起、参加民事诉讼或者清算程序。"当债券发行人蓟门桥股份公司未能按期兑付债券本息,接受部分债券持有人的委托,债券受托管理人锦鲤证券股份有限公司就能以自己名义代表债券持有人提起、参加民事诉讼或者清算程序,因此D错误。

【测试题】

下列哪一说法是正确的?(　　)

A. 普通投资者与证券公司发生纠纷的,应当证明证券公司存在误导、欺诈或其他违反法律、法规的行为,证券公司应当承担相应的赔偿责任

B. 发行人因虚假陈述给投资者造成损失的,发行人的控股股东可以对投资者先行赔付,之后可以向发行人以及其他连带责任人追偿

C. 投资者保护机构受30名以上投资者委托,可以作为代表人参加虚假陈述等证券民事赔偿诉讼

D. 证券投资者保护基金可以偿付证券公司债权人因证券市场波动或投资产品价值发生变化所导致的损失

【答案与解析】

答案：B

解析：本题考查的是《证券法》《证券投资者保护基金管理办法》对证券投资者的赔偿救助机制。

《证券法》第89条第2款规定："普通投资者与证券公司发生纠纷的,证券公司应当证明其行为符合法律、行政法规以及国务院证券监督管理机构的规定,不存在误导、欺诈等情形。证券公司不能证明的,应当承担相应的赔偿责任。"因此,证券公司应当对符合法律、行政法规以及国务院证券监督管理机构的规定,不存在误导、欺诈等情形进行举证,并承担举证不利时的赔偿责任,因此A错误。

《证券法》第93条规定："发行人因欺诈发行、虚假陈述或者其他重大违法行为给投资者造成损失的,发行人的控股股东、实际控制人、相关的证券公司可以委托投资者保护机构,就赔偿事宜与受到损失的投资者达成协议,予以先行赔付。先行赔付后,可以依法向发行人以及其他连带责任人追偿。"B正确。

《证券法》第95条第3款规定："投资者保护机构受50名以上投资者委托,可以作为代表人参加诉讼,并为经证券登记结算机构确认的权利人依照前款规定向人民法院登记,但投资者明确表示不愿意参加该诉讼的除外。"因此,只有投资者人数达50人以上(包括本数),投资者保护机构才能作为代表人参加诉讼,C项中的"30名以上投资者"的表述错误。

《证券投资者保护基金管理办法》第4条第2款规定："投资者在证券投资活动中因证券市场波动或投资产品价值本身发生变化所致的损失,由投资者自行负担。"因此证券投资者保护基金不偿付因证券市场波动或投资产品价值本身发生变化所导致的损失,此类损失由投资者个人承担。另外,根据《证券投资者保护基金管理办法》第19条的规定,证券投资者保护基金的用途为:(1)证券公司被撤销、被关闭、破产或被证监会实施行政接管、托管经营等强制性监管措施时,按照国家有关政策规定对债权人予以偿付;(2)国务院批准的其他用途。因此D选项错误。

【测试题】

依据我国《证券法》的相关规定,关于投资者保护的表述,下列哪一选项是正确的?(　　)

A. 证券投资者可以分为普通投资者和专业投资者。专业投资者的标准由证券业协会规定

B. 上市公司董事会、独立董事、持有5%以上有表决权股份的股东,可以作为征集人,自行或者委托证券公司、证券服务机构,公开请求上市公司股东委托其代为出席股东大会

C. 投资者与发行人、证券公司等发生纠纷的,双方可以向国务院证券监督管理机构申请调解

D. 投资者保护机构对损害投资者利益的行为,可以依法支持投资者向人民法院提起诉讼

【答案与解析】

答案：D

解析：本题考察了投资者保护的概念、赔偿救助机制。根据《证券法》第94条第2款的

规定,对于损害投资者利益的行为,投资者保护机构可以依法支持投资者向人民法院提起诉讼,不能直接代表投资者向人民法院提起诉讼,所以 D 选项正确。

《证券法》第 89 条第 1 款规定,投资者的分类可依据财产状况、金融资产状况、投资知识和经验、专业能力等因素,分为普通投资者和专业投资者。明确规定专业投资者的标准由国务院证券监督管理机构规定。所以 A 选项表述专业投资者的标准由证券业协会规定是错误的。

根据《证券法》第 90 条第 1 款的规定,只有上市公司董事会、独立董事、持有 1% 以上有表决权股份的股东或者依照法律、行政法规或者国务院证券监督管理机构的规定设立的投资者保护机构,可以作为征集人,自行或者委托证券公司、证券服务机构,公开请求上市公司股东委托其代为出席股东大会,并代为行使提案权、表决权等股东权利。所以 B 选项表述持有 5% 以上有表决权股份的股东,可作为征集人,自行或者委托证券公司、证券服务机构,公开请求上市公司股东委托其代为出席股东大会是错误的。

《证券法》第 94 条第 1 款规定,当投资者与发行人、证券公司等发生纠纷时,双方可以向投资者保护机构申请调解,并不可以向国务院证券监督管理机构申请调解。故 C 选项是错误的。

第七章

证券交易场所法律制度

导读

证券交易场所包括全国性证券交易场所与区域性股权市场,其中,证券交易所及其相关制度是本章学习的重点,对此,需要掌握证券交易所的法律特征、法律地位和功能;证券交易所的设立和解散;证券交易所的组织;证券交易所的自律管理职能。除上述证券交易所之外,国务院批准的其他全国性证券交易场所,目前最为典型的是全国中小企业股份转让系统,即全国中小企业股份转让系统有限责任公司。另外,2019年修订的《证券法》中增加了区域性股权市场的规定,肯定了区域性股权市场的法律地位。这些新的规定,均需重点关注。

第一节 证券交易场所概述

一、全国性证券交易场所与区域性股权市场[①]

证券交易场所包括全国性证券交易场所和区域性股权市场。

(一) 全国性证券交易场所

全国性证券交易场所,是指组织和监督证券交易,实行自律管理,依法登记,取得法人资格的证券交易机构,包括证券交易所和国务院批准的其他全国性证券交易场所在内的,为证券集中交易提供场所和设施的机构。根据《证券法》的规定,有三点需要强调:第一,全国性证券交易场所的设立、变更和解散由国务院决定。第二,国务院批准的其他全国性证券交易场所的组织机构、管理办法等,由国务院规定。第三,全国性证券交易场所可以根据证券品种、行业特点、公司规模等因素设立不同的市场层次,即允许证券交易所、国务院批准的其他全国性证券交易场所进行内部分层的合法性。[②]

(二) 区域性股权市场

除上述全国性证券交易场所之外,2019年修订的《证券法》中增加了区域性股权市场的规定,肯定了区域性股权市场的法律地位。所谓区域性股权市场,是指按照国务院规定设立

---

① 参见《证券法》第96—98条的规定。
② 参见中国证监会《关于在上海证券交易所设立科创板并试点注册制的实施意见》(中国证监会公告(2019)2号)和《全国中小企业股份转让系统分层管理办法》。

的为非公开发行证券的发行、转让提供场所和设施的区域性股权市场。根据《证券法》的规定,对于区域性股权市场有三点需要强调:第一,区域性股权市场须按照国务院的规定设立。第二,区域性股权市场为非公开发行证券的发行、转让提供场所和设施。第三,区域性股权市场的具体管理办法由国务院规定。

2019年《证券法》"第七章证券交易场所"是对2014年《证券法》"第五章证券交易所"的修改,修改后的核心内容依然是规范证券交易所,故本书本章后面的内容同样以证券交易所为基础,并对其中《证券法》的修改部分进行论述。而对于证券交易所之外的全国性证券交易场所的其他内容和区域性股权市场将在本章第五节专门论述。

二、证券交易所的概念及其沿革

证券交易所,是指依法设立并履行自律监管职责,为证券交易提供场所和设施,组织和监督证券交易,实行自律管理的法人。

证券交易分为场内交易和场外交易。证券交易场所随之也就分为场内交易场所和场外交易场所。证券交易所就是为证券提供集中交易的场内交易场所,因此,证券交易所又称为"场内交易市场""场内市场"。场外交易,又称为"场外市场""店头交易"或"柜台交易",是相对于场内交易或证券交易所交易而言的,泛指在证券交易所以外进行的各种证券交易。

荷兰最早在17世纪成立了世界上第一个证券交易所——阿姆斯特丹证券交易所。18世纪以后,特别是19世纪以后,英法美等西方国家也先后成立了自己的证券交易所。伦敦证券交易所、纽约证券交易所和巴黎证券交易所至今依然是世界上著名的证券交易所。我国现有两家证券交易所,即上海证券交易所和深圳证券交易所。上海证券交易所成立于1990年11月26日,深圳交易所成立于1991年7月3日。

三、证券交易所的特征

(一)证券交易所是经特许依法设立的法人

纵观各国证券立法的通行做法,证券交易所无论采何种组织形式,会员制或者公司制,均应具备法人资格,独立享有权利、履行义务和承担责任,成为独立的法律主体。这是其在证券市场上发挥组织和监督作用的前提条件,也是其进行自律管理的必然要求。根据《证券法》第96条第1款的规定,证券交易所为证券集中交易提供场所和设施,组织和监督证券交易,实行自律管理,依法登记,取得法人资格。按照法人的条件要求,法人必须依法成立;有必要的财产或经费;有自己的名称、组织机构和场所;能够独立承担民事责任。证券交易所正是在完全具备这些条件的前提下而成为法人的。

而且,证券交易所不同于一般的法人,它是经过特许设立的法人。现代各国的金融法普遍对证券市场主体设立规定特别的条件和程序。证券交易所是证券市场中非常重要的主体,它不但要为证券交易提供场地和设施,而且要制定交易规则,并监督交易主体的行为。因此,证券交易所的设立不同于一般的公司或社会团体,需要有特别的条件和程序。目前,世界多数国家对证券交易所的设立采取特许制,即要经过政府机构专门批准或许可。也有一些国家采取的是登记制或注册制,即设立证券交易所只需要在登记机关进行登记。我国目前采用的严格的审核制和特许制,需要经过证券监督管理机构的审核并经国务院批准才可设立。也就是《证券法》第96条第2款的规定,证券交易所的设立、变更和解散由国务院决定。

(二) 证券交易所是证券交易的固定场所

这一特征是指证券交易所虽然是一种法人组织,但它首先是为证券交易商提供交易场所和各种交易条件的特殊主体,与其他商品交易一样,证券交易也需要借助一定的空间、依赖一定的设施和辅助人员来完成。所以,证券交易所实际又是买卖双方进行交换的固定场所。即便是现代证券交易所引入了现代科技手段,人们几乎可以深居家中而进行全球性证券交易,但其终端依然需要有固定的场所和相应的设施。因而,从此意义上讲,证券交易所是提供证券交易的固定场所。由于证券交易所同时还具有一系列严密的上市、交易和管理规则,为证券交易提供了可靠的制度保障和安全保障。

(三) 证券交易所具有组织和监督证券交易的职能

由于证券交易所为证券交易提供了完备的场所和设施,并负责接受上市申请、审核、安排股票和公司债券上市,因而汇集了众多的证券交易当事人。根据《证券交易所管理办法》(2020年修订)的规定,证券交易所履行国家有关法律、法规、规章、政策规定的职责,应当创造公开、公平、公正的市场环境,保证证券市场的正常运行。为了维护证券市场的秩序,《证券交易所管理办法》还赋予了证券交易所对会员和上市公司的监管权。这是因为,当事人在进行交易时必须遵循一定的规则。证券交易所要负责制定规则,包括上市规则、交易规则、会员管理规则和其他相关规则。众多的证券交易当事人在这里通过公开、集中交易,形成证券交易的市场行情。证券交易所负责组织、监督证券交易,对交易实行实时监控,对异常的交易情况提出报告。同时,证券交易所还要管理和公布市场信息,对会员、上市公司,以及信息披露进行监督。及时公布证券交易的即时行情,并按交易日制作证券市场行情表,予以公布。当出现突发事件、不可抗力事件或重大异常交易情况时,证券交易所可以决定停牌、临时停市或对证券账户限制交易,并报中国证监会备案。

(四) 证券交易所是实行自律管理的法人

《证券法》第96条第1款和第99条第1款均明确规定,证券交易所履行自律管理职能,应当遵守社会公共利益优先原则,维护市场的公平、有序、透明。我国法律强调交易所自律管理职能,既是国外证券市场监管基本经验的总结和借鉴,也是完善我国证券市场监管体制、促进其不断丰富监管手段、提高监管能力等以满足实践需要的法律回应。自律管理大体上包括以下两个方面:第一,有关证券交易所的内部事务,应当由证券交易所内部根据章程进行处理,国家不予干预;第二,在证券交易过程中,如发生违规交易的情形,应当由证券交易所对其会员的行为依据章程和交易规则进行处理。具备这一特征是因为,证券交易所是由会员或股东投资成立的组织,尽管它应当承担一定的社会责任和国家监管职能,也应当接受国家的监管,但是,有关证券交易所的相关事务,应当由该交易所自行决定。自律管理具有政府监管无法比拟的优越性,具有不可替代性。相对于政府监管,自律管理具有灵活性、自觉性和专业性。证券交易所通过规范会员行为、协调会员间的关系、督促会员遵章守法等方式实行自律管理。例如,证券交易所对上市公司及相关信息披露义务人披露信息进行监督,督促其依法及时、准确地披露信息。相对于政府的强制监管,自律管理对会员更能起到潜移默化的约束作用,化管理行为为会员的自觉行为。

我国现在的证券交易所具有一定的特殊性,是计划经济向市场经济过渡时期由政府出资设立,并非由证券商人们自行成立的组织。因此,自其产生之日,就成为政府培育和管理证券市场的工具,因而,与其他国家的证券交易所相比,其自律性严重不足,证券交易所的许多事务仍然是由国务院或证券监督管理委员会决定。不过,2005年修订的《证券法》对我国证券交易所的管理模式进行了自律管理的定位,2019年修订的《证券法》又进一步强调了其自律管理的特征。这是证券交易所向其本性的回归,同时也表明我国的证券法律在不断进步。

四、证券交易所的功能

从总体上看,证券交易所在证券交易过程中发挥着服务和监管两方面的功能。有关证券交易所的监管功能,将在本章第四节论述,在此仅对证券交易所的服务功能进行讨论。

证券交易所是证券集中交易的场所,是证券市场的最高级组织形式。因此,不论是过去、现在还是将来,向证券交易各方提供交易服务是证券交易所的最基本和最重要的功能。此功能主要包括以下几个方面:

1. 为上市公司和投资者提供交易场所和设施

即使是在互联网时代实行无形市场代替有形市场,但证券交易依然要依靠证券交易所提供一定的基础设施和通信条件。证券交易所作为证券市场的服务者和组织者,其首要职责就是提供交易的场所等物质条件,这项功能证券交易所始终是存在的。

2. 价格发现功能

证券价格是证券市场中非常重要的信息,交易双方都需要根据价格进行决策。一般市场都是分散交易的,在这种情况下,交易者要发现商品的价格,需要支付很高的成本。但是,由于投资者和证券公司都在证券交易所提供的场所集中交易,使组织者有条件收集交易价格和其他信息并将这些信息迅速传达给投资者、证券公司和其他社会公众,避免了价格信息不完全使投资者造成错误判断。也就是说,众多的买方和卖方,通过集中、公开竞价的方式达成交易。证券竞价交易采用集合竞价和连续竞价两种方式。集合竞价是指对一段时间内接受的买卖申报一次性集中撮合的竞价方式。连续竞价是指对买卖申报逐笔连续撮合的竞价方式。通过集中、公开竞价的方式形成的价格,最具有合理性和权威性。尽管证券交易所发现和公布的价格并不能完全反映真实的供求关系,但其定型化的价格发现机制已经最大可能地为市场提供了可供参考的、至少在理论上是接近真实的价格信息。

3. 撮合买卖双方交易的功能

在证券交易所由于是集中交易,因此,会有众多的买者和卖者同时报出交易价格,报价之后哪些人之间能够达成买卖协议,就需要证券交易所通过比较双方的报价和指令进行撮合。在互联网时代,根据交易规则,买卖双方的指令进入证券交易所的主机后,由主机按照价格优先和时间优先的原则进行撮合。

4. 控制证券市场风险

证券市场属于高风险市场,为防止风险的产生或者扩大,各国一般都会采取一系列措施防范和化解风险。由于证券交易所特殊的身份和设施条件,其便于控制风险。例如,根据证券法律的规定,证券交易所应当为组织公平的集中交易提供保障,公布证券交易即时行情,并按交易日制作证券市场行情表,予以公布。未经证券交易所许可,任何单位和个人不得发布证券交易即时行情。因突发性事件而影响证券交易的正常进行时,证券交易所可以采取技术性停牌的措施;因不可抗力的突发性事件或者为维护证券交易的正常秩序,证券交易所可以决定临时停市。证券交易所采取技术性停牌或者决定临时停市,必须及时向中国证监会报告。证券交易所对证券交易实行实时监控,并按照中国证监会的要求,对异常的交易情况提出报告。证券交易所根据需要,可以对出现重大异常交易情况的证券账户限制交易,并报中国证监会备案。这些措施均属体现出交易所控制证券市场风险的功能。

5. 提供其他服务

除上述常态性的服务功能外,交易所还有一些即时性的服务功能,比如,根据具体情况向上市公司提供咨询意见和建议以及维护会员和股东利益等。

五、证券交易所的类型

证券交易所的类型,是指证券交易所组织形式的类别,从世界范围来看,会员制与公司制是典型的证券交易所的组织形式。

（一）会员制的证券交易所

会员制证券交易所,是指由证券公司依法以会员身份自愿出资,共同设立的从事证券集中交易活动的非营利性法人。会员制证券交易所设会员大会、理事会和总经理。会员大会为证券交易所的最高权力机构。理事会是证券交易所的决策机构。总经理负责证券交易所的日常管理工作,为证券交易所的法定代表人。会员制证券交易所的基本特征如下:

（1）社团法人性。按照大陆法系将法人划分为社团法人和财团法人的分类标准,会员制证券交易所属于社团法人。

（2）非营利性。不同于股东投资入股的公司制证券交易所,会员制证券交易所运营费用来源于会员缴纳的会费。其旨在为证券集中交易提供场所和设施,组织和监督证券交易,其活动目的不在于向会员提供投资回报。根据《证券法》第101条的规定,证券交易所可以自行支配的各项费用收入,应当首先用于保证其证券交易场所和设施的正常运行并逐步改善。实行会员制的证券交易所的财产积累归会员所有,其权益由会员共同享有,在其存续期间,不得将其财产积累分配给会员。

（3）身份性。证券公司是否可以入场交易,取决于其是否具有该交易所的会员资格。只有取得相应会员资格的证券公司,才可以入场从事证券交易、经纪等相关业务。

（4）自律性。会员制证券交易所享有自律监管权,自律监管权的权源来自会员共同达成的设立及入会契约。全体会员共同参与制定证券交易所章程和业务规则,若有违反,则会被会员大会处分。由于会员共同制定规则,因此,这些规则更容易得到遵守和执行。

（二）公司制的证券交易所

公司制证券交易所,是指由股东共同出资设立的,采取有限责任公司或股份有限公司形式的营利性的公司法人。公司制证券交易所的组织机构与一般公司一样,由股东大会、董事会、监事会和经理构成。股东大会是证券交易所的最高权力机构,董事会是股东大会的执行机构和经营决策机构,监事会是监督机构。经理负责日常经营管理活动。可见公司制证券交易所虽具有公司的一般属性,但是,其在设立的依据、原则和条件、营业性质、社会功能等诸多方面都有别于一般的公司。较一般公司而言,公司制证券交易所具有以下基本特征:

（1）设立的特殊性。由于公司制证券交易所属于公司法人,故其设立,除了要遵守公司法的一般规定外,还要遵守证券法的特别规定。

（2）经营范围的法定性。普通公司的经营范围,只要是法律不禁止的即可为,但是,公司制证券交易所必须为证券交易提供交易的场所和设施,从而具备证券交易条件,并以之为法定的经营范围。

（3）以营利为目的的同时,兼具特殊的社会功能。公司制证券交易所一般以营利为目的,这与非营利性的会员制证券交易所不同。但是,公司制证券交易所在以营利为目的追求利润最大化的同时,还承担着维护证券交易秩序和证券市场自律监管的职能。

(三)会员制交易所与公司制交易所的比较

会员制证券交易所与公司制证券交易所相比较,它们的相同之处主要体现在,二者均属社团法人,业务范围均属于为证券的集中交易提供场所和设施,而且二者在证券交易活动过程中均具有自律监管者的身份。下面着重分析二者的差异及其利弊:

(1)设立目的差异。会员制证券交易所不以营利为目的,不向入场交易的证券公司收取佣金,有利于减轻证券公司的负担,降低交易成本。会员为设立证券交易所而缴纳的资金以及根据章程缴纳的会费不属于资本,而是维持证券交易所运行的费用。[①] 这样一来,没有向会员投资回报的压力,有利于防止证券交易所为更多收取佣金而怂恿不当交易或过度投机交易。

公司制证券交易所以营利为目的,追求利润和生产剩余的最大化,并以向使用者收取的费用作为其利润来源,该利润可分配给股东。该类交易所的积极意义在于公司化的经营管理模式,股东积极性高、自主空间大,有利于交易所的市场化,有利于提升国际竞争力,符合国际发展趋势。

(2)组织形式及结构差异。会员制证券交易所的组织形式是会员团体,其组织机构包括会员大会、理事会和监察委员会。组织机构及其主要负责人受政府监管机构制约性较大。

公司制证券交易所的组织形式是公司,不论是有限责任公司,还是股份有限公司,均设立股东大会(股东会)、董事会和监事会等公司的组织机构,其组织机构及其负责人自主性强,一般皆由公司股东的意思自治产生。

(3)成员身份差异。会员制证券交易所的会员,一般皆为专门从事证券业务的证券公司。由于会员以缴纳会费为前提,因此,进入证券交易所参与证券交易成为当然,其会员席位由证券交易所分配。但如果会员需要增加交易席位,则必须另行缴纳席位费用。正是由于受到会员席位的限制,这就制约了证券交易所的发展规模,不利于证券交易所参与国际竞争。

公司制证券交易所的股东的身份比较自由。当然,也有一些国家对股东身份有限定,但更多的是没有限制,甚至允许股东在证券交易所上市。股东必须缴纳交易席位费,才可进入证券交易所参与交易。正是由于公司制证券交易所股东的自由性,导致了可能存在的多重角色的利益冲突。因为,就公司制证券交易所而言,作为公司主体必然追求利益最大化,这就可能导致其存在不合理地提高交易成本,甚至故意人为增加多余的证券交易活动,以利于自身获取更多的收益。

(四)我国对证券交易所组织形式的态度

随着证券交易行业竞争的加剧,传统的会员制证券交易所面临种种困境,例如,其在产权关系、筹集资本、经营决策等方面均难以适应竞争的需要。相对而言公司制证券交易所更具竞争力,除了新设的公司制交易所,一批既存的交易所也纷纷将交易所的产权关系和治理结构由会员制改为公司制。比如,香港、新加坡等地证券交易所已成为上市公司,其股份在自己的证券市场上市交易。[②]

实际上,我国2005年《证券法》的变革就为将来实行公司制、营利性的交易所作了法律

[①] 陈甦主编:《证券法专题研究》,高等教育出版社2006年版,第165页。
[②] 参见罗培新等:《最新证券法解读》,北京大学出版社2006年版,第175页。

上的准备。2005年《证券法》修订时考虑到证券交易所走向国际化和市场化的趋势和需求,明确规定证券交易所为"实行自律管理的法人"(第102条),并去掉1998年《证券法》第95条中"不以营利为目的"的内容,为将来证券交易所采取公司形式,进行营利预留了法律空间。2019年《证券法》第105条规定,进入实行会员制的证券交易所参与集中交易的,必须是证券交易所的会员,在证券交易所前面增加"实行会员制的"限缩语,表明公司制证券交易所不适用本条规定,这反而意味着中国的交易所将不仅仅是会员制的证券交易所,因为,如果是唯一的就没必要去限定了。另外,2019年《证券法》不仅明确证券交易所为"实行自律管理的法人",而且还将此范围扩至"国务院批准的其他全国性证券交易场所"(第96条)。

第二节 证券交易所的设立、变更和解散

一、证券交易所的设立

(一)证券交易所的设立体制

证券交易所设立,是指创立证券交易所的一系列法律行为的总称,它包括证券交易所的出资方式、人员条件、设施要求、组织机构和设立程序等内容。由于证券交易所是证券市场的组织者、场所与设施的提供者以及自律监管者,它的设立、运行及终止事关整个证券市场的存亡,因此,证券交易所的设立体制就成为证券立法中的一项重要制度。从世界范围看,证券交易所的设立体制分为注册制、核准制和承认制三种。

1. 注册制

这是指设立证券交易所只要符合法定条件和程序,政府证券监管机构便准予登记注册。采此体制的国家主要是美国等少数几个国家,根据美国《1934年证券交易法》第78条之5规定,在未经注册的交易所进行交易均为违法行为,除非这个交易所"按本编第78条之6的规定已注册为国家证券交易所"或者"当交易所提出申请时,委员会认为,鉴于该交易所成交额有限,要求其注册是不可行不必要或不合乎公众利益的,或为了保护投资方,而使该交易所免于注册"。在注册制下,政府证券监管机构只对申请人的申请进行形式审查,只要申请人的申请文件符合法律规定的要求,政府证券监管机构则必须对其进行注册登记。故注册制也被称为准则主义或者登记主义。

2. 核准制

这是指政府证券监管机构不仅对申请人的文件进行形式审查,而且对其进行实质审查。世界上多数国家和地区采此体制,比如,我国大陆和我国台湾地区,以及法国、日本、比利时等国家。我国《证券法》第96条第2款规定:"证券交易所、国务院批准的其他全国性证券交易场所的设立、变更和解散由国务院决定",此即核准制的表述,是一种典型的行政许可,故核准制又被称为许可主义。

3. 承认制

这是指政府证券监管机构承认业已存在的证券交易所的合法地位,赋予其法人资格。采此体制的国家有英国、巴基斯坦和印度等。[①] 在采取承认制的国家里,证券交易所先于其相关法律法规而产生。相关法律法规颁布后,只要承认证券交易所的合法性即可,属于事后

---

① 参见罗培新等:《最新证券法解读》,北京大学出版社2006年版,第168页。

被国家法规法律认可。因此,承认制也称认可主义或者豁免主义。

(二)证券交易所的设立条件

根据《证券法》和《证券交易所管理办法》(2020年修订)的相关规定,设立证券交易所应当具备以下条件:

1. 有自己的名称

《证券法》第100条规定,证券交易所必须在其名称中标明证券交易所字样。其他任何单位或者个人不得使用证券交易所或者近似的名称。

2. 制定章程和业务规则

《证券法》第99条第2款规定,设立证券交易所必须制定章程。证券交易所章程的制定和修改,必须经国务院证券监督管理机构批准。可见,制定章程是设立证券交易所的必备条件和程序。证券交易所的章程应当包括下列事项:(1)设立目的。(2)名称。证券交易所必须在其名称中标明证券交易所字样。其他任何单位或者个人不得使用证券交易所或者近似的名称。(3)主要办公及交易场所和设施所在地。(4)职能范围。证券交易所的职能包括:提供证券交易的场所和设施;制定证券交易所的业务规则;决定证券上市;组织、监督证券交易;对会员进行监管;对上市公司进行监管;管理和公布市场信息;证监会许可的其他职能。(5)会员的资格和加入、退出程序。(6)会员的权利和义务。(7)对会员的纪律处分。(8)组织机构及其职权。(9)高级管理人员的产生、任免及其职责。(10)资本和财务事项。(11)解散的条件和程序;(12)其他需要在章程中规定的事项。①

关于证券交易所的业务规则,《证券法》第115条规定,证券交易所依照法律、行政法规和国务院证券监督管理机构的规定,制定上市规则、交易规则、会员管理规则和其他有关业务规则,并报国务院证券监督管理机构批准。在证券交易所从事证券交易,应当遵守证券交易所依法制定的业务规则。违反业务规则的,由证券交易所给予纪律处分或者采取其他自律管理措施。

3. 有必要的场所、设施和财产

证券交易所从事证券集中交易交易活动,必须要有相应的场所和设施。保证设施的运行,对外承担民事责任则必须要有自己独立的财产,会员制证券交易所的财产主要来源于会员缴纳的席位费和上市公司缴纳的年费等。《证券法》第101条规定,证券交易所可以自行支配的各项费用收入,应当首先用于保证其证券交易场所和设施的正常运行并逐步改善。实行会员制的证券交易所的财产积累归会员所有,其权益由会员共同享有,在其存续期间,不得将其财产积累分配给会员。

4. 有一定数量的会员

根据《证券法》第105条的规定,进入实行会员制的证券交易所参与集中交易的,必须是证券交易所的会员。其中,会员可以是证券公司,也可能是证券公司以外的其他机构。因为《证券法》在第6条为突破分业经营,留下了空间,其中,"国家另有规定的除外",这为混业经营成为一种可能。这使其他混业经营机构有可能也成为证券交易所的会员。

5. 有适格的管理人员和从业人员

证券交易所的各项证券业务具有很强的专业性和操作性,因而要求其管理人员和从业人员应当具备相应的资质和条件,具备履行职责所必需的专业知识与能力。比如学历、资格

---

① 参见《证券交易所管理办法》(2020年修订)第19条第1款的规定。

和相关的工作经验,这是对于管理人员和从业人员任职的积极条件要求。此外,其管理人员和从业人员的职业操守也很关键,"证券交易所的从业人员应当正直诚实、品行良好"[1],这主要是通过各项消极资格进行要求,对此,《证券法》第 103 条明确规定,有《公司法》第 146 条规定的情形或者下列情形之一的,不得担任证券交易所的负责人:(1) 因违法行为或者违纪行为被解除职务的证券交易场所、证券登记结算机构的负责人或者证券公司的董事、监事、高级管理人员,自被解除职务之日起未逾 5 年;(2) 因违法行为或者违纪行为被吊销执业证书或者被取消资格的律师、注册会计师或者其他证券服务机构的专业人员,自被吊销执业证书或者被取消资格之日起未逾 5 年。

《证券法》第 104 条对从业人员的消极资格则明确规定,因违法行为或者违纪行为被开除的证券交易场所、证券公司、证券登记结算机构、证券服务机构的从业人员和被开除的国家机关工作人员,不得招聘为证券交易所的从业人员。

二、证券交易所的变更

证券交易所的变更,是指证券交易所在组织机构、组织形式、财产状况以及名称、住所等方面的重大变更,如主要负责人的变更、由会员制改为公司制、注册资本的增减等。交易所具有法人资格,法人的变更可依法人意思自主决定,完成相应的变更登记即可发生变更效力。但是,由于证券交易所属于特殊法人,履行为证券交易提供场所和设施的特殊功能,其任何变更都可能影响到投资者公众的切身利益和证券市场的稳定以及市场经济的发展,因此各国均对其变更进行了宽严不一的限制。在我国,该限制在 2019 年《证券法》修订之前,表现为证券交易所的变更事项均在章程中有相应记载,而章程的修改必须经国务院证券监督管理机构批准。[2] 2014 年《证券法》第 102 条第 2 款规定,证券交易所的设立和解散由国务院决定,该款未提及"变更"问题;2019 年《证券法》修订后,在其第 96 条第 2 款的规定中,进一步明确了证券交易所的"变更"由国务院决定。

三、证券交易所的解散与清算

证券交易所解散是证券交易所终止的情形之一,它是证券交易所制度中十分重要的组成部分。由于证券交易所是证券市场的基础设施,因此,对证券交易所的解散必须采取审慎的态度。然而,我国现行法律法规对证券交易所解散的规定相当简略,只规定了证券交易所的解散由国务院决定。[3] 交易所自身的章程对此规定也同样简略,比如,《上海证券交易所章程》(2020 年修订)第 9 章是关于交易所解散与清算的,其中只有两条,即第 62 条的规定,"本所解散由国务院批准,并按国家规定的程序进行清算";以及第 63 条的规定,"本所作为会员制法人存续期间,财产积累不进行分配,国家另有规定的除外"。

关于证券交易所解散的原因、清算的范围等诸多问题,我国现行法律法规无任何涉及,这在今后的立法过程中需进一步完善。

---

[1] 参见《证券交易所管理办法》(2020 年修订)第 34 条的规定。
[2] 参见李东方主编:《证券法学》(第三版),中国政法大学出版社 2017 年版,第 234 页。
[3] 《证券法》第 96 条第 2 款。

第三节　证券交易所的组织机构

证券交易所组织机构与一般法人类似，通常也是由权力机构、决策机构、执行机构和监督机构等构成，每一个机构都行使不同的权力，担负某一方面的功能，并形成机构相互之间的制约，从而保障证券交易所的正常运行。证券交易所组织机构的设置与证券交易所的性质和类型具有直接的关系，不同类型的证券交易所在组织机构设置和权力配置方面存在一定差异。公司制证券交易所因为受公司法的规范，因此，其内部组织机构应当根据公司法的规定设置股东会、董事会和监事会等；会员制证券交易所由于不受公司法规制，其组织机构可以采取其他形式。我国证券交易所目前采用的是会员制，而且根据当初的非营利性事业法人的定位，所以，其内部组织机构采用了社会团体的组织模式，即会员大会和理事会，在此之下设立总经理和各专门委员会。

一、会员及会员大会

（一）证券交易所会员资格的取得与终止

证券交易所的会员，是指经中国证监会核准设立，取得经营证券业务许可证，具有法人资格，依法可从事证券交易及相关业务的证券公司。

1. 会员资格的取得

证券公司要取得会员资格，必须依据各交易所自治章程的规定，提出会员申请，并且符合章程所规定的条件，才能够成为会员。我国沪深两市的交易所均在其章程中规定了获得会员资格应当具备的条件，这里仅以上海证券交易所的章程为例。《上海证券交易所章程》（2020年修订）第19条规定："申请成为本所会员，应当同时具备下列条件：（1）经批准设立、具有法人地位的境内证券经营机构；（2）具有良好信誉和经营业绩；（3）组织机构和业务人员符合中国证监会和本所规定的条件，符合本所对内部管理制度、技术系统及风险防范提出的各项要求；（4）承认并遵守本所章程和业务规则，按规定交纳会员费用；（5）本所要求的其他条件。"具备上述条件的证券公司，在向交易所提出申请并提供相应的申报文件，经理事会批准后，方可成为交易所的会员。在交易所决定接纳会员后5个工作日内，向中国证监会报告。

2. 会员资格的终止

根据《上海证券交易所章程》（2020年修订）第23条第1、2款的规定，会员出现下列情形之一的，其会员资格将被终止：（1）会员提出终止资格申请，并经本所理事会批准；（2）会员法人实体解散、被撤销、责令关闭、撤销全部证券业务许可或者依法宣告破产；（3）不符合本章程规定的会员条件；（4）不能继续履行正常的交易及交收义务；（5）被本所作出取消会员资格的纪律处分；（6）应当终止会员资格的其他情形。本所终止会员资格的，应当经本所理事会审议通过，并在作出决定后的5个工作日内向中国证监会报告。

（二）会员的权利和义务

1. 会员的权利

证券公司作为会员制证券交易所的会员，享有与其地位相适应的一系列权利。这些权利均被具体地规定在沪深两个证券交易所的章程之中。以《上海证券交易所章程》（2020年修订)为例,会员的权利主要包括以下内容[①]:(1)参加会员大会权,会员大会是会员制证券交易所的最高权力机构。每一位会员都有参加会员大会的权利。(2)选举权和被选举权,每一位会员享有平等的选举权与被选举权,他们有权参加证券交易所理事和监事的选举,也有权被选举为理事或监事。(3)对交易所事务的提案权和表决权,证券交易所是一个自律组织,由会员自己管理自己交易所的事务。因而,会员有相应的提案权和表决权,每一个会员的表决权相等。(4)进入交易所市场从事证券交易及接受本所提供的服务,证券交易所的会员有权进入其所在的证券交易所,从事证券交易,以及享受该所提供的其他服务。(5)对交易所事务和其他会员的活动进行监督的权利,会员有权对其所在的证券交易所的事务进行监督,而各个会员之间也有互相监督的权利,通过行使监督权,以保护自己以及整个证券交易所的正当合法利益。(6)取得并转让会员席位,但应当保留至少一个会员席位,会员只有拥有了交易席位,才可以在证券交易所内进行证券交易业务。而关于会员的转让席位权,上海证券交易所与深圳证券交易所的章程规定略有不同。上海证券交易所在其章程中规定,会员可以转让交易席位,但前提是保留至少一个交易席位。而深圳证券交易所在其章程中,则直接赋予了"会员转让会员席位"的权利。[②] (7)交易所规定的其他权利。

2. 会员的义务

对于证券交易所的会员的义务,我国两大证券交易所在各自的章程中均有规定而且内容接近,主要包括以下内容[③]:(1)遵守国家的有关法律、法规、规章和政策,依法开展证券经营活动;(2)遵守证券交易所的章程、业务规则及其他相关规章制度,自觉执行该所各项决议;(3)建设符合规定的交易相关技术系统,完备、清晰、准确保存客户交易终端数据,完善合规与内部风险控制制度;(4)对自身及客户交易行为进行监督和管理,防范违规交易行为和交易异常风险;(5)履行对交易所市场的交易及交收义务;(6)对客户进行适当性管理,开展投资者教育,妥善处理客户交易纠纷与投诉,保护投资者的合法权益;(7)维护交易市场的稳定发展;(8)按规定交纳各项经费和提供有关信息资料;(9)接受交易所的监管;(10)交易所规定的其他义务。

(三)会员大会

1. 会员大会的特征

根据《证券法》《证券交易所管理办法》(2020年修订)和证券交易所章程的规定,证券交易所会员大会具有如下特征:

(1)会员大会是全体会员表达自己意志和行使会员权利的机关。由于会员行使权利需要基于一定的场所和机会,而会员大会就是会员们行使权利的基本形式。在会员大会上,会员们可以提出自己的意见、选举和罢免理事以及对重大事项行使表决权等。与公司股东大会依据资本多数决原则不同,会员在会员大会上的权利一律平等,每一会员有一票表决权。

(2)会员大会是证券交易所的最高议事和决策机构。作为一个社会组织,证券交易所内部有决策和执行两个基本机关,就决策来讲,只有经过充分发扬内部民主,才能作出正确决策。因为证券交易所决策和执行是分层次的,而会员大会是最高的议事和决策的机关。至于理事会或专门委员会等层面的决策和执行,其地位均低于会员大会。[④]

[①] 参见《上海证券交易所章程》(2020年修订)第21条的规定。
[②] 参见《深圳证券交易所章程》(2018年修订)第8条的规定。
[③] 参见《上海证券交易所章程》(2020年修订)第22条的规定。
[④] 李东方主编:《证券法》,清华大学出版社2008年版,第165页。

(3) 会员大会是证券交易所的最高权力机关。《证券交易所管理办法》(2020年修订)第18条规定,会员大会为证券交易所的最高权力机构。会员大会的最高权力性质是指涉及证券交易所的重要事项都必须由会员大会行使,诸如章程的制定和修改、理事的选举和罢免以及其他重大事项等,且其他机关应当向其负责并报告工作。

2. 会员大会的职权

根据《证券交易所管理办法》(2020年修订)第18条的规定,会员大会行使下列职权:(1)制定和修改证券交易所章程;(2)选举和罢免会员理事、会员监事;(3)审议和通过理事会、监事会和总经理的工作报告;(4)审议和通过证券交易所的财务预算、决算报告;(5)法律、行政法规、部门规章和证券交易所章程规定的其他重大事项。

3. 会员大会的议事规则

议事规则是会员大会行使职权的程序性规定,也是保障会员权利的程序规范。根据《证券交易所管理办法》(2020年修订)第20条的规定,会员大会分为例会和临时会议。例会每年召开一次,由理事会负责召集,理事长主持。理事长因故不能履行职责时,由理事长指定的副理事长或者其他理事主持。临时会员大会根据需要临时召开,即有下列情形之一的,应当召开临时会员大会:(1)理事人数不足《证券交易所管理办法》(2020年修订)规定的最低人数;(2)1/3以上会员提议;(3)理事会或者监事会认为必要。

会员大会应当有2/3以上的会员出席,其决议须经出席会议的会员过半数表决通过。会员大会结束后10个工作日内,证券交易所应当将大会全部文件及有关情况向中国证监会报告。①

二、理事会②

(一) 理事会的组成及其职权

1. 理事会的组成

证券交易所理事会由7—13人组成,其中非会员理事人数不少于理事会成员总数的1/3,不超过理事会成员总数的1/2。理事会设理事长一人,副理事长1—2人。总经理应当是理事会成员。理事长是证券交易所的法定代表人。理事长不得兼任证券交易所总经理。

2. 理事会的职权

理事会是证券交易所的决策机构,行使下列职权:(1)召集会员大会,并向会员大会报告工作;(2)执行会员大会的决议;(3)审定总经理提出的工作计划;(4)审定总经理提出的年度财务预算、决算方案;(5)审定对会员的接纳和退出;(6)审定取消会员资格的纪律处分;(7)审定证券交易所业务规则;(8)审定证券交易所上市新的证券交易品种或者对现有上市证券交易品种作出较大调整;(9)审定证券交易所收费项目、收费标准及收费管理办法;(10)审定证券交易所重大财务管理事项;(11)审定证券交易所重大风险管理和处置事项,管理证券交易所风险基金;(12)审定重大投资者教育和保护工作事项;(13)决定高级管理人员的聘任、解聘及薪酬事项,但中国证监会任免的除外;(14)会员大会授予和证券交易所章程规定的其他职权。

---

① 参见《证券交易所管理办法》(2020年修订)第21条的规定。
② 参见《证券交易所管理办法》(2020年修订)第22—26条的规定。

（二）理事会的议事规则

会员理事由会员大会选举产生，非会员理事由中国证监会委派。理事每届任期 3 年。理事会会议至少每季度召开一次。会议须有 2/3 以上理事出席，其决议应当经出席会议的 2/3 以上理事表决同意方为有效。理事会决议应当在会议结束后两个工作日内向中国证监会报告。理事长负责召集和主持理事会会议。理事长因故临时不能履行职责时，由理事长指定的副理事长或者其他理事代其履行职责。

三、经理[①]

证券交易所的总经理、副总经理、首席专业技术管理人员每届任期 3 年。总经理由中国证监会任免。副总经理按照中国证监会相关规定任免或者聘任。总经理因故临时不能履行职责时，由总经理指定的副总经理代其履行职责。

总经理行使下列职权：(1) 执行会员大会和理事会决议，并向其报告工作；(2) 主持证券交易所的日常工作；(3) 拟订并组织实施证券交易所工作计划；(4) 拟订证券交易所年度财务预算、决算方案；(5) 审定业务细则及其他制度性规定；(6) 审定除取消会员资格以外的其他纪律处分；(7) 审定除应当由理事会审定外的其他财务管理事项；(8) 理事会授予和证券交易所章程规定的其他职权。

四、监事会[②]

（一）监事会的组成及其职权

1. 监事会的组成

证券交易所监事会人员不得少于 5 人，其中会员监事不得少于两名，职工监事不得少于两名，专职监事不得少于一名。监事每届任期 3 年。会员监事由会员大会选举产生，职工监事由职工大会、职工代表大会或者其他形式民主选举产生，专职监事由中国证监会委派。证券交易所理事、高级管理人员不得兼任监事。监事会设监事长一人。

2. 监事会的职权

监事会是证券交易所的监督机构，行使下列职权：(1) 检查证券交易所财务；(2) 检查证券交易所风险基金的使用和管理；(3) 监督证券交易所理事、高级管理人员执行职务行为；(4) 监督证券交易所遵守法律、行政法规、部门规章和证券交易所章程、协议、业务规则以及风险预防与控制的情况；(5) 当理事、高级管理人员的行为损害证券交易所利益时，要求理事、高级管理人员予以纠正；(6) 提议召开临时会员大会；(7) 提议召开临时理事会；(8) 向会员大会提出提案；(9) 会员大会授予和证券交易所章程规定的其他职权。

（二）监事会的议事规则

监事长负责召集和主持监事会会议。监事长因故不能履行职责时，由监事长指定的专职监事或者其他监事代为履行职务。监事会至少每 6 个月召开一次会议。监事长、1/3 以上监事可以提议召开临时监事会会议。监事会决议应当经半数以上监事通过。监事会决议应当在会议结束后两个工作日内向中国证监会报告。

---

① 参见《证券交易所管理办法》(2020 年修订)第 27—28 条的规定。
② 参见《证券交易所管理办法》(2020 年修订)第 29—32 条的规定。

五、专门委员会[①]

理事会、监事会根据需要设立专门委员会。各专门委员会的职责、任期和人员组成等事项，由证券交易所章程具体规定。各专门委员会的经费应当纳入证券交易所的预算。深圳证券交易所在其章程中分别规定了上市委员会和监察委员会制度。

1. 上市委员会

理事会下设上市委员会，其职责是：(1) 审批证券的上市；(2) 拟订上市规则和提出修改上市规则的建议；交易所的上市审核部门为上市委员会的工作机构。

2. 监察委员会

理事会下设监察委员会，其职责是：(1) 监察理事、总经理等高级管理人员执行会员大会、理事会决议的情况；(2) 监察理事、正副总经理及其他工作人员遵守证券法律、法规和证券交易所章程、规则的情况；(3) 监察证券交易所财务状况。交易所制定的监察委员会规则，报市政府会同中国证监会批准后生效，报国务院证券委备案。

第四节 证券交易所的自律监管及其自身行为规范

一、证券交易所自律监管的依据及其特征

（一）证券交易所自律监管的依据

从证券市场发展史的角度来看，证券交易所最初一般只有服务功能，而没有监管功能。随着证券市场规模的扩大，各类交易主体的增多，社会公众成为重要的投资群体。个别上市公司和投资者为了获取自身利益最大化，不惜以诸如操纵市场、内幕交易、虚假陈述等各类侵权手段侵害其他交易主体。为了维护会员们和公众投资者的利益，避免不必要的损害，20世纪30年代之后，以美国纽约证券交易所为代表的自律监管和政府监管的同时存在，才保障了证券市场的健康有序发展。[②] 有关证券交易所证券监管权的性质以及其与政府证券监管权性质的区别，将在本书第11章论述。各国因法律和习惯不同，证券交易所的监管功能大小也有一定差别，我国证券交易所的监管主要包括三个方面，即对证券交易活动的监管、对会员的监管、对证券上市交易公司的监管等。

从法理上看，交易所是自律性组织，属于私法上的民事主体，其自律监管的依据主要是基于契约关系。也就是说，交易所对证券交易活动的监管、对会员的监管、对证券上市交易公司的监管，主要来自交易所的交易规则、章程和上市协议等。为了建造持续、稳定的交易市场，交易所的自律监管就要从证券市场各方参与者的利益出发，证券交易所的自律监管也是证券市场交易各方博弈、妥协而达成共同利益最大化的结果。交易所章程的实质是会员之间的一种契约。证券公司如果要入场交易，必须先要接受交易所章程，成为会员，方可进行。同时也意味着证券公司愿意接受交易所的监管。同样，交易所对上市公司和交易活动的监管，依据的也是契约关系。《证券法》第46条第1款规定："申请证券上市交易，应当向证券交易所提出申请，由证券交易所依法审核同意，并由双方签订上市协议。"上市公司一旦

[①] 参见《证券交易所管理办法》(2020年修订) 第33条和《深圳证券交易所章程》(2018年修订) 第26、31条的规定。
[②] 彭冰、曹里加：《证券交易所监管功能研究》，载《中国法学》2005年第1期。

与交易所签订了协议,就表明其自动接受了交易所的上市规则,交易所就可以依据上市规则对其进行监管。

(二) 证券交易所自律监管的特征①

证券交易所自律监管的主要特征如下:

1. 灵活性

相对于政府监管而言,证券交易所的自律监管具有灵活性。证券交易所由于在证券市场的第一线,面对各种市场变化,客观上要求交易所的监管手段必须是灵活的,否则无法应对千变万化的证券市场。交易所通过对市场的实时监管及规范会员行为,协调会员之间的关系,督促会员遵章守法等方式实行自律监管。证券交易所对上市公司及相关信息披露义务人披露信息进行监督,督促其依法及时、准确地披露信息。

2. 自觉性

证券交易所自身不仅存在国内竞争,在互联网时代和全球经济一体化的背景下,还存在着激烈的国际间交易所的竞争。证券交易所为吸引更多的投资者,获取更多的上市资源,促进市场交易的透明度和公平性,提升自身的竞争优势,自然会自觉地、主动地监管证券交易行为会员和上市公司,维护证券交易市场秩序。这是交易所赖以生存和发展所必需的,也是交易所自觉监管的动力所在。只有这样,证券交易所才能增强其在国内和国际资本市场上的竞争力,立于不败之地。

3. 专业性

如上所述,证券交易所处在证券市场的第一线,面对各种市场变化,熟悉和掌握市场交易的现状和规律,其监管不仅有市场基础,而且有实践经验。和政府监管相比,证券交易所的监管属于一线监管,更能把准市场的脉搏,有针对性地采取切实有效的监管措施。加之,交易所拥有一支具备相当专业水准的管理人员和从业人员队伍,为实施专业化管理提供了保障。同时,由于交易所的自律监管权来自于会员公司、上市公司和证券投资者与交易所达成的契约,交易所在与他们签订契约时,就已将他们的专业经验、专业要求反映到契约当中去了。所以,交易所的自律监管规则是融合了证券交易参与者各方专业智慧的结晶,保证了其自律监管的专业化素质和专业化水准。

4. 相对不可诉性

2004年11月18日,由最高人民法院审判委员会通过的《关于对与证券交易所监管职能相关的诉讼案件管辖与受理问题的规定》(2005年1月31日起施行),根据《民事诉讼法》第37条和《行政诉讼法》第22条的有关规定,指定上海证券交易所和深圳证券交易所所在地的中级人民法院分别管辖以上海证券交易所和深圳证券交易所为被告或第三人的与证券交易所监管职能相关的第一审民事和行政案件。《关于对与证券交易所监管职能相关的诉讼案件管辖与受理问题的规定》明确规定,与证券交易所监管职能相关的诉讼案件包括:(1)证券交易所根据《公司法》《证券法》《证券投资基金法》《证券交易所管理办法》(2020年修订)等法律、法规、规章的规定,对证券发行人及其相关人员、证券交易所会员及其相关人员、证券上市和交易活动作出处理决定引发的诉讼;(2)证券交易所根据中国证监会的依法授权,对证券发行人及其相关人员、证券交易所会员及其相关人员、证券上市和交易活动作出处理决定引发的诉讼;(3)证券交易所根据其章程、业务规则、业务合同的规定,对证券发行人及

---

① 参见李东方主编:《证券法学》(第二版),中国政法大学出版社2012年版,第224—225页。

其相关人员、证券交易所会员及其相关人员、证券上市和交易活动作出处理决定引发的诉讼;(4)证券交易所在履行监管职能过程中引发的其他诉讼。投资者对证券交易所履行监管职责过程中对证券发行人及其相关人员、证券交易所会员及其相关人员、证券上市和交易活动作出的不直接涉及投资者利益的行为提起的诉讼,人民法院不予受理。也就是说,因交易所监管活动而产生的纠纷,法院不予受理,除非该纠纷是直接涉及投资者利益的情形,法院才或立民事案件,或立行政案件予受理。这一规定,体现了交易所自律监管行为引发的后果具有相对不可诉性。

二、证券交易所自律监管的主要内容①

（一）证券交易所对证券交易活动的监管

1. 制定证券交易规则

证券交易所对证券交易活动进行监管,首先必须制定具体的交易规则。根据《证券交易所管理办法》(2020年修订)的规定,证券交易规则的内容如下:(1)证券交易的基本原则;(2)证券交易的场所、品种和时间;(3)证券交易方式、交易流程、风险控制和规范事项;(4)证券交易监督;(5)清算交收事项;(6)交易纠纷的解决;(7)暂停、恢复与取消交易;(8)交易异常情况的认定和处理;(9)投资者准入和适当性管理的基本要求;(10)对违反交易规则行为的处理规定;(11)证券交易信息的提供和管理;(12)指数的编制方法和公布方式;(13)其他需要在交易规则中规定的事项。

2. 实时公布即时行情并按日制作证券市场行情表

证券交易所应当实时公布即时行情,并按日制作证券市场行情表,记载并公布下列事项:(1)上市证券的名称;(2)开盘价、最高价、最低价、收盘价;(3)与前一交易日收盘价比较后的涨跌情况;(4)成交量、成交金额的分计及合计;(5)证券交易所市场基准指数及其涨跌情况;(6)中国证监会要求公布或者证券交易所认为需要公布的其他事项。证券交易所即时行情的权益由证券交易所依法享有。证券交易所对市场交易形成的基础信息和加工产生的信息产品享有专属权利。未经证券交易所同意,任何单位和个人不得发布证券交易即时行情,不得以商业目的使用。经许可使用交易信息的机构和个人,未经证券交易所同意,不得将该信息提供给其他机构和个人使用。

3. 编制报表,并及时向市场公布

证券交易所应当就其市场内的成交情况编制日报表、周报表、月报表和年报表,并及时向市场公布。证券交易所可以根据监管需要,对其市场内特定证券的成交情况进行分类统计,并向市场公布。

4. 应对突发性事件的处置措施

因不可抗力、意外事件、重大技术故障、重大人为差错等突发性事件而影响证券交易正常进行时,为维护证券交易正常秩序和市场公平,证券交易所可以按照业务规则采取技术性停牌、临时停市等处置措施,并应当及时向中国证监会报告。因上述规定的突发性事件导致证券交易结果出现重大异常,按交易结果进行交收将对证券交易正常秩序和市场公平造成重大影响的,证券交易所按照业务规则可以采取取消交易、通知证券登记结算机构暂缓交收等措施,并应当及时向中国证监会报告并公告。

---

① 参见《证券交易所管理办法》(2020年修订)第36—69条的规定。

5. 处理异常交易行为的各项措施

(1) 证券交易所对证券交易进行实时监控,及时发现和处理违反业务规则的异常交易行为。证券交易所应当对可能误导投资者投资决策、可能对证券交易价格或证券交易量产生不当影响等异常交易行为进行重点监控。

(2) 证券交易所应当按照维护市场交易秩序,保障市场稳定运行,保证投资者公平交易机会,防范和化解市场风险的原则,制定异常交易行为认定和处理的业务规则,并报中国证监会批准。

(3) 对于严重影响证券交易秩序或者交易公平的异常交易行为,证券交易所可以按照业务规则实施限制投资者交易等措施,并向中国证监会报告。证券交易所发现异常交易行为涉嫌违反法律、行政法规、部门规章的,应当及时向中国证监会报告。

(4) 证券交易所应当加强对证券交易的风险监测。出现重大异常波动的,证券交易所可以按照业务规则采取限制交易、强制停牌等处置措施,并向中国证监会报告;严重影响证券市场稳定的,证券交易所可以按照业务规则采取临时停市等处置措施并公告。

(5) 证券交易所应当保证投资者有平等机会获取证券市场的交易行情和其他公开披露的信息,并有平等的交易机会。

6. 保存交易记录,并制定保密制度

证券交易所应当妥善保存证券交易中产生的交易记录,并制定相应的保密管理措施。交易记录等重要文件的保存期不少于 20 年。证券交易所应当要求并督促会员妥善保存与证券交易有关的委托资料、交易记录、清算文件等,并建立相应的查询和保密制度。

7. 建立监控技术系统,完善程序化交易监管

证券交易所应当建立符合证券市场监管和实时监控要求的技术系统,并设立负责证券市场监管工作的专门机构。证券交易所应当保障交易系统、通信系统及相关信息技术系统的安全、稳定和持续运行。

通过计算机程序自动生成或者下达交易指令进行程序化交易的,应当符合中国证监会的规定,并向证券交易所报告,不得影响证券交易所系统安全或者正常交易秩序。证券交易所应当制定业务规则,对程序化交易进行监管。

(二) 证券交易所对会员的监管

证券交易所接纳的会员应当是经批准设立并具有法人地位的境内证券经营机构。境外证券经营机构设立的驻华代表处,经申请可以成为证券交易所的特别会员。证券交易所的会员种类、会员资格及权利、义务由证券交易所章程和业务规则规定。证券交易所决定接纳或者开除会员应当在决定后的 5 个工作日内向中国证监会报告。证券交易所会员应当接受证券交易所的监管,并主动报告有关问题。证券交易所对会员监管的具体内容如下:

1. 制定会员管理规则

证券交易所应当制定会员管理规则,其内容包括:(1) 会员资格的取得和管理;(2) 席位与交易单元管理;(3) 与证券交易业务有关的会员合规管理及风险控制要求;(4) 会员客户交易行为管理、适当性管理及投资者教育要求;(5) 会员业务报告制度;(6) 对会员的日常管理和监督检查;(7) 对会员采取的收取惩罚性违约金、取消会员资格等自律监管措施和纪律处分;(8) 其他需要在会员管理规则中规定的事项。

2. 席位与交易单元管理

证券交易所应当限定席位的数量。会员可以通过购买或者受让的方式取得席位。经证

券交易所同意,席位可以转让,但不得用于出租和质押。

证券交易所应当对交易单元实施严格管理,设定、调整和限制会员参与证券交易的品种及方式。会员参与证券交易的,应当向证券交易所申请设立交易单元。经证券交易所同意,会员将交易单元提供给他人使用的,会员应当对其进行管理。会员不得允许他人以其名义直接参与证券的集中交易。

3. 制定技术管理规范,建立风险控制系统和监测模型

证券交易所应当制定技术管理规范,明确会员交易系统接入证券交易所和运行管理等技术要求,督促会员按照技术要求规范运作,保障交易及相关系统的安全稳定。

证券交易所为了防范系统性风险,可以要求会员建立和实施相应的风险控制系统和监测模型。

4. 对会员的日常管理和监督检查

(1) 证券交易所应当按照章程、业务规则的规定,对会员遵守证券交易所章程和业务规则的情况进行检查,并将检查结果报告中国证监会。证券交易所可以根据章程、业务规则要求会员提供与证券交易活动有关的业务报表、账册、交易记录和其他文件资料。

(2) 证券交易所应当建立会员客户交易行为管理制度,要求会员了解客户并在协议中约定对委托交易指令的核查和对异常交易指令的拒绝等内容,指导和督促会员完善客户交易行为监控系统,并定期进行考核评价。会员管理的客户出现严重异常交易行为或者在一定时期内多次出现异常交易行为的,证券交易所应当对会员客户交易行为管理情况进行现场或者非现场检查,并将检查结果报告中国证监会。会员未按规定履行客户管理职责的,证券交易所可以采取自律监管措施或者纪律处分。

(3) 证券交易所应当按照章程、业务规则对会员通过证券自营及资产管理等业务进行的证券交易实施监管。按照章程、业务规则要求会员报备其通过自营及资产管理账户开展产品业务创新的具体情况以及账户实际控制人的有关文件资料。

(4) 证券交易所应当督促会员建立并执行客户适当性管理制度,要求会员向客户推荐产品或者服务时充分揭示风险,并不得向客户推荐与其风险承受能力不适应的产品或者服务。

5. 对会员违反法律行为的处理

对会员采取的收取惩罚性违约金、取消会员资格等自律监管措施和纪律处分。会员出现违法违规行为的,证券交易所可以按照章程、业务规则的规定采取暂停受理或者办理相关业务、限制交易权限、收取惩罚性违约金、取消会员资格等自律监管措施或者纪律处分。

(三) 证券交易所对证券上市交易公司的监管

1. 制定证券上市规则

证券交易所应当制定证券上市规则,其内容包括:(1)证券上市的条件、程序和披露要求;(2)信息披露的主体、内容及具体要求;(3)证券停牌、复牌的标准和程序;(4)终止上市、重新上市的条件和程序;(5)对违反上市规则行为的处理规定;(6)其他需要在上市规则中规定的事项。

2. 订立上市协议

证券交易所应当与申请证券上市交易的公司订立上市协议,确定相互间的权利义务关系。上市协议的内容与格式应当符合法律、行政法规、部门规章的规定,上市协议应当包括下列内容:(1)上市证券的品种、名称、代码、数量和上市时间;(2)上市费用的收取;(3)证

券交易所对证券上市交易公司及相关主体进行自律管理的主要手段和方式,包括现场和非现场检查等内容;(4)违反上市协议的处理,包括惩罚性违约金等内容;(5)上市协议的终止情形;(6)争议解决方式;(7)证券交易所认为需要在上市协议中明确的其他内容。

3. 建立上市保荐制度

证券交易所应当依法建立上市保荐制度。证券交易所应当监督保荐人及相关人员的业务行为,督促其切实履行法律、行政法规、部门规章以及业务规则中规定的相关职责。

4. 决定证券终止上市和重新上市

证券交易所按照章程、协议以及上市规则决定证券终止上市和重新上市。证券交易所按照业务规则对出现终止上市情形的证券实施退市,督促证券上市交易公司充分揭示终止上市风险,并应当及时公告,报中国证监会备案。

5. 信息披露监管

(1)证券交易所应当按照章程、协议以及业务规则,督促证券上市交易公司及相关信息披露义务人依法披露上市公告书、定期报告、临时报告等信息披露文件。证券交易所对信息披露文件进行审核,可以要求证券上市交易公司及相关信息披露义务人、上市保荐人、证券服务机构等作出补充说明并予以公布,发现问题应当按照有关规定及时处理,情节严重的,报告中国证监会。

(2)证券交易所应当按照章程、协议以及业务规则,对上市公司控股股东、持股5%以上股东、其他相关股东以及董事、监事、高级管理人员等持有本公司股票的变动及信息披露情况进行监管。

(3)发行人、证券上市交易公司及相关信息披露义务人等出现违法、违规行为的,证券交易所可以按照章程、协议以及业务规则的规定,采取通报批评、公开谴责、收取惩罚性违约金、向相关主管部门出具监管建议函等自律监管措施或者纪律处分。

6. 停牌、复牌监管

证券交易所应当依据业务规则和证券上市交易公司的申请,决定上市交易证券的停牌或者复牌。证券上市交易的公司不得滥用停牌或复牌损害投资者合法权益。

证券交易所为维护市场秩序可以根据业务规则拒绝证券上市交易公司的停复牌申请,或者决定证券强制停复牌。

中国证监会为维护市场秩序可以要求证券交易所对证券实施停复牌。

三、对证券交易所自身行为的监管[①]

证券交易所在证券市场行使证券自律监管权,在性质上属于社会公权的行使[②],凡是公权力皆须被制约,否则可能因干预过度而造成对私权利的侵扰。证券交易所在行使证券自律监管权时,就需要对其自身的行为进行规范和制约,即所谓监管监管者。

1. 对证券交易所高级管理人员的监管

(1)证券交易所的理事、监事、高级管理人员对其任职机构负有诚实信用的义务。证券交易所的总经理离任时,应当按照有关规定接受离任审计。

(2)证券交易所的总经理、副总经理未经批准,不得在任何营利性组织、团体和机构中

---

① 参见《证券交易所管理办法》(2020年修订)第70—83条的规定。
② 参见李东方:《上市公司监管法论》,中国政法大学出版社2013年版,第3页。

兼职。证券交易所的非会员理事、非会员监事及其他工作人员不得以任何形式在证券交易所会员公司兼职。

(3) 证券交易所的理事、监事、高级管理人员及其他工作人员不得以任何方式泄露或者利用内幕信息，不得以任何方式违规从证券交易所的会员、证券上市交易公司获取利益。

(4) 证券交易所的理事、监事、高级管理人员及其他工作人员在履行职责时，遇到与本人或者其亲属等有利害关系情形的，应当回避。具体回避事项由其章程、业务规则规定。

2. 资质与财务监管

(1) 所谓资质监管，就是指证券交易所不得以任何方式转让其依照《证券交易所管理办法》(2020年修订)取得的设立及业务许可。因为交易所的设立和业务许可是赋予经过严格审核的、符合法定条件的特殊机构的，具有很高的条件，目的在于维护证券市场秩序和公共利益的安全。

(2) 证券交易所应当建立健全财务管理制度，收取的各种资金和费用应当严格按照规定用途使用，不得挪作他用。证券交易所的收支结余不得分配给会员。

3. 证券交易所的报告义务

(1) 证券交易所应当履行下列报告义务：① 证券交易所经符合《证券法》规定的会计师事务所审计的年度财务报告，该报告应于每一财政年度终了后3个月内向中国证监会提交；② 关于业务情况的季度和年度工作报告，应当分别于每一季度结束后15日内和每一年度结束后30日内向中国证监会报告；③ 法律、行政法规、部门规章及《证券交易所管理办法》(2020年修订)其他条款中规定的报告事项；④ 中国证监会要求报告的其他事项。

(2) 遇有重大事项，证券交易所应当随时向中国证监会报告。所谓重大事项包括：① 发现证券交易所会员、证券上市交易公司、投资者和证券交易所工作人员存在或者可能存在严重违反法律、行政法规、部门规章的行为；② 发现证券市场中存在产生严重违反法律、行政法规、部门规章行为的潜在风险；③ 证券市场中出现法律、行政法规、部门规章未作明确规定，但会对证券市场产生重大影响的事项；④ 执行法律、行政法规、部门规章过程中，需由证券交易所作出重大决策的事项；⑤ 证券交易所认为需要报告的其他事项；⑥ 中国证监会规定的其他事项。

(3) 遇有以下事项之一的，证券交易所应当及时向中国证监会报告，同时抄报交易所所在地人民政府，并采取适当方式告知交易所会员和投资者：① 发生影响证券交易所安全运转的情况；② 因不可抗力、意外事件、重大技术故障、重大人为差错等突发性事件而影响证券交易正常进行时，证券交易所为维护证券交易正常秩序和市场公平采取技术性停牌、临时停市、取消交易或者通知证券登记结算机构暂缓交收等处理措施；③ 因重大异常波动，证券交易所为维护市场稳定，采取限制交易、强制停牌、临时停市等处置措施。

(4) 证券交易所涉及诉讼或者证券交易所理事、监事、高级管理人员因履行职责涉及诉讼或者依照法律、行政法规、部门规章应当受到解除职务的处分时，证券交易所应当及时向中国证监会报告。

4. 中国证监会对交易所的监管事项

(1) 中国证监会有权要求证券交易所提供证券市场信息、业务文件以及其他有关的数据、资料。

(2) 中国证监会有权要求证券交易所对其章程和业务规则进行修改。

(3) 中国证监会有权对证券交易所业务规则制定与执行情况、自律管理职责的履行情况、信息技术系统建设维护情况以及财务和风险管理等制度的建立及执行情况进行评估和检查。中国证监会开展上面所述评估和检查,可以采取要求证券交易所进行自查、要求证券交易所聘请中国证监会认可的专业机构进行核查、中国证监会组织现场核查等方式进行。

(4) 中国证监会依法查处证券市场的违法违规行为时,证券交易所应当予以配合。

第五节 国务院批准的其他全国性证券交易场所和区域性股权市场

一、国务院批准的其他全国性证券交易场所

除上述证券交易所之外,国务院批准的其他全国性证券交易场所,目前最为典型的是全国中小企业股份转让系统,全国中小企业股份转让系统有限责任公司为其运营管理机构。[①]

(一) 全国中小企业股份转让系统的历史沿革

全国中小企业股份转让系统,又称"新三板"市场。三板市场起源于2001年"股权代办转让系统",称为"老三板"。2006年,中关村科技园区非上市股份公司进入代办转让系统进行股份报价转让,代办股权转让系统的服务业务是指证券公司以其自有或者租用的业务设施,为非上市公司提供股份转让服务业务。中国证券业协会依法履行自律性管理职责,对代办股份转让服务业务进行监督管理。因挂牌企业均为高科技企业而不同于原转让系统内的退市企业及原 STAQ、NET 系统挂牌公司,故形象地称为"新三板"。2013年1月31日中国证监会公布《全国中小企业股份转让系统有限责任公司管理暂行办法》,2013年12月31日起股转系统面向全国接收企业挂牌申请。随着新三板市场的逐步完善,我国逐步形成了由主板、创业板、场外柜台交易网络和产权市场在内的多层次资本市场体系。

(二) 关于全国股份转让系统公司的一般规定[②]

全国中小企业股份转让系统(以下简称"全国股份转让系统")是经国务院批准设立的全国性证券交易场所。股票在全国股份转让系统挂牌的公司(以下简称"挂牌公司")为非上市公众公司,股东人数可以超过200人,接受中国证监会的统一监督管理。全国股份转让系统公司负责组织和监督挂牌公司的股票转让及相关活动,实行自律管理。全国股份转让系统坚持公益优先的原则,维护公开、公平、公正的市场环境,保证全国股份转让系统的正常运行,为全国股份转让系统各参与人提供优质、高效、低成本的金融服务。全国股份转让系统公司应当督促主办券商、律师事务所、会计师事务所等为挂牌转让等相关业务提供服务的证券服务机构和人员,诚实守信、勤勉尽责,严格履行法定职责,遵守法律法规和行业规范,并对出具文件的真实性、准确性、完整性负责。

全国股份转让系统的股票挂牌转让及相关活动,必须遵守法律、行政法规和各项规章规定,禁止欺诈、内幕交易、操纵市场等违法违规行为。全国股份转让系统公司发现相关当事

[①] 全国中小企业股份转让系统 (National Equities Exchange and Quotations, NEEQ),是经国务院批准设立的全国性证券交易场所,全国中小企业股份转让系统有限责任公司为其运营管理机构。2012年9月20日,公司在国家工商行政管理总局注册成立,注册资本30亿元。公司的主要股东如下:上海证券交易所、深圳证券交易所、中国证券登记结算有限责任公司、上海期货交易所、中国金融期货交易所、郑州商品交易所、大连商品交易所等。

[②] 参见《全国中小企业股份转让系统有限责任公司管理暂行办法》。

人违反法律法规及业务规则的,可以依法采取自律监管措施,并报中国证监会备案。依法应当由中国证监会进行查处的,全国股份转让系统公司应当向中国证监会提出查处建议。中国证监会依法对全国股份转让系统公司、全国股份转让系统的各项业务活动及各参与人实行统一监督管理,维护全国股份转让系统运行秩序,依法查处违法违规行为。

(三)全国股份转让系统公司的职能

全国股份转让系统公司的职能包括:(1)建立、维护和完善股票转让相关技术系统和设施;(2)制定和修改全国股份转让系统业务规则;(3)接受并审查股票挂牌及其他相关业务申请,安排符合条件的公司股票挂牌;(4)组织、监督股票转让及相关活动;(5)对主办券商等全国股份转让系统参与人进行监管;(6)对挂牌公司及其他信息披露义务人进行监管;(7)管理和公布全国股份转让系统相关信息;(8)中国证监会批准的其他职能。

全国股份转让系统公司应当就股票挂牌、股票转让、主办券商管理、挂牌公司管理、投资者适当性管理等依法制定基本业务规则。并且其基本业务规则的制定与修改,应当经中国证监会批准;制定与修改其他业务规则,应当报中国证监会备案。

全国股份转让系统挂牌新的证券品种应当向中国证监会报告,采用新的转让方式应当报中国证监会批准。其应当为组织公平的股票转让提供保障,公布股票转让即时行情。未经全国股份转让系统公司许可,任何单位和个人不得发布、使用或传播股票转让即时行情。

全国股份转让系统公司收取的资金和费用应当符合有关主管部门的规定,并优先用于维护和完善相关技术系统和设施。全国股份转让系统公司应当制定专项财务管理规则,并报中国证监会备案。此外,该公司还应当从其收取的费用中提取一定比例的金额设立风险基金。风险基金提取和使用的具体办法,由中国证监会另行制定。

全国股份转让系统的登记结算业务由中国证券登记结算有限责任公司负责。全国股份转让系统公司应当与其签订业务协议,并报中国证监会备案。

(四)全国股份转让系统公司的组织结构

全国股份转让系统公司应当按照《公司法》等法律、行政法规和中国证监会的规定,制定公司章程,明确股东会、董事会、监事会和经理层之间的职责划分,建立健全内部组织机构,完善公司治理。其章程的制定和修改,应当经中国证监会批准。

(1)股东。全国股份转让系统公司的股东应当具备法律、行政法规和中国证监会规定的资格条件,股东持股比例应当符合中国证监会的有关规定。全国股份转让系统公司新增股东或原股东转让所持股份的,应当向中国证监会报告。

(2)董事会、监事会。全国股份转让系统公司董事会、监事会的组成及议事规则应当符合有关法律、行政法规和中国证监会的规定,并报中国证监会备案。

(3)董监高。全国股份转让系统公司董事长、副董事长、监事会主席及高级管理人员由中国证监会提名,任免程序和任期遵守《公司法》和全国股份转让系统公司章程的有关规定。上述高级管理人员的范围,由全国股份转让系统公司章程规定。

(4)专门委员会。全国股份转让系统公司应当根据需要设立专门委员会。各专门委员会的组成及议事规则报中国证监会备案。

(五)全国股份转让系统公司的自律监管

(1)全国股份转让系统实行主办券商制度。在全国股份转让系统从事主办券商业务的证券公司称为主办券商。主办券商业务包括推荐股份公司股票挂牌,对挂牌公司进行持续督导,代理投资者买卖挂牌公司股票,为股票转让提供做市服务及其他全国股份转让系统公司规定的业务。

（2）审查与签署协议。全国股份转让系统公司依法对股份公司股票挂牌、定向发行等申请及主办券商推荐文件进行审查，出具审查意见。审查之后，应当与符合条件的股份公司签署挂牌协议，确定双方的权利义务关系。

（3）信息披露监管。全国股份转让系统公司应当督促申请股票挂牌的股份公司、挂牌公司及其他信息披露义务人，依法履行信息披露义务，真实、准确、完整、及时地披露信息，不得有虚假记载、误导性陈述或者重大遗漏。

（4）挂牌及转让监管。

① 挂牌公司应当符合全国股份转让系统持续挂牌条件，不符合持续挂牌条件的，全国股份转让系统公司应当及时作出股票暂停或终止挂牌的决定，及时公告，并报中国证监会备案。

② 挂牌股票转让可以采取做市方式、协议方式、竞价方式或证监会批准的其他转让方式。

③ 全国股份转让系统实行投资者适当性管理制度。参与股票转让的投资者应当具备一定的证券投资经验和相应的风险识别和承担能力，了解熟悉相关业务规则。

④ 因突发性事件而影响股票转让的正常进行时，全国股份转让系统公司可以采取技术性停牌措施；因不可抗力的突发性事件或者为维护股票转让的正常秩序，可以决定临时停市。全国股份转让系统公司采取技术性停牌或者决定临时停市，应当及时报告中国证监会。

（5）建立市场监控制度。全国股份转让系统公司应当建立市场监控制度及相应技术系统，配备专门市场监察人员，依法对股票转让实行监控，及时发现、及时制止内幕交易、市场操纵等异常转让行为。

对违反法律法规及业务规则的，全国股份转让系统公司应当及时采取自律监管措施，并视情节轻重或根据监管要求，及时向中国证监会报告。

（6）对原STAQ、NET系统挂牌公司和退市公司的监管。在证券公司代办股份转让系统的原STAQ、NET系统挂牌公司和退市公司及其股份转让相关活动，由全国股份转让系统公司负责监督管理。

（六）对全国股份转让系统公司自身行为的监管

对全国股份转让系统公司自身行为的监管，主要是指中国证监会对其在工作报告、章程和业务规则修改、现场检查等方面的直接监督和管理。具体内容如下：

（1）报告义务。全国股份转让系统公司应当向中国证监会报告股东会、董事会、监事会、总经理办公会议和其他重要会议的会议纪要，全国股份转让系统运行情况，全国股份转让系统公司自律监管职责履行情况、日常工作动态以及中国证监会要求报告的其他信息。全国股份转让系统公司的其他报告义务，比照执行证券交易所管理有关规定。

（2）章程和业务规则修改。中国证监会有权要求全国股份转让系统公司对其章程和业务规则进行修改。

（3）现场检查及查处。中国证监会依法对全国股份转让系统公司进行监管，开展定期、不定期的现场检查，并对其履职和运营情况进行评估和考核。

全国股份转让系统公司及相关人员违反相关规定，在监管工作中不履行职责，或者不履行相关义务，中国证监会比照证券交易所管理有关规定进行查处。

二、区域性股权市场

如本章第一节所述,除全国性证券交易场所之外,2019年修订的《证券法》中增加了区域性股权市场的规定,肯定了区域性股权市场的法律地位。

(一)区域性股权市场的产生

为促进中小企业发展,解决"中小企业多、融资难;社会资金多、投资难",即"两多两难"问题,2012年中央政府允许各地重新设立区域性股权市场,研究并推动在沪深交易所之外进行场外资本市场试验。2012年8月,证监会发布了《关于规范证券公司参与区域性股权交易市场的指导意见》(现已失效),确立区域性股权交易市场(以下简称"区域性市场")是多层次资本市场的重要组成部分,对于促进企业特别是中小微企业股权交易和融资,鼓励科技创新和激活民间资本,加强对实体经济薄弱环节的支持,具有不可替代的作用。从政策层面首次确认中国多层次的资本市场包括四个层次:主板(中小板)市场、创业板市场、全国性场外交易市场、区域性股权交易市场。2015年,全国各省市自治区已陆续成立35家区域性股权交易中心。区域性股权市场是由地方政府管理的、非公开发行证券的场所,是资本市场服务小微企业的新的组织形式和业态,是多层次资本市场体系的组成部分。[①]《区域性股权市场监督管理试行办法》已经2017年4月27日中国证券监督管理委员会2017年第3次主席办公会议审议通过,自2017年7月1日起施行。

(二)对区域性股权市场的监管[②]

区域性股权市场是为其所在省级行政区域内中小微企业证券非公开发行、转让及相关活动提供设施与服务的场所。除区域性股权市场外,地方其他各类交易场所不得组织证券发行和转让活动。在区域性股权市场内的证券发行、转让及相关活动,应当遵守法律、行政法规和规章等规定,遵循公平自愿、诚实信用、风险自担的原则。禁止欺诈、内幕交易、操纵市场、非法集资行为。根据《区域性股权市场监督管理试行办法》的规定,对区域性股权市场监管的主要内容如下:

1. 省级人民政府依法监管

省级人民政府依法对区域性股权市场进行监督管理,负责风险处置。省级人民政府指定地方金融监管部门承担对区域性股权市场的日常监督管理职责,依法查处违法违规行为,组织开展风险防范、处置工作。省级人民政府根据法律、行政法规、国务院有关规定,制定区域性股权市场监督管理的实施细则和操作办法。省级人民政府对区域性股权市场运营机构(以下简称"运营机构")实施监督管理,向社会公告运营机构名单,并报中国证监会备案。未经公告并备案,任何单位和个人不得组织、开展区域性股权市场相关活动。

2. 中国证监会及其派出机构的监管

中国证监会及其派出机构对地方金融监管部门的区域性股权市场监督管理工作进行指导、协调和监督,对市场规范运作情况进行监督检查,对市场风险进行预警提示和处置督导。地方金融监管部门与中国证监会派出机构应当建立区域性股权市场监管合作及信息共享机制。

---

① 参见李东方主编:《证券法学》(第三版),中国政法大学出版社2017年版,第252页。
② 参见《区域性股权市场监督管理试行办法》第一章的相关规定。

3. 运营机构的自律监管

区域性股权市场运营机构负责组织区域性股权市场的活动,对市场参与者进行自律管理。

4. 运营机构的条件

各省、自治区、直辖市、计划单列市行政区域内设立的运营机构不得超过一家。运营机构应当具备下列条件:(1)依法设立的法人;(2)开展业务活动所必需的营业场所、业务设施、营运资金、专业人员;(3)健全的法人治理结构;(4)完善的风险管理与内部控制制度;(5)法律、行政法规和中国证监会规定的其他条件。证券公司可以参股、控股运营机构。有2019年《证券法》第103条规定的情形,或者被中国证监会采取证券市场禁入措施且仍处于禁入期间的,不得担任运营机构的负责人。

【测试题】

关于证券交易所,下列哪一表述是正确的?(   )(2009年国家司法考试,卷三第34题)

A. 会员制证券交易所从事业务的盈余和积累的财产可按比例分配给会员
B. 证券交易所总经理由理事会选举产生并报国务院证券监督管理机构批准
C. 证券交易所制定和修改章程应报国务院证券监督管理机构备案
D. 证券交易所的设立和解散必须由国务院决定

【答案与解析】

答案:D。

解析:本题综合考察了证券交易所的有关法律规定。证券交易所有公司制与会员制之分,会员制证券交易所是不以营利为目的,由会员自治自律、互相约束,参与经营的会员可以参加股票买卖与交割的交易所形式;公司制交易所是以营利为目的,为证券商提供证券交易所需的交易场地、交易设备和服务人员,以便证券商独立进行证券买卖的交易所形式。当前,我国的两个证券交易所均采取会员制,不以营利为目的。2005年《证券法》第107条(2019年修订的《证券法》第102条第2款,内容未修改)规定,证券交易所设总经理1人,由国务院证券监督管理机构任免。该条规定证交所总经理由证监会直接任免,而不是理事会选举后报证监会批准,所以B选项不正确。2005年《证券法》第103条(2019年修订的《证券法》第99条第2款,内容未修改)规定,设立证券交易所必须制定章程。证券交易所章程的制定和修改,必须经国务院证券监督管理机构批准。该条规定证券交易所制定和修改章程必须经证监会批准,而不是备案,所以C选项不正确。2005年《证券法》第102条第2款(2019年修订的《证券法》第96条第2款)规定,证券交易所的设立和解散,由国务院决定。由此可知D选项正确。

第八章

证券公司法律制度

学习证券公司法律制度的意义在于,理解证券公司的特征、业务和风险控制,体会证券公司在证券市场中的重要作用。学习本章需重点掌握:证券公司的法律特征;证券公司的设立原则、设立条件和程序;证券公司的变更和终止;证券公司的业务范围、业务规则、内部控制及风险监管。

第一节 证券公司概述

一、证券公司的概念

证券公司,是指依据公司法和证券法要求,经证券监管机构批准并经公司登记机关登记设立的,从事证券业务的金融机构。设立证券公司,必须经国务院证券监督管理机构批准,未经国务院证券监督管理机构批准,任何单位和个人不得以证券公司名义开展证券业务活动。① 可见,证券公司的设立是一种行政许可事项。依据证券公司业务类型的不同,证券公司通常还被称为承销商、经纪商、自营商、保荐人等。境外国家和地区对证券公司也有不同的名称,如美国称为投资银行,英国称为商人银行,我国台湾地区称为证券商。②

证券公司是证券市场上最重要的中介机构,在证券市场的运作中发挥着重要作用。一方面,证券公司作为证券市场融资服务的提供者,为证券发行人和投资者提供专业化的中介服务,包括发行和上市保荐、承销、经纪、提供投资咨询和财务顾问等服务,是发行人、投资人进入证券市场的桥梁;另一方面,证券公司也是证券市场上重要的机构投资者。此外,证券公司还通过资产管理等方式,管理众多投资者委托的资产,为投资者提供证券及其他金融产品的投资管理服务。由于证券公司的作用和地位相当重要,证券公司和上市公司往往被形象地比喻为保障证券市场正常运作的两只轮子。③

二、证券公司的法律特征

作为一种公司形态,证券公司除了具有普通公司的一般特征之外,还有如下特殊之处:

---

① 参见《证券法》第118条的规定。
② 参见李东方主编:《证券法》,清华大学出版社2008年版,第181页。
③ 参见叶林:《证券法》(第二版),中国人民大学出版社2006年版,第155页。

1. 设立条件的特殊性

一方面由于证券公司从事的是货币资金的融通业务,即金融业务,这类金融活动对社会公众的影响甚为巨大;另一方面则是由于证券公司所经营的证券业务具有较大的风险。因此,只有规定较为严格的公司设立条件,才能增强证券公司的抗风险能力,有效保护投资者利益,促进证券市场的健康发展。例如,我国《证券法》第118条在公司章程、诚信记录、注册资本、风控制度以及经营场所等方面均对证券公司的设立规定了较为严格的条件。

2. 设立程序的特殊性

根据我国《证券法》的规定,设立证券公司要履行相应的前置资格批准程序和登记后业务许可程序。前置资格批准程序,是指申请人申请设立证券公司时,必须首先向国务院证券监管机构提出设立申请;证券监管机构根据审慎监管原则作出**批准**决定后,申请人才能向公司登记机关提出申请设立登记,从而获得从事证券业务的资格。登记后许可程序,是指证券公司取得企业法人营业执照后,必须向证券监管机构申请,经**核准**之后取得经营证券业务许可证,从而进行相应的证券营业活动。[①]

3. 经营业务的特殊性

证券公司是专门从事证券经营业务以及其他相关业务的商事主体,不同于一般的普通公司,普通公司多为从事一般商品的生产与流通服务,风险较证券公司要低,营业规则也相对简单。根据我国《证券法》第120条第1款的规定,经核准证券公司可以从事证券经纪、证券投资咨询、与证券交易和证券投资活动有关的财务顾问、证券承销与保荐、证券融资融券、证券做市交易、证券自营以及其他证券业务。证券公司提供的证券服务业务具有很强的专业性,同时也具有更高的风险。在服务对象方面,证券公司主要是对证券发行人、投资者等提供专业服务。

4. 公司管理的特殊性

证券公司是证券经营机构,它一方面是证券市场风险的承受者;另一方面,证券公司从事的证券承销、经纪、自营、资产管理及其他证券业务,具有高流动性和高风险性的特点,它自身风险的外溢往往又会给整个证券市场带来风险,从这个角度而言,有时又是风险的制造者。因此对其实行风险管理,可以有效地控制风险,保护投资者利益,维护证券市场的安全与稳定。为此,我国《证券法》对证券公司的风险控制管理进行了一系列的规制,例如,该法第128条规定,证券公司应当建立健全内部控制制度,采取有效隔离措施,防范公司与客户之间、不同客户之间的利益冲突。证券公司必须将其证券经纪业务、证券承销业务、证券自营业务、证券做市业务和证券资产管理业务分开办理,不得混合操作。

第二节 证券公司的设立、变更和终止

一、证券公司的设立体制

证券公司的设立体制主要有三种:一是审批制;二是注册制;三是承认制。所谓审批制,是指证券监管机构对申请人提出设立证券公司的申请,进行实质审查,对符合法定条件的申请人,予以批准的证券监管制度。所谓注册制,是指证券监管机构对申请人提出的设立证

---

① 参见《证券法》第120条的规定。

公司的申请,不进行实质审查,只要申请人依照法定程序提交了法律规定的各种申请文件,并且申请文件所记载的事项符合法律规定,即可获准设立的证券监管制度。所谓承认制,是指证券监管机构承认业已存在的证券公司的合法地位,赋予其法人资格。我国对证券公司的设立实行的是审批制。即我国《证券法》第118条规定的:设立证券公司,须经国务院证券监督管理机构批准。

二、证券公司的设立条件和程序

(一)证券公司的设立条件

根据《证券法》第118条的规定,设立证券公司,应当具备下列条件,并经国务院证券监督管理机构批准:(1)有符合法律、行政法规规定的公司章程;(2)主要股东及公司的实际控制人具有良好的财务状况和诚信记录,最近3年无重大违法违规记录;(3)有符合《证券法》规定的公司注册资本;(4)董事、监事、高级管理人员、从业人员符合《证券法》规定的条件;(5)有完善的风险管理与内部控制制度;(6)有合格的经营场所、业务设施和信息技术系统;(7)法律、行政法规和经国务院批准的国务院证券监督管理机构规定的其他条件。未经国务院证券监督管理机构批准,任何单位和个人不得以证券公司名义开展证券业务活动。

此外,对于证券公司的设立,在高管人员和从业人员的任职资格方面要求如下[1]:证券公司的董事、监事、高级管理人员,应当正直诚实、品行良好,熟悉证券法律、行政法规,具有履行职责所需的经营管理能力。证券公司任免董事、监事、高级管理人员,应当报国务院证券监督管理机构备案。有《公司法》第146条规定的情形或者下列情形之一的,不得担任证券公司的董事、监事、高级管理人员:(1)因违法行为或者违纪行为被解除职务的证券交易场所、证券登记结算机构的负责人或者证券公司的董事、监事、高级管理人员,自被解除职务之日起未逾5年;(2)因违法行为或者违纪行为被吊销执业证书或者被取消资格的律师、注册会计师或者其他证券服务机构的专业人员,自被吊销执业证书或者被取消资格之日起未逾5年。

证券公司从事证券业务的人员应当品行良好,具备从事证券业务所需的专业能力。因违法行为或者违纪行为被开除的证券交易场所、证券公司、证券登记结算机构、证券服务机构的从业人员和被开除的国家机关工作人员,不得招聘为证券公司的从业人员。国家机关工作人员和法律、行政法规规定的禁止在公司中兼职的其他人员,不得在证券公司中兼任职务。

对于上述有关"正直诚实""品行良好"等抽象要求,虽然还很难用类似资格考试的方式加以衡量,但是这已经体现出我国证券行业管理理念的变革和管理范畴的调整,即不仅重视现金资本和制度建设,也开始关注人力资源这个活资本,开始发掘人力资源的品质在效益产出和公司管理上的战略性作用。[2]

(二)证券公司的设立程序

根据《证券法》第119条的规定,国务院证券监督管理机构应当自受理证券公司设立申请之日起6个月内,依照法定条件和法定程序并根据审慎监管原则进行审查,作出批准或者不予批准的决定,并通知申请人;不予批准的,应当说明理由。证券公司设立申请获得批准

---

[1] 见《证券法》第124—125条的规定。
[2] 罗培新等:《最新证券法解读》,北京大学出版社2006年版,第208页。

的,申请人应当在规定的期限内向公司登记机关申请设立登记,领取营业执照。证券公司应当自领取营业执照之日起15日内,向国务院证券监督管理机构申请经营证券业务许可证。未取得经营证券业务许可证,证券公司不得经营证券业务。

三、证券公司的变更和终止

(一)证券公司的变更

证券公司的变更,包括登记事项和公司组织的变更。登记事项的变更,是指证券公司设立登记事项的变化,包括公司名称、法定代表人、注册资本、经营场所和业务范围等事项的变更。证券公司组织的变更,是指证券公司的合并、分立和组织形式的变化,如从有限责任公司变为股份有限公司。对于一般事项的变更,由公司自主决定,无须经过审批,只到公司登记机关办理变更登记手续即可。对于重要事项的变更,特别是经过审批事项的变更,要履行报批手续。对此,我国2019年《证券法》较2014年《证券法》有了一个较大的变化,2014年《证券法》第129条第1款规定,证券公司设立、收购或者撤销分支机构,变更业务范围或者注册资本,变更持有5%以上股权的股东、实际控制人,变更公司章程中的重要条款,合并、分立、变更公司形式、停业、解散、破产,必须经国务院证券监督管理机构批准。该条被2019年《证券法》第122条修改为,证券公司变更证券业务范围,变更主要股东或者公司的实际控制人,合并、分立、停业、解散、破产,应当经国务院证券监督管理机构核准。这一修改大大简化了需要由证券监督管理机构核准的事项,体现了我国行政体制改革简政放权的基本精神。具体而言有以下几点:(1)证券公司设立、收购或者撤销分支机构,不需要再经国务院证券监督管理机构批准。(2)将"增加注册资本且股权结构发生重大调整"修改并限缩为"变更主要股东或者公司的实际控制人",减少了需要经国务院证券监督管理机构批准的事项。(3)减少注册资本,变更持有5%以上股权的股东,不需要再经国务院证券监督管理机构批准,但变更主要股东的除外。(4)变更公司章程中的重要条款不需要再经国务院证券监督管理机构批准。(5)证券公司在境外设立、收购或者参股证券经营机构,不需要再经国务院证券监督管理机构批准。(6)将"批准"修改为"核准"。核准是只要符合法定条件,就必须通过审核,而批准是则根据具体情况,作出是否通过审核,有时即使符合法定条件,有关部门也可以不通过审核。可见,"核准"比"批准"国家干预的程度要低,后者执法者的自由裁量权更大。

另外,根据《证券法》第142条的规定,证券公司的董事、监事、高级管理人员未能勤勉尽责,致使证券公司存在重大违法违规行为或者重大风险的,国务院证券监督管理机构可以责令证券公司予以更换。

(二)证券公司的终止

证券公司的终止,是指证券公司结束经营活动,依照法定程序使公司的法人资格归于消灭的过程。证券公司的终止具有以下三个方面的特点:第一,证券公司终止的法律后果是公司法人主体资格的丧失。第二,证券公司法人资格和市场经营主体资格的消灭,不仅事关债权人、员工、股东的利益,还会直接影响到投资者的利益和整个证券市场的秩序,因此,证券公司的终止必须依照法定程序进行。第三,和一般公司一样,证券公司的终止同样要经过清算程序,只有经过清算程序,以公司财产对债务进行清偿,并将剩余财产分配给股东之后,证券公司才能够注销。

从各国的公司法来看,公司的终止原因,主要有如下四种:自愿解散、司法解散、破产和行政命令解散。根据我国《公司法》和《证券法》的规定,证券公司的终止原因主要包括解散和破产。解散有四种情形:公司章程规定的营业期限届满或其他解散事由出现;股东会决议解散;因公司合并或分立需要解散;公司违反法律、行政法规被依法责令关闭。[①]

下面结合《证券法》的相关规定,仅就证券公司违反法律、行政法规被依法责令关闭的情形进行讨论。由于证券公司经营风险的系统性、复杂性和社会性,因而在实践中,关闭证券公司有必要设置缓冲程序。《证券法》第143条规定,证券公司违法经营或者出现重大风险,严重危害证券市场秩序、损害投资者利益的,国务院证券监督管理机构可以对该证券公司采取责令停业整顿、指定其他机构托管、接管或者撤销等监管措施。上述措施避免了对证券公司予以直接关闭,从而减少对证券市场的冲击。

对证券公司的托管和接管,是近年来我国处理违法违规证券公司广泛采用的方法。在实际操作中,主要包括三种模式:一是同业托管,即由证券公司托管违法或经营有问题的证券公司;二是由资产管理公司托管,即由证监会指定专门成立的资产管理公司来托管违法或经营有问题的证券公司;三是行政接管,即由证监会直接派员进驻违法或经营有问题的证券公司,对其进行管理。[②]

《证券法》对上述被责令停业整顿、被依法指定托管、接管的证券公司,还采取了相应的边控措施与禁令,即该法第144条的规定:在证券公司被责令停业整顿、被依法指定托管、接管或者清算期间,或者出现重大风险时,经国务院证券监督管理机构批准,可以对该证券公司直接负责的董事、监事、高级管理人员和其他直接责任人员采取以下措施:(1)通知出境入境管理机关依法阻止其出境;(2)申请司法机关禁止其转移、转让或者以其他方式处分财产,或者在财产上设定其他权利。

第三节 证券公司的业务[③]

一、证券公司业务的制度变化

关于证券公司的业务制度,2019年《证券法》作了重要修改,即2019年《证券法》第120条的规定,经国务院证券监督管理机构核准,取得经营证券业务许可证,证券公司可以经营下列部分或者全部证券业务:(1)证券经纪;(2)证券投资咨询;(3)与证券交易、证券投资活动有关的财务顾问;(4)证券承销与保荐;(5)证券融资融券;(6)证券做市交易;(7)证券自营;(8)其他证券业务。国务院证券监督管理机构应当自受理上述规定事项申请之日起3个月内,依照法定条件和程序进行审查,作出核准或者不予核准的决定,并通知申请人;不予核准的,应当说明理由。证券公司经营证券资产管理业务的,应当符合《证券投资基金法》等法律、行政法规的规定。除证券公司外,任何单位和个人不得从事证券承销、证券保荐、证券经纪和证券融资融券业务。证券公司从事证券融资融券业务,应当采取措施,严格防范和控制风险,不得违反规定向客户出借资金或者证券。

《证券法》第121条进一步规定了证券公司经营项目与相应注册资本的要求,即证券公司经营《证券法》第120条第1款第(1)项至第(3)项业务的,注册资本最低限额为人民币

---

① 参见李东方主编:《证券法学》(第二版),中国政法大学出版社2012年版,第257页。
② 参见罗培新等:《最新证券法解读》,北京大学出版社2006年版,第207、233页。
③ 参见《证券公司监督管理条例》(2014年修订)的相关规定。

5000万元;经营第(4)项至第(8)项业务之一的,注册资本最低限额为人民币1亿元;经营第(4)项至第(8)项业务中两项以上的,注册资本最低限额为人民币5亿元。证券公司的注册资本应当是实缴资本。国务院证券监督管理机构根据审慎监管原则和各项业务的风险程度,可以调整注册资本最低限额,但不得少于上述规定的限额。

上述2019年《证券法》第120条对2014年《证券法》第125条作出的修改,体现在以下几个方面:第一,将证券融资融券业务和证券做市交易纳入证券业务的范畴。第二,在证券业务中删除了证券资产管理业务,同时在第3款中规定证券公司经营证券资产管理业务的,应当符合《证券投资基金法》等法律行政法规的规定。第三,增加了国务院证券监督管理机构审查、核准证券业务的期限。第四,明确规定"除证券公司外,任何单位和个人不得从事证券承销、证券保荐、证券经纪和证券融资融券业务"。即这四项证券业务为证券公司的特许专有业务。第五,对证券公司从事证券融资融业务提出特殊要求,即"应当采取措施,严格防范和控制风险,不得违反规定向客户出借资金或者证券"。上述修改的目的,很大程度上在于防范和杜绝场外配资业务。

另外,该条还将原"批准"改成了"核准",如本章上一节所述,核准是只要符合法定条件,就必须通过审核,"核准"比"批准"国家干预的程度要低,是一种放松政府管制的体现。下面就证券公司业务的主要内容进行论述。

二、证券经纪业务[①]

证券经纪业务,是指证券公司通过其设立的证券营业部,接受客户委托,并收取证券交易佣金,促成交易双方证券买卖的中介业务活动。

在证券市场中的证券交易具有交易人数众多,整体交易数额巨大的特点,而交易所交易席位又是相对固定有限的,因此,不可能每个投资者都直接进入证券交易所进行交易,而是必须借助证券公司的经纪服务,才能够实现证券交易。即由证券公司充当证券买卖的媒介,通过其证券经纪业务完成证券交易行为。并且证券公司不得允许他人以证券公司的名义直接参与证券的集中交易。

根据《证券法》的相关规定,证券经纪业务基本规范如下:

1. 禁止挪用客户交易结算资金

客户交易结算资金,是指投资者为了买卖证券而交存给证券公司并用于结算的资金。本来该资金应当存储于客户的资金账户中,但是,由于我国证券市场起步晚,成熟度不高,证券公司的内控制度不够完善,在实际营运过程中,存在比较严重的挪用客户交易结算资金现象,这严重影响到投资者利益,同时也会给整个证券市场带来不稳定因素。

为了确保客户交易结算资金的安全,我国《证券法》禁止挪用客户交易结算资金。第131条规定,证券公司客户的交易结算资金应当存放在商业银行,以每个客户的名义单独立户管理。同时,证券公司不得将客户的交易结算资金和证券归入其自有财产。禁止任何单位或者个人以任何形式挪用客户的交易结算资金和证券。证券公司破产或者清算时,客户的交易结算资金和证券不属于其破产财产或者清算财产。非因客户本身的债务或者法律规定的其他情形,不得查封、冻结、扣划或者强制执行客户的交易结算资金和证券。

[①] 参见《证券法》第132—137条的规定。

2. 置备证券买卖委托书，建立客户信息查询与保存制度

证券公司与客户的委托关系是以委托协议和委托书为纽带的。委托协议是证券公司与客户就委托买卖证券事项达成的协议。委托书是客户委托证券公司从事证券交易应当具备的法律文件。证券公司办理经纪业务，应当置备统一制定的证券买卖委托书，供委托人使用。采取其他委托方式的，必须作出委托记录。客户的证券买卖委托，不论是否成交，其委托记录应当按照规定的期限，保存于证券公司。

证券公司应当建立客户信息查询制度，确保客户能够查询其账户信息、委托记录、交易记录以及其他与接受服务或者购买产品有关的重要信息。证券公司应当妥善保存客户开户资料、委托记录、交易记录和与内部管理、业务经营有关的各项信息，任何人不得隐匿、伪造、篡改或者毁损。上述信息的保存期限不得少于 20 年。

3. 如实执行委托，规范从业人员行为

证券公司接受证券买卖的委托，应当根据委托书载明的证券名称、买卖数量、出价方式、价格幅度等，按照交易规则代理买卖证券，如实进行交易记录；买卖成交后，应当按照规定制作买卖成交报告单交付客户。证券交易中确认交易行为及其交易结果的对账单必须真实，保证账面证券余额与实际持有的证券相一致。

证券公司的从业人员在证券交易活动中，执行所属的证券公司的指令或者利用职务违反交易规则的，由所属的证券公司承担全部责任。另外，证券公司的从业人员如果私下接受客户委托买卖证券，这在业界称为"飞单"。《证券法》明确禁止飞单，即证券公司的从业人员不得私下接受客户委托买卖证券。

4. 禁止全权委托和保底承诺

（1）禁止全权委托。全权委托是指，客户向证券公司作出的、由证券公司决定是否买卖、买卖的品种、数量和价格的委托。全权委托之所以被禁止，是因为全权委托，为证券公司更方便地操作客户的资金和证券提供了机会。证券公司借助全权委托，就能够集中大规模的资金或证券，从而为其可能操纵证券市场价格，或者与自己的自营业务进行反向操作，谋取私利，带来了便利。因此，许多国家和地区对证券交易中的全权委托都采取了限制或者禁止措施。例如韩国《证券和交易法》规定，对有自由决定权的证券交易应当限制。我国台湾地区"证券交易法"规定，证券经纪商不得接受由中介证券买卖人代为决定种类、数量、价格或买入、卖出之全权委托。① 我国《证券法》也明确规定，证券公司办理经纪业务，不得接受客户的全权委托而决定证券买卖、选择证券种类、决定买卖数量或者买卖价格。

（2）禁止保底承诺。保底承诺，是指证券公司向客户承诺证券买卖的收益包赚不赔或者承诺赔偿证券买卖的损失。禁止证券公司向客户对证券买卖的收益或者赔偿证券买卖的损失作出承诺，是证券业国际通行的做法，证券公司必须遵守。如日本《证券交易法》规定，证券公司及其高级职员或雇员，不得就有价证券买卖及其他交易对客户约定承担有价证券发生的损失的全部或一部分的劝诱行为。韩国《证券和交易法》规定，证券公司及其高级职员或雇员，不得向客户保证承担有关交易可能引起的全部或者部分损失，以吸引客户参加证券交易。② 因为证券市场的行情瞬息万变，这种承诺实际上是证券公司为了多拉客户促成交易而多收佣金的一种虚假承诺。因此，我国《证券法》明确规定，证券公司不得对客户证券买

---

① 参见罗培新等：《最新证券法解读》，北京大学出版社 2006 年版，第 229 页。
② 同上书，第 230 页。

卖的收益或者赔偿证券买卖的损失作出承诺。

三、证券投资咨询业务[1]

证券投资咨询业务,是指为投资人或者客户提供证券投资分析、预测或者建议等直接或者间接有偿咨询服务的活动。这些活动主要包括:(1)作为投资顾问,提供证券投资咨询服务;(2)举办有关证券投资咨询的讲座、报告会、分析会等;(3)在报刊上发表证券投资咨询的文章、评论、报告,通过电台、电视台等传播媒体提供证券投资咨询服务;(4)通过电话、传真、电脑网络等电信设备系统,提供证券投资咨询服务等。

投资咨询业务具有投资顾问和财务顾问等方面的专业优势,投资咨询机构及其人员可以从专业的角度推动证券市场透明度的提高、市场的规范运作、社会资源的优化配置等。上述提及的证券投资顾问业务,是指证券公司、证券投资咨询机构接受客户委托,按照约定,向客户提供涉及证券及证券相关产品的投资建议服务,辅助客户作出投资决策,并直接或者间接获取经济利益的经营活动。投资建议服务内容包括投资的品种选择、投资组合以及理财规划建议等。

由于投资咨询机构及其个人在执业过程中可能存在与投资者或者客户的利益冲突,如果其不履行诚信义务,甚至违背职业操守和法律法规,就有可能损害投资者的合法权益。因此,有必要通过法律规制防止证券投资咨询机构及其执业人员在业务活动中因利益冲突而可能导致的误导投资者、欺诈客户、操纵市场等违法行为的发生。

四、财务顾问业务

证券公司可以从事与证券交易、证券投资活动有关的财务顾问业务,其向客户提供财务顾问服务时,按协议向委托人收取服务费用。财务顾问业务的主要内容包括:为客户的证券投融资、资本运作、证券资产管理等活动提供咨询、分析、方案设计等服务,比如证券投融资顾问、改制、并购、资产重组顾问、债券发行顾问、证券资产管理顾问、企业常年财务顾问等。

证券公司从事财务顾问业务限于与证券交易和证券投资范围之内,而不能替代其他专业机构的专业活动,如证券公司不得为委托人编制财务账簿或者会计报告,也不得替代财务审计机构的工作。证券公司在限定范围内从事财务顾问服务的,应当遵守《证券法》的相关规定。[2]

五、证券融资融券业务[3]

(一)证券融资融券业务的概念及其条件

证券融资融券业务,是指在证券交易所或者国务院批准的其他证券交易场所进行的证券交易中,证券公司向客户出借资金供其买入证券或者出借证券供其卖出,并由客户交存相应担保物的经营活动。

证券公司经营融资融券业务,应当具备下列条件:(1)证券公司治理结构健全,内部控制有效;(2)风险控制指标符合规定,财务状况、合规状况良好;(3)有经营融资融券业务所

---

[1] 参见李东方主编:《证券法》,清华大学出版社2008年版,第189页和《证券投资顾问业务暂行规定》(2020年修正)的相关规定。
[2] 参见李东方主编:《证券法》,清华大学出版社2008年版,第190页。
[3] 参见《证券公司监督管理条例》(2014年修订)第48—56条的规定。

需的专业人员、技术条件、资金和证券;(4)有完善的融资融券业务管理制度和实施方案;(5)国务院证券监督管理机构规定的其他条件。证券公司从事融资融券业务,自有资金或者证券不足的,可以向证券金融公司借入。证券金融公司的设立和解散由国务院决定。

证券公司从事证券融资融券业务,应当采取措施,严格防范和控制风险,不得违反规定向客户出借资金或者证券。

(二)证券融资融券业务合同以及客户的资金与账户管理

证券公司从事融资融券业务,应当与客户签订融资融券合同,并按照国务院证券监督管理机构的规定,以证券公司的名义在证券登记结算机构开立客户证券担保账户,在指定商业银行开立客户资金担保账户。

客户资金担保账户内的资金应当存放在指定商业银行,以每个客户的名义单独立户管理。上述指定商业银行应当与证券公司及其客户签订客户的交易结算资金存管合同,约定客户的交易结算资金存取、划转、查询等事项,并按照证券交易净额结算、货银对付的要求,为证券公司开立客户的交易结算资金汇总账户。客户的交易结算资金的存取,应当通过指定商业银行办理。指定商业银行应当保证客户能够随时查询客户的交易结算资金的余额及变动情况。指定商业银行的名单,由国务院证券监督管理机构会同国务院银行业监督管理机构确定并公告。

另外,在以证券公司名义开立的客户证券担保账户和客户资金担保账户内,应当为每一客户单独开立授信账户。

(三)融资与融券的规则

1. 向客户融资、融券

证券公司向客户融资,应当使用自有资金或者依法筹集的资金;向客户融券,应当使用自有证券或者依法取得处分权的证券。

2. 保证金的规范

(1)证券公司向客户融资融券时,客户应当交存一定比例的保证金。保证金可以用证券充抵。客户交存的保证金以及通过融资融券交易买入的全部证券和卖出证券所得的全部资金,均为对证券公司的担保物,应当存入证券公司客户证券担保账户或者客户资金担保账户并记入该客户授信账户。客户向证券公司交存保证金的比例,由国务院证券监督管理机构授权的单位规定。

(2)证券公司可以向客户融出的证券和融出资金可以买入证券的种类,可充抵保证金的有价证券的种类和折算率,融资融券的期限,最低维持担保比例和补交差额的期限,由证券交易所规定。

(3)上述由被授权单位或者证券交易所作出的相关规定,应当向国务院证券监督管理机构备案,且不得违反国家货币政策。

(四)证券公司对客户资金的信托义务

(1)客户证券担保账户内的证券和客户资金担保账户内的资金为信托财产。证券公司不得违背受托义务侵占客户担保账户内的证券或者资金。

(2)证券公司不得动用客户担保账户内的证券或者资金,但是,与客户依法另有约定或者遇有下列情形的除外。下列情形是指,证券公司应当逐日计算客户担保物价值与其债务的比例。当该比例低于规定的最低维持担保比例时,证券公司应当通知客户在一定的期限内补交差额。客户未能按期交足差额,或者到期未偿还融资融券债务的,证券公司应当立即按照约定处分其担保物。

六、证券做市交易业务

证券做市交易,是指证券公司或其他金融机构就证券或其他金融产品买入和卖出双向报价,并在其报价数量范围内按其报价履行与投资者成交义务的行为。从事证券做市交易的证券公司或其他金融机构通常称为做市商。从我国目前证券市场已经实施的业务情况来看,证券做市交易包括证券公司从事上海证券交易所股票期权做市业务和全国股份转让系统做市业务。证券公司必须将其证券经纪业务、证券承销业务、证券自营业务、证券做市业务和证券资产管理业务分开办理,不得混合操作。

（一）股票期权做市业务

股票期权做市业务主要适用《股票期权交易试点管理办法》《证券期货经营机构参与股票期权交易试点指引》《上海证券交易所股票期权试点交易规则》《上海证券交易所股票期权试点做市商业务指引》等法律法规和自律规则。根据《股票期权交易试点管理办法》第8条规定,股票期权交易可以实行做市商制度。股票期权做市商(以下简称"做市商")应当依据证券交易所的相关业务规则,承担为股票期权合约提供双边报价等义务,并享有相应的权利。做市商从事做市业务,应当严格遵守法律法规、行政规章和证券交易所有关规定;建立健全信息隔离制度,防范做市业务与其他业务之间的利益冲突;不得利用从事做市业务的机会,进行内幕交易、市场操纵等违法违规行为,或者谋取其他不正当利益。

（二）全国股份转让系统做市业务

全国股份转让系统做市业务主要适用全国股转公司制定的《全国中小企业股份转让系统做市商做市业务管理规定(试行)》等相关规则。证券公司作为全国股转系统的主办券商,经向全国股转公司申请备案后,可以在全国股转系统从事做市业务。根据上述《全国中小企业股份转让系统做市商做市业务管理规定(试行)》的解释,做市商是指经全国股转公司同意,在全国股转系统发布买卖双向报价,并在其报价数量范围内按其报价履行与投资者成交义务的证券公司或其他机构。

此外,证券公司还可以从事上海证券交易所与伦敦证券交易所互联互通中国存托凭证(沪伦通CDR)做市业务;在全国银行间债券市场从事做市业务;从事上海证券交易所和深圳证券交易所上市基金做市业务等其他证券或金融产品的做市业务。

七、证券自营业务[①]

证券自营业务,是指证券公司以自己的名义和资金进行证券买卖,并从中获取收益的业务活动。根据中国证监会2005年11月发布的《证券公司证券自营业务指引》,证券公司在进行自营业务的过程中应当建立健全风险监控制度。

（一）建立防火墙制度

建立防火墙制度,是指确保自营业务与经纪、资产管理、投资银行等业务在人员、信息、账户、资金、会计核算上严格分离。自营业务的投资决策、投资操作、风险监控的机构和职能应当相互独立;自营业务的账户管理、资金清算、会计核算等后台职能应当由独立的部门或岗位负责,以形成有效的自营业务前、中、后相互制衡的监督机制。

---

① 《证券公司证券自营业务指引》第15—26条的规定。

风险监控部门应能够正常履行职责,并能从前、中、后台获取自营业务运作信息与数据,通过建立实时监控系统全方位监控自营业务的风险,建立有效的风险监控报告机制,定期向董事会和投资决策机构提供风险监控报告,并将有关情况通报自营业务部门、合规部门等相关部门,发现业务运作或风险监控指标值存在风险隐患或不合规时,要立即向董事会和投资决策机构报告并提出处理建议。董事会和投资决策机构及自营业务相关部门应对风险监控部门的监控报告和处理建议及时予以反馈,报告与反馈过程要进行书面记录。

(二)引进和开发有效的风险管理工具

根据自身实际情况,积极借鉴国际先进的风险管理经验,引进和开发有效的风险管理工具,逐步建立完善的风险识别、测量和监控程序,使风险监控走向科学化。建立自营业务的逐日盯市制度,健全自营业务风险敞口和公司整体损益情况的联动分析与监控机制,完善风险监控量化指标体系,并定期对自营业务投资组合的市值变化及其对公司以净资本为核心的风险监控指标的潜在影响进行敏感性分析和压力测试。

建立健全自营业务风险监控系统的功能,根据法律法规和监管要求,在监控系统中设置相应的风险监控阀值,通过系统的预警触发装置自动显示自营业务风险的动态变化,提高动态监控效率。提高自营业务运作的透明度。证券自营交易系统、监控系统应当设置必要的开放功能或数据接口,以便监管部门能够及时了解和检查证券公司自营业务情况。建立健全自营业务风险监控缺陷的纠正与处理机制,由风险监控部门根据自营业务风险监控的检查情况和评估结果,提出整改意见和纠正措施,并对落实情况进行跟踪检查。

建立完善的投资决策和投资操作档案管理制度,确保投资过程事后可查证。

(三)建立完备的业绩考核和激励制度

建立完备的业绩考核和激励制度,完善风险调整基础上的绩效考核机制,遵循客观、公正、可量化原则,对自营业务人员的投资能力、业绩水平等情况进行评价。稽核部门定期对自营业务的合规运作、盈亏、风险监控等情况进行全面稽核,出具稽核报告。加强自营业务人员的职业道德和诚信教育,强化自营业务人员的保密意识、合规操作意识和风险控制意识。自营业务关键岗位人员离任前,应当由稽核部门进行审计。

对于证券自营业务,《证券法》第129条规定,证券公司的自营业务必须以自己的名义进行,不得假借他人名义或者以个人名义进行。证券公司的自营业务必须使用自有资金和依法筹集的资金。证券公司不得将其自营账户借给他人使用。

总之,证券公司应当依法审慎经营,勤勉尽责,诚实守信。证券公司的业务活动,应当与其治理结构、内部控制、合规管理、风险管理以及风险控制指标、从业人员构成等情况相适应,符合审慎监管和保护投资者合法权益的要求。证券公司依法享有自主经营的权利,其合法经营不受干涉。[①]

八、其他证券业务

证券公司的证券承销、保荐业务是其主要业务,由于在本书的证券发行和上市章节已作详细论述,故在本节不再赘述。随着我国证券市场金融创新的不断发展和深化,证券公司还将不断拓宽其业务领域。因此,《证券法》第120条第1款第(8)项对证券公司的证券业务种类进行了一个兜底性条款的规定,即"其他证券业务",为金融创新而可能产生的新业务预留

---

① 参见《证券法》第130条。

了制度空间。

此外,根据有关法律的规定,证券公司还可以经营经证券监督管理机构核准的其他证券业务,如代销政府债券、证券投资基金份额业务,接受委托代付代收股息红利业务等。

第四节 证券公司的内部控制及风险监管

一、证券公司的内控及风险监管概述[①]

证券公司内部控制,是指证券公司为实现经营目标,根据经营环境变化,对证券公司经营与管理过程中的风险进行识别、评价和管理的制度安排、组织体系和控制措施。证券业是特殊的高风险行业,证券公司由于在证券市场上同时担任多种角色(发行中介、交易中介、投资者、融资者、信息提供者等)而处于证券业的核心位置,从而成为证券业风险的聚合处和汇集点。现代证券公司的业务具有高信用性、高流动性、高预期性、高虚拟性的特点,证券公司面临的风险更加复杂和难以把握。国内外证券业的发展实践证明,证券公司自身加强内部控制机制建设是保证证券公司规范运作和健康发展的根本性措施。内部控制主要包括证券公司治理结构、财务控制、业务控制等方面的内容。

国际社会对公司的内部控制方面的研究和实践已经相当深入,比如,2002年美国颁布的《萨班斯法案》对公众公司的内部控制提出了更高的要求,法案第404节要求公司编制的年度报告中应包括内部控制报告,包括:强调公司管理层建立和维护内部控制系统及相应控制程序充分有效的责任;发行人管理层最近财政年度末对内部控制体系及控制程序有效性的评价。[②]

我国借鉴国际上的先进经验对证券公司内部控制进行了制度建设。2003年中国证监会发布《证券公司内部控制指引》,其中第4条规定,有效的内部控制应为证券公司实现下述目标提供合理保证:(1)保证经营的合法合规及证券公司内部规章制度的贯彻执行;(2)防范经营风险和道德风险;(3)保障客户及证券公司资产的安全、完整;(4)保证证券公司业务记录、财务信息和其他信息的可靠、完整、及时;(5)提高证券公司经营效率和效果。

证券公司应当按照法律法规的要求,根据证券公司经营目标和运营状况,结合证券公司自身的环境条件,建立有效的内部控制机制和内部控制制度。还应当定期评价内部控制的有效性,并根据市场、技术、法律环境的变化适时调整和完善。

内部控制应充分考虑控制环境、风险识别与评估、控制活动与措施、信息沟通与反馈、监督与评价等要素,这些需要考虑要素的具体要求如下:(1)控制环境:主要包括证券公司所有权结构及实际控制人、法人治理结构、组织架构与决策程序、经理人员权力分配和承担责任的方式、经理人员的经营理念与风险意识、证券公司的经营战略与经营风格、员工的诚信和道德价值观、人力资源政策等。(2)风险识别与评估:及时识别、确认证券公司在实现经营目标过程中的风险,并通过合理的制度安排和风险度量方法对经营环境持续变化所产生的风险及证券公司的承受能力进行适时评估。(3)控制活动与措施:保证实现证券公司战略目标和经营目标的政策、程序,以及防范、化解风险的措施。主要包括证券公司经营与管

---

① 参见《证券公司内部控制指引》的相关规定。
② 参见李东方主编:《证券法》,清华大学出版社2008年版,第195页。

理中的授权与审批、复核与查证、业务规程与操作程序、岗位权限与职责分工、相互独立与制衡、应急与预防等措施。(4)信息沟通与反馈:及时对各类信息进行记录、汇总、分析和处理,并进行有效的内外沟通和反馈。(5)监督与评价:对控制环境、风险识别与评估、控制活动与措施、信息沟通与反馈的有效性进行检查、评价,发现内部控制设计和运行的缺陷并及时改进。

证券公司内部控制应当贯彻健全、合理、制衡、独立的原则,确保内部控制有效。健全、合理、制衡、独立原则的具体内容如下:(1)健全性原则:内部控制应当做到事前、事中、事后控制相统一;覆盖证券公司的所有业务、部门和人员,渗透到决策、执行、监督、反馈等各个环节,确保不存在内部控制的空白或漏洞。(2)合理性原则:内部控制应当符合国家有关法律法规和中国证监会的有关规定,与证券公司经营规模、业务范围、风险状况及证券公司所处的环境相适应,以合理的成本实现内部控制目标。(3)制衡性原则:证券公司部门和岗位的设置应当权责分明、相互牵制;前台业务运作与后台管理支持适当分离。(4)独立性原则:承担内部控制监督检查职能的部门应当独立于证券公司其他部门。

二、证券公司的内控及风险监管制度的主要内容

(一)证券投资者保护基金

证券投资者保护基金是为了补偿证券投资者所遇到的特别损失而由国家设立的基金。其特点是,设立国有独资的中国证券投资者保护基金有限责任公司(以下简称"基金公司"),负责基金的筹集、管理和使用。基金资金的来源主要是通过强制证券公司缴纳一定数额的款项而形成,当证券公司存在特定违法违规行为并给投资者造成损失时,由该基金在一定范围内直接给予补偿。根据我国《证券投资者保护基金管理办法》(2016年修订)第14条的规定,基金的来源如下:(1)上海、深圳证券交易所在风险基金分别达到规定的上限后,交易经手费的20%纳入基金。(2)所有在中国境内注册的证券公司,按其营业收入的0.5%—5%缴纳基金;经营管理或运作水平较差、风险较高的证券公司,应当按较高比例缴纳基金。各证券公司的具体缴纳比例由基金公司根据证券公司风险状况确定后,报证监会批准,并按年进行调整。证券公司缴纳的基金在其营业成本中列支。(3)发行股票、可转债等证券时,申购冻结资金的利息收入。(4)依法向有关责任方追偿所得和从证券公司破产清算中受偿收入。(5)国内外机构、组织及个人的捐赠。(6)其他合法收入。

证券投资者保护基金制度是资本市场发达国家和地区普遍建立的一种保护证券投资者的制度。美国于1970年制定的《证券投资保护法》中规定,设立证券投资者保护协会(SIPC),要求所有在证券交易所注册的投资银行都必须成为该协会的会员,并按照经营毛利的5%缴纳会费,以建立保险基金,用于投资银行财务困难或破产时的债务清偿。澳大利亚于1987年颁布的《国家担保基金法》、英国于2000年颁布的《金融服务和市场法》、德国于1988年颁布的《存款保护和投资者赔偿法案》等均以立法形式,对设立证券投资者赔偿计划作出了规定,并据此设立了证券投资者保护基金。[①] 我国《证券法》第126条规定,国家设立证券投资者保护基金。证券投资者保护基金由证券公司缴纳的资金及其他依法筹集的资金组成,其规模以及筹集、管理和使用的具体办法由国务院规定。

下面根据我国《证券投资者保护基金管理办法》(2016年修订)对我国证券投资者保护

---

① 李东方:《证券市场监管法律制度研究》,北京大学出版社2002年版,第189页。

基金的具体制度进行介绍:

1. 基金公司的职责

基金公司的职责为:(1)筹集、管理和运作基金。(2)监测证券公司风险,参与证券公司风险处置工作。(3)证券公司被撤销、被关闭、破产或被证监会实施行政接管、托管经营等强制性监管措施时,按照国家有关政策规定对债权人予以偿付。(4)组织、参与被撤销、关闭或破产证券公司的清算工作。(5)管理和处分受偿资产,维护基金权益。(6)发现证券公司经营管理中出现可能危及投资者利益和证券市场安全的重大风险时,向证监会提出监管、处置建议;对证券公司运营中存在的风险隐患会同有关部门建立纠正机制。(7)国务院批准的其他职责。基金公司应当与证监会建立证券公司信息共享机制,证监会定期向基金公司通报关于证券公司财务、业务等的经营管理信息。证监会认定存在风险隐患的证券公司,应按照规定直接向基金公司报送财务、业务等经营管理信息和资料。

2. 基金公司的组织机构

基金公司设立董事会。董事会由9名董事组成。其中4人为执行董事,其他为非执行董事。董事长人选由证监会商财政部、中国人民银行确定后,报国务院备案。董事会为基金公司的决策机构,负责制定基本管理制度,决定内部管理机构设置,聘任或者解聘高级管理人员,对基金的筹集、管理和使用等重大事项作出决定,并行使基金公司章程规定的其他职权。

基金公司董事会按季召开例会。董事长或1/3以上的董事联名提议时,可以召开临时董事会会议。董事会会议由全体董事2/3以上出席方可举行。董事会会议决议,由全体董事1/2以上表决通过方为有效。

基金公司设总经理1人,副总经理若干人。总经理负责主持公司的经营管理工作,执行董事会决议。总经理、副总经理由证监会提名,董事会聘任或者解聘。

3. 基金的使用

基金的用途为:(1)证券公司被撤销、被关闭、破产或被证监会实施行政接管、托管经营等强制性监管措施时,按照国家有关政策规定对债权人予以偿付;(2)国务院批准的其他用途。

为处置证券公司风险需要动用基金的,证监会根据证券公司的风险状况制定风险处置方案,基金公司制定基金使用方案,报经国务院批准后,由基金公司办理发放基金的具体事宜。基金公司使用基金偿付证券公司债权人后,取得相应的受偿权,依法参与证券公司的清算。

4. 对基金公司的管理和监督

(1)基金公司应依法合规运作,按照安全、稳健的原则履行对基金的管理职责,保证基金的安全。基金的资金运用限于银行存款、购买政府债券、中央银行票据、中央企业债券、信用等级较高的金融机构发行的金融债券以及国务院批准的其他资金运用形式。

(2)基金公司日常运营费用按照国家有关规定列支,具体支取范围、标准及预决算等由基金公司董事会制定,报财政部审批。

(3)证监会负责基金公司的业务监管,监督基金的筹集、管理与使用。财政部负责基金公司的国有资产管理和财务监督。中国人民银行负责对基金公司向其借用再贷款资金的合规使用情况进行检查监督。基金公司应建立科学的业绩考评制度,并将考核结果定期报送证监会、财政部、中国人民银行。

(4) 基金公司应建立信息报告制度，编制基金筹集、管理、使用的月报信息，报送证监会、财政部、中国人民银行。基金公司每年应向财政部专题报告财务收支及预算、决算执行情况，接受财政部的监督检查。基金公司每年应向中国人民银行专题报告再贷款资金的使用情况，接受中国人民银行的监督检查。证监会应按年度向国务院报告基金公司运作和证券公司风险处置情况，同时抄送财政部、中国人民银行。

(5) 证券公司、托管清算机构应按规定用途使用基金，不得将基金挪作他用。基金公司对使用基金的情况进行检查，并可委托中介机构进行专项审计。接受检查的证券公司或托管清算机构及有关单位、个人应予以配合。基金公司、证券公司及托管清算机构应妥善保管基金的收划款凭证、兑付清单及原始凭证，确保原始档案的完整性，并建立基金核算台账。

(6) 证监会负责监督证券公司按期足额缴纳基金以及按期向基金公司如实报送财务、业务等经营管理信息、资料和基金公司监测风险所需的涉及客户资金安全的数据、材料。证券公司违反上述规定的，证监会应按有关规定进行处理。

(7) 对挪用、侵占或骗取基金的违法行为，依法严厉打击；对有关人员的失职行为，依法追究其责任；涉嫌犯罪的，移送司法机关依法追究其刑事责任。

(二) 交易风险准备金

交易风险准备金，是指依照营业风险程度和概率标准，由证券公司依照法定标准或者比例提取交纳的、以备其承担法律责任的准备金。之所以设立交易风险准备金主要有以下原因：(1) 证券公司在证券承销中将可能面临证券发行销路不畅，不得不长期占用巨额资金，承担不销出去证券的风险；(2) 在证券自营中，投资判断失误，时机掌握不当造成的巨额损失风险；(3) 在证券经纪业务中，电脑出现故障、技术操作失误、工作人员疏漏造成的交易差错给客户带来的损失需要赔偿；(4) 在证券业务中还可能出现内部人员违法进行内幕交易、违规操作被查处，受到主管机关的行政处罚，造成证券公司的巨大损失风险等。[①] 我国《证券法》第 127 条规定，证券公司从每年的业务收入中提取交易风险准备金，用于弥补证券经营的损失，其提取的具体比例由国务院证券监督管理机构会同国务院财政部门规定。这一规定是从 2014 年《证券法》第 135 条[②]修改而来，修改的内容有三点：(1) 将交易风险准备金由从"税后利润"中提取修改为从"业务收入"中提取，由于有业务收入的证券公司可能出现亏损而不一定有税后利润，这一修改在实施中就能够扩大风险准备金的来源。(2) 将用于弥补"证券交易的损失"改为用于弥补"证券经营"的损失，由于证券经营的范围大于证券交易的范围，于是弥补损失的范围也就相应扩大了。(3) 将提取的具体比例从"由国务院证券监督管理机构规定"改为由"国务院证券监督管理机构会同国务院财政部门规定"，这是由于国务院财政部门是我国的会计主管部门。

(三) 内部隔离与禁止混合操作制度

1. 内部隔离制度

内部隔离制度，是指从事多种经营活动的证券公司建立的、限制重大非公开信息在不同部门之间流动以及禁止内部业务混合操作的制度和程序。这项制度是为了防范证券公司与客户、不同客户之间的利益冲突。按照内部隔离制度，证券公司各前台业务之间要独立，确

---

① 参见李东方主编：《证券法》，清华大学出版社 2008 年版，第 199 页。
② 2014 年《证券法》第 135 条规定：证券公司从每年的税后利润中提取交易风险准备金，用于弥补证券交易的损失，其提取的具体比例由国务院证券监督管理机构规定。

保经纪、自营、资产管理、投资银行、研究咨询等业务相互独立,分开办理,不得混合操作。《证券法》第128条第1款明确规定,证券公司应当建立健全内部控制制度,采取有效隔离措施,防范公司与客户之间、不同客户之间的利益冲突。

2. 禁止混合操作

禁止混合操作本质上是内部隔离制度的组成部分,它禁止对证券公司内部的各项业务进行混合操作,以避免不同民事主体之间的利益冲突。证券公司经批准,可以同时经营证券经纪业务、证券承销业务、证券自营业务、证券做市业务和证券资产管理业务。证券公司经营上述业务,其利益归属于自己或者不同的客户,这些利益或者获利机会可能会发生冲突。因此,《证券法》第128条第2款规定:证券公司必须将其证券经纪业务、证券承销业务、证券自营业务、证券做市业务和证券资产管理业务分开办理,不得混合操作。

(四)中国证监会对证券公司风险的监管[①]

1. 信息报送

证券公司应当按照规定向国务院证券监督管理机构报送业务、财务等经营管理信息和资料。国务院证券监督管理机构有权要求证券公司及其主要股东、实际控制人在指定的期限内提供有关信息、资料。证券公司及其主要股东、实际控制人向国务院证券监督管理机构报送或者提供的信息、资料,必须真实、准确、完整。

2. 委托审计或者评估

国务院证券监督管理机构认为有必要时,可以委托会计师事务所、资产评估机构对证券公司的财务状况、内部控制状况、资产价值进行审计或者评估。具体办法由国务院证券监督管理机构会同有关主管部门制定。

3. 证券监管措施

证券公司的治理结构、合规管理、风险控制指标不符合规定的,国务院证券监督管理机构应当责令其限期改正;逾期未改正,或者其行为严重危及该证券公司的稳健运行、损害客户合法权益的,国务院证券监督管理机构可以区别情形,对其采取下列措施:(1)限制业务活动,责令暂停部分业务,停止核准新业务;(2)限制分配红利,限制向董事、监事、高级管理人员支付报酬、提供福利;(3)限制转让财产或者在财产上设定其他权利;(4)责令更换董事、监事、高级管理人员或者限制其权利;(5)撤销有关业务许可;(6)认定负有责任的董事、监事、高级管理人员为不适当人选;(7)责令负有责任的股东转让股权,限制负有责任的股东行使股东权利。

证券公司整改后,应当向国务院证券监督管理机构提交报告。国务院证券监督管理机构经验收,治理结构、合规管理、风险控制指标符合规定的,应当自验收完毕之日起3日内解除对其采取的上述规定的有关限制措施。

4. 对虚假出资、抽逃出资行为股东的规制

证券公司的股东有虚假出资、抽逃出资行为的,国务院证券监督管理机构应当责令其限期改正,并可责令其转让所持证券公司的股权。

在上述股东按照要求改正违法行为、转让所持证券公司的股权前,国务院证券监督管理机构可以限制其股东权利。

[①] 参见《证券法》第138—141条的规定。

第八章 证券公司法律制度

【测试题】

某证券公司在业务活动中实施了下列行为,其中哪些违反《证券法》规定?(   )(2009年国家司法考试,卷三第78题)

A. 经股东会决议为公司股东提供担保
B. 为其客户买卖证券提供融资服务
C. 对其客户证券买卖的收益作出不低于一定比例的承诺
D. 接受客户的全权委托,代理客户决定证券买卖的种类与数量

【答案与解析】

答案:ACD

解析:本题综合考察了证券公司的禁止行为的有关法律规定。2005年《证券法》第130条第2款(2019年修订的《证券法》第123条第2款,内容未修改)规定,证券公司不得为其股东或者股东的关联人提供融资或者担保。由此可知A项应选。2005年《证券法》第142条规定,证券公司为客户买卖证券提供融资融券服务,应当按照国务院的规定并经国务院证券监督管理机构批准。由此可知B选项不应选。2005年《证券法》第143条(2019年修订的《证券法》第134条第1款,内容未修改)规定,证券公司办理经纪业务,不得接受客户的全权委托而决定证券买卖、选择证券种类、决定买卖数量或者买卖价格。由此可知D选项应选。《证券法》第144条(2019年修订的《证券法》第135条)规定,证券公司不得以任何方式对客户证券买卖的收益或者赔偿证券买卖的损失作出承诺。由此可知C选项应选。

第九章

证券登记结算机构法律制度

导读

本章学习重点在于掌握证券登记结算的概念及其作用,了解证券登记制度、证券结算制度、我国证券登记结算机构的沿革、我国证券登记结算机构的组织形式、证券登记结算机构的法律特征、证券登记结算机构的监管以及证券登记结算机构的设立和基本职能。

第一节 证券登记结算概述[①]

证券的运行始终是围绕着发行、交易和登记结算三大活动来进行的,证券登记结算法律制度是证券法的一项基本制度。证券登记结算法律制度是包括证券登记、存管和结算在内的一系列法律制度的统称。其旨在提供证券权利的确认机制,调整证券变动中的利益冲突,进而确认证券权利的权属。证券登记结算机构则处于证券登记结算各项法律关系的中枢地位,其统领着证券登记、存管和结算机制,并且连接着证券发行和交易机制。对证券登记结算机构的法律监管和风险控制,关涉整个证券市场的安危。

一、证券登记结算的概念及其作用[②]

(一)证券登记结算的概念

证券登记结算是一个统称,它具体包括证券登记、存管和结算三项内容。证券登记,是指证券登记结算机构接受证券发行人的委托,通过设立和维护证券持有人名册、确认证券持有人持有证券事实的行为。证券登记实质上是对证券所有权的带有一定强制性的认定,可以由证券发行人自行办理。但更为常见的是由获得主管部门批准和注册的专门机构来进行。

证券存管,是指证券登记结算机构接受证券公司委托,集中保管证券公司的客户证券和自有证券,并提供代收红利等权益维护服务的行为。

证券结算是指交易双方根据成交结果确定和履行相应权利义务的过程,包括清算和交收两个步骤。清算,是指按照确定的规则计算证券和资金的应收应付数额的行为。清算结果确定了交易双方的履约责任。交收,是指根据确定的清算结果,通过转移证券和资金履行

[①] 参见李东方:《证券登记结算的法理基础研究》,载《中国政法大学学报》2018年第5期。
[②] 参见李东方主编:《证券法》,清华大学出版社2008年版,第207页。

相关债权债务的行为。只有交收完成之后,一笔证券交易才算真正意义上完成了。可以说,结算是证券市场交易持续进行的基础和保证。由于现代证券市场证券交易的参与者数量众多,交易量大,品种复杂,证券交易的结算一般都是由专业的结算机构组织完成的。结算机构通常利用强大的技术系统,为结算参与人提供高效、安全的结算服务。

(二)证券登记结算的作用

现代证券市场是一个复杂的功能集合体,包含多种不同的流程,其运作有赖于多种服务系统的配合和支持。从最基本的层面来看,证券市场包括两大类功能系统,即证券交易系统和证券登记结算系统,前者构成证券市场运作的"前台",后者则被称为证券市场运作的"后台"。其中,证券登记结算是证券登记、存管和结算的总称,这些功能相互区别而又密切联系,共同为证券市场的高效和安全运行提供后台支持。证券登记结算机构作为金融基础性设施,其重要作用如下:

(1)保证证券交易的连续进行。证券登记结算机构对整个交易的意义在于,没有结算不但整个交易无法实现,而且下一轮交易也无法开展,结算的效率直接影响交易的效率。市场越发展,越深化,结算对市场的制约就越大。

(2)减少证券市场风险。随着证券市场交易品种的丰富、交易方式的创新、交易者数量的剧增,证券市场所蕴含的风险有不断扩大的趋势,任何市场的参与者的行为都可能影响整个市场的稳定性。证券登记结算机构作为共同对手方居中承担参与人对手方风险的制度设计,是证券市场安全高效运行的基础。强化证券结算体系的风险管理,建立一个独立于交易所的结算体系,才能保证证券市场的健康运行。

(3)提高市场运行效率。统一的证券结算机构能为若干个交易场所服务,促进了统一市场的形成,降低了交易成本,提高了资金使用效率,从而提高了证券市场的运行效率;最后,证券市场的产品创新和制度创新,也离不开登记结算机构的支持。

二、证券登记制度

证券登记制度是关于证券权利归属与变动的规则,从根本上讲,它是一种证券权利的确认制度。

(一)证券登记对证券权利归属的确认

我国《证券法》第151条第2款规定,证券登记结算机构应当根据证券登记结算的结果,确认证券持有人持有证券的事实,提供证券持有人登记资料。其中"确认证券持有人持有证券的事实",表明了经证券登记结算机构登记之后证券权利归属于证券持有人的法律效力。证券登记的信息主要包括:证券持有人姓名或名称、有效身份证明文件号码、证券账户号码、持有证券名称、持有证券数量、证券托管机构以及限售情况、司法冻结、质押登记等证券持有状况以及证券持有人通信地址等。

(二)证券登记对证券权利的公示效力

民法上的公示制度兼具权利成立和赋予权利对外效力的功能,它是事实权利冲突消除的制度化体现,也是意思自治原则所依赖的制度前提。[①] 证券登记对证券权利的公示效力主要表现为:

第一,登记使证券持有人获得对证券权利支配性的效力。对记名证券和无纸化证券而

---

① 梅夏英:《民法上公示制度的法律意义及其后果》,载《法学家》2004年第2期。

言,证券权利因登记公示而使证券持有人获得对其享有支配权的法律效力。① 一方面,证券权利人可以直接支配权利客体,以满足自己的利益需要,而不需要他人行为的介入。即股票持有人可以任意处分其所享有的股份,任何人,包括发行公司或是其他股东都无权干涉;而债券持有人也可以任意处分债券上请求发行人还本付息的权利,而不必履行一般债权转让时通知债务人的义务,即无须通知发行人。另一方面,权利人享有对世权,即任何人负有不得侵害证券持有人证券权利的义务,如果证券权利遭受侵害,证券持有人有权请求返还该证券权利或请求相应的损害赔偿。

第二,保护善意第三人的效力。通过登记公示方式,将证券权利的归属状态以外观可以知晓的方式展示出来,从而使证券持有人与第三人的交易具备便捷性和安全性。第三人如果信赖这种公示而为一定行为,即使登记所表现的证券权利状态与真实的证券权利状态不相符合,也不能影响证券权利变动的效力,善意第三人依然取得相应的证券权利。②

(三)证券登记是确认证券权利变动的生效要件

这里所谓证券权利的变动,是指证券权利的转让和设质。

1. 证券登记是证券权利转让的生效要件

综观各国法律,关于财产权属登记的法律效力,主要有两种立法模式。一是登记生效主义,另一种是登记对抗主义。这二者对当事人和第三人的法律效果是不同的。就证券登记而言,登记生效主义意味着,证券权利的转让除了当事人之间达成证券转让协议之外,还需登记才能够发生法律效力。如果未行登记,不仅不能对抗第三人,而且在当事人之间亦无效力。而登记对抗主义则意味着,证券权利的转让在当事人之间达成证券转让协议时即发生法律效力。登记只起对抗第三人的作用,即非经登记,不得对抗第三人。我国《证券法》第151条第2款规定:"证券登记结算机构应当根据证券登记结算的结果,确认证券持有人持有证券的事实,提供证券持有人登记资料。"这表明我国采取的是证券登记生效主义,即经证券登记结算机构进行登记之后,才能确认证券权利转让的事实。我国证券交易过户登记从此实现规范化操作。

2. 证券登记是证券权利质权的生效要件

证券质权是一种担保物权,证券权利质权的登记生效有以下两种情形:

第一,关于债券质押的登记生效。《民法典》第441条规定:以汇票、本票、支票、债券、存款单、仓单、提单出质的,质权自权利凭证交付质权人时设立;没有权利凭证的,质权自有关部门办理出质登记时设立。其中,涉及债券的出质,质权自权利凭证交付质权人时设立;没有权利凭证的,质权自有关部门办理出质登记时设立。根据发行主体的不同,我国债券可分为国库债券、金融债券和公司债券。其中,记账式国债③和证券交易所上市交易的公司债都已经实现了无纸化操作。故在交易所上市交易的公司债券和记账式国债属于没有权利凭证的证券权利,质权自办理出质登记时发生法律效力。

第二,关于基金份额和股权质押的登记生效。目前在我国,基金份额,即证券投资基金份额,是指基金发起人向投资者公开发行的,表示持有人按其所持份额对基金财产享有收益

---

① 对以实物券形式存在的无记名证券而言,由于证券权利与实务凭证合二为一,所以,证券持有人因占有该证券而直接享有支配权。
② 参见刘戈:《证券登记结算制度中的法律问题研究——以证券权利为基础》,吉林大学2010年博士学位论文。
③ 我国发行的国库债券可分为凭证式国债、储蓄式国债和记账式国债三种。记账式国债又名无纸化国债,即由财政部通过无纸化方式发行的、以电脑记账方式记录债权,并可以上市交易的债券。

分配权、清算后剩余财产取得权和其他相关权利,并承担相应义务的凭证。在证券交易所交易的基金份额和上市公司股权都由证券登记结算机构负责质押登记。根据《民法典》第443条的规定,以基金份额、股权出质的,质权自办理出质登记时设立。即基金份额和股权出质,其质权自证券登记结算机构办理出质登记时发生法律效力。

三、证券结算制度

证券交易发生在众多的不特定投资者之间,而且发生的次数频繁,涉及的总体金额巨大,交易关系复杂。为了能够使此类证券交易高效、安全地进行,市场经济国家对此进行了处于中央交易对手方的证券结算公司制度的安排。由此也相应产生了证券结算信用、流动性、操作性和系统性等多种的风险。

(一) 证券结算的涵义

证券结算是指市场交易后所进行的资金清算交收和证券清算交割、登记过户。广义的证券交易包括买卖双方的询价与成交以及成交后的结算。因此,人们把询价成交和结算交收形象地比喻为证券交易的"前台"和"后台",这二者之间联系紧密,不可分割。作为证券市场运行的重要环节,证券结算的内涵有广义和狭义之分。从广义上讲,证券结算是一个与证券交易平行的范畴,指证券成交后交易各方履行相应权利和义务的过程,具体包括交易对盘(comparison)、清算(clearance)和交收等环节,它基本上涵盖了交易后服务(post-trade services)的全部内容;而从狭义上讲,证券结算是指证券交易完成后,对买卖双方应收应付的证券和价款进行核定计算,并完成证券由卖方向买方的转移,即进行证券交割(delivery)和相对应的资金由买方向卖方的转移,即资金交付(payment)的全过程。[①] 由于结算是进行下一轮交易的前提,结算能否顺利进行,直接关系到交易后买卖双方权责关系的了结,从而直接影响交易的正常进行和市场的正常运转。

证券结算分为清算和交割交收两个过程。清算一般是指公司、企业结束经营活动,收回债务,处置分配资产等行为的总称,公司法和破产法中所涉及的清算即是此种含义;而证券结算中的清算主要是指证券买卖双方证券与价款的应收、应付计算。在证券交易过程中,买方需要支付一定价款得到所购买的证券,这一过程称为交割。卖方需要支付证券得到价款,这一过程称为交收。清算是交割和交收的基础和前提,交割和交收是清算的后续结果。[②]

(二) 证券结算的基本原理

在一般的商品交易中,买方须有明确的卖方,才能完成交易,反之亦然。这样的交易可以称之为显名交易,即交易双方都很清楚交易对方。在显名交易制度下,要发现某种商品真正的市场价格,人们通常以竞价拍卖的方式作为竞争机制,从而发现价格。但是,这种竞价交易的方式持续时间长,交易成本高。为使证券交易简便、迅捷和安全,人们在证券交易中设计出一种新的交易机制,即中央对手方(Central Counter Party,CCP)。即在证券中央结算体系下,结算机构作为所有结算参与人的中央对手方(CCP),以自己的资信为任何参与人的履约提供担保,并承担任何参与人的违约风险。CCP是一个被假设一直存续的机构,对买方而言它始终是卖方,对卖方而言它始终是买方,即买卖双方都以CCP为假定交易相对方。在这种机制下,就能够通过集合竞价、连续竞价等多种竞争方式来发现证券价格。当然,

---

① 参见徐士敏主编:《证券结算》,中国人民大学出版社2006年版,第1—3页。
② 参见井涛:《论证券结算客观性风险之法律控制》,载《现代法学》2005年第1期。

CCP 在使买卖双方的交易更加简便、高效和安全的同时,也使证券结算法律关系复杂化了。在没有 CCP 介入的交易行为中,清算和交付的法律行为十分清晰和简单,即买卖双方的货银对付,只存在两个法律行为,也就是合意的形成与合意的履行。但是,在 CCP 机制下的证券交易,结算可以分解为 CCP 与买方的货银对付和 CCP 与卖方的货银对付两对法律关系,再加上 CCP 交付标的给买方和交付标的给卖方两个法律行为,交易行为的法律关系由此变得复杂起来。① 另外需要说明的是,为了维持结算体系的稳定运行,通常赋予结算机构对参与人清算履约财产的优先权,包括在参与人破产时不受破产程序的约束而就清算履约财产优先受偿的权利。②

CCP 的证券交易机制,其最基本的法律原理是不特定人之间的要约、冲抵和债之更改,这些方法的交互使用。使证券交易能够连续、有效、便捷地进行。在实际运行中,买卖双方都是通过向不特定的人要约,把意思表示传递到市场中,通过交易系统的指令派对,撮合成交。在证券交易过程中不存在通常买卖之要约和承诺的阶段,而是由 CCP 在买卖双方撮合交易完成后,立即用债之更改的原理,用两个事实上的契约,即 CCP 与买方和 CCP 与卖方的契约,取代了买卖双方原有的交易。通过债之更改的方式促成交易,与此同时也将原来交易双方可能面临的信用风险转向了结算机构。③

第二节 证券登记结算机构概述

一、我国证券登记结算机构的沿革

我国证券登记结算机构是伴随着证券市场发展而不断发展起来的。上海证券交易所自 1990 年成立以来就在内部设立清算部。1993 年 3 月 8 日,上海证券交易所成立了全资子公司——上海证券中央登记结算公司,同时撤销清算部。上海证券中央登记结算公司是交易所全资的,不以营利为目的的会员制市场公共服务机构。

深圳证券市场在结算体系的组织上,经历了结算公司与交易所相分离,到结算公司归口交易所的过程。1988 年 2 月,经中国人民银行深圳特区分行批准,深圳特区证券公司开办"证券交易专户"用于与证券交易有关的收付清算,如支付买入证券价款、保证金、佣金、手续费,收取卖出证券价款、股息红利等,结束了证券现金交易的历史,开始了证券交易的转账结算,此时的深圳特区证券公司兼有交易所、登记公司和券商的职能。1990 年 11 月,由深圳 5 家金融机构出资成立了深圳证券登记有限公司。1995 年深圳证券登记公司归口交易所,成为深圳证券交易所的全资子公司——深圳证券结算有限公司。

2001 年 3 月 30 日,中国证券登记结算有限责任公司(以下简称"中国结算")成立,随后着手将原上海证券交易所、深圳证券交易所的登记结算公司改制成为中国结算上海、深圳分公司。2001 年 9 月 20 日,上海分公司成立;2001 年 9 月 21 日,深圳分公司成立。2001 年 9 月 20 日,中国结算公司分别与上海证券交易所和上海证券中央登记结算公司、深圳证券交易所和深圳证券登记结算公司联合发表公告,宣布从 2001 年 10 月 1 日起,中国证券市场的证券登记结算业务全部由中国证券登记结算公司承接,这标志着全国集中统一的证券登记

---

① 参见井涛:《论证券结算客观性风险之法律控制》,载《现代法学》2005 年第 1 期。
② 参见廖凡:《证券客户资产风险法律问题研究》,北京大学出版社 2005 年版,第 147 页。
③ 参见井涛:《论证券结算客观性风险之法律控制》,载《现代法学》2005 年第 1 期。

结算体制的组织架构已经基本形成。①

在中国结算成立以前，虽然我国《证券法》明确规定，证券登记结算机构采取全国集中统一的运营方式，而事实上，我国并不存在一个统一的证券登记结算机构，上海和深圳证券交易所均系具有相互独立、自成体系的登记结算机构。原来的系统基本适应了我国证券业早期的发展需要，但是，随着证券市场的进一步发展，证券交易量急剧增加，上述体制的不足也逐渐暴露。两个证券登记结算系统运作规则和流程等方面不尽相同，为了适应不同体系的要求，每个券商必须分别在两个结算体系设立清算账户和存入资金，分别与两家结算公司进行结算，资金使用效率大打折扣；证券登记结算机构地位独立性不强，过多依赖于证券交易所，风险增加。证券登记结算采取全国集中统一的运营方式是由我国统一的证券市场以及集中统一的监督管理体制的情况所要求和决定的。证券登记结算采取集中统一的运营方式，有助于促进证券登记结算业务的发展，提高证券登记结算效率，节约投资者的投资成本，也更有利于防范风险。②

二、证券登记结算机构的概念

根据我国《证券法》第145条第1款的规定，证券登记结算机构为证券交易提供集中登记、存管与结算服务，不以营利为目的，依法登记，取得法人资格。具体而言，我国证券登记结算机构为中国结算。中国结算提供沪深两个证券交易所上市证券的存管、清算和登记服务，在不同服务中扮演着不同的三种角色：第一，提供存管服务时的中央证券存管机构角色，具体内容是，中国结算对证券公司与客户之间的托管关系进行维护，并存管证券公司自有及客户证券。第二，提供清算服务时的清算机构角色，具体内容是，中国结算充当共同对手方，为结算参与人提供净额结算的服务，在证券交易和结算体系中居于枢纽地位。第三，提供登记服务时的证券登记机构角色，具体内容是，中国结算服务对象包括所有在证券交易所上市的证券。我国证券交易所上市的证券目前都采取了无纸化的发行方式，所发行的全部证券，均利用中国结算的计算机系统记入到投资者的证券账户中。此后发生证券交易或者转让，中国结算将相应变更证券账户记录，并定期或根据证券发行人的申请非定期地向证券发行人发送证券持有人名册。

总之，中国结算集中央证券存管机构、清算机构和证券登记机构等多重角色于一身。

三、我国证券登记结算机构的法律特征

《证券法》第145条规定，证券登记结算机构为证券交易提供集中登记、存管与结算服务，不以营利为目的，依法登记，取得法人资格。设立证券登记结算机构必须经国务院证券监督管理机构批准。第148条第1款规定，在证券交易所和国务院批准的其他全国性证券交易场所交易的证券的登记结算，应当采取全国集中统一的运营方式。《证券登记结算管理办法》（2018年修正）第7条规定，证券登记结算机构的设立和解散，必须经中国证监会批准。第10条规定，证券登记结算机构的下列事项，应当报中国证监会批准：（1）章程、业务规则的制定和修改；（2）董事长、副董事长、总经理和副总经理的任免；（3）依法应当报中国证监会批准的其他事项。上述第（1）项中所称的业务规则，是指证券登记结算机构的证券账户管

---

① 参见徐世敏主编：《证券结算》，中国人民大学出版社2006年版，208页。
② 参见李东方主编：《证券法》，清华大学出版社2008年版，第213页。

理、证券登记、证券托管与存管、证券结算、结算参与人管理等与证券登记结算业务有关的业务规则。

根据上述法律规定,可以概括出证券登记结算机构具有如下法律特征:

1. 证券登记结算机构是不以营利为目的的法人

中国证券登记结算机构虽然名称冠以"公司"之名,但是,并不向其成员分配利润,在本质上属于非营利性法人。

2. 证券登记结算机构资格的取得属于行政许可

根据《证券法》的上述规定,证券登记结算机构的设立和结算,必须获得国务院证券监管机构的批准,其名称也应当标明"证券登记结算"字样。这是一种典型的行政许可行为,之所以采取行政许可,根本原因在于证券登记结算机构属于证券市场的运行中的基础设施,具有其他机构不可替代的重要作用。因此,在准入门槛上设置许可制,由政府把关审核。

3. 证券登记结算机构职能具有法定性

证券登记结算机构的基本职能是向委托人提供证券集中交易所需的登记、存管和结算服务。《证券法》第147条就明确规定了证券登记结算机构的各项职能范围。不仅如此,法律法规还从禁止性的角度规定了其禁止性的行为种类,《证券登记结算管理办法》第9条规定:"证券登记结算机构不得从事下列活动:(1) 与证券登记结算业务无关的投资;(2) 购置非自用不动产;(3) 在本办法第65条、第66条规定之外买卖证券;(4) 法律、行政法规和中国证监会禁止的其他行为。"证券登记结算机构在证券交易中仅仅提供交易服务,其自身不得以投资者的身份从事证券交易活动,更不得以存管证券进行投资或融资。

4. 证券登记结算机构职能具有复杂性

证券登记结算活动涉及登记、存管、清算和交收等一系列环节,涉及证券登记结算机构、发行人、投资者、证券公司等多方参与主体,这些参与主体在登记结算业务中产生了复杂的权利义务关系,使证券登记结算业务具有相当的复杂性。因此,只有通过法律制度对上述各类主体的权利义务关系作出清晰界定,才能够使证券登记结算机构具有复杂性的职能得以充分发挥。

总之,我国证券登记结算机构是为证券交易提供集中的登记、存管与结算服务的非营利性的法人单位,起着证券市场金融基础设施的关键作用。同时,其具有自律监管职能,可以依法制定与证券登记结算业务有关的基本业务规则。

四、证券登记结算机构的监管

(一) 对运营方式、章程和业务规则的监管[①]

1. 全国集中统一的运营方式

在证券交易所和国务院批准的其他全国性证券交易场所交易的证券的登记结算,应当采取全国集中统一的运营方式。上述规定以外的证券,其登记、结算可以委托证券登记结算机构或者其他依法从事证券登记、结算业务的机构办理。

2. 依法制定章程和业务规则

证券登记结算机构应当依法制定章程和业务规则,并经国务院证券监督管理机构批准。证券登记结算业务参与人应当遵守证券登记结算机构制定的业务规则。

---

① 参见《证券法》第148—149条的规定。

(二)业务安全保障措施①

证券登记结算机构应当采取下列措施保证业务的正常进行:
(1)具有必备的服务设备和完善的数据安全保护措施。
(2)建立完善的业务、财务和安全防范等管理制度。
(3)建立完善的风险管理系统。

证券登记结算机构应当妥善保存登记、存管和结算的原始凭证及有关文件和资料。其保存期限不得少于20年。

(三)设立证券结算风险基金②

证券登记结算机构应当设立证券结算风险基金,用于垫付或者弥补因违约交收、技术故障、操作失误、不可抗力造成的证券登记结算机构的损失。

证券结算风险基金从证券登记结算机构的业务收入和收益中提取,并可以由结算参与人按照证券交易业务量的一定比例缴纳。

证券结算风险基金的筹集、管理办法,由国务院证券监督管理机构会同国务院财政部门规定。

证券结算风险基金应当存入指定银行的专门账户,实行专项管理。

证券登记结算机构以证券结算风险基金赔偿后,应当向有关责任人追偿。

第三节 证券登记结算机构的设立和基本职能

一、我国证券登记结算机构的设立条件

我国证券登记结算机构为中国结算,其以有限责任公司的组织形式成立,所以,设立证券登记结算机构必须满足《公司法》有限责任公司设立的基本条件,与此同时,按照《证券法》第146条规定,设立证券登记结算机构还应具备以下几个基本条件:

1. 自有资金条件

根据《证券法》的规定,设立证券登记结算机构的自有资金不少于人民币2亿元。这是由于提供证券登记结算服务需要有雄厚的资金条件,即需要具备相当水平的物质基础才能够保证其正常运行。

2. 服务场所与设施条件

证券登记结算机构应具有证券登记、存管和结算服务所必须的场所和设施。证券登记结算机构设立申请人提出申请时,应向审批登记机关提供其服务场所的有效证明。同时,为了顺利办理上市证券集中登记、存管和结算,证券登记结算机构应当建立与此相适应的结算系统,配备必要的电脑、通信设备,有完整的数据安全保护和数据备份措施,确保证券登记、存管和结算资料和电脑系统的安全。

3. 证券登记结算机构的名称中应当标明"证券登记结算"字样

这一要求的意义有三点:一是方便辨认;二是防止其他机构使用同样或类似名称造成混乱;三是防止有人利用这个名称进行欺诈或误导社会公众。

---

① 参见《证券法》第152—153条的规定。
② 参见《证券法》第154—155条的规定。

4. 国务院证券监督管理机构规定的其他条件

关于证券登记结算机构的解散,根据《证券法》第156条的规定,证券登记结算机构申请解散,应当经国务院证券监督管理机构批准。

二、我国证券登记结算机构的基本职能

根据《证券法》第147条的规定,证券登记结算机构的职能如下:(1)证券账户、结算账户的设立;(2)证券的存管和过户;(3)证券持有人名册登记;(4)证券交易的清算和交收;(5)受发行人的委托派发证券权益;(6)办理与上述业务有关的查询、信息服务;(7)国务院证券监督管理机构批准的其他业务。上述各项职能亦即证券登记结算机构的业务范围,下面结合2019年的《证券法》以及《证券登记结算管理办法》(2018年修正),对证券登记结算机构的主要业务进行解读。

(一)证券账户的管理

证券账户是证券投资者在证券登记结算机构开立的股票账户、债券账户和投资基金账户等,主要用来记载和反映投资者持有的证券种类、数量等情况。《证券法》第157条规定,投资者委托证券公司进行证券交易,应当通过证券公司申请在证券登记结算机构开立证券账户。证券登记结算机构应当按照规定为投资者开立证券账户。投资者申请开立账户,应当持有证明中华人民共和国公民、法人、合伙企业身份的合法证件。国家另有规定的除外。这一规定,确立了我国以直接持有为主的证券账户体制以及证券账户开户实名制两大原则。

(1)我国证券账户体制是以直接持有为主的体制投资者直接登记在股东名册上,对发行人拥有直接的请求权。但对于一些特殊品种的交易或特殊模式的交易,也存在间接持有的模式,如部分B股境外投资者和合格的境外机构投资者(QFII)等则采取的是以名义持有人持有证券的模式。在这种体制下,我国证券市场由证券登记结算机构直接为投资者开立证券账户,具体实现上登记结算机构也可以委托开户代理机构代为办理。一般地,个人和一般机构开立证券账户由证券公司等开户代理机构受理。证券公司、保险公司、证券投资基金、社保基金等特殊机构投资者应当直接向证券登记结算机构申请开立证券账户。[①]

(2)证券账户实名制原则。根据我国法律规定,个人开户必须持有公安机关制发的证明中国公民身份的有效居民身份证,法人开户必须持有工商行政管理部门颁发的证明其具有中国法人资格的合法文件。其目的在于在证券行业实施证券交易实名制。伴随着我国银行存款施行实名制,证券行业作为金融体系的重要一环也应当实行这一制度,通过确保开户资料的真实性,保证证券交易当事人使用本人账户,便于加强对证券市场的监管,以维护证券交易安全。

《证券登记结算管理办法》第3章"证券账户的管理"部分对证券账户管理进行了比较系统的规范。具体如下:

(1)关于证券账户的用途。投资者通过证券账户持有证券,证券账户用于记录投资者持有证券的余额及其变动情况。

(2)关于投资者开立证券账户的程序。投资者开立证券账户应当向证券登记结算机构提出申请。这里的投资者包括中国公民、中国法人、中国合伙企业、符合规定的外国人及法律、行政法规、中国证监会规章规定的其他投资者。外国人申请开立证券账户的具体办法,

---

① 屠光绍主编:《证券登记结算管理办法导读》,中国金融出版社2006年版,第35页。

由证券登记结算机构制定,报中国证监会批准。投资者申请开立证券账户应当保证其提交的开户资料真实、准确、完整。

证券登记结算机构可以直接为投资者开立证券账户,也可以委托证券公司代为办理。证券登记结算机构为投资者开立证券账户,应当遵循方便投资者和优化配置账户资源的原则。

(3) 证券直接持有为原则,间接持有为例外。证券应当记录在证券持有人本人的证券账户内,但依据法律、行政法规和中国证监会的规定,证券记录在名义持有人证券账户内的,从其规定。证券登记结算机构为依法履行职责,可以要求名义持有人提供其名下证券权益拥有人的相关资料。

(4) 对账户开立和使用环节的实名制要求。证券公司代理开立证券账户,应当向证券登记结算机构申请取得开户代理资格。证券公司代理开立证券账户,应当根据证券登记结算机构的业务规则,对投资者提供的有效身份证明文件原件及其他开户资料的真实性、准确性、完整性进行审核,并应当妥善保管相关开户资料,保管期限不得少于20年。

投资者不得将本人的证券账户提供给他人使用。

(5) 证券登记结算机构对投资者使用证券账户行使自律监管权。证券登记结算机构对开户代理机构开立证券账户的活动进行监督,证券登记结算机构及证券公司对投资者申请开立和使用证券账户进行监督的具体措施,并明确了对违规行为进行处置的措施。[①]

(二) 证券的登记

上市证券的发行人,应当委托证券登记结算机构办理其所发行证券的登记业务。证券登记结算机构应当与委托其办理证券登记业务的证券发行人签订证券登记及服务协议,明确双方的权利义务。证券登记结算机构应当制定并公布证券登记及服务协议的范本。证券登记结算机构可以根据政府债券主管部门的要求办理上市政府债券的登记业务。《证券法》第151条规定,证券登记结算机构应当向证券发行人提供证券持有人名册及有关资料。证券登记结算机构应当根据证券登记结算的结果,确认证券持有人持有证券的事实,提供证券持有人登记资料。证券登记结算机构应当保证证券持有人名册和登记过户记录真实、准确、完整,不得隐匿、伪造、篡改或者毁损。《证券登记结算管理办法》第4章"证券的登记"部分对证券登记管理进行了比较系统的规范。具体如下:

1. 证券持有人名册的登记

(1) 证券登记结算机构根据证券账户的记录,确认证券持有人持有证券的事实,办理证券持有人名册的登记。

(2) 证券公开发行后,证券发行人应当向证券登记结算机构提交已发行证券的证券持有人名册及其他相关资料。证券登记结算机构据此办理证券持有人名册的初始登记。

证券发行人应当保证其所提交资料的合法、真实、准确、完整。证券登记结算机构不承担由于证券发行人原因导致证券持有人名册及其他相关资料有误而产生的损失和法律后果。

(3) 证券登记结算机构应当保证证券持有人名册和登记过户记录真实、准确、完整,不得隐匿、伪造或者毁损。

(4) 证券登记结算机构应当按照业务规则和协议定期向证券发行人发送其证券持有人

[①] 《证券登记结算管理办法》第23—25条的规定。

名册及有关资料。

2. 申请办理权益分派等代理服务的规定

证券发行人申请办理权益分派等代理服务的,应当按照业务规则和协议向证券登记结算机构提交有关资料并支付款项。证券发行人未及时履行上述义务的,证券登记结算机构有权推迟或不予办理,证券发行人应当及时发布公告说明有关情况。

3. 证券持有人名册的变更登记

(1)证券在证券交易所上市交易的,证券登记结算机构应当根据证券交易的交收结果办理证券持有人名册的变更登记。

(2)证券以协议转让、继承、捐赠、强制执行、行政划拨等方式转让的,证券登记结算机构根据业务规则变更相关证券账户的余额,并相应办理证券持有人名册的变更登记。

(3)证券因质押、锁定、冻结等原因导致其持有人权利受到限制的,证券登记结算机构应当在证券持有人名册上加以标记。

(4)证券发行人或者其清算组等终止证券登记及相关服务协议的,证券登记结算机构应当依法向其交付证券持有人名册及其他登记资料。

(三)证券的托管和存管

《证券法》第150条规定,在证券交易所或者国务院批准的其他全国性证券交易场所交易的证券,应当全部存管在证券登记结算机构。证券登记结算机构不得挪用客户的证券。投资者应当委托证券公司托管其持有的证券,证券公司应当将其自有证券和所托管的客户证券交由证券登记结算机构存管,但法律、行政法规和中国证监会另有规定的除外。《证券登记结算管理办法》第5章"证券的托管和存管"部分对证券的托管和存管进行了进一步的规范。具体如下:

1. 设立客户证券总账和自有证券总账

证券登记结算机构为证券公司设立客户证券总账和自有证券总账,用以统计证券公司交存的客户证券和自有证券。

证券公司应当委托证券登记结算机构维护其客户及自有证券账户,但法律、行政法规和中国证监会另有规定的除外。

2. 签订证券交易、托管与结算协议

投资者买卖证券,应当与证券公司签订证券交易、托管与结算协议。证券登记结算机构应当制定和公布证券交易、托管与结算协议中与证券登记结算业务有关的必备条款。必备条款应当包括但不限于以下内容:

(1)证券公司根据客户的委托,按照证券交易规则提出交易申报,根据成交结果完成其与客户的证券和资金的交收,并承担相应的交收责任;客户应当同意集中交易结束后,由证券公司委托证券登记结算机构办理其证券账户与证券公司证券交收账户之间的证券划付。

(2)实行质押式回购交易的,投资者和证券公司应当按照业务规则的规定向证券登记结算机构提交用于回购的质押券。投资者和证券公司之间债权债务关系不影响证券登记结算机构按照业务规则对证券公司提交的质押券行使质押权。

(3)客户出现资金交收违约时,证券公司可以委托证券登记结算机构将客户净买入证券划付到其证券处置账户内,并要求客户在约定期限内补足资金。客户出现证券交收违约时,证券公司可以将相当于证券交收违约金额的资金暂不划付给该客户。

3. 证券公司与客户之间证券托管关系事项的报送与记录

证券公司应当将其与客户之间建立、变更和终止证券托管关系的事项报送证券登记结算机构。证券登记结算机构应当对上述事项加以记录。

4. 客户要求证券公司将其持有证券转托管的权利

客户要求证券公司将其持有证券转由其他证券公司托管的,相关证券公司应当依据证券交易所及证券登记结算机构有关业务规则予以办理,不得拒绝,但有关法律、行政法规和中国证监会另有规定的除外。

5. 保证托管、存管证券的安全

证券公司应当采取有效措施,保证其托管的证券的安全,禁止挪用、盗卖。证券登记结算机构应当采取有效措施,保证其存管的证券的安全,禁止挪用、盗卖。

证券的质押、锁定、冻结或扣划,由托管证券的证券公司和证券登记结算机构按照证券登记结算机构的相关规定办理。

(四)证券和资金的清算交收①

关于证券和资金的清算交收,《证券法》第158条规定,证券登记结算机构作为中央对手方提供证券结算服务的,是结算参与人共同的清算交收对手,进行净额结算,为证券交易提供集中履约保障。证券登记结算机构为证券交易提供净额结算服务时,应当要求结算参与人按照货银对付的原则,足额交付证券和资金,并提供交收担保。在交收完成之前,任何人不得动用用于交收的证券、资金和担保物。结算参与人未按时履行交收义务的,证券登记结算机构有权按照业务规则处理上述财产。《证券法》第159条规定,证券登记结算机构按照业务规则收取的各类结算资金和证券,必须存放于专门的清算交收账户,只能按业务规则用于已成交的证券交易的清算交收,不得被强制执行。《证券登记结算管理办法》第6章"证券和资金的清算交收"部分则对证券和资金的清算交收进行了进一步规范。具体如下:

1. 签订结算协议

证券公司参与证券和资金的集中清算交收,应当向证券登记结算机构申请取得结算参与人资格,与证券登记结算机构签订结算协议,明确双方的权利义务。

没有取得结算参与人资格的证券公司,应当与结算参与人签订委托结算协议,委托结算参与人代其进行证券和资金的集中清算交收。

证券登记结算机构应当制定并公布结算协议和委托结算协议范本。

2. 选择结算银行

证券登记结算机构应当选择符合条件的商业银行作为结算银行,办理资金划付业务。结算银行的条件,由证券登记结算机构制定。

3. 证券和资金结算实行分级结算原则

证券登记结算机构负责办理证券登记结算机构与结算参与人之间的集中清算交收;结算参与人负责办理结算参与人与客户之间的清算交收。

4. 设立证券集中交收账户和资金集中交收账户

证券登记结算机构应当设立证券集中交收账户和资金集中交收账户,用以办理与结算参与人的证券和资金的集中清算交收。

结算参与人应当根据证券登记结算机构的规定,申请开立证券交收账户和资金交收账

---

① 《证券登记结算管理办法》第41—52条的规定。

户用以办理证券和资金的交收。同时经营证券自营业务和经纪业务的结算参与人,应当申请开立自营证券、资金交收账户和客户证券、资金交收账户分别用以办理自营业务的证券、资金交收和经纪业务的证券、资金交收。

5. 多边净额结算

证券登记结算机构采取多边净额结算方式的,应当根据业务规则作为结算参与人的共同对手方,按照货银对付的原则,以结算参与人为结算单位办理清算交收。

证券登记结算机构与参与多边净额结算的结算参与人签订的结算协议应当包括下列内容:(1)对于结算参与人负责结算的证券交易合同,该合同双方结算参与人向对手方结算参与人收取证券或资金的权利,以及向对手方结算参与人支付资金或证券的义务一并转让给证券登记结算机构;(2)受让前项权利和义务后,证券登记结算机构享有原合同双方结算参与人对其对手方结算参与人的权利,并应履行原合同双方结算参与人对其对手方结算参与人的义务。

证券登记结算机构进行多边净额结算时,应当将结算参与人的证券和资金轧差计算出应收应付净额,并在结算结束后将结算结果及时通知结算参与人。

证券登记结算机构采取其他结算方式的,应当按照相关业务规则进行结算。

6. 集中交收

(1)集中交收前,结算参与人应当向客户收取其应付的证券和资金,并在结算参与人证券交收账户、结算参与人资金交收账户留存足额证券和资金。

结算参与人与客户之间的证券划付,应当委托证券登记结算机构代为办理。

(2)集中交收过程中,证券登记结算机构应当在交收时点,向结算参与人收取其应付的资金和证券,同时交付其应收的证券和资金。交收完成后不可撤销。

结算参与人未能足额履行应付证券或资金交收义务的,不能取得相应的资金或证券。

对于同时经营自营业务以及经纪业务或资产管理业务的结算参与人,如果其客户资金交收账户资金不足的,证券登记结算机构可以动用该结算参与人自营资金交收账户内的资金完成交收。

(3)集中交收后,结算参与人应当向客户交付其应收的证券和资金。

结算参与人与客户之间的证券划付,应当委托证券登记结算机构代为办理。

7. 交收期限

证券登记结算机构应当在结算业务规则中对结算参与人与证券登记结算机构之间的证券和资金的集中交收以及结算参与人与客户之间的证券和资金的交收期限分别作出规定。

结算参与人应当在规定的交收期限内完成证券和资金的交收。

8. 相关责任

因证券登记结算机构的原因导致清算结果有误的,结算参与人在履行交收责任后可以要求证券登记结算机构予以纠正,并承担结算参与人遭受的直接损失。

【测试题】

证券登记结算机构应履行的职能有?(　　)

A. 对上市公司进行监管

B. 证券的存管和过户

C. 证券持有人名册登记

D. 受发行人的委托派发证券权益

【答案与解析】

答案：BCD

解析：本题考查证券登记结算机构的职能。

根据《证券法》第147条的规定，证券登记结算机构履行下列职能：(1)证券账户、结算账户的设立；(2)证券的存管和过户；(3)证券持有人名册登记；(4)证券交易的清算和交收；(5)受发行人的委托派发证券权益；(6)办理与上述业务有关的查询、信息服务；(7)国务院证券监督管理机构批准的其他业务。可见，A选项"对上市公司进行监管"不属于证券登记结算机构应履行的职能，故错误。而其余选项均正确。

【测试题】

证券登记结算机构应当采取以下哪些措施保证业务的进行？（　　）

A. 具有必备的服务设备和完善的数据安全保护措施
B. 监督、检查从业人员行为
C. 建立完善的业务、财务和安全防范等管理制度
D. 建立完善的风险管理系统

【答案与解析】

答案：ACD

解析：本题考查证券登记结算机构的保障措施。

《证券法》第152条规定：证券登记结算机构应当采取下列措施保证业务的正常进行：(1)具有必备的服务设备和完善的数据安全保护措施；(2)建立完善的业务、财务和安全防范等管理制度；(3)建立完善的风险管理系统。因此选项ACD正确。

第十章

证券服务机构法律制度

导读

我国《证券法》经过2019年的修改,对证券服务机构作出了更为明确的规定,确定了我国七种证券服务机构,即,会计师事务所、律师事务所、证券投资咨询机构、资信评级机构、资产评估机构、财务顾问机构、信息技术系统服务机构。本章将对这七种证券服务机构的概念、设立条件、业务范围、从业资格等方面进行解读,通过本章的学习,可以对我国的证券服务机构有一定程度的了解。

第一节 证券服务机构概述

一、证券服务机构概念

证券服务机构,是指经国务院证券监督管理机构和其他有关主管部门核准或者备案从事证券业务的会计师事务所、律师事务所以及从事证券投资咨询、资产评估、资信评级、财务顾问、信息技术系统服务的证券服务机构。证券服务机构在证券发行与交易中通常是以独立的第三方对证券发行人或交易双方的财务、经营状况和所涉及法律事项进行审计、评估、见证,以确保证券发行、交易信息披露的真实性、准确性与完成性,它实际上构成了信息披露监督的第一道关口,为充分发挥它们的专业监督作用,我国《证券法》加强了对证券服务机构的责任约束,明确要求他们对整个社会公众负有勤勉尽责义务,一旦出现信息欺诈,证券服务机构与发行人要承担连带赔偿责任。我国《证券法》第160条规定:会计师事务所、律师事务所以及从事证券投资咨询、资产评估、资信评级、财务顾问、信息技术系统服务的证券服务机构,应当勤勉尽责、恪尽职守,按照相关业务规则为证券的交易及相关活动提供服务。

从事证券投资咨询服务业务,应当经国务院证券监督管理机构核准;未经核准,不得为证券的交易及相关活动提供服务。从事其他证券服务业务,应当报国务院证券监督管理机构和国务院有关主管部门备案。

二、证券服务机构的种类

根据上述《证券法》第160条第1款的规定,我国的证券服务机构主要包括:会计师事务所、律师事务所以及从事证券投资咨询、资产评估、资信评级、财务顾问、信息技术系统服务的证券服务机构,共七种。2019 年《证券法》第 160 条是从 2014 年《证券法》第 169 条修改而来,修改之后,在证券服务机构的种类上增加了财务顾问机构和信息技术系统服务机构。同时,明确了证券服务机构的义务,即应当勤勉尽责、恪尽职守,按相关业务规则为证券的交易及相关活动提供服务。最后,改革了证券服务机构进入证券市场提供服务的机制,除对证券投资咨询服务机构实施核准制之外,其他证券服务机构则全部实行备案制,体现了简政放权的立法思想。

无论上述哪种证券服务机构,均须依法妥善保存客户的相关信息和资料。根据《证券法》第 162 条的规定,证券服务机构应当妥善保存客户委托文件、核查和验证资料、工作底稿以及与质量控制、内部管理、业务经营有关的信息和资料,任何人不得泄露、隐匿、伪造、篡改或者毁损。上述信息和资料的保存期限不得少于 10 年,自业务委托结束之日起算。

三、证券服务机构的法律责任采取过错推定原则

《证券法》第 163 条规定,证券服务机构为证券的发行、上市、交易等证券业务活动制作、出具审计报告及其他鉴证报告、资产评估报告、财务顾问报告、资信评级报告或者法律意见书等文件,应当勤勉尽责,对所依据的文件资料内容的真实性、准确性、完整性进行核查和验证。其制作、出具的文件有虚假记载、误导性陈述或者重大遗漏,给他人造成损失的,应当与委托人承担连带赔偿责任,但是能够证明自己没有过错的除外。可见,我国法律对证券服务机构的连带赔偿责任采取过错推定的原则。

第二节 从事证券业的会计师事务所

一、会计师事务所与注册会计师的概念

会计师事务所,是指依法设立并承办注册会计师业务的机构。会计师事务所可以由注册会计师合伙设立。合伙设立的会计师事务所的债务,由合伙人按照出资比例或者协议的约定,以各自的财产承担责任。合伙人对会计师事务所的债务承担连带责任。①

注册会计师,是指依法取得注册会计师证书并接受委托从事审计和会计咨询、会计服务业务的执业人员。②

会计师事务所从事证券业务的范围,分为狭义与广义两类。狭义的证券业务是,指会计师事务所接受证券发行人的委托,为其财务会计报告出具财务审计报告的业务;广义证券业务,则是指除上述义务外,还包括对公开发行和交易股票的企业、证券经营机构和证券交易场所进行的净资产验证及其他相关的咨询服务等业务。

二、证券业务资格取得

根据财政部、证监会 2007 年发布,2012 年修订的《关于会计师事务所从事证券期货相关业务有关的通知》第 1 条第 2—5 款的规定,会计师事务所从事证券业务资格的申请条件如下:

(1) 依法成立 5 年以上,组织形式为合伙制或特殊的普通合伙制;由有限责任制转制为

---

① 参见《注册会计师法》第 3、23 条的规定。
② 参见《注册会计师法》第 2 条的规定。

合伙制或特殊的普通合伙制的会计师事务所,经营期限连续计算。

(2)质量控制制度和内部管理制度健全并有效执行,执业质量和职业道德良好;会计师事务所设立分所的,会计师事务所及其分所应当在人事、财务、业务、技术标准和信息管理等方面做到实质性的统一。

(3)注册会计师不少于200人,其中最近5年持有注册会计师证书且连续执业的不少于120人,且每一注册会计师的年龄均不超过65周岁。

(4)净资产不少于500万元。

(5)会计师事务所职业保险的累计赔偿限额与累计职业风险基金之和不少于8000万元。

(6)上一年度业务收入不少于8000万元,其中审计业务收入不少于6000万元,本项所称业务收入和审计业务收入均指以会计师事务所名义取得的相关收入。

(7)至少有25名以上的合伙人,且半数以上合伙人最近在本会计师事务所连续执业3年以上。

(8)不存在下列情形之一:① 在执业活动中受到行政处罚、刑事处罚,自处罚决定生效之日起至提出申请之日止未满3年;② 因以欺骗等不正当手段取得证券资格而被撤销该资格,自撤销之日起至提出申请之日止未满3年;③ 申请证券资格过程中,因隐瞒有关情况或者提供虚假材料被不予受理或者不予批准的,自被出具不予受理凭证或者不予批准决定之日起至提出申请之日止未满3年。

会计师事务所具备上述第(1)项、第(7)项和第(8)项规定条件,并通过吸收合并具备上述第(2)项至第(6)项规定条件的,自吸收合并后工商变更登记之日起至提出申请之日止应当满1年。

会计师事务所发生吸收合并前已具备第2款条件的,不受第3款规定的限制。

具有证券资格的会计师事务所应当持续具备申请条件。具有证券资格的会计师事务所,自取得证券资格第3年起,每一年度上市公司年度财务报告审计业务客户家数(含证监会已审核通过的IPO公司户数)不得少于5家,或者每一年度上市公司审计业务收入不得少于500万元。

三、证券业务的行为规范

会计师事务所从事证券业务,必须遵守《证券法》关于证券服务机构和人员的相关规定,其主要内容如下:

(1)独立、客观与公正。在从事证券业务时,会计师事务所及注册会计师要做到独立、客观、公正,严格执行财政部、中国注册会计师协会制定发布的《中国注册会计师独立审计准则》及相关规则。

(2)勤勉尽责。根据《证券法》第163条规定的精神,会计师事务所应当勤勉尽责、恪尽职守,按照相关业务规则为证券的交易及相关活动提供服务。即在出具财务审计报告时,应当勤勉尽责,对所依据的文件资料内容的真实性、准确性、完整性进行核查和验证。其制作、出具的文件有虚假记载、误导性陈述或者重大遗漏,给他人造成损失的,应当与发行人、上市公司共同承担连带赔偿责任,但是能够证明自己没有过错的除外。

(3)禁止传播虚假信息。根据《证券法》第56条第2款规定的精神,会计师事务所及其从业人员不得在证券交易活动中作出虚假陈述或者信息误导。

(4) 禁止内幕交易和违规利用未公开信息从事证券交易。会计师事务所及其工作人员往往是内幕信息知情人,根据《证券法》第 53 条第 1 款的规定,在内幕信息公开前,不得利用其从事财务审计过程中所获得内幕信息买卖公司的证券,或者泄露该信息,或者建议他人买卖该证券。根据《证券法》第 54 条规定的精神,禁止会计师事务所及其从业人员,利用因职务便利获取的内幕信息以外的其他未公开的信息,违反规定,从事与该信息相关的证券交易活动,或者明示、暗示他人从事相关交易活动。利用未公开信息进行交易给投资者造成损失的,应当依法承担赔偿责任。

(5) 遵守禁止交易期限的规定。根据《证券法》第 42 条规定的精神,为证券发行出具审计报告的会计师事务所及其工作人员在该证券承销期内和期满后 6 个月内,不得买卖该证券。为发行人及其控股股东、实际控制人,或者收购人、重大资产交易方出具审计报告会计师事务所及其工作人员,自接受委托之日起至上述文件公开后 5 日内,不得买卖该证券。实际开展上述有关工作之日早于接受委托之日的,自实际开展上述有关工作之日起至上述文件公开后 5 日内,不得买卖该证券。

(6) 发现禁止交易行为的报告义务。根据《证券法》第 61 条的规定,证券服务机构及从业人员对证券交易过程中发现的禁止交易行为,负有及时向证券监督管理机构报告的义务。

四、法律责任

关于会计师事务所的法律责任,除上述依据《证券法》第 163 条的规定,即其制作、出具的文件有虚假记载、误导性陈述或者重大遗漏,给他人造成损失的,应当与发行人、上市公司共同承担连带赔偿责任,但是能够证明自己没有过错的除外。另外,最高人民法院《关于审理涉及会计师事务所在审计业务活动中民事侵权赔偿案件的若干规定》的第 5 条也是追究其法律责任的依据。即注册会计师在审计业务活动中存在下列情形之一,出具不实报告并给利害关系人造成损失的,应当认定会计师事务所与被审计单位承担连带赔偿责任:(1) 与被审计单位恶意串通;(2) 明知被审计单位对重要事项的财务会计处理与国家有关规定相抵触,而不予指明;(3) 明知被审计单位的财务会计处理会直接损害利害关系人的利益,而予以隐瞒或者作不实报告;(4) 明知被审计单位的财务会计处理会导致利害关系人产生重大误解,而不予指明;(5) 明知被审计单位的会计报表的重要事项有不实的内容,而不予指明;(6) 被审计单位示意其作不实报告,而不予拒绝。

对被审计单位有上述第(2)至(5)项所列行为,注册会计师按照执业准则、规则应当知道的,人民法院应认定其明知。

依据《证券法》第十三章追究会计师事务所相关法律责任的内容,为论述方便,将在本书第十二章与其他证券服务机构的法律责任一并讨论。

第三节 从事证券法律业务的律师事务所

一、律师事务所概述[①]

律师事务所是律师的执业机构。设立律师事务所应当具备下列条件:(1) 有自己的名

[①] 参见《律师法》第 14—16 条的规定。

称、住所和章程;(2)有符合《律师法》规定的律师;(3)设立人应当是具有一定的执业经历,且3年内未受过停止执业处罚的律师;(4)有符合国务院司法行政部门规定数额的资产。

律师事务所的类型主要包括以下两类:

(1) 合伙律师事务所。设立合伙律师事务所,除应当符合上述关于设立律师事务所的条件外,还应当有3名以上合伙人,设立人应当是具有3年以上执业经历的律师。

合伙律师事务所可以采用普通合伙或者特殊的普通合伙形式设立。合伙律师事务所的合伙人按照合伙形式对该律师事务所的债务依法承担责任。

(2) 个人律师事务所。设立个人律师事务所,除应当符合上述关于设立律师事务所的条件外,设立人还应当是具有5年以上执业经历的律师。设立人对律师事务所的债务承担无限责任。

二、律师与律师事务所从事证券法律业务立法与内容

(一) 立法沿革

2002年12月23日,司法部和中国证券监督管理委员会联合发布了《关于取消律师及律师事务所从事证券法律业务资格审批的通告》,正式取消了证券律师资格制度。因此,所有合法登记注册的律师事务所及执业律师都可以从事证券业务。

为了加强对律师事务所从事证券法律业务活动的监督管理,规范律师在证券发行、上市和交易等活动中的执业行为,完善法律风险防范机制,维护证券市场秩序,保护投资者的合法权益,根据《证券法》和《律师法》,经中国证券监督管理委员会主席办公会议和司法部部务会议审议通过《律师事务所从事证券法律业务管理办法》(以下简称《证券业务管理办法》),此办法自2007年5月1日起施行。

(二) 证券法律业务的内容[①]

证券法律业务,是指律师事务所接受当事人委托,为其证券发行、上市和交易等证券业务活动,提供的制作、出具法律意见书等文件的法律服务。律师事务所从事证券法律业务,可以为下列事项出具法律意见:(1)首次公开发行股票及上市;(2)上市公司发行证券及上市;(3)上市公司的收购、重大资产重组及股份回购;(4)上市公司实行股权激励计划;(5)上市公司召开股东大会;(6)境内企业直接或者间接到境外发行证券、将其证券在境外上市交易;(7)证券公司、证券投资基金管理公司及其分支机构的设立、变更、解散、终止;(8)证券投资基金的募集、证券公司集合资产管理计划的设立;(9)证券衍生品种的发行及上市;(10)中国证监会规定的其他事项。

律师事务所可以接受当事人的委托,组织制作与证券业务活动相关的法律文件。鼓励具备下列条件的律师事务所从事证券法律业务:(1)内部管理规范,风险控制制度健全,执业水准高,社会信誉良好;(2)有20名以上执业律师,其中5名以上曾从事过证券法律业务;(3)已经办理有效的执业责任保险;(4)最近2年未因违法执业行为受到行政处罚。

鼓励具备下列条件之一,并且最近2年未因违法执业行为受到行政处罚的律师从事证券法律业务:(1)最近3年从事过证券法律业务;(2)最近3年连续执业,且拟与其共同承办业务的律师最近3年从事过证券法律业务;(3)最近3年连续从事证券法律领域的教学、研究工作,或者接受过证券法律业务的行业培训。

---

① 参见《证券业务管理办法》"第二章业务范围"的规定。

律师被吊销执业证书的,不得再从事证券法律业务。律师被中国证监会采取证券市场禁入措施或者被司法行政机关给予停止执业处罚的,在规定禁入或者停止执业的期间不得从事证券法律业务。

同一律师事务所不得同时为同一证券发行的发行人和保荐人、承销的证券公司出具法律意见,不得同时为同一收购行为的收购人和被收购的上市公司出具法律意见,不得在其他同一证券业务活动中为具有利害关系的不同当事人出具法律意见。律师担任公司及其关联方董事、监事、高级管理人员,或者存在其他影响律师独立性的情形的,该律师所在律师事务所不得接受所任职公司的委托,为该公司提供证券法律服务。

三、律师与律师事务所从事证券法律业务的行为规范[①]

根据《证券业务管理办法》,律师与律师事务所从事证券法律业务必须遵守以下行为规范:

(1) 律师事务所及其指派的律师从事证券法律业务,应当按照依法制定的业务规则,勤勉尽责,审慎履行核查和验证义务。律师进行核查和验证,可以采用面谈、书面审查、实地调查、查询和函证、计算、复核等方法。

(2) 律师事务所及其指派的律师从事证券法律业务,应当依法对所依据的文件资料内容的真实性、准确性、完整性进行核查和验证;在进行核查和验证前,应当编制核查和验证计划,明确需要核查和验证的事项,并根据业务的进展情况,对其予以适当调整。

(3) 律师在出具法律意见时,对与法律相关的业务事项应当履行法律专业人士特别的注意义务,对其他业务事项履行普通人一般的注意义务,其制作、出具的文件不得有虚假记载、误导性陈述或者重大遗漏。

(4) 律师从国家机关、具有管理公共事务职能的组织、会计师事务所、资产评估机构、资信评级机构、公证机构(以下统称"公共机构")直接取得的文书,可以作为出具法律意见的依据,但律师应当履行上述第(3)项规定的注意义务并加以说明;对于不是从公共机构直接取得的文书,经核查和验证后方可作为出具法律意见的依据。律师从公共机构抄录、复制的材料,经该机构确认后,可以作为出具法律意见的依据,但律师应当履行上述第(3)项规定的注意义务并加以说明;未取得公共机构确认的,对相关内容进行核查和验证后方可作为出具法律意见的依据。

(5) 律师进行核查和验证,需要会计师事务所、资产评估机构等证券服务机构作出判断的,应当直接委托或者要求委托人委托会计师事务所、资产评估机构等证券服务机构出具意见。

(6) 律师在从事证券法律业务时,委托人应当向其提供真实、完整的有关材料,不得拒绝、隐匿、谎报。律师发现委托人提供的材料有虚假记载、误导性陈述、重大遗漏,或者委托人有重大违法行为的,应当要求委托人纠正、补充;委托人拒不纠正、补充的,律师可以拒绝继续接受委托,同时应当按照规定向有关方面履行报告义务。

(7) 律师应当归类整理核查和验证中形成的工作记录和获取的材料,并对法律意见书等文件中各具体意见所依据的事实、国家相关规定以及律师的分析判断作出说明,形成记录清晰的工作底稿。工作底稿由出具法律意见的律师事务所保存,保存期限不得少于7年;中

[①] 参见《证券业务管理办法》"第三章业务规则"的规定。

（8）禁止传播虚假信息。根据《证券法》第56条第2款规定的精神，律师事务所及其从业人员不得在证券交易活动中作出虚假陈述或者信息误导。

（9）禁止内幕交易和违规利用未公开信息从事证券交易。律师事务所及其工作人员往往是内幕信息知情人，根据《证券法》第53条第1款的规定，在内幕信息公开前，不得利用其从事证券法律业务过程中所获得内幕信息买卖公司的证券，或者泄露该信息，或者建议他人买卖该证券。根据《证券法》第54条规定的精神，禁止律师事务所及其从业人员，利用因职务便利获取的内幕信息以外的其他未公开的信息，违反规定，从事与该信息相关的证券交易活动，或者明示、暗示他人从事相关交易活动。利用未公开信息进行交易给投资者造成损失的，应当依法承担赔偿责任。

（10）遵守禁止交易期限的规定。根据《证券法》第42条规定的精神，为证券发行出具法律意见书的律师事务所及其工作人员在该证券承销期内和期满后6个月内，不得买卖该证券。为发行人及其控股股东、实际控制人，或者收购人、重大资产交易方出具法律意见书的律师事务所及其工作人员，自接受委托之日起至上述文件公开后5日内，不得买卖该证券。实际开展上述有关工作之日早于接受委托之日的，自实际开展上述有关工作之日起至上述文件公开后5日内，不得买卖该证券。

（11）发现禁止交易行为的报告义务。根据《证券法》第61条的规定，证券服务机构及从业人员对证券交易过程中发现的禁止交易行为，负有及时向证券监督管理机构报告的义务。

2010年，中国证监会、司法部继《证券业务管理办法》之后又颁布了《律师事务所证券法律业务执业规则（试行）》和《律师事务所证券投资基金法律业务执业细则（试行）》，进一步落实了《证券法》关于律师从事证券业务应当勤勉尽责的规定及《证券业务管理办法》关于依法制定业务规则的要求，为律师从事证券法律业务活动提供了系统的业务规范和指导。

四、法律责任

根据《证券业务管理办法》的规定，律师事务所及其指派的律师从事证券法律业务，违反《证券法》和有关证券管理的行政法规，应当给予行政处罚的，由中国证监会依据《证券法》和有关证券管理的行政法规实施处罚；情节严重的，中国证监会可以依照《证券法》的相关规定，对其采取证券市场禁入的措施。需要对律师事务所给予停业整顿处罚、对律师给予停止执业或者吊销律师执业证书处罚的，由司法行政机关依法实施处罚。

律师事务所及其指派的律师从事证券法律业务，违反《律师法》和有关律师执业管理规定的，由司法行政机关给予相应的行政处罚。律师事务所及其指派的律师从事证券法律业务，违反律师行业规范的，由律师协会给予相应的行业惩戒。

中国证监会及其派出机构、司法行政机关在查处律师事务所、律师从事证券法律业务的违法行为的工作中，应当相互配合，互通情况，建立协调协商机制。对于依法应当由对方实施处罚的，及时移送对方处理；一方实施处罚后，应当将处罚结果书面告知另一方，并抄送律师协会。

依《证券法》第十三章追究律师事务所相关法律责任的内容，为论述方便，将在本书第十二章与其他证券服务机构的法律责任一并讨论。

第四节 证券投资咨询机构

一、证券投资咨询业概述

证券投资咨询业产生于美国。1920年,美国第一家证券投资顾问公司在波士顿宣告成立,至1940年美国《投资顾问法》颁布时,专业性的证券投资顾问公司已达到605家。时至今日,美国不仅拥有世界上最大的证券交易所、最大的上市公司、最成熟的证券法律规范体系,而且其证券分析人士,诸如美林证券、高盛证券、摩根士丹利证券的首席分析师也享有世界性的声誉。[①]

中国证券投资咨询业的产生较晚,1992年随着沪深证券交易所的设立,专业性的证券投资咨询机构陆续在我国设立。1997年12月25日,经国务院批准,国务院证券委发布了《证券、期货投资咨询管理暂行办法》(以下简称《投资咨询办法》)。1998年《证券法》第159条(即2019年《证券法》的第161条第1款)专门规定了证券投资咨询机构及其从业人员的管理问题,使证券投资咨询业走上了规范发展的道路。

根据《投资咨询办法》第2条第2款的规定,证券投资咨询,是指从事证券投资咨询业务的机构及其投资咨询人员以下列形式为投资人或者客户提供证券投资分析、预测或者建议等直接或者间接有偿咨询服务的活动:(1)接受投资人或者客户委托,提供证券、期货投资咨询服务;(2)举办有关证券、期货投资咨询的讲座、报告会、分析会等;(3)在报刊上发表证券、期货投资咨询的文章、评论、报告,以及通过电台、电视台等公众传播媒体提供证券、期货投资咨询服务;(4)通过电话、传真、电脑网络等电信设备系统,提供证券、期货投资咨询服务;(5)中国证监会认定的其他形式。

二、证券投资咨询机构的设立、变更及年检

证券投资咨询机构,是指对证券投资者、交易者和证券发行者的投资交易活动提供证券投资咨询服务的机构。

(一)设立条件

根据《投资咨询办法》第6条的规定,申请证券投资咨询从业资格的机构,应当具备下列条件:(1)从事证券投资咨询业务的机构,有5名以上取得证券投资咨询从业资格的专职人员;同时从事证券和期货投资咨询业务的机构,有10名以上取得证券、期货投资咨询从业资格的专职人员;其高级管理人员中,至少有一名取得证券投资咨询从业资格;(2)有100万元人民币以上的注册资本;(3)有固定的业务场所和与业务相适应的通讯及其他信息传递设施;(4)有公司章程;(5)有健全的内部管理制度;(6)具备中国证监会要求的其他条件。

(二)设立程序

1. 审批程序

根据《投资咨询办法》第8条的规定,申请证券投资咨询从业资格的机构,按照下列程序审批:(1)申请人向经中国证监会授权的所在地方证券管理部门提出申请,地方证券管理部门经审核同意后,提出初审意见;所在地方没有中国证监会授权机构的,申请人直接向中国

[①] 参见李东方主编:《证券法》,清华大学出版社2008年版,第230页。

证监会提出;(2)地方证券管理部门将审核同意的申请文件报送中国证监会,经中国证监会审批后,向申请人颁发业务许可证,并将批准文件抄送地方证券管理部门;(3)中国证监会将以公告的形式向社会公布获得业务许可的申请人的情况。

2. 审批文件

根据《投资咨询办法》第9条的规定,审批文件包括:中国证监会同意印制的申请表;公司章程;企业法人营业执照;机构高级管理人员和从事证券投资咨询业务人员名单及其学历、工作经历和从业资格证书;开展投资咨询业务的方式和内部管理规章制度;业务场所使用证明文件、机构通信地址、电话和传真机号码;注册会计师提供的验资报告;中国证监会要求提供的其他文件。

3. 变更手续的办理

根据《投资咨询办法》第10条的规定,证券投资咨询机构的业务方式、业务场所、主要负责人以及具有证券投资咨询从业资格的业务人员发生变化的,应当自发生变化之日起5个工作日之内向地方证券管理部门提出变更报告,办理变更手续。

4. 年检

根据《投资咨询办法》第11条的规定,证券投资咨询机构应当于每年1月1日至4月30日期间向地方证券管理部门申请办理年检。办理年检时,应当提交下列文件:年检申请报告;年度业务报告;经注册会计师审计的财务会计报告。

地方证券管理部门应自收到上述所列文件20个工作日内对年检申请提出审核意见;审核同意的,上报中国证监会审批。证券投资咨询机构逾期未提交年检报告或经审核未通过年检的,不得继续从事证券投资咨询业务。

三、证券投资咨询业务管理

证券投资咨询业务管理,主要是根据《证券法》的相关规定和《投资咨询办法》第四章的规定,对证券投资咨询机构及其人员提出的证券监管基本要求,具体内容如下:

1. 证券投资咨询机构及其人员,应当以行业公认的谨慎、诚实和勤勉尽责的态度,为投资者或客户提供服务。

2. 证券投资咨询机构及其人员,应当完整、客观、准确地运用有关信息、资料提供投资分析、预测和建议,不得断章取义地引用或篡改信息资料;引用时应注明出处和著作人。

3. 证券投资咨询机构及其人员,不得以虚假信息、市场传闻或者内幕信息为依据,向投资者和客户提供投资分析、预测和建议。

4. 证券投资咨询人员,在电台、报刊、电视台或其他传播媒体上发表投资咨询文章、报告或意见时,必须注明机构和个人的名称,并对投资风险做充分说明;不得参加媒体举办的擂台赛、模拟赛或类似节目、栏目。

5. 证券投资咨询机构与电台、报刊、电视台合办或协办证券投资咨询版面、节目或与电信部门进行业务合作时,应向地方证监办备案。

6. 专门针对证券投资咨询机构及其从业人员的禁止行为。根据《证券法》第161条的规定,证券投资咨询机构及其从业人员从事证券服务业务不得有下列行为:代理委托人从事证券投资;与委托人约定分享证券投资收益或者分担证券投资损失;买卖本证券投资咨询机构提供服务的证券;法律、行政法规禁止的其他行为。有上述所列行为之一,给投资者造成损失的,应当依法承担赔偿责任。

7. 禁止传播虚假信息。根据《证券法》第56条第2款规定的精神,证券投资咨询机构及其从业人员不得在证券交易活动中作出虚假陈述或者信息误导。

8. 禁止内幕交易和违规利用未公开信息从事证券交易。证券投资咨询机构及其从业人员往往是内幕信息知情人,根据《证券法》第53条第1款的规定,在内幕信息公开前,不得利用其从事证券咨询业务过程中所获得内幕信息买卖公司的证券,或者泄露该信息,或者建议他人买卖该证券。根据《证券法》第54条规定的精神,禁止证券投资咨询机构及其从业人员,利用因职务便利获取的内幕信息以外的其他未公开的信息,违反规定,从事与该信息相关的证券交易活动,或者明示、暗示他人从事相关交易活动。利用未公开信息进行交易给投资者造成损失的,应当依法承担赔偿责任。

9. 发现禁止交易行为的报告义务。根据《证券法》第61条的规定,证券服务机构及从业人员对证券交易过程中发现的禁止交易行为,负有及时向证券监督管理机构报告的义务。

四、法律责任

对违反《投资咨询办法》《关于加强证券期货信息传播管理的若干规定》和中国证监会2001年10月11日《关于规范面向公众开展的证券投资咨询业务行为若干问题的通知》的行为,中国证监会及其派出机构有权作出以下处罚:(1)警告;(2)责令停止业务;(3)罚款;视情节严重程度分为:1万—3万元,1万—5万元,1万—10万元不等;(4)没收违法所得;(5)暂停业务资格;(6)撤销业务资格;(7)追究刑事责任等。

依据《证券法》第十三章追究证券投资咨询机构相关法律责任的内容,为论述方便,将在本书第十二章与其他证券服务机构的法律责任一并讨论。

第五节　其他证券服务机构

这里的"其他证券服务机构",是指《证券法》第160条规定的7类证券服务机构中除上述已经论述的三类机构之外剩下的4类机构,即资产评估、资信评级、财务顾问、信息技术系统服务的证券服务机构。而对于其中的财务顾问机构,由于在2017年11月30日由中国证监会发布的《行政许可事项服务指南—投资咨询、财务顾问机构从事证券服务业审批》中,有特别说明:目前,我会正在研究制定财务顾问机构从事证券服务业务相关规则。现阶段,暂不受理财务顾问机构从事证券服务业务申请。另外,财务顾问是证券公司的业务之一,本书第八章第三节对此已有论述,故本节不再另行讨论。

根据《证券法》各类证券服务机构共同具有的禁止传播虚假信息,禁止内幕交易和违规利用未公开信息从事证券交易以及发现禁止交易行为的报告义务,在本节就不再分别针对资产评估、资信评级和信息技术系统服务的证券服务机构具体论述了,其具体内容见本章第二节至第四节相关的部分。同时,依据《证券法》第十三章追究证券服务机构相关法律责任的内容,为论述方便,将在本书第十二章法律责任部分一并讨论,这里就不再赘述。

一、资产评估机构

(一) 资产评估机构的概念及证券业务评估资格的申请条件

资产评估机构是指依法设立,取得资产评估资格,从事资产评估业务活动的社会中介机构。[①] 2008年4月29日,财政部、证监会联合发布《关于从事证券期货相关业务的资产评估机构有关管理问题的通知》(以下简称《通知》),该《通知》第1条规定了证券业务评估资格的申请条件:

1. 资产评估机构从事证券业务,应当按照本《通知》规定取得证券、期货相关业务评估资格(以下简称"证券评估资格")。

2. 资产评估机构申请证券评估资格,应当符合下列条件:(1)资产评估机构依法设立并取得资产评估资格3年以上,发生过吸收合并的,还应当自完成工商变更登记之日起满1年;(2)质量控制制度和其他内部管理制度健全并有效执行,执业质量和职业道德良好;(3)具有不少于30名注册资产评估师,其中最近3年持有注册资产评估师证书且连续执业的不少于20人;(4)净资产不少于200万元;(5)按规定购买职业责任保险或者提取职业风险基金;(6)半数以上合伙人或者持有不少于50%股权的股东最近在本机构连续执业3年以上;(7)最近3年评估业务收入合计不少于2000万元,且每年不少于500万元。

3. 资产评估机构申请证券评估资格,应当不存在下列情形之一:(1)在执业活动中受到刑事处罚、行政处罚,自处罚决定执行完毕之日起至提出申请之日止未满3年;(2)因以欺骗等不正当手段取得证券评估资格而被撤销该资格,自撤销之日起至提出申请之日止未满3年;(3)申请证券评估资格过程中,因隐瞒有关情况或者提供虚假材料被不予受理或者不予批准的,自被出具不予受理凭证或者不予批准决定之日起至提出申请之日止未满3年。

(二) 资产评估机构的重大事项与年度报备

第一,资产评估机构重大事项报备内容如下:

(1)取得证券评估资格的资产评估机构,其名称、地址、股东或者合伙人、法定代表人或者首席合伙人发生变更的,应当自工商变更登记之日起5个工作日内,按一式三份报送下列备案材料:资产评估机构变更事项备案表(附件5);资产评估资格证书、营业执照副本复印件。

(2)具有证券评估资格的资产评估机构变更名称的,财政部、证监会应当自收到材料和证券评估资格证书后换发新的证券评估资格证书,并予以公告。

第二,资产评估机构年度报备,要求具有证券评估资格的资产评估机构应当于每年3月31日之前,按一式三份报送下列备案材料:(1)资产评估机构基本情况表(附件2);(2)经中国资产评估协会核实的上年末注册资产评估师注册情况一览表(附件3);(3)由具有证券业务资格的会计师事务所出具的上年度会计报表的审计报告,审计报告应当披露总收入中的评估收入单项说明;(4)上年度评估业务和收入汇总表(附件4);(5)职业责任保险保单复印件或者累计职业风险基金证明材料;(6)资产评估机构质量控制制度、对分支机构管理制度和其他内部管理制度的执行情况及其变动情况的说明。

(三) 资产评估机构的日常管理

1. 具有证券评估资格的资产评估机构存在下列情形之一的,财政部、证监会将给予特

[①] 2005年5月11日颁布的《资产评估机构审批管理办法》第2条的规定,现已失效。

别关注:(1)被举报的;(2)受到公众质疑,被有关媒体披露的;(3)首次承接证券业务的;(4)注册资产评估师流动过于频繁,或者最近1年内未从事证券业务的;(5)股东(合伙人)之间关系极不协调,可能对执业质量造成影响的;(6)股东(合伙人)发生重大变动的;(7)收费异常的;(8)客户数量、规模与资产评估机构的执业能力、承担风险能力不相称的;(9)发生合并、分立的;(10)受到刑事处罚、行政处罚或者行业自律惩戒的;(11)不按《通知》规定进行报备的;(12)财政部、证监会认为需要给予特别关注的其他情形。

2. 财政部、证监会依法对资产评估机构从事证券业务的情况进行监督检查,资产评估机构及其注册资产评估师应当予以配合。

3. 财政部、证监会应当建立资产评估机构从事证券业务诚信档案。对具有证券评估资格的资产评估机构从事证券业务违反规定的,财政部、证监会可以采取出具警示函并责令其整改等措施;对资产评估机构负责人、直接负责的主管人员和其他直接责任人员,可以实行监管谈话、出具警示函等措施,对情节严重的,可以给予一定期限不适宜从事证券业务的惩戒,同时记入诚信档案,并予以公告。

(四)法律责任①

1. 评估专业人员的法律责任

第一,评估专业人员违反《资产评估法》规定,有下列情形之一的,由有关评估行政管理部门予以警告,可以责令停止从业6个月以上1年以下;有违法所得的,没收违法所得;情节严重的,责令停止从业1年以上5年以下;构成犯罪的,依法追究刑事责任:(1)私自接受委托从事业务、收取费用的;(2)同时在两个以上评估机构从事业务的;(3)采用欺骗、利诱、胁迫,或者贬损、诋毁其他评估专业人员等不正当手段招揽业务的;(4)允许他人以本人名义从事业务,或者冒用他人名义从事业务的;(5)签署本人未承办业务的评估报告或者有重大遗漏的评估报告的;(6)索要、收受或者变相索要、收受合同约定以外的酬金、财物,或者谋取其他不正当利益的。

第二,评估专业人员违反《资产评估法》规定,签署虚假评估报告的,由有关评估行政管理部门责令停止从业2年以上5年以下;有违法所得的,没收违法所得;情节严重的,责令停止从业5年以上10年以下;构成犯罪的,依法追究刑事责任,终身不得从事评估业务。

2. 评估机构的法律责任

第一,违反《资产评估法》规定,未经工商登记以评估机构名义从事评估业务的,由工商行政管理部门责令停止违法活动;有违法所得的,没收违法所得,并处违法所得1倍以上5倍以下罚款。

第二,评估机构违反《资产评估法》规定,有下列情形之一的,由有关评估行政管理部门予以警告,可以责令停业1个月以上6个月以下;有违法所得的,没收违法所得,并处违法所得1倍以上5倍以下罚款;情节严重的,由工商行政管理部门吊销营业执照;构成犯罪的,依法追究刑事责任:(1)利用开展业务之便,谋取不正当利益的;(2)允许其他机构以本机构名义开展业务,或者冒用其他机构名义开展业务的;(3)以恶性压价、支付回扣、虚假宣传,或者贬损、诋毁其他评估机构等不正当手段招揽业务的;(4)受理与自身有利害关系的业务的;(5)分别接受利益冲突双方的委托,对同一评估对象进行评估的;(6)出具有重大遗漏的评估报告的;(7)未按《资产评估法》规定的期限保存评估档案的;(8)聘用或者指定不符合

---

① 参见《资产评估法》第44—54条的规定。

《资产评估法》规定的人员从事评估业务的;(9)对本机构的评估专业人员疏于管理,造成不良后果的。

评估机构未按《资产评估法》规定备案或者不符合《资产评估法》第15条①规定的条件的,由有关评估行政管理部门责令改正;拒不改正的,责令停业,可以并处1万元以上5万元以下罚款。

第三,评估机构违反《资产评估法》规定,出具虚假评估报告的,由有关评估行政管理部门责令停业6个月以上1年以下;有违法所得的,没收违法所得,并处违法所得1倍以上5倍以下罚款;情节严重的,由工商行政管理部门吊销营业执照;构成犯罪的,依法追究刑事责任。

第四,评估机构、评估专业人员在1年内累计3次因违反《资产评估法》规定受到责令停业、责令停止从业以外处罚的,有关评估行政管理部门可以责令其停业或者停止从业1年以上5年以下。

第五,评估专业人员违反《资产评估法》规定,给委托人或者其他相关当事人造成损失的,由其所在的评估机构依法承担赔偿责任。评估机构履行赔偿责任后,可以向有故意或者重大过失行为的评估专业人员追偿。

第六,违反《资产评估法》规定,应当委托评估机构进行法定评估而未委托的,由有关部门责令改正;拒不改正的,处10万元以上50万元以下罚款;情节严重的,对直接负责的主管人员和其他直接责任人员依法给予处分;造成损失的,依法承担赔偿责任;构成犯罪的,依法追究刑事责任。

3. 委托人的法律责任

委托人违反《资产评估法》规定,在法定评估中有下列情形之一的,由有关评估行政管理部门会同有关部门责令改正;拒不改正的,处10万元以上50万元以下罚款;有违法所得的,没收违法所得;情节严重的,对直接负责的主管人员和其他直接责任人员依法给予处分;造成损失的,依法承担赔偿责任;构成犯罪的,依法追究刑事责任:(1)未依法选择评估机构的;(2)索要、收受或者变相索要、收受回扣的;(3)串通、唆使评估机构或者评估师出具虚假评估报告的;(4)不如实向评估机构提供权属证明、财务会计信息和其他资料的;(5)未按照法律规定和评估报告载明的使用范围使用评估报告的。

上述规定以外的委托人违反《资产评估法》规定,给他人造成损失的,依法承担赔偿责任。

4. 评估行业协会及有关行政管理部门的法律责任

评估行业协会违反《资产评估法》规定的,由有关评估行政管理部门给予警告,责令改正;拒不改正的,可以通报登记管理机关,由其依法给予处罚。

有关行政管理部门、评估行业协会工作人员违反《资产评估法》规定,滥用职权、玩忽职守或者徇私舞弊的,依法给予处分;构成犯罪的,依法追究刑事责任。

---

① 《资产评估法》第15条规定:评估机构应当依法采用合伙或者公司形式,聘用评估专业人员开展评估业务。合伙形式的评估机构,应当有两名以上评估师;其合伙人2/3以上应当是具有3年以上从业经历且最近3年内未受停止从业处罚的评估师。公司形式的评估机构,应当有8名以上评估师和两名以上股东,其中2/3以上股东应当是具有3年以上从业经历且最近3年内未受停止从业处罚的评估师。评估机构的合伙人或者股东为两名的,两名合伙人或者股东都应当是具有3年以上从业经历且最近3年内未受停止从业处罚的评估师。

二、资信评级机构

资信评级机构是指根据规范的指标体系和科学的评估方法,以客观公正的立场,对被评估对象履行经济责任所承担的能力及其可信程度进行评价,并以一定的符号表示其资信等级的专业机构。根据《证券法》的授权,2007年8月,中国证监会颁布了《证券市场资信评级业务管理暂行办法》(以下简称《资信评级办法》)。《资信评级办法》对资信评级机构进行了较为全面的规范。

(一)资信评级业务的评级对象

资信评级机构从事证券市场资信评级业务(以下简称"证券评级业务"),应当依照《资信评级办法》的规定,向中国证监会申请取得证券评级业务许可。未取得中国证监会的证券评级业务许可,任何单位和个人不得从事证券评级业务。《资信评级办法》所称证券评级业务,是指对下列评级对象开展资信评级服务:(1)中国证监会依法核准发行的债券、资产支持证券以及其他固定收益或债务型结构性融资证券;(2)在证券交易所上市的债券、资产支持证券以及其他固定收益或者债务性结构性融资证券,国债除外;(3)上述(1)(2)项规定的证券的发行人、上市公司、非上市公众公司、证券公司、证券投资基金管理公司;(4)中国证监会规定的其他评级对象。

(二)资信评级机构和高级管理人员的业务许可

1. 资信评级机构的业务许可。申请证券评级业务许可的资信评级机构,应当具备下列条件:(1)具有中国法人资格,实收资本与净资产均不少于人民币2000万元;(2)具有符合《资信评级办法》规定的高级管理人员不少于3人;具有证券从业资格的评级从业人员不少于20人,其中包括具有3年以上资信评级业务经验的评级从业人员不少于10人,具有中国注册会计师资格的评级从业人员不少于3人;(3)具有健全且运行良好的内部控制机制和管理制度;(4)具有完善的业务制度,包括信用等级划分及定义、评级标准、评级程序、评级委员会制度、评级结果公布制度、跟踪评级制度、信息保密制度、证券评级业务档案管理制度等;(5)最近5年未受到刑事处罚,最近3年未因违法经营受到行政处罚,不存在因涉嫌违法经营、犯罪正在被调查的情形;(6)最近3年在税务、工商、金融等行政管理机关,以及自律组织、商业银行等机构无不良诚信记录;(7)中国证监会基于保护投资者、维护社会公共利益规定的其他条件。

2. 资信评级机构负责证券评级业务的高级管理人员,应当具备下列条件:(1)取得证券从业资格;(2)熟悉资信评级业务有关的专业知识、法律知识,具备履行职责所需要的经营管理能力和组织协调能力,且通过证券评级业务高级管理人员资质测试;(3)无《公司法》《证券法》规定的禁止任职情形;(4)未被金融监管机构采取市场禁入措施,或者禁入期已满;(5)最近3年未因违法经营受到行政处罚,不存在因涉嫌违法经营、犯罪正在被调查的情形;(6)正直诚实,品行良好,最近3年在税务、工商、金融等行政管理机关,以及自律组织、商业银行等机构无不良诚信记录。境外人士担任上述规定职务的,还应当在中国境内或者香港、澳门等地区工作不少于3年。

中国证监会依照法定条件和程序,根据审慎监管的原则,并充分考虑市场发展和行业公平竞争的需要,对资信评级机构的证券评级业务许可申请进行审查、作出决定。

（三）资信评级行为规范①

1. 避免利益冲突。避免利益冲突，是指避免资信评级机构及评级与评级对象之间存在关联利益关系，从而保证评级行为独立、客观、公正。《资信评级办法》采取了以下措施：(1)评级机构对有利害关系评级对象的回避，即评级机构与评级对象存在利害关系时，不得受托开展评级业务。(2)评级人员回避。评级机构评级委员会及评级从业人员在开展评级业务时，如与评级对象存在妨碍其作出独立、客观判断的关联利益关系时，必须回避。(3)评级机构内部控制——防止利益冲突的"防火墙"。要求评级机构建立清晰合理的组织结构，合理划分内部机构职能，建立健全防火墙制度，确保从事证券评级业务部门保持独立，防止受到其他业务部门影响。(4)禁止评级机构的董事、监事和高级管理人员以及评级从业人员在受评级机构或者受评级证券发行人兼职。

2. 评估应该做到公开透明。评级过程和结果公开透明也是确保评级客观公正一个重要条件。为此，《资信评级办法》规定以下几个措施：(1)信用等级及定义、评级方法、评级程序必须向社会公开，如有调整的，必须及时公告；(2)证券评级结果必须按规定方式和要求进行公开；(3)如果评级机构或者受评级证券发行人在对其委托评级机构出具评级报告后另行委托其他证券评级机构出具评级报告的，原受托评级机构与现受托评级机构应当同时公布评级结果；(4)对评级结果的准确性和稳定性验证统计结果向社会公开。

3. 对同一类评级对象评级，或者对同一评级对象跟踪评级，应当采用一致的评级标准和工作程序。

4. 评级机构的行为应当科学、准确、及时。按照《资信评级办法》的规定，它包含以下几个要求：(1)评级机构应当制定科学的评级方法。(2)评级机构应当成立由资深评级人员负责的项目组，对评级对象进行考察、分析，形成初评报告，并对所依据的稳健文件资料的真实性、准确性、完整性进行核查和验证。(3)评级机构应当建立评级委员会制度，对项目提交的初评报告进行审查，作出决议，确定信用等级。(4)建立复审制度。对受评级机构或者受评级发行人对信用等级有异议的，应当召开评级委员会会议重新进行审查，作出决议，确定最终信用等级。(5)建立跟踪评级制度，确保评级报告的时效性。在评级对象有效存续期间，证券评级机构应当持续跟踪评级对象的政策环境、行业风险、经营策略、财务状况等因素的重大变化，及时分析该变化对评级对象信用等级的影响，出具定期或者不定期跟踪评级报告。(6)评级机构应当采用有效的统计方法，对评级结果的准确性和稳定性进行验证，并将统计结果通过中国证券业协会网站和本机构网站向社会公告。

（四）对资信评级机构及从业人员的监管②

1. 中国证监会的政府监管。《资信评级办法》规定了证监会可采取的主要监管手段包括：第一，评级机构的报告义务。包括定期报告和临时报告。要求评级机构向注册地中国证监会派出机构报送年度报告和季度报告，同时，如果发生影响或者可能影响评级机构经营管理重大事件时，向注册地中国证监会派出机构报送临时报告。第二，现场检查或非现场检查。评级机构必须配合中国证监会派出机构可以对其内部控制、管理、经营运作、风险状况、从业活动、财务状况等进行现场检查或者非现场检查。第三，违法违规惩戒。对于违法违规的证券资信评级机构，中国证监会派出机构可以采取发出警示函、对责任人或者高级管理人

---

① 参见《资信评级办法》第三章业务规则的相关规定。
② 参见《办法》第四章监督管理的相关规定。

员进行监管谈话、责令限期整改、拒绝受理其出具评级报告、撤销证券评级业务许可等惩戒措施。

2. 行业自律监管。《资信评级办法》要求证券评级机构加入中国证券业协会，并要求协会制定评级机构自律准则和执业规范，对违反自律准则和执业规范的行为给予纪律处分。

（五）法律责任①

1. 民事赔偿责任。资信评估机构出具评级报告应当勤勉尽责，对所依据的文件资料的内容的真实性、准确性、完整性进行核查和验证，如果评级报告有虚假和误导，给他人造成损失的，应当与委托人承担连带赔偿责任，但是能够证明自己没有过错的除外。②

2. 行政处罚。包括撤销从业许可、罚款等。构成《资信评级办法》第41条所列举的违法行为的，责令改正，给予警告，并处以1万元以上3万元以下的罚款；对直接负责的主管人员和其他直接责任人员给予警告，并处以1万元以上3万元以下的罚款；情节严重或者拒不改正的，依照《证券法》第213条的规定，予以处罚。

三、信息技术系统服务的证券服务机构

信息技术系统服务的证券服务机构是2019年《证券法》第160条规定的新的证券服务机构，它实际上就是2017年3月31日中国证监会通过的《证券基金经营机构信息技术管理办法》（以下简称《信息技术办法》）第3条规定的"信息技术服务机构"，是指为证券基金业务活动提供信息技术服务的机构。信息技术服务的范围如下：(1) 重要信息系统的开发、测试、集成及测评；(2) 重要信息系统的运维及日常安全管理；(3) 中国证监会规定的其他情形。以上机构统称证券基金经营与服务机构。上述《信息技术办法》的第五章对信息技术服务机构做了较为全面的规范，具体内容如下：

1. 委托信息技术服务机构提供产品或服务

证券基金经营机构借助信息技术手段从事证券基金业务活动的，可以委托信息技术服务机构提供产品或服务，但证券基金经营机构依法应当承担的责任不因委托而免除或减轻。证券基金经营机构应当清晰、准确、完整地掌握重要信息系统的技术架构、业务逻辑和操作流程等内容，确保重要信息系统运行始终处于自身控制范围。除法律法规及中国证监会另有规定外，不得将重要信息系统的运维、日常安全管理交由信息技术服务机构独立实施。

2. 委托符合相应条件的信息技术服务机构

第一，基金管理公司应当选择已在中国证监会备案的信息技术服务机构，并在备案范围内与其开展合作；证券公司应当选择符合《信息技术办法》第47条所列条件的信息技术服务机构开展合作。《信息技术办法》第47条规定，为基金管理公司提供信息技术服务的机构（以下简称"基金信息技术服务机构"）应当符合下列条件并向中国证监会备案：(1) 近3年未因从事非法金融活动、违反金融监管部门有关规定展业、为非法金融活动提供信息发布服务等情形受到监管部门行政处罚或重大监管措施；(2) 信息技术服务机构及其控股股东、实际控制人、实际控制人控制的其他信息技术服务机构最近1年内不存在证券期货重大违法违规记录；(3) 具备安全、稳定的信息技术服务能力；(4) 具备及时、高效的应急响应能力；(5) 熟悉相关证券基金业务，具备持续评估信息技术产品及服务是否符合监管要求的能力；

---

① 参见《办法》第五章法律责任的相关规定。
② 参见《证券法》第163条的规定。

(6)中国证监会规定的其他情形。

第二,证券基金经营机构委托信息技术服务机构提供服务,应当按照《信息技术办法》第14条的规定对信息技术服务机构及相关信息系统进行内部审查,并向中国证监会及其派出机构报送审查意见及相关资料。《信息技术办法》第14条规定,证券基金经营机构借助信息技术手段从事证券基金业务活动前,应当开展内部审查,验证下列事项并建立存档记录:(1)业务系统的流程设计、功能设置、参数配置和技术实现应当遵循业务合规的原则,不得违反法律法规及中国证监会的规定;(2)风险管理系统功能完备、权限清晰,能够与业务系统同步上线运行;(3)具备完善的信息安全防护措施,能够保障经营数据和客户信息的安全、完整;(4)具备符合要求的信息系统备份及运维管理能力,能够保障相关系统安全、平稳运行。

证券基金经营机构应当在选择信息技术服务机构之前,制定更换服务提供方的流程及预案,确保在特定情况下可更换服务提供方。

3. 签订服务协议和保密协议

证券基金经营机构应当与信息技术服务机构签订服务协议和保密协议,明确各方权利、义务和责任,约定质量考核标准、持续监控机制、异常处理机制、服务变更或者终止的处置流程以及现场服务人员保密要求等内容,并持续监督信息技术服务机构及相关人员落实服务协议和保密协议的情况。证券基金经营机构应当参照《信息技术办法》第3条在服务协议中列明委托信息技术服务机构提供的服务范围、服务方式、涉及信息系统及相关证券基金业务活动类型。

4. 对信息技术服务机构的监管

(1)信息技术服务机构出现异常情形的,证券基金经营机构应当按照应急预案开展内部评估与审查;信息技术服务机构保障能力不足,导致相关产品或服务的可用性、完整性或机密性丧失的,应当及时更换信息技术服务机构。

(2)基金信息技术服务机构备案材料应当包括本机构基本情况、信息技术服务情况、服务对象情况、内部控制情况等相关资料。备案内容发生变更的,基金信息技术服务机构应当及时更新备案材料。基金信息技术服务机构备案材料不完整或者不符合规定的,应当根据中国证监会要求及时补正。

(3)为证券公司、证券投资咨询机构提供信息技术服务的机构(以下简称"证券信息技术服务机构")可以自愿接受中证信息业务指导,并遵守相关业务规则。

(4)信息技术服务机构应当健全内部质量控制机制,定期监测相关产品或服务,在提供服务过程中出现明显质量问题的,应当立即核实有关情况,采取必要的处理措施,明确修复完成时限,及时完成修复工作。

5. 禁止行为

信息技术服务机构为证券基金业务活动提供信息技术服务,不得有下列行为:(1)参与证券基金经营机构向客户提供业务服务的任何环节或向投资者、社会公众等发布可能引发其从事证券基金业务误解的信息;(2)截取、存储、转发和使用证券基金业务活动相关经营数据和客户信息;(3)在服务对象不知情的情况下,转委托第三方提供信息技术服务;(4)提供的产品或服务相关功能、操作流程、系统权限及参数配置违反现行法律法规;(5)无正当理由关闭系统接口或设置技术壁垒;(6)向社会公开发布信息安全漏洞、信息系统压力测试结果等网络安全信息或泄露未公开信息;(7)法律法规及中国证监会禁止的其他行为。

第十章 证券服务机构法律制度

【测试题】

下列关于证券服务机构的说法,错误的是( )

A. 证券服务机构是指依法设立的从事证券服务业务的法人机构

B. 证券服务机构包括投资咨询机构、财务顾问机构、资信评级机构等从事证券服务业务的机构

C. 从事证券投资咨询服务业务的机构应当经国务院证券监督管理机构备案

D. 投资咨询机构、财务顾问机构、资信评级机构从事证券服务业务的人员必须具备证券专业知识和从事证券业务或者证券服务业务两年以上的经验。

【答案与解析】

答案:C

解析:本题考查证券服务机构的相关知识。

《证券法》第160条第2款规定:从事证券投资咨询服务业务,应当经国务院证券监督管理机构核准;未经核准,不得为证券的交易及相关活动提供服务。从事其他证券服务业务,应当报国务院证券监督管理机构和国务院有关主管部门备案。故C选项错误,从事证券投资咨询服务业务的机构应当经国务院证券监督管理机构核准,而非备案。

【测试题】

下列属于证券服务机构的有( )

A. 证券投资机构 B. 证券投资咨询机构
C. 证券登记结算机构 D. 资产评估机构
E. 律师事务所 F. 会计师事务所

【答案与解析】

答案:BDEF

解析:

《证券法》第160条第1款规定:会计师事务所、律师事务所以及从事证券投资咨询、资产评估、资信评级、财务顾问、信息技术系统服务的证券服务机构,应当勤勉尽责、恪尽职守,按照相关业务规则为证券的交易及相关活动提供服务。据此,证券服务机构包括会计师事务所、律师事务所以及从事证券投资咨询、资产评估、资信评级、财务顾问、信息技术系统服务的机构。

【测试题】

资产评估管理机构对资产评估报告书的运用可以实现的目的有( )

A. 了解评估机构从事评估工作的业务能力和组织管理水平

B. 对评估结果质量进行评价

C. 作为产权交易作价的基础资料

D. 为国有资产管理提供重要的数据资料

【答案与解析】

答案：ABD

解析：

资产评估管理机构对资产评估报告书的运用可以实现的目的有了解评估机构从事评估工作的业务能力和组织管理水平、对评估结果质量进行评价、为国有资产管理提供重要的数据资料。

【测试题】

信息技术系统服务机构未向国务院证券监督管理机构提供相关技术系统资料，或者提供的信息技术系统资料虚假、有重大遗漏的，处（　　）

A. 1万元以上10万元以下罚款
B. 1万元以上30万元以下罚款
C. 3万元以上10万元以下罚款
D. 3万元以上30万元以下罚款

【答案与解析】

答案：C

解析：

根据《证券投资基金法》第142条的规定，信息技术系统服务机构未按照规定向国务院证券监督管理机构提供相关信息技术系统资料，或者提供的信息技术系统资料虚假、有重大遗漏的，责令改正，处3万元以上10万元以下罚款。对直接负责的主管人员和其他直接责任人员给予警告，并处1万元以上3万元以下罚款。

【测试题】

证券投资咨询机构及其从业人员从事证券服务业务不得有下列哪些行为？（　　）

A. 买卖本证券投资咨询机构提供服务的证券
B. 法律、行政法规禁止的其他行为
C. 代理委托人从事证券投资
D. 与委托人约定分享证券投资收益或者分担证券投资损失

【答案与解析】

答案：ABCD

解析：

根据《证券法》第161条的规定，证券投资咨询机构及其从业人员从事证券服务业务不得有下列行为：

（一）代理委托人从事证券投资；

（二）与委托人约定分享证券投资收益或者分担证券投资损失；

（三）买卖本证券投资咨询机构提供服务的证券；

（四）法律、行政法规禁止的其他行为。

有前款所列行为之一，给投资者造成损失的，应当依法承担赔偿责任。

【测试题】

根据《证券投资顾问业务暂行规定》对证券投资顾问业务的定义，将证券投资咨询服务

第十章 证券服务机构法律制度

区分为一般性投资咨询服务和投资顾问服务,关于投资顾问服务下列何者错误?(　　)

A. 服务对象特定

B. 采一对多服务形式,通过公共媒介发布研究报告、投资建议或举办讲座等公开方式

C. 承担适合性义务

D. 通常是客户提供服务要求,双方协商签订服务协议

【答案与解析】

答案:B

解析:

	一般性投资咨询服务	投资顾问服务
服务对象	非特定公众	特定的顾客
服务形式	一对多服务形式,通过公共媒介发布研究报告、投资建议或举办讲座等公开方式	一对一,非公开方式
提供服务的法律基础	通常是服务提供商主动、自愿地提供,与受众不存在合同	通常是客户提供服务要求,双方协商签订服务协议
是否向受众收费	无偿	通常是有偿服务
是否承担适合性义务	不承担	承担

第十一章

证券监管法律制度

导读

证券监管法律制度是证券法的重要组成部分,就监管权的类型而言,包括政府监管机构行使的政府监管权和证券业协会、证券交易所等自律监管机构行使的自律监管权;就监管的制度内容而言,包括监管的主体、监管的内容、监管的目标和原则等,其核心是监管体制的选择和运行方式,即证券监管机构的权限配置、行使及其制衡。学习本章,应掌握证券监管的概念、目标和原则、有关证券监管的主要理论和证券监管的不同模式。还应当重点关注2019年《证券法》修订后证券监管法律制度的变化,比如证券监管机构新增加的监管职责,以及新增加的具体制度,比如,个人和单位对证券违法行为的举报制度、证券行政执法和解制度等。

第一节 证券监管法律制度概述

一、证券监管的概念及其特征

(一) 证券监管的概念

从广义上说,证券监管,是指国家的立法机关、司法机关、行政机关乃至行业自律组织对证券市场的参与者及其行为所实施的直接监管和间接监管。此概念反映出监管主体的多样性、监管内容的广泛性、监管方式的灵活性,但失之过宽,不利于监管架构的高效运行和监管职责的统一行使。证券法上的证券监管,是指法定监管组织依据法律和规则,对证券市场的主体及其行为施加影响,旨在维护证券市场的秩序和效率,进而保护投资者合法权益的活动。

证券监管包括政府监管和自律监管两种方式。前者指政府证券监管机关按照法律、法规及各种行政命令来规范和约束证券市场主体的相关行为,该规范和约束具有强制力。后者指证券业协会、上市公司协会以及证券交易所等自律组织,通过该自律组织制定的章程、规则来进行自我约束。这种自律监管权的行使具有社会公法的性质。社会公法既不同于体现国家意志的国家公法,也不同于体现私人意思自治的私法,它是介于国家公法和私法之间的这种中间性质的,由社会自律组织行使的,具有相当强制力的行为规范。①

---

① 参见李东方:《上市公司监管法论》,中国政法大学出版社2013年版,第20—21页。

所以,本书的所谓证券监管,包括政府监管和自律监管两种类型。

(二)证券监管的特征

证券监管具有以下特征:

1. 监管主体的特定性

无论是依法设立的法定政府监管机构,还是依法或者依证券行业自律监管规则成立的证券业协会和证券交易所,这些主体均是明确而特定的,而不是随意设立和自封为证券监管的主体。尽管,在证券市场的创新发展过程中,可能会出现新的履行证券监管职责的机构或组织,但均须经由相关制度和规则的确认。

2. 监管行为的合法性与程序性

无论是政府监管机构,还是自律监管机构其作用于证券市场的行为,均具有公法属性,公法行为的特征是法无授权不可为,因此,证券监管机构的行为必须在法律或者自律规则的授权下,才能够依法依规严格按照法律或者规则的程序去作为。机构具体的监管者同样要严格依照规定的权限和程序履行监管职责。

3. 监管行为作用对象的广泛性

证券监管行为作用对象的广泛性体现在以下两个层面:

一是作用于证券发行、交易的全过程。对证券发行的监管,主要通过证券发行审核制度和证券发行信息披露制度来实现;而对证券交易则主要是通过证券上市制度和上市公司信息持续性披露制度来实施监管。同时还采取诸如禁止操纵市场、禁止内幕交易和禁止欺诈客户等禁止性行为来实施对证券发行和交易的监管。

二是作用于证券市场活动的主体,这些主体主要包括:证券发行主体、证券交易主体、证券投资主体和证券中介服务机构等。

4. 监管目标的法定性

证券监管的目的必须符合证券法的宗旨,即保护证券投资者尤其是中小投资者的合法权益,维护证券市场的稳定、有序和健康发展。这些目标均为《证券法》法定,任何证券监管机构不得另行设立监管目标。

二、证券监管的体制

不同的政治经济制度和不同的历史文化背景导致了不同国家和地区不同的证券监管体制。一般认为存在三种不同的监管体制或监管模式。

(一)集中型监管体制

在这种体制下,政府通过设立专门的全国性证券监管机构、制定和实施专门的证券市场监管法来实现对全国证券市场的统一监管。美国是采用该监管体制的典型代表,此外,日本、加拿大、韩国、巴西、墨西哥等国家及我国台湾地区也实行了集中型监管体制。该模式的主要特征是:

1. 设立统一的证券监管机构

以美国为例,《1934年证券交易法》规定设立"证券交易委员会"(SEC),作为统一管理全国证券市场的最高行政机构。SEC具有一定的立法及司法权,专门行使管理、监督全国证券发行与交易活动的职能,负责制定和调整有关证券活动的管理决策,制定和解释证券市场的各种规章制度,管理全国范围内的一切证券发行和交易活动,维护市场秩序,调查、检查各种不法的证券发行与交易活动,执行行政管理和法律管理措施。20世纪40年代以来,美国联邦制定和颁布了一系列法律和法规，赋予了 SEC 更大的权限，包括调查权和处罚权。1990 年《市场改革法》更增加了 SEC 在紧急情况下的处事权力、对大额交易的监管权力和监督自律机构执法等一系列权力，使 SEC 成为证券市场监管的核心与最高权威者。

2. 确立完善的证券法体系

美国先后通过了《1933 年证券法》《银行法》《1934 年证券交易法》、1935 年的《公用事业控股公司法》、1939 年的《信托契约法》、1940 年的《投资公司法》《投资顾问法》等，构成了严密的证券监管制度体系，并随着市场的发展变化不断修改完善相关规则。

3. 建立严密的证券监管三级体系

严密的证券监管体系使证券发行与交易行为始终处于政府及自律机构的严格监管之下，有效地保证了证券市场的效率。以 SEC 为核心的三级证券监管体系中，第一级为 SEC 及其在各州的分支机构，负责对证券市场的统一监督和管理；第二级为自律组织（包括证券交易所、证券交易商协会、清算公司等），负责监测在其各自市场上的交易并监督其成员的活动；第三级是各个成员公司的监督部门，监督公司与公众的交易，调查客户申诉以及答复监管机构的询问。集中型监管模式拥有超然于证券市场参与者之外的统一管理机构，可以独立、客观、公正、高效地履行监管职责，更好地保护投资者的利益，并有利于协调全国性市场，防止无序竞争。以专门的证券法律法规为证券监管的依托，可以提高证券监管的权威。但是，此种模式常常出现有效监管与过度干预之间的矛盾。

（二）自律型监管体制

在自律型监管体制或模式下，政府除了进行必要的国家立法外，较少对证券进行集中统一的干预，对证券市场的监管主要依靠证券交易所及证券商协会等组织实施自律监管。英国一直是自律型体制的典型代表，此外，荷兰、爱尔兰、芬兰、挪威、新加坡、马来西亚等国家或地区也实行自律监管。其主要特色是：

1. 采取分散的证券立法体制

采取此种模式的国家不制定单行的证券监管法规，而是通过一些分散的规则来间接规范证券市场行为。例如英国在大改革之前，其证券法律散见于各种具体法律法规，如《公司法》《反欺诈(投资)法》《公平交易法》和《金融服务法》等。这些法律分别规定了股份的募集、股票的交易、禁止内幕交易等多方面内容。《金融服务法》将自我管制责任以法定形式确立下来，建立了现代英国证券监管制度框架，由证券与投资委员会(SIB，后更名为金融服务局)制定自律管理规则并由不同的自律管理组织来执行。

2. 建立以自律机构为主体的证券监管机构

自律型监管不设立全国性的证券监管机构，而是依靠市场自身及其参与者进行自我管理。政府除了进行必要的证券立法外，较少干预市场。例如在英国，除了具有官方性质的金融服务局外，证券交易所是证券市场监管的重要力量。充分发挥证券交易所的监管职能，是英国证券监管制度的重要特点。近年来的改革，在保持证券业自律管理传统的同时，进行由交易所的半公共管理体制向政府管理结构的融入与转变，使管理模式由自律为主导向集中监管与自律相结合转化。1997 年 10 月 28 日，SIB 更名为金融服务局(FSA)，进一步加强了统一监控体制的建设。自律型监管既可以为投资者提供充分的保护，又能发挥市场的创新和竞争优势，保持市场的活力。但由于其关注的中心在于市场的有效运转和保护会员公司的利益，相应地影响了对投资者利益的保障。

(三)中间型监管体制

该体制是兼具集中型和自律型模式特点的一种监管体制,既强调立法监管,又注重自律约束。其特点是由官方、自律机构组成多元化的证券监管机构共同管理市场,证券立法也是多层次的,有关证券监管的规定发布于多部法律法规之中。德国是这种模式的典型代表。德国早期的证券市场主要接受各种债券作为上市债券,调整债券发行与交易的法律相对比较发达。随着工业革命和股份公司的发展,股票也逐渐成为德国证券市场的重要证券形态。在此过程中,德国逐渐发展出自己的证券交易所,形成了具有自己特点的证券监管体制。该体制的主要特色是:

1. 银行是证券市场上的主导力量

德国公司虽然采用了股份公司组织形式,但企业倾向于向银行贷款,企业发行的股票则主要由银行认购。在这种情况下,证券市场只能在银行业的影响下发挥着资金融通作用。由于银行在证券市场上的主导作用,德国对证券市场的监管主要是通过中央银行来管理,实行特许证管理,并通过银行监督局实施监督,而没有建立全面管理证券市场的专门机构。德国证券业同银行业混业经营、混业管理。德国 1968 年颁布了《证券交易所法》,但交易所的组织、管理和监督则一般在州一级水平上执行。

2. 法律法规比较分散

从立法体系来观察,德国没有建立起一个统一的证券法,有关证券监管方面的规定散见于多种法律文件之中。例如《股份法》《财务报表公布法》《证券交易所法》《银行法》《投资公司法》《外国投资公司法》《贸易法》《内幕人交易指导条例》中都涉及证券方面的规定,在关于保险、储蓄、银行等机构投资者的组织和管理法律中,也包含涉及证券法律的部分内容。德国关于证券市场的保护、控制和协调方面的许多规定采用自我管理而非强制的原则,不具有法律效力。1983 年德意志股票交易所成立,证券上市须经"批注上市委员会"批准,信息披露由交易所监督。经济和金融事务部的证券交易专门委员会设立一个控制委员会以便将任何违反道德准则的行为报告给联邦大臣。1993 年年底,政府又制定了内幕交易法和持股信息新规则,1994 年成立了德国证监会,这反映出德国证券监管趋向集中型转变的迹象。

以上三种不同的监管模式各有不同的优缺点,但从发展趋势来看,逐步趋向于取长补短,实现政府集中监管与自律监管的融合。我国的证券监管体制属于集中型监管体制,但有着自己的特色。

(四)我国的证券监管体制

1. 我国证券监管体制的沿革

自 20 世纪 80 年代末期以来,我国证券监管体制伴随证券市场本身的发展经历了由分散监管、多头监管到集中统一监管的过程,大体可分为以下三个阶段:

(1)分散监管阶段。从 1981 年到 1992 年 5 月是我国证券监管体制的初创时期。对证券市场的监管是在国务院的部署下,主要由上海、深圳两市地方政府进行管理。有关证券法规也是由两地政府和两地的人民银行制定并执行。主要特征是:以中国人民银行为主、多部门介入证券市场监管;地方政府在证券市场上扮演重要角色;证券交易所的自律监管发挥了交易市场监管的基础性作用。

(2)多头监管阶段。从 1992 年 5 月到 1997 年年底是证券市场的多头监管时期。1992 年 5 月,中国人民银行成立证券管理办公室,同年 7 月,国务院建立国务院证券管理办公会议制度,代表国务院行使对证券业的日常管理职能。1992 年 10 月国务院成立由 14 个部委组成的国务院证券委员会及其执行机构——中国证券监督管理委员会作为专门的国家证券监管机构。这种制度安排,事实上是以国务院证券委代替了国务院证券管理办公会议制度,代替国务院行使对证券业的日常管理职能,以中国证监会替代了中国人民银行证券管理办公室。同时,国务院赋予中央有关部门部分证券监管的职责,形成了各部门共管的局面。国家计委根据证券委的计划建议编制证券发行计划;中国人民银行负责审批和归口管理证券机构,报证券委备案;财政部归口管理注册会计师和会计师事务所,对其从事与证券业有关的会计事务的资格由证监会审定;国家体改委负责拟定股份制试点的法规,组织协调有关试点工作,同时企业主管部门负责审批中央企业的试点。

地方政府仍在证券管理中发挥重要作用。上海、深圳证券交易所由当地政府管理,由证监会实施监督;地方企业的股份制试点由省级或计划单列市人民政府授权的部门会同企业主管部门审批。同时,中国证监会向隶属于地方政府的地方证券期货监管部门授权,让它们行使部分监管职责。

上海、深圳证券交易所作为当时最主要的自律组织,担当了证券交易市场的日常管理工作。

(3)集中统一监管阶段。从1997年年底至今是初步建立全国集中统一的证券监管体系阶段。1997年11月,中央金融工作会议决定撤销国务院证券委,其监管职能移交中国证监会。1998年4月,中国人民银行行使的对证券市场的监管职能(主要是对证券公司的监管)也移交中国证监会。同时,对地方证券监管体制进行改革,将以前由中国证监会授权、在行政上隶属各省市政府的地方证券监管机构收归中国证监会领导,同时扩大了中国证监会向地方证券监管机构的授权。此外,证券交易所也由地方政府管理转变为中国证监会管理。从而形成集中统一的监管体制。1998年12月颁布并于1999年7月1日实施的《证券法》将国务院证券监督管理机构(中国证监会)对证券市场进行集中统一管理的职责从法律层面予以确认。

1999年7月1日,《证券法》实施的同时,中国证监会派出机构正式挂牌。这标志着我国集中统一的证券、期货两级监管体制基本建立:证监会负责全国证券市场的监管;区域内上市公司和证券经营服务机构由证监会派出机构——地方证管办和特派员办事处、证监会专员办事处根据授权和职责分别监管。地方证管办还负责涉及跨省区重大案件的联合稽查的组织和重大事项的协调工作。

2. 我国证券监管的组织架构

我国《证券法》第7条规定:国务院证券监督管理机构依法对全国证券市场实行集中统一监督管理。国务院证券监督管理机构根据需要可以设立派出机构,按照授权履行监督管理职责。

中国证监会是国务院证券监督管理机构,中国证监会设立两个专门委员会:股票发行审核委员会和行政处罚委员会。中国证监会下设有内部职能部门、直属事业单位、派出机构、专员办,直接管理证券、期货交易所,证券、期货业协会和中国证券登记结算公司、中国证券投资者保护基金公司等机构。

股票发行审核委员会是中国证监会设立的专门负责股票发行审批的机构。随着2019年《证券法》确立证券发行注册制,发行审核委员会制度被废止。根据《行政处罚委员会组成办法》第9条的规定,行政处罚委员会的主要职责是:制定证券期货违法违规认定规则;草拟与行政处罚案件审理、听证有关的规定、细则;审理稽查部门移交的案件;依照法定程序主持听证;拟订行政处罚和市场禁入意见;必要时对相关部门提出建议函监督、检查、指导证监会系统的行政处罚工作。行政处罚委员会下设的办公室是行政处罚委员会的日常办事机构,主要职责有:负责行政处罚委员会日常事务;办理案件交接和移送事项;组织安排听证、审理会议;协助行政处罚委员会委员开展工作;负责案件管理、送达法律文书及相关工作;负责办公室人员的行政管理;组织行政处罚工作的调查研究。

目前,中国证监会机关共设 20 个职能部门,1 个稽查总队,3 个中心。根据工作需要,中国证监会还设立其他部门和派出机构。派出机构是中国证监会监管职能的延伸,按照授权履行监督管理职权,直接对中国证监会负责。中国证监会对派出机构实行垂直领导、统一管理。目前,中国证监会在各省、自治区、直辖市、计划单列市共设有 36 个监管局。

三、证券市场的自律监管

按照《证券法》的规定,在国家对证券发行、交易活动实行集中统一管理的前提下,依法设立证券业协会,实行自律性管理。证券业协会依法接受中国证监会的指导和监督。证券交易所是为证券集中交易提供场所和设施,组织和监督证券交易,实行自律管理的法人。证券交易所依法接受中国证监会的监督管理。由此可见,我国证券监管实行的是以政府行政监管为主、行业自律组织自我监管为辅,政府监管与自律监管相结合的管理模式。自律监管是我国证券市场监管中不可或缺的组成部分。目前,世界各主要证券市场,在实现政府监管的同时,根据证券市场的特殊性,结合所在地区的实际,采取不同程度的自律监管,与政府监管形成良性互动。

(一) 自律监管的机理和功能

1. 自律监管的机理

自律是相对他律而言的,其基本做法是由同一行业的从业人员组织起来,共同制定规则,以此约束自己的行为,实现行业内部的自我监管,保护自己的利益。证券市场自律即是由证券从业人员自发组织起来,制定规则,以进行自我规范、自我管理。它有三个要素:(1) 组织内最初制定政策的人是实践者,这些实践者不仅包括中介机构,也包括市场的使用者;(2) 自律组织由市场提供经费,而非由公共资金或政府拨款支持;(3) 自律源于市场参与者的公共利益。排斥自律监管的监管结构难以实现有效监管目标,因此需要有自律监管机制的配合。

政府部门在依赖自律组织的一线监管的同时,多对自律组织的市场运作以及自律监管行为施以监管,以保证它们能有效行使责任和权力,避免损害公众利益的行为的出现。此外,自律监管还要面临来自受害者事后的赔偿诉讼,自律行为不当导致的任何损失都有可能引发受害者相应的赔偿诉讼。这两方面的压力使得自律监管组织必须诚信勤勉,恪尽职守,加强行业的自我约束管理,使行业免受来自政府的处罚和来自受害者的赔偿诉讼请求。当然,除了来自外界的直接压力以外,促使自律监管有效发挥作用的更有其内在机制,其中最为重要的是声誉机制和市场竞争力量本身。声誉机制意味着牺牲短期利益以换取长远利益。只有一个公平、高效和透明的市场运行环境,才能吸引越来越多的投资者加入进来,使得市场不断扩展壮大。

2. 证券业自律监管的功能

因为政府的监管存在缺陷,要求自律组织监管成为一种补充。在许多国家,证券自律组织是在政府证券监管机构的监管和指导下发挥行业自律作用。目前国际上存在着多种自律监管模式,而且各国使用自律的程度也各有不同。在大多数国家里,自律组织的共同特点是:自律组织与政府监管机构相分离,一般由业内人士参与其运作,适当的情况下也可以有投资者参与。自律组织的监管规章往往是政府部门所订立的证券法律更为严格和细密的延伸。在具体监管事务的处理上,自律组织一般取代政府部门而担当起绝大多数的调查和执行职能。有的市场对自律组织的市场运作以及自律监管行为作严密的监管,以保证它们能有效行使职责和权力,避免损害公众利益的行为的出现。自律组织以行为者的自觉进行约束,可以触及法律不能到达的灰色地带,因而更为有效。由于自律组织由其成员共同制定行为规范,并且得到法律的承认与授权,因此,其管理权兼有权利和权力双重属性。政府虽然主导着证券市场的监管,但政府的很多政策意图必须依靠自律组织去贯彻实施。投资者虽然可以通过事后的赔偿诉讼来维护自身的合法权益,但他们更希望自律组织加强对行业的自我约束和自我管理,以提供一个公平、高效和透明的市场环境。因此,自律组织在证券监管体系中起着十分重要的承上启下的作用,不可或缺。声誉机制、市场竞争、来自政府和投资者的压力共同促使自律监管发挥有效作用。

(二) 证券业自律监管的特征

证券业自律监管的主要特征如下:

1. 补充性

这是政府监管职能的延伸与发展的细化在自律监管中的直接体现。政府监管一般采取经济和法律手段,由于证券市场自身的复杂性,证券市场存在的问题不能完全通过以上方式得以解决。因为证券市场的问题不单纯是法律问题和经济问题,还有道德问题,而且在证券市场的实际操作中,有很多技术问题等也非政府监管能够解决;在政府监管难以发挥作用的领域,自律性管理则发挥着独特的作用。自律性组织通过自身的组织机构与行业管理,将国家的有关证券的法律、规则、方针、政策等,落实到每个证券公司及其从业人员中去,通过其媒介作用,使证券监管机构与证券市场的管理有机地结合起来,并将其演化为自觉的行动。该职能从深化证券管理作用的角度看,起着对证券机构间接管理的补充作用,并在一定程度上减轻了政府监管的压力。

2. 督导性

这是自律性监管功能的内在要求。自律性组织通过对会员的监督、指导,引导会员自觉地遵守证券法律、法规,通过对会员提供全面、系统的服务,不断提高证券从业人员的职业道德水准和业务水平,自觉防范证券市场风险。这种监督、指导是建立在会员公司和自律组织间平等、协商、协调、协作的基础上的,行业自律性组织主要是通过劝诫、检查、批评和罚款等行政性手段对其会员的违纪行为进行处罚,以维持自律监管秩序,推动行业发展。

3. 建议性

这是行业自律性监管组织的重要任务。自律组织通过证券公司及其从业人员的努力,对证券公司发展中存在的所有问题进行系统、深入地研究,寻找证券市场发展的客观规律,为证券监管机构提供证券市场发展的长远战略和政策建议。

4. 传导性

在政府的宏观管理和券商的微观经济活动之间,需要有一个组织将二者有机地联系起来,以此为桥梁,在证券监管部门与证券公司之间建立起上传下达、下情上知的双向交流机制。一方面,传达政府的意图,把证券公司及其整体的行业发展纳入国民经济发展的总体规划中,实现行业发展的正规化、长期性和稳定性;另一方面,协调券商的行为,反映券商的要求,使证券监管部门能够随时了解证券市场发展中存在的各种问题,在广泛听取各种建议和要求的情况下,使各项措施的出台更加具有科学性、针对性和可操作性。

5. 服务性

这是自律监管的基本内容,它包括两个方面的内容:一方面,行业协会要为会员服务。行业协会应充分发挥其面向所有证券公司的行业辐射优势,为会员提供全方位、多层次的信息、业务等的服务,使自律性监管始终建立在全面提高行业水平的基础上。另一方面,行业协会要为政府监管部门服务。充分发挥行业协会的服务功能,可以在一定程度上克服市场固有的缺陷,即市场调节机制的事后性和因公共产品的非营利性引致的市场投入不足的弊端,以实现社会经济发展的效率与公平的目标。

(三)证券业自律监管的优势和局限

1. 证券业自律监管的优势

自律监管制度之所以为各主要市场经济国家证券法律所确认,在于自律监管制度具有许多的优势。从历史的角度看,政府监管是在过去自律监管基础上的完善,先有自律监管后有政府监管,自律组织是监管机构实现证券法规目标的有益补充,是监管机构直接管理的补充和延续。我国台湾学者余雪明认为,证券监管机构的管理是法律层次,自律监管是道德层次,两者可以互为补充。自律监管以行为者的自觉进行约束,可以触及法律不能到达的死角,因而更为有效。由于自律组织同样制定行为规范,并且得到法律的承认与授权,因此,其管理具有准法律的性质。由于自律监管有不可替代性的作用和优点,使得自律监管仍然可以在快速发展的证券市场中日益壮大成熟,成为整个证券监管体系中不可或缺的重要组成部分。

(1)自律监管具有灵活性。自律监管的一个重要好处是,自律监管者能在早期阶段察觉与理解复杂的问题,并采取相应的措施予以解决。这种随时发现问题随时解决的灵活性,能够使潜在的危机在发生之前得到缓解。自律监管规则本身及其如何实施,可以方便地根据市场条件变化作出适当的调整,而且自律监管可以实施灵活的、高标准的道德规范和行为准则。与此相比,政府制定的法律应保持连续性和相对的稳定性,不宜经常变化,并且一般只能规定最低标准。依据道德标准的自律监管可以避免法律的刚性,更灵活地适应市场变化。

(2)自律监管具有专业性。证券市场的主要参与者都是自律组织的成员,自律监管来自被管理的组织与个人,因此自律组织储备着大量的专业人才,这些人才大都是监管组织中的管理人员与雇员,是证券市场的参与者,因此更熟悉证券市场的运作及其出现的问题,在自律监管中这些专业人员能够充分发挥自己的专业优势提出专业的解决办法。同样,自律组织出台的规章也更容易为被监管者接受,并能较好遵守。

(3)自律监管效率更高。自律监管的基础是会员之间的契约,因此,自律监管是建立在业内参与者自愿接受的基础上的,其制定的监管规则一般都能得到被监管者的普遍认同,这样就减少了监管规则的执行阻力,监管规则也能得到被监管者的心理认同。自律监管具备商业上的敏感性,往往能意识到什么样的规则更有益于投资者与市场使用者。这与政府监管过程中立法与执行的烦琐程序形成鲜明对照。

(4)自律监管成本较低。自律一般为会员组织的一个组成部分而运作,因此自律组织成员在利益上的一致性保证了监管者有监管成本最小化动机。由于自律监管在成本上比较有效,并且这些成本大部分是由被监管者来承担,因此成本已经在监管成本与监管收益的权衡过程中得以内生化，这将引致最优的监管水平。有效的自律监管可以减少政府监管的成本，从而减轻纳税人的负担。通过自律监管也能减少法律纠纷，显著降低诉讼成本。此外，自律组织本身的管理费用较低，会员具有很大的内在动力，以增加限制自律组织费用的可能性。

（5）国际协作成本更低、更方便。随着资本的国际化，证券市场也正在走向国际化，一国证券市场的波动的影响往往都是全球性的，因此，对证券市场的监管也要逐步实现国际的合作。由于受国家主权的限制，政府的监管只能局限在一国范围之内，而自律组织的监管权力则可通过契约而获得。通过签署合同即能实现自律监管的国际化，这比政府之间通过备忘录或谅解协议进行跨国界监管要简单、迅速得多。

2. 证券业自律监管的局限性

自律监管也有其固有的缺陷：(1) 自律监管仅作用于有限的市场参与者——自律组织的会员。由于自律监管是基于契约关系或自愿，使得自律仅限于会员，因此自律监管能否有效处理具有外部性的问题尚存疑虑。(2) 自律监管可能会限制竞争，形成垄断壁垒。在自律监管的场合，只有自律组织的会员才必须遵守规则，而这些规则通常将会成为行业规范，导致这些规则也施加于非会员。更为重要的是，会员管理着自律组织，负责这些规则的制定，因此存在着自律组织通过制定规则制造隐性进入壁垒的风险，从而为外部进入者开展正常有序的竞争和创新活动设置了障碍。(3) 自律监管的实施存在变数：自律组织能否筹集到足够的资金用于调查违规行为尚存疑虑；自律监管手段比较有限，不具备强制的约束力；很多自律组织在很多领域中都负有相似的责任和义务，由此可能造成它们之间的职能重复和利益冲突。(4) 自律监管存在利益冲突。由于各自的目标不同，自律组织之间、自律组织及其会员之间、自律组织会员与非会员之间可能会存在利益冲突。自律组织可能受各方面压力集团的影响，妨碍了正常有序的竞争，使得政府要花费大量精力进行彼此间的协调沟通工作。(5) 自律监管较多地关注那些经常发生的小问题，而对那些发生概率较小的大问题，如系统风险等的关注不够。

总之，相对于政府监管来说，自律监管既有其无法替代的优点，也有其自身固有的缺陷，因此，在整个证券监管体系中，两者都有其发挥作用的空间。政府监管适宜于那些需要一个稳定、清晰和可预期的制度环境的地方，而自律监管则适宜于那些需要较为具体详细、灵活的制度环境的地方。自律监管既需要政府监管给予支持，也需要通过加强政府监管，以保证自律监管功能得以充分发挥。政府监管和自律监管相互促进，相辅相成，在更大程度上是一种互补关系，而不是替代关系。

(四) 我国证券自律监管机构

1. 中国证券业协会

中国证券业协会是依据《证券法》和《社会团体登记管理条例》的有关规定设立的证券业自律性组织，是非营利性社会团体法人，接受中国证监会、国家民政部的业务指导、监督、管理。中国证券业协会成立于 1991 年 8 月 28 日。在中国证券市场的起步阶段，其在普及证券知识、开展国际交流以及提供行业发展信息等方面做了大量服务工作。1999 年，按照《证券法》的要求，中国证券业协会进行了改组，在行业自律方面开始了有益的探索。中国证券业协会的最高权力机构是由全体会员组成的会员大会，理事会为其执行机构。协会实行会长负责制，设专职会长 1 名，会长由中国证监会提名并由协会理事会选举产生。协会对会员进行分类管理，会员分为证券公司类、证券投资基金管理公司类、证券投资咨询机构类和特别会员类四类。有关证券业协会制度的更多内容,将在本章下一节详细论述。

2. 上市公司协会

上市公司协会是依据《证券法》和《社会团体登记管理条例》等相关规定成立的,由上市公司及相关机构等,以资本市场统一规范为纽带,维护会员合法权益而结成的全国性自律组织,是非营利性的社会团体法人。上市公司协会是我国证券市场上一个重要的自律监管机构。有关上市公司协会自律监管的具体内容,将在本章第三节详细论述。

3. 证券交易所

我国证券交易所是为证券集中交易提供场所和设施,组织和监督证券交易,实行自律管理的法人。我国目前有上海、深圳两家证券交易所,由国务院证券监督管理机构统一监督管理。根据《证券法》第七章和《证券交易所管理办法》(2020年修订)等的规定,较为全面地规定了证券交易所的自律监管制度。由于本书在第七章专门论述了"证券交易场所",故在本章不再赘述。

第二节 中国证券业协会

一、中国证券业协会的职责

如前文所述,证券业协会是证券业的自律性组织,是社会团体法人。证券公司应当加入证券业协会。证券业协会的权力机构为全体会员组成的会员大会。协会会员由单位会员构成。[①] 中国证券业协会依据法律、行政法规和证券行业规范发展的需要行使相关职责。

《证券法》第166条规定了中国证券业协会的职责:

(1) 教育和组织会员及其从业人员遵守证券法律、行政法规,组织开展证券行业诚信建设,督促证券行业履行社会责任。证券法律、行政法规是维护证券市场秩序,保障证券交易参与人的合法权益,促进证券健康发展的根本保证。证券业协会作为证券业的自律性组织,有义务组织会员学习、知悉证券法律、行政法规,并教育、督促会员贯彻、遵守证券法律、行政法规。同时,还要对会员及其从业人员积极组织开展证券行业诚信建设,开展行业诚信评价,实施诚信引导与激励,开展行业诚信教育,督促和检查会员依法履行公告义务。督促证券行业履行社会责任。

(2) 依法维护会员的合法权益,向证券监督管理机构反映会员的建议和要求。当会员的合法权益受到侵害时,证券业协会应当根据法律、行政法规的规定来维护会员的合法权益,也可以向证券监督管理机构反映,或将会员提出的合法合理的有关证券业发展的建议和要求向证券监管机构反映。

(3) 督促会员开展投资者教育和保护活动,维护投资者合法权益。维护投资者的合法权益是证券法的立法宗旨,证券业协会发挥自身优势,通过督促会员开展投资者教育和保护活动,就能够更好地实现这一根本宗旨。

(4) 制定和实施证券行业自律规则,监督、检查会员及其从业人员行为,对违反法律、行政法规、自律规则或者协会章程的,按照规定给予纪律处分或者实施其他自律管理措施。

(5) 制定证券行业业务规范,组织从业人员的业务培训。这是证券业协会极为重要的

[①] 见《证券法》第164条和《中国证券业协会章程》第9条的规定。

一项职责,也是其行使自律监管职能的主要手段。

(6) 组织会员就证券行业的发展、运作及有关内容进行研究,收集整理、发布证券相关信息,提供会员服务,组织行业交流,引导行业创新发展。

(7) 对会员之间、会员与客户之间发生的证券业务纠纷进行调解。会员之间、会员与客户之间发生证券业务纠纷后,协会根据法律、行政法规的规定对纠纷各方进行民间性调解。该调解只是民间性的,如果对于调解不满意,可以依法提起诉讼或者仲裁。

(8) 证券业协会章程规定的其他职责。

除了法律和行政法规赋予的职责之外,协会还依据行业规范发展的需要,行使下列自律管理职责:(1) 组织证券从业人员水平考试;(2) 推动行业开展投资者教育,组织制作投资者教育产品,普及证券知识;(3) 推动会员信息化建设和信息安全保障能力的提高,经政府有关部门批准,开展行业科学技术奖励,组织制定行业技术标准和指引;(4) 组织开展证券业国际交流与合作,代表中国证券业加入相关国际组织,推动相关资质互认以及其他涉及自律、服务、传导的职责。

二、中国证券业协会的组织机构

根据我国《证券法》和《中国证券业协会章程》(2017年)规定,中国证券业协会的组织机构由会员大会、理事会、常务理事会、秘书处等组成。

(一) 会员大会

根据我国《证券法》第164条第3款的规定,证券业协会的权力机构是会员大会,会员大会由全体会员组成。会员大会的职权是:(1) 制定和修改章程;(2) 审议理事会工作报告和财务报告;(3) 审议监事会工作报告;(4) 选举和罢免会员理事、监事;(5) 决定会费收缴标准;(6) 决定协会的合并、分立、终止;(7) 决定其他应由会员大会审议的事项。

会员大会须有2/3以上会员出席,其决议须经到会会员2/3以上表决通过。制定和修改章程以及决定协会的合并、分立、终止,其决议须经2/3以上会员表决通过。会员大会每4年至少召开一次,理事会认为有必要或由1/3以上会员联名提议时,可召开临时会员大会。

(二) 理事会

我国《证券法》第167条规定,证券业协会设理事会。理事会成员依章程的规定由选举产生。理事会是会员大会的执行机构,在会员大会闭会期间领导协会开展日常工作,对会员大会负责。理事会由会员理事和非会员理事组成。会员理事由会员单位推荐,经会员大会选举产生。非会员理事由中国证监会委派。非会员理事不超过理事总数的1/5。理事任期4年,可连选连任。协会因特殊情况需提前或延期换届的,须由理事会表决通过,报中国证监会审查并经民政部批准同意,但延期换届最长不超过1年。理事会的职权是:(1) 筹备召开会员大会,向会员大会报告工作和财务情况;(2) 贯彻、执行会员大会的决议;(3) 审议通过自律规则、行业标准和业务规范;(4) 选举或罢免协会会长、副会长、常务理事,聘任秘书长;(5) 在会员大会闭会期间,罢免不履职理事;(6) 决定专业委员会的设立、注销和更名;(7) 聘任各专业委员会主任委员、副主任委员;(8) 提请召开临时会员大会;(9) 审议协会年度工作报告和工作计划;(10) 审议协会年度财务预算和决算;(11) 审议会长办公会提请审议的各项议案;(12) 决定其他应由理事会审议的重大事项。

理事会每年至少召开一次会议。既可采用现场方式,也可采用视频或通信方式召开。常务理事会认为有必要或1/3以上理事联名提议时,可召开理事会临时会议。理事会会议须有 2/3 以上理事出席,其决议须经到会理事 2/3 以上表决通过。监事会成员列席理事会会议。

（三）常务理事会

协会设常务理事会,对理事会负责。常务理事会是理事会闭会期间具体行使理事会职责的机构,常务理事会由会长、副会长、秘书长和非会员理事组成。其职责是:(1)召集和主持理事会会议;(2)组织实施会员大会、理事会决议;(3)制订协会年度工作计划;(4)批准协会预决算;(5)根据会长提名聘任秘书长;(6)决定设立、合并、撤销专业委员会;(7)决定协会日常办事机构的设置等。常务理事会每 6 个月至少召开一次会议,会长认为必要时亦可召开。常务理事会会议须 2/3 以上成员出席,其决议须经到会常务理事会成员半数以上表决通过。

（四）监事会

协会设监事会,由全体监事组成,监事会是协会工作的监督机构。监事会的职责是:(1)监督协会章程、会员大会各项决议的实施情况并向会员大会报告;(2)监督理事会的工作;(3)选举和罢免监事长、副监事长;(4)在会员大会闭会期间,罢免不履职监事;(5)审查协会财务报告并向会员大会报告审查结果等。

（五）会长

协会实行会长负责制,会长为协会法定代表人。协会设专职会长 1 名,专职副会长和兼职副会长若干名,会长和专职副会长由中国证监会提名,兼职副会长从会员理事中遴选,由理事会选举产生。会长、专职副会长每届任期 4 年,连任不超过两届。协会会长行使下列职权:(1)召集和主持理事会、常务理事会会议、会长办公会;(2)主持协会日常办事机构工作;(3)组织实施协会的年度工作计划、财务预决算;(4)聘任副秘书长,提请理事会聘任秘书长;(5)代表协会签署有关重要文件;(6)理事会、常务理事会授予的其他职权。

协会设会长办公会,由会长、专职副会长、秘书长、副秘书长以及会长指定的其他人员参加组成。会长办公会行使以下职权:(1)执行会员大会、理事会、常务理事会决议;(2)提请召开常务理事会临时会议。(3)审议行业自律规则、协会年度工作计划和财务预决算,交理事会或常务理事会决定;(4)决定协会日常工作重大事项;(5)制定协会内部管理制度;(6)拟定协会日常办事机构的设置,报中国证监会批准;(7)提请罢免理事、监事资格;(8)审议并决定会员、观察员资格;(9)提名各专业委员会主任委员、副主任委员,聘任各专业委员会委员;(10)会员大会、理事会、常务理事会授予的其他职权。

（六）秘书处

秘书处负责协会的日常工作,设秘书长 1 人,副秘书长若干人。

（七）咨询委员会和专业委员会

协会根据工作需要,可设立咨询委员会和专业委员会。协会设立咨询委员会和专业委员会应经中国证监会审查同意,并向民政部申请登记。咨询委员会和专业委员会为协会的组成部分,不具有法人资格,按照协会章程规定的宗旨和业务范围,在协会授权的范围内开展活动。咨询委员会由有较大影响、良好声望、丰富经验并长期从事证券业务、证券研究和证券监督管理的专家组成。专业委员会由相应专业领域的行业专家组成。

三、财务与资产管理

（一）经费来源及财务管理

协会的经费来源是：(1) 会费；(2) 政府资助、社会捐赠；(3) 在核准的业务范围内开展活动或提供服务的收入；(4) 利息收入；(5) 其他合法收入。

协会经费必须用于协会章程规定的业务范围和事业发展，不在会员中分配。协会建立严格的财务管理制度，保证会计资料合法、真实、准确、完整。协会配备具有专业资格的会计人员，会计不得兼任出纳。会计人员依法进行会计核算，实行会计监督。会计人员调离岗位时，必须与继任人员办清交接手续。

（二）资产管理

协会的资产管理必须执行国家规定的财务管理制度，接受会员大会、监事会和国家有关部门的监督。资产来源属于政府拨款或者社会捐赠、资助的，必须接受审计机关的监督，并将有关情况以适当方式向社会公布。

协会换届或更换法定代表人之前必须接受财务审计。协会的资产，任何单位、个人不得侵占、私分和挪用。协会专职工作人员的工资和保险、福利待遇，参照国家有关规定执行。协会日常办事机构应向理事会、监事会和会员大会报告经费收支情况。

四、终止程序及终止后的财产处理

协会完成宗旨或自行解散或由于分立、合并等原因需要注销的，由理事会或常务理事会提出终止动议。协会终止动议须经会员大会表决通过，并报中国证监会审查同意。协会终止前，须在中国证监会指导下成立清算组织，清理债权债务，处理善后事宜。清算期间，不开展清算以外的活动。协会经民政部办理注销登记手续后即为终止。协会终止后的剩余财产，在中国证监会和民政部的监督下，按照国家有关规定，用于与本协会宗旨相关的事业。

第三节　上市公司协会

中国上市公司协会于 2012 年 2 月 15 日在北京正式成立。至此，我国上市公司协会从地方级到国家级均有建立，中国上市公司协会的成立可以作为我国上市公司协会制度最终形成的标志。上市公司协会的自律监管也开始真正发挥作用。

一、上市公司协会的基本特征

从经济法的角度来考察，上市公司协会属于社会协调主体中的社会团体。上市公司协会是依据《证券法》和《社会团体登记管理条例》等相关规定成立的，由上市公司及相关机构等，以资本市场统一规范为纽带，维护会员合法权益而结成的全国性自律组织，是非营利性的社会团体法人。[①] 上市公司协会这一社会团体作为社会协调主体地位主要是通过对其团体成员的自律、利益维护以及便利与政府及相关利益团体的沟通协调等职能来体现的。

上市公司协会具有以下主要特征：

---

① 参见《中国上市公司协会章程》第 2 条。

(一) 非营利性

上市公司协会为非营利性组织,不得以营利为目的从事相应的经营活动,这是社会团体区别于作为市场主体的企业的主要特征之一。根据《中国上市公司协会章程》第53条的规定,上市公司协会的经费来源是:(1) 会费[①];(2) 捐赠;(3) 政府资助;(4) 在核准的业务范围内开展活动或服务的收入;(5) 利息;(6) 其他合法收入。上市公司协会作为社会协调主体可以有利润,但利润不是用于组织内部的分配而是用于扩大服务的规模、降低服务成本或价格。协会为维系存续而收取费用,为弥补活动成本而收取费用,及以法律允许的方式从事某些投资活动,只要其收益不是为了向其成员分配,而是为了维系团体存续,不应认定为营利性行为。即使协会在活动中有较大的资金剩余,也不能同公司企业一样将其分配,协会终止后的剩余财产,在中国证监会和民政部的监督下,按照国家有关规定,用于发展与本协会宗旨相关的事业。[②]

(二) 自律性与自治性

自律最一般性的含义是,由同一行业的从业组织或人员组织起来,共同制定规则,以此约束自己的行为,实现行业内部的自我监管,保护自己的利益。无论是地方级的还是国家级的上市公司协会,在其章程中关于"本会宗旨"中均有自律监管的表述。实践证明,与政府干预的他律相比较,协会自律更为有效。它一方面加强了协会的权威,避免了政府的过度介入,另一方面使得自律机制能与政府干预的他律机制相协调,从而将协会所实现的自律秩序纳入既定的经济法律秩序中去。自律性与自治性密不可分,二者互为目的和手段。自治性是指协会的成员通过章程等社会契约赋予行业协会治理协会成员的权力。[③] 只有这种自治权力的存在,协会才能够真正实现自我约束、自我规范、自我控制、自我管理。

(三) 共益性与民主性

协会是会员上市公司发起设立的,主要任务是表达会员上市公司的共同诉求,维护会员上市公司的群体利益,协调上市公司涉及的公共事务和进行自律。概括地讲,就是为会员上市公司的共同利益服务。协会作为会员服务的非营利组织,其设立和管理都以民主为基础。民主性主要表现在:(1) 社团成员的平等性,即协会的成员不论其是单位会员还是个人会员,也不论其作为单位会员本身组织规模、资本数额、经营能力差异如何巨大,对协会承担的义务如何不同(如缴纳会费的多少),在协会内部都是权利平等的成员。(2) 成员加入或退出的自由性。凡经中国证监会批准公开发行股票并在证券交易所上市的公司,可以成为协会普通会员。依法在境内公开发行股票的非上市公众公司,以及经中国证监会批准的境外上市公司可以申请成为协会普通会员。[④] (3) 内部管理的民主性,即协会内部管理以其会员的民主管理为其基本特征。协会以会员大会为最高权力机构,在制定协会章程、规约、作出重大决定时,由其成员通过会员大会等形式,在民主协商的前提下,根据少数服从多数的原则决定。

---

① 《中国上市公司协会会费标准及管理办法》第2条规定,会员按以下规定每年缴纳年会费:会员为1万元/年;会员理事、会员监事为8万元/年,会员常务理事为10万元/年,会员副会长、会员副监事长为20万元/年。
② 参见《中国上市公司协会章程》第68条。
③ 中国上市公司协会对其会员的管理规范除章程之外,还专门制定有《中国上市公司协会会员管理办法》。
④ 参见《中国上市公司协会章程》第8条。

二、上市公司协会的功能

上市公司协会作为市场经济中的社会协调主体,其功能分为基础功能和具体功能。前者是后者的目标或者目的,后者则是实现前者的具体途径或者手段

(一)基础功能

主要包括两点:第一,协助国家纠正市场失灵的功能。其主要内容为:矫正不完全竞争市场,排除市场障碍;加强信息的交流和服务,克服市场调节的被动性和滞后性;提供公共产品,满足协会成员特殊的公共需求。第二,协助上市公司克服国家干预缺陷的功能。其主要内容为:防止政府监管机构权力的异化,维护协会成员的共同利益;矫正政府监管机构信息偏差,协助政府监管机构正确决策;提高公共产品供给效率;提高政府监管机构的政策效应。

(二)具体功能

具体功能主要体现在协会的业务范围[①],主要内容如下:(1)根据国家法律法规、部门规章及有关规范性文件,组织制定上市公司自律准则,制定董事、监事、高级管理人员的职业道德规范等,指导公司自律;(2)依法维护会员的合法权益,向相关部门反映妨碍上市公司规范和持续发展的问题,建立完善沟通机制,协调会员与相关部门之间的关系,协助国家有关政策、措施的落实,营造有利于上市公司规范发展的环境;(3)发挥协会的人才、专业和信息等优势,为会员提供投融资、并购重组等金融业务的政策、会计、法律咨询服务,支持会员利用资本市场做优做强;(4)推动建立上市公司信用管理体系,推进上市公司诚信体系建设,倡导积极健康的股权文化和诚信文化;(5)经政府有关部门授权或安排,开展以下工作:① 组织制定上市公司治理规范,推动建立科学的上市公司治理及相关评价体系,推动上市公司的治理结构和机制不断完善;② 制定董事、监事、高级管理人员行为指引;③ 组织实施上市公司独立董事、董事会秘书等专业人才的认证管理,并对其进行持续教育和培训,建立专业人才信息库,依照上市公司提出的具体要求提供备选人选;④ 统计上市公司相关信息,为相关部门决策提供依据;(6)参与有关上市公司规范发展以及与信息披露相关的政策论证,提出上市公司有关政策、立法等方面的建议;推动上市公司履行信息披露义务;(7)协助会员同新闻媒体进行沟通和联系,及时有效引导社会舆论,为上市公司创造良好的舆论环境;(8)组织对上市公司董事、监事和高级管理人员及其他从业人员的培训,强化其法律意识、责任意识和诚信意识,提高其业务水平;(9)指导上市公司加强投资者关系管理,为上市公司与投资者提供交流平台;(10)受政府委托承办或根据市场和行业发展需要举办交易会、展览会等,为企业开拓市场创造条件;(11)组织开展国际交流与合作,推动相关资质互认;为会员国际化发展和实施"走出去"战略服务;(12)加强研究,积极探索促进上市公司可持续性发展的核心要素及共性规律;建立专家库,为会员持续健康发展提供智力支持,为监管部门决策提供参考;(13)协调好上市公司与市场的和谐发展,鼓励上市公司承担相应的社会责任;(14)承担中国证监会及其他政府有关部门委托的其他工作。

---

① 参见《中国上市公司协会章程》第7条。

第四节 证券监督管理机构

一、我国证券监管机构行为的目标和职责

《证券法》第十二章"证券监督管理机构"对国务院证券监督管理机构(即中国证监会)的监管目标、职责和监管权限等进行了明确的规定。

(一)证券监管机构行为的目标

《证券法》第168条规定,国务院证券监督管理机构依法对证券市场实行监督管理,维护证券市场公开、公平、公正,防范系统性风险,维护投资者合法权益,促进证券市场健康发展。这一规定,确立了我国证券监管机构行为的四项目标。

1. 维护证券市场公开、公平、公正

证券市场公开包括两个方面:首先,是证券市场信息要公开。国家证券监督管理机构应当依法保证证券发行人的资格及其基本经营情况、证券的性质及发行量、上市证券的各种详细信息,以及各类证券得以发行的条件能够完全地公之于众,使得广大投资者都能充分地掌握不同发行者发行的不同证券的所有能够公开的市场信息;证券监管部门应确保证券市场各种信息的真实性,防止弄虚作假。国家的证券监督管理机构只有充分保障发行公开、上市公开、上市后的信息持续公开,才能为投资者和发行者提供全面、准确的证券业信息,才能使投资者在作出投资的判断和选择时能获得公平的信息资源。其次,是证券监管要公开。在证券市场上监管法律、法规及相关政策要公开,市场监管活动与执法活动也要公开,以此保证监管活动的正当性、合法性和合理性。[①]

证券市场公平主要包括市场参与者的地位、机会、权利和责任公平。对证券市场监管而言,公平的目的是保障自愿参加、自愿交易、平等竞争和风险自担的市场环境,由此使证券参与者能在证券市场中受到平等对待,从而维护证券市场的健康发展。[②]

证券市场公正包括三个方面:第一,监管者在履行职责时,必须根据法律赋予的权限进行,既不能超越权限,也不能懈怠职责,否则证券市场就可能由于监管者的行为不当而丧失公正。第二,监管者对所有被监管对象都应给予公正待遇,不偏护任何人,在适用法律上当事人一律平等;在依据《证券法》和有关行政法规来制定各项规章制度时,证券监管机关必须站在公正的立场上,不得将利益向任何单位和个人倾斜;在证券纠纷与争议的调解或对证券违法行为的处罚时,应当秉公执法,不徇私情。第三,必须对监管者的权力进行制约,防止权力的过度扩张,侵害证券市场行为主体的独立性、自由性。[③]

2. 防范系统性风险

系统性风险是指国家因多种外部或内部的不利因素经过长时间积累没有被发现或重视,在某段时间共振导致无法控制使金融系统参与者恐慌性出逃(抛售),从而对整个证券市场形成巨大风险。在证券市场,一旦发生系统性风险,会对证券市场造成巨大损失,影响正常的证券活动秩序,进而影响整个国民经济。为了保证证券市场的正常运行,国家证券监督管理机构必须依法行使职权,防范系统性风险的发生。

[①] 参见李东方:《论证券监管法律制度的基本原则》,载《北京大学学报(哲学社会科学版)》2001年第6期。
[②] 参见郝旭光:《论证券市场监管的"三公"原则》,载《管理现代化》2011年第2期。
[③] 参见李东方:《论证券监管法律制度的基本原则》,载《北京大学学报(哲学社会科学版)》2001年第6期。

3. 维护投资者合法利益

投资者的投资行为是证券市场形成和存续的前提条件,而投资者特别是中小投资者天然地处于弱势地位,因此需要保护投资者的合法权益。2019年《证券法》修订,设投资者保护专章进行相关制度建设,国家证券监督管理机构具有维护投资者合法利益的义务。

4. 促进证券市场健康发展

促进证券市场的健康发展,既是证券监管机构行为的奋斗目标,同时也是检验证券监管机构行为实际效果好坏的一项标准。

(二)证券监管机构的职责

《证券法》第169条规定了中国证监会对证券市场实施监督管理的具体职责,共10个方面,对2014年《证券法》的对应条款作了重要修订,增加了依法监测并防范、处置证券市场风险和依法开展投资者两项职责,同时删除了跨境监管,将其调整到2019年《证券法》第177条。

国务院证券监督管理机构在对证券市场实施监督管理中履行下列职责:(1)依法制定有关证券市场监督管理的规章、规则,并依法进行审批、核准、注册,办理备案;(2)依法对证券的发行、上市、交易、登记、存管、结算等行为,进行监督管理;(3)依法对证券发行人、证券公司、证券服务机构、证券交易场所、证券登记结算机构的证券业务活动,进行监督管理;(4)依法制定从事证券业务人员的行为准则,并监督实施;(5)依法监督检查证券发行、上市、交易的信息披露;(6)依法对证券业协会的自律管理活动进行指导和监督;(7)依法监测并防范、处置证券市场风险;(8)依法开展投资者教育;(9)依法对证券违法行为进行查处;(10)法律、行政法规规定的其他职责。

在履行上述职责过程中,国务院证券监督管理机构应当与国务院其他金融监督管理机构建立监督管理信息共享机制。国务院证券监督管理机构依法履行职责,进行监督检查或者调查时,有关部门应当予以配合。另外,国务院证券监督管理机构可以和其他国家或者地区的证券监督管理机构建立监督管理合作机制,实施跨境监督管理。但是,境外证券监督管理机构不得在中华人民共和国境内直接进行调查取证等活动。未经国务院证券监督管理机构和国务院有关主管部门同意,任何单位和个人不得擅自向境外提供与证券业务活动有关的文件和资料。[①]

二、我国证券监管机构的权限

为保证监督管理职责的履行,法律赋予证券监督管理机构广泛的执法权限和手段。根据《证券法》第170条的规定,中国证监会依法履行职责时,有权采取下列措施:

(一)现场检查权

证券监督管理机构的检查人员有权亲临证券发行人、证券公司、证券服务机构、证券交易场所、证券登记结算机构进行现场检查,查验核对业务财务资料、检查风险管理和合规经营情况,及时发现问题,督促改进,促使监管有关市场参与者规范经营。

(二)调查取证权

证据是证券监管机构查明事实真相,判定某一行为是否构成违法以及如何处罚的基础。所以,法律赋予证券监督管理机构进入涉嫌违法行为发生场所调查取证的权力。

---

① 参见《证券法》第175、177条的规定。

（三）询问权

证券监管机构为弄清事实真相，需要从多方面进行调查，包括询问当事人和与被调查事件有关的单位和个人，要求其对与被调查事件有关的事项作出说明；或者要求其按照指定的方式报送与被调查事件有关的文件和资料，在此基础上去伪存真，真正做到以事实为依据。

（四）查阅、复制、封存权

证券监管机构有权查阅、复制与被调查事件有关的财产权登记、通讯记录等文件和资料。因为证券市场违法行为具有资金转移快、调查取证难的特点，如果证券监督管理机构没有必要的强制查处手段，就会失去及时有效打击证券违法犯罪行为的良机。为此，法律规定证券监管机构有权查阅、复制与被调查事件有关的财产权登记、通讯记录等资料。还可以查阅、复制与被调查事件有关的单位和个人的证券交易记录、登记过户记录、财务会计资料及其他相关文件和资料；对可能被转移、隐匿或者毁损的文件和资料，可以予以封存。

（五）查阅、复制和封存、扣押权

证券监管机构有权查阅、复制当事人和与被调查事件有关的单位和个人的证券交易记录、登记过户记录、财务会计资料及其他相关文件和资料；对可能被转移、隐匿或者毁损的文件和资料，可以予以封存、扣押。

（六）查询、冻结和查封权

证券监管机构有权查询当事人和与被调查事件有关的单位和个人的资金账户、证券账户、银行账户以及其他具有支付、托管、结算等功能的账户信息，可以对有关文件和资料进行复制；对有证据证明已经或者可能转移或者隐匿违法资金、证券等涉案财产或者隐匿、伪造、毁损重要证据的，经国务院证券监督管理机构主要负责人或者其授权的其他负责人批准，可以冻结或者查封，期限为6个月；因特殊原因需要延长的，每次延长期限不得超过3个月，冻结、查封期限最长不得超过2年；

（七）限制交易权

在调查操纵证券市场、内幕交易等重大证券违法行为时，经国务院证券监督管理机构主要负责人或者其授权的其他负责人批准，可以限制被调查的当事人的证券买卖，但限制的期限不得超过3个月；案情复杂的，可以延长3个月；

（八）阻止出境权

通知出境入境管理机关依法阻止涉嫌违法人员、涉嫌违法单位的主管人员和其他直接责任人员出境。

为防范证券市场风险，维护市场秩序，国务院证券监督管理机构可以采取责令改正、监管谈话、出具警示函等措施。

三、对我国证券监管执法的监督约束

《证券法》赋予我国证券监管机构广泛的权力，既包括典型行政权性质的审批权、注册权以及行政处罚权，也包括类似立法权的规章、规则制定权，还包括冻结、查封和扣押等准司法权。从法理上讲，公共权力是由人民赋予的，应当用来为公共利益服务，并受人民的监督，但公共权力的行使有可能偏离为公共利益服务的目标，被监管者滥用，甚至成为个人谋取私利的工具。因此，健全证券监管权的监督约束机制，对公共权力的行使加以有效的监督和制约，防止权力腐败，更好地实现证券监管的目标，既是依法行政的要求，也是证券市场健康、有序发展的内在要求。

(一)我国证券监管执法的内部约束

1. 制约权力

从我国证券监管规章、规则的制定,到具体权力部门的设置,再到权力的行使,都要进行内部约束。中国证监会具有部门规章的制定权。这些规章的内容往往涉及我国证券市场上大量无先例、无参照物、无明确界定的概念。对这些概念的界定、规范,往往会牵动多方面的利益。为了对规章制定权进行制约,需要确立一套规章制定的制约机制,防止权力的滥用、误用。为此,《证券法》第172条规定,国务院证券监督管理机构依法履行职责,进行监督检查或者调查,其监督检查、调查的人员不得少于2人,并应当出示合法证件和监督检查、调查通知书或者其他执法文书。监督检查、调查的人员少于2人或者未出示合法证件和监督检查、调查通知书或者其他执法文书的,被检查、调查的单位和个人有权拒绝。与此同时,被检查、调查的单位和个人也应当配合,如实提供有关文件和资料,不得拒绝、阻碍和隐瞒。①

2. 坚持政府信息公开原则

证券监管机构及其工作人员的行为是一种行政执法行为,应当坚持政府公开原则,以便接受社会公众的监督,防止职权被滥用。根据《证券法》第174条的规定,证券市场上的政府公开原则包括两方面:(1)国务院证券监督管理机构制定的规章、规则和监督管理工作制度应当依法公开;(2)国务院证券监督管理机构依据调查结果,对证券违法行为作出的处罚决定,应当公开。

3. 保密义务

证券监管机构的工作人员在依法履行职责、进行监督检查和调查过程中,很可能触及被检查、调查单位和个人的商业秘密,这些秘密一旦泄漏,往往会给相关的企业和个人带来经济损失。为此,《证券法》要求国务院证券监督管理机构的工作人员不得泄露所知悉的有关单位和个人的商业秘密。

4. 避免利益冲突

证券监管权由监管者行使,如果出现利益冲突,将出现减弱甚至丧失其作为法定监管者执法的公正性,很可能滋生以权谋私等违规违法行为。为此,《证券法》第179条规定,国务院证券监督管理机构工作人员必须忠于职守、依法办事、公正廉洁,不得利用职务便利牟取不正当利益,不得泄露所知悉的有关单位和个人的商业秘密。国务院证券监督管理机构工作人员在任职期间,或者离职后在《公务员法》规定的期限内,不得到与原工作业务直接相关的企业或者其他营利性组织任职,不得从事与原工作业务直接相关的营利性活动。

(二)我国证券监管执法的外部监督

1. 立法监督

法律赋予了中国证监会一定的立法和规则制定权,但是,证监会制定的规章应当接受全国人大常委会的审查,通过人大监督使政府的立法能够更加公正,符合市场的要求。根据《宪法》的规定,全国人大常委会有权监督国务院及其各部委的工作,包括对证监会执法工作的监督。

2. 司法监督

司法对权力的监督主要是指对行政权力加以制约监督。在我国,司法权对行政权实行的监督是一种事后监督。司法机关的独立性是形成对政府权力制约的重要前提,是作为制

---

① 参见《证券法》第173条的规定。

约主体的首要本质特征。法院在宪法和法律的保障下,独立行使审判权,监督行政权力的运作,形成对政府的权力制约,这是依法治国的重要内容。司法监督不仅包括民事、行政的司法监督,还包括刑事的司法监督,为此,《证券法》第178条规定,国务院证券监督管理机构依法履行职责,发现证券违法行为涉嫌犯罪的,应当依法将案件移送司法机关处理;发现公职人员涉嫌职务违法或者职务犯罪的,应当依法移送监察机关处理。

3. 审计监督

国家审计机关是依宪法设立的国务院职能部门,在国务院总理的领导下依法对国务院各部门和地方各级政府的财政收支进行独立审计监督。我国《证券法》第8条规定,国家审计机关依法对证券监督管理机构进行审计监督,从而达到维护国家财经纪律,监督证券监管机构的目的。

4. 舆论监督

在证券市场上,各类媒体对公共权力机构和上市公司的舆论监督可以改善证券监管机构和投资者之间、投资者和上市公司之间的信息不对称状态,从而保护中小投资者的利益。各类媒体本身并非权力机构,监督行政权力会使其承受巨大的压力和挑战。为此,既要进一步提高我国证券监管机构的透明度,又要实现舆论监督的制度化、规范化和程序化,保障舆论监督作用的充分发挥。

5. 举报监督

对涉嫌证券违法、违规行为,任何单位和个人有权向国务院证券监督管理机构举报。对涉嫌重大违法、违规行为的实名举报线索经查证属实的,国务院证券监督管理机构按照规定给予举报人奖励。国务院证券监督管理机构应当对举报人的身份信息保密。[①]

四、证券行政执法和解[②]

2019年《证券法》第171条确立了证券行政执法和解制度,这对进一步完善我国证券监管法律制度具有十分重要的意义。

(一)证券行政执法和解的界定

证券行政执法和解是证券行政和解之一种。证券行政和解包括:证券行政复议和解、证券行政诉讼和解和证券行政执法和解。证券行政执法和解是指证券行政执法机构在对行政相对人涉嫌违反证券法律、行政法规和相关监管规定行为进行调查执法过程中,根据行政相对人的申请,与其就改正涉嫌违法违规行为,消除涉嫌违法违规行为不良后果,交纳行政和解金补偿投资者损失等进行协商而达成执法和解协议,并据此终止调查执法程序的行为。[③]

证券行政执法和解与证券行政复议和解、证券行政诉讼和解在本质上都是行政机关与相对人达成的和解,但它们在适用条件上是有明显差别的。由于证券行政执法过程中达成的和解协议并没有第三方的审查,因此必须对其设置较为严格的适用条件,如违法违规行为主要是涉及实施虚假陈述、内幕交易、操纵市场或欺诈客户等行为,必须正式立案,且经过了必要的调查程序等。而证券行政复议和解及证券行政诉讼和解,因行政机关在行政相对人

---

① 参见《证券法》第176条的规定。
② 参见李东方:《论证券行政执法和解制度——兼评中国证监会〈行政和解试点实施办法〉》,载《中国政法大学学报》2015年第3期。
③ 参见中国证监会《行政和解试点实施办法》第2条。

提起复议申请或者提起诉讼之前已经进行过调查,并且和解协议要受到复议机关或者人民法院的审查确认,因此,可不必再设置更多的限制条件。

总之,证券行政执法和解是证券行政和解的一种,它与证券行政复议和解、证券行政诉讼和解共同构成证券行政和解。所以,2015 年 2 月 17 日中国证监会发布的《行政和解试点实施办法》①将证券行政和解等同于证券行政执法和解是不准确的。

(二)证券行政执法和解的正当性

在《证券法》修改过程中增设一项证券行政执法和解制度,就必然产生创设这项制度正当性的问题。证券行政执法和解存在的正当性与一般行政执法和解存在的正当性是一致的,即只要证成一般行政执法和解成立即可。一种较为传统的观点认为,行政执法和解不具有正当性,理由是行政权力具有不可处分性。② 该理论认为,和解成立的前提是当事人能够自由处分其权利,但是行政权是国家权力,行政机关只有行使国家权力的职责,而无权自由处分国家权力,因为国家权力所代表的公共利益不可出让。行政法律关系双方地位不平等,行政相对人也不能就行政争议涉及的行政权与行政执法主体讨价还价。

然而,从理论与实践的角度来看,行政权力不可处分不能成为禁止行政执法和解的理由。在此需要对"处分"的内涵进行合理的界定。我国台湾地区学者认为,公法及私法之领域,均有"处分"之用语。处分在行政法,有行政处分一词;在私法则指权利之抛弃、负担及其他权利内容变更之意思表示。③ 日本学者认为,"处分"这个词,在行政法上,是作为行政行为的同义词来使用的。与此同时,在私法上,"处分"是指放弃、委托或负担直接权利,或者变更其他权利内容的意思表示。但是,实施行政行为,通常却不说"进行处分"。④ 上述行政权力不可处分中的"处分"显然指的是权力的转让、委托、抛弃、分割等,这种处分的效果只涉及权力本身,而未及于权力行使所指向的对象。⑤ 在此语境下的"处分",的确意味着行政权力不可任意转让和抛弃,因为行政机关的行政权力是基于国家的授权,行政机关必须履行其职责,否则就构成失职或者渎职。

但此种行政权力的不可处分性并不妨碍行政机关在行政执法过程中享有日常处理权,这种处理权不是对行政权力的处分,即并非对行政权力的任意抛弃,而正是行使行政权力的表现。因此,行政机关完全可以在行政执法过程中在与相对人进行协商,达成合意后签署执法和解协议,并据此终止执法程序。所以,行政执法和解其实是行政自由裁量的表现形式之一,或者说,行政自由裁量权的行使是证券行政执法和解获得正当性的根本原因。

总之,证券行政执法和解的正当性来自行政自由裁量权行使或运用的必需。

(三)证券行政执法和解的性质及其特征

证券行政执法和解的性质与一般行政执法和解的性质是一致的,证券行政执法和解协议是一种公、私法相融合的现代行政合同,我国台湾地区的"行政程序法"称之为"行政契约"⑥,第 135 条即规定:"公法上法律关系得以契约设定、变更或消灭之。但依其性质或法规

---

① 参见中国证监会《行政和解试点实施办法》第 2 条,对"行政和解"的定义。
② 参见谭炜杰:《行政诉讼和解研究》,中国政法大学出版社 2012 年版,第 114 页。
③ 参见徐瑞晃:《行政诉讼撤销之诉在诉讼上之和解》,载台湾行政法学会主编:《行政契约与新行政法》,台湾元照出版公司 2002 年版,第 331 页。转引自谭炜杰:《行政诉讼和解研究》,中国政法大学出版社 2012 年版,第 115 页。
④ 参见〔日〕南博方:《行政诉讼中和解的法理(上)》,杨建顺译,载《环球法律评论》2001 年春季号。转引自同上。
⑤ 参见同上。
⑥ 台湾地区的《行政程序法》第三章即为"行政契约"第 135 条至第 159 条,专门规范行政执法和解行为。参见林纪东等编纂:《新编基本六法全书》,台湾五南图书出版公司 2005 年版,第捌-1—19 页。

规定不得缔约者,不在此限。"既然证券行政执法和解协议属于公、私法相融合的行政合同,自然首先应当适用公法的原则和法律规定,由于并不存在专门的行政合同法,因此,执法和解协议的私法性就必然体现在对民法原则和具体规范的援用上,即行政法未作特别规定时,准用民法规定。例如民法中的诚实信用、真实意思表示和意思自治等基本原则,合同成立的要件及效力、情势变更、行为能力、代理、法律行为的无效、撤销等具体规范均可适用于证券行政执法和解协议。我国台湾地区的"行政程序法"就明确规定:"行政契约,本法未规定者,准用民法相关之规定。"①

证券行政执法和解协议公、私法相融合的行政合同性质决定了证券行政执法和解具有以下主要特征:

1. 主体法律地位的相对平等性

传统行政法的一个重要特征是行政法关系的单方面性,在这种单方面性中行政执法主体享有行政优先权和行政决定权,而当私法中的一些规则逐步引入到公法机制中来之后,必然使原来行政法律关系的属性发生一些深刻的变化。其中,行政执法主体与行政相对人之间的关系将由原来的不平等关系变为一种越来越平等的关系,证券行政执法和解协议就是在双方处于相对平等的前提下相互作出一些让步、放弃一些权力(权利)形成"合意"而达成的协议。只有当事人双方地位相对平等,才能够在充分意思自治的基础上形成有质量的"合意"。如果证券行政执法主体以强权为后盾进行胁迫、甚至威胁,上述"合意"有可能成为一种"强制的自愿"。

2. 合法性

证券行政执法和解必须具有合法性,否则和解协议无效。证券行政执法和解的合法性一般包括以下几个方面:(1)证券行政执法机关的公权力与行政相对人私权利的妥协不得侵害公共利益。(2)不得损害案外第三方利害关系人的利益。证券行政执法和解双方当事人的协议不得有损案外第三方利害关系人的利益,对第三方利害关系人施加负担的证券行政执法和解,须由该第三方利害关系人参加和解并征得其同意,否则即属违法。(3)不违反法律、行政法规的禁止性规定。

对于证券行政执法和解的合法性要求,中国证监会制定的《行政和解试点实施办法》第5条就明确规定,"行政和解"协议的订立和履行,不得损害国家和社会公共利益,不得损害他人合法权益。第6条第1款第(4)项又规定,以"行政和解"方式结案不违反法律、行政法规的禁止性规定,不损害社会公共利益和他人合法权益。这与其他国家和地区已有的相关法律是一致的。

3. 实现手段的复合性

一套完备的证券行政执法和解机制往往由多重法律规范交织而成,即证券行政执法和解实现的手段具有复合性。具体表现如下:(1)硬法和软法并俱。所谓硬法是指能够依靠国家强制力保证实施的证券法规范,其任务主要是建构一个证券行政执法和解的制度框架。而软法则是指不依靠国家强制力保证实施的证券法规范,主要依靠社会舆论、自律、自治与自愿服从等方式得到遵守,既包括证券法律、法规、规章中的柔性规范,也包括证券监管部门创制的大量规范性文件,诸如证券行政执法工作手册、指导意见、指南、规划、纲要等等。(2)实体法与程序法并举。其中,实体法规范主要规定证券行政执法和解适用的条件、申请

---

① 参见林纪东等编纂:《新编基本六法全书》,台湾五南图书出版公司2005年版,第捌-1—20页。

与启动的主体、执法机关的权限等问题,而程序法规范则规定证券行政执法和解谈判方式、期限、实施步骤等问题。(3)法律原则与规则并行。一方面证券行政执法机关要在法律原则的前提下行使证券行政执法裁量权,同时这种自由裁量权的发挥又受到具体规则的制约。从而保证执法和解符合证券法的立法宗旨。

(四)对《行政和解试点实施办法》的评价及《证券法》第171条的解读

1. 中国证监会《行政和解试点实施办法》的主要内容及其评价

《行政和解试点实施办法》共39条,分为"总则""行政和解的适用范围与条件""行政和解的实施程序""行政和解金的管理和使用""附则"等5章,主要内容如下:

(1)适用范围与条件。行政相对人涉嫌实施虚假陈述、内幕交易、操纵市场或欺诈客户等违反证券期货相关法律、行政法规和相关监管规定的行为,并同时符合下列情形的,可以适用行政和解程序:① 中国证监会已经正式立案,且经过了必要调查程序,但案件事实或法律关系尚难完全明确;② 采取行政和解方式执法有利于实现监管目的,减少争议,稳定和明确市场预期,恢复市场秩序,保护投资者合法权益;③ 行政相对人愿意采取有效措施补偿因其涉嫌违法行为受到损失的投资者;④ 以行政和解方式结案不违反法律、行政法规的禁止性规定,不损害社会公共利益和他人合法权益。

(2)行政和解的实施程序。行政和解程序分为申请和受理、和解协商、行政和解协议的签订与执行以及行政和解程序的终止等几个环节。中国证监会实施行政和解,由专门的行政和解实施部门负责,与中国证监会的案件调查部门、案件审理部门相互独立。中国证监会实施行政和解,遵循公平、自愿、协商、效能原则。中国证监会不得向行政相对人主动或者变相主动提出行政和解建议,或者强制行政相对人进行行政和解。

(3)行政和解金的管理和使用。行政相对人交纳的行政和解金由行政和解金管理机构进行专户管理。行政相对人因行政和解协议所涉行为造成投资者损失的,投资者可以向行政和解金管理机构申请补偿。投资者可以通过行政和解金补偿程序获得补偿,或者按照我国《民事诉讼法》的规定对行政相对人提起民事损害赔偿诉讼请求赔偿。但投资者已通过行政和解金补偿程序获得补偿的,不应就已获得补偿部分再行请求民事损害赔偿。行政和解金管理和使用的具体办法由中国证监会会同财政部另行制定。

一方面,这个《行政和解试点实施办法》是在大量学习和借鉴了前述国家和地区的相关制度和立法经验并结合我国的实际而制定的一部部门规章,应当说,有关证券行政执法和解精髓和核心制度在其中都得到了体现,不仅为在2019年修订的《证券法》中创设此项制度提供了参照,而且对我国《行政程序法》创设行政执法和解制度也具有十分积极的意义。

另一方面,《行政和解试点实施办法》的不足也是明显存在的,比如,如本书前面所述行政执法和解是行政和解的一种,它与行政复议和解、行政诉讼和解共同构成行政和解的概念,而《行政和解试点实施办法》无论从其文件标题,还是其实际内容都使用"行政和解"的表述,这是将行政和解等同于行政执法和解,缺乏合理性。

再如,具体规范里面,《行政和解试点实施办法》第9条规定:"行政相对人自收到中国证监会送达的案件调查通知书之日起,至中国证监会作出行政处罚决定前,可以向中国证监会提出行政和解申请。"而在第18条则规定:"立案调查不满3个月的案件,行政相对人提出行政和解申请的,不予受理,但有特殊情况经中国证监会主要负责人批准的除外。"既然自收到案件调查通知书之日起,至作出行政处罚决定前,可以向证监会提出行政和解申请,又要立案调查满3个月,否则不予受理。且不说其中给人自相矛盾的感觉,就3个月期限本身而言,立案调查满一定期限之后再予受理和解申请是必要的,但是3个月时间未免太长,证券市场瞬息万变,3个月下来市场的许多格局都可能发生变化,此时再受理和解申请不利于对投资公众利益的保护,其他国家或者地区对此一般规定30日,可以考虑借鉴。当然,这个部门规章在我国毕竟是首创,属初次探索,存在一些问题在所难免。

2. 我国《证券法》证券行政执法和解制度的主要内容及其进一步完善和实施

由于上述《行政和解试点实施办法》属于国务院所属部委制定的部门规章,立法层级低,所以,我国证券行政执法和解制度急需在基本法层面建立,2019年《证券法》修改过程中就创设该项制度,作为第12章"证券监督管理机构"中的第171条。该条规定,国务院证券监督管理机构对涉嫌证券违法的单位或者个人进行调查期间,被调查的当事人书面申请,承诺在国务院证券监督管理机构认可的期限内纠正涉嫌违法行为,赔偿有关投资者损失,消除损害或者不良影响的,国务院证券监督管理机构可以决定中止调查。被调查的当事人履行承诺的,国务院证券监督管理机构可以决定终止调查;被调查的当事人未履行承诺或者有国务院规定的其他情形的,应当恢复调查。具体办法由国务院规定。国务院证券监督管理机构决定中止或者终止调查的,应当按照规定公开相关信息。在此就该条规定中的"具体办法由国务院规定"以及该条在实施过程中应当注意的方面谈几点看法。

国务院规定的办法对证券行政执法和解制度进一步细化的主要内容包括:

(1) 对证券行政执法和解的界定。对证券行政执法和解进行准确界定,不仅是制定该项制度的前提,同时也是制定和完善包括证券行政复议和解、证券行政诉讼和解在内的我国证券行政和解体系的前提。

(2) 确立证券行政执法和解的原则。证券行政执法和解的原则要特别突出主体法律地位的相对平等性和适用条件合法性的特征。

(3) 证券行政执法和解的适用条件。确定证券行政执法和解的适用条件必须考虑以下三个方面的因素[①]:

第一,拟作出的行政决定所依据的事实或者法律关系具有不确定性。首先,行政执法和解并不意味行政机关调查义务的免除,发起和解的前提要求是行政机关应先尽职权调查义务,只有在先行调查后发现有事实不明或者不确定的情形适合以行政执法和解达成行政目的时,才能停止调查。事实不明是指以下3种情形:① 法律规范所规定的构成要件中的事实客观上因欠缺调查途径而无法查明;② 行政机关虽进行过调查,但调查的结果未能证明事实的真相且在一定时期内仍难以查明;③ 继续调查将耗费更多的人力、物力且仍可能无法查明。其次,法律关系不确定是指行政机关和行政相对人对基本的违法事实无争议,而对如何适用法律依据、产生何种法律效果发生争执,即现行法律对于行政案件的处理依据规定得不明确,行政机关在适用依据方面有困难。

第二,行政执法机关与行政相对人双方能够互相让步。行政法学上的"让步",是指当事人放弃其行政程序上可能获得的任何有利结果而使他方因此受益。例如,行政机关放弃原本更为严厉的罚款、延长相对人行政许可的期限等,而行政相对人抛弃利息、放弃或者撤回行政救济请求等,即属于互相让步。因此,一方面行政执法和解的让步必须是当事人双方确

---

① 参见张文郁:《行政法上之和解契约》,载法治斌教授纪念论文集编辑委员会编辑:《法治与现代行政法学——法治斌教授纪念论文集》,台湾元照出版公司2004年版。转引自涂怀艳:《行政执法和解初探》,载《法商研究》2008年第2期。

实对于法律上的权利或者利益让步。虽然这种让步需要客观合理评价,但双方让步无须客观等值,纵使一方让步较大,也不影响和解协议的效力。值得注意的是,行政机关不得向行政相对人主动或者变相主动提出行政和解建议,更不得滥用优势地位强制行政相对人进行行政和解,逼迫行政相对人作出不公平的让步以缔结和解协议。另一方面,双方的让步必须是因为同一事实或者法律关系不能确定。

第三,和解必须以合法性为前提。和解协议的合法性至少包括以下四个方面:① 当事人对于行政执法和解的标的有处分权。所谓"标的"是指行政法所规定的权利、义务或者权限的行使。对证券行政执法机关而言,除了要求其对和解标的有事务管辖权限和地域管辖权限外,还要求他对和解事项有裁量权;而对行政相对人而言,则要其对案件所涉权利、义务拥有处分权且具有行为能力。② 在当事人的和解协议内容涉及第三方承担义务时,只有经第三方参与和解或者得到其书面同意,和解才发生效力。③ 行政执法机关在决定与相对人和解时,应尽到审慎裁量的义务。审慎裁量应当考虑的因素至少有两个方面:一是该和解是否能实现证券监管的目的,既能确保实现对违法人的制裁,又能保护投资公众的合法权益,有利于维护证券市场的公共利益;二是调查的时间、财力花费、调查结果对于所要维护的公共利益是否相称。④ 以行政和解方式结案不违反法律、行政法规的禁止性规定,不损害社会公共利益和他人合法权益。

(4) 行政和解程序。行政和解程序主要包括:申请和受理、和解协商、行政和解协议的签订与执行以及行政和解程序的终止等几个环节。另外,关于实施和解的具体机构,中国证监会在上述《行政和解试点实施办法》中设立专门负责行政执法和解的实施部门,并将其与案件调查部门、案件审理部门形成相互独立、相互制约的格局是可取的。

(5) 和解协议的内容。和解协议的内容主要包括:① 行政相对人是否需要承认其行为违法。对此可以学习其他国家或地区的做法,在行政和解协议的内容中采取被调查的当事人"既不承认亦不否认"其涉案行为的违法、违规性。② 承诺采取具体措施消除该行为后果、缴纳和解金、赔偿投资者损失。③ 就第三方利害关系人的利益达成和解协议。

(6) 行政执法和解金的管理和使用。可考虑向美国学习,设立公平基金(fair fund),行政相对人因行政和解协议所涉行为造成投资者损失的,受损投资者可以向该公平基金管理机构申请补偿。目前在行政执法和解试点时期,中国证监会在上述《行政和解试点实施办法》中规定的是,行政相对人交纳的行政和解金由行政和解金管理机构进行专户管理。

关于和解金的使用,还要处理好受损投资者通过行政执法和解金获得补偿与通过民事诉讼获得赔偿的关系。因为行政执法和解金补偿与民事赔偿是受损投资者寻求损失救济的两种不同机制。和解程序不影响投资者提起民事诉讼的权利。受损投资者既可以申请行政执法和解金补偿,也可以提起民事诉讼请求赔偿。但是,对已经通过行政执法和解金获得补偿的投资者再就同一行为提起诉讼主张赔偿的,要作出专门安排,防止出现有的投资者同时利用行政执法和解金补偿与民事诉讼赔偿两种不同救济机制获得优于其他投资者的重复救济。对此,证监会《行政和解试点实施办法》规定,投资者可以通过行政执法和解金补偿程序获得补偿,或者按照我国《民事诉讼法》的规定对行政相对人提起民事损害赔偿诉讼请求赔偿。但投资者已通过行政执法和解金补偿程序获得补偿的,不应就已获得补偿部分再行请求民事损害赔偿。

第十一章　证券监管法律制度

【测试题】

国务院证券监督管理机构依法履行职责,有权采取下列措施:(　　)

A. 查阅、复制与被调查事件有关的财产权登记、通讯记录等文件和资料

B. 查询当事人和与被调查事件有关的单位和个人的资金账户、证券账户、银行账户以及其他具有支付、托管、结算等功能的账户信息

C. 限制被调查的当事人的证券买卖 1 年

D. 直接阻止涉嫌违法人员、涉嫌违法单位的主管人员和其他直接责任人员出境

【答案与解析】

答案:AB

解析:本题考查证券监督管理机构依法履行职责时有权采取的措施。

《证券法》第 170 条规定了证券监督管理机构依法履行职责时有权采取的措施,根据法条规定,可知 A、B 两项正确。

第 170 条第 1 款第(7)项规定:"在调查操纵证券市场、内幕交易等重大证券违法行为时,经国务院证券监督管理机构主要负责人或者其授权的其他负责人批准,可以限制被调查的当事人的证券买卖,但限制的期限不得超过 3 个月;案情复杂的,可以延长 3 个月",可见限制被调查的当事人的证券买卖最长时间为 6 个月,故 C 选项错误。

第 170 条第 1 款第(8)项规定:"通知出境入境管理机关依法阻止涉嫌违法人员、涉嫌违法单位的主管人员和其他直接责任人员出境。"可见证券监督管理机构不能直接阻止有关人员出境,而应当通知出境入境管理机关依法阻止,故 D 选项错误

【测试题】

中国证券业协会的首要宗旨是(　　)

A. 在国家对证券业实行集中统一监督管理的前提下,进行证券业自律管理

B. 发挥政府与证券行业间的桥梁和纽带作用

C. 为会员服务,维护会员的合法权益

D. 维护证券业的正当竞争秩序,促进证券市场的公开、公平、公正,推动证券市场的健康稳定发展

【答案与解析】

答案:A

解析:本题考查的是证券业协会的宗旨。

《中国证券业协会章程》第 3 条规定:协会的宗旨是:遵守国家宪法、法律、法规和经济方针政策,遵守社会道德风尚,坚持中国共产党的领导,在国家对证券业实行集中统一监督管理的前提下,进行证券业自律管理;发挥政府与证券行业间的桥梁和纽带作用;为会员服务,维护会员的合法权益;维护证券业的正当竞争秩序,促进证券市场的公开、公平、公正,推动证券市场的健康稳定发展。故上述四个选项均为证券业协会的宗旨。

在我国,国家集中统一监管是实现对上市公司和证券市场监管的主要手段,因其强制力和权威性而相对公平、公正、高效和严格。但国家集中统一监管也存在弊端,如反应迟缓、脱离实际、缺乏效率、政府寻租等,从而导致政府失灵。因此,需要证券业协会作为行业协会发

挥自律监管作用,与国家干预主体分工配合,弥补政府监管的缺陷。故协助国家对证券业进行监管是证券业协会的首要宗旨,选项 A 正确。

【测试题】

根据证券法律制度的规定,下列哪项不是证券业协会的职责(　　)

A. 教育和组织会员及其从业人员遵守证券法律、行政法规,组织开展证券行业诚信建设,督促证券行业履行社会责任

B. 依法维护会员的合法权益,向证券监督管理机构反映会员的建议和要求

C. 依法制定从事证券业务人员的行为准则,并监督实施

D. 制定证券行业业务规范,组织从业人员的业务培训

【答案与解析】

答案:C

解析:本题考查的是《证券法》对证券业协会职责的规定。

《证券法》第166条规定:证券业协会履行下列职责:(1)教育和组织会员及其从业人员遵守证券法律、行政法规,组织开展证券行业诚信建设,督促证券行业履行社会责任;(2)依法维护会员的合法权益,向证券监督管理机构反映会员的建议和要求……(4)制定和实施证券行业自律规则,监督、检查会员及其从业人员行为,对违反法律、行政法规、自律规则或者协会章程的,按照规定给予纪律处分或者实施其他自律管理措施;(5)制定证券行业业务规范,组织从业人员的业务培训……

据此,上述四个选项中,只有C选项不符合《证券法》对证券业协会职责的规定。《证券法》第169条规定:国务院证券监督管理机构在对证券市场实施监督管理中履行下列职责:……(四)依法制定从事证券业务人员的行为准则,并监督实施……所以,C选项应为国务院证券监督管理机构的职责,而非证券业协会的职责,故选C。

第十二章

证券法律责任

导读

学习本章应当了解的内容是:证券法律责任的概念与特征,证券法律责任的归责原则及其责任构成。重点掌握,证券违法行为的分类以及内幕交易、操纵市场、虚假陈述、欺诈客户等行为的概念、特征及其表现形式。同时,还需进一步了解证券违法行为有严重的证券违法行为和一般的违法行为。前者是指构成证券刑事犯罪,依法应当受到刑事制裁的证券违法行为;后者是指未构成犯罪而应当受到行政制裁或民事制裁的证券违法行为。

还需要掌握证券违法行为所涉及的法律责任,具体包括证券民事责任、证券行政责任以及证券刑事责任。证券民事责任是行为人因证券违法行为所应承担的赔偿损失、返还财产等民事责任,重点在于理解其归责原则;证券行政责任是我国最主要的证券法律责任形式,体现了国家对证券市场及其交易行为的监督管理和法律制裁,重点在于了解不同的证券违法行为所承担的具体行政责任;证券刑事责任是证券犯罪行为所应承担的刑事制裁,重点在于通过《证券法》与《刑法》的有机结合,掌握主要证券犯罪的犯罪构成及处罚。在这个过程中,了解我国《证券法》对证券法律责任制度的修改和完善。

第一节 证券法律责任概述

法律责任的实质是国家对违反法定义务、超越法定权利界限或滥用权利的违法行为所作的法律上的否定性评价,是国家施加于违法者或责任者的一种强制性负担,是补救受到侵害的合法权益的一种法律手段。因此,法律责任的追究以违法行为的存在为前提,故本章在论述证券民事、行政和行政责任之前,先研究证券违法行为。

此外,本章还特别解读了2019年《证券法》关于证券法律责任所作的重大修订。2019年修订前的《证券法》对证券违法行为处罚较轻,使证券违法成本较低,从而难以遏制证券违法行为的产生,2019年修订后的《证券法》第十三章针对证券违法行为处罚数额偏低等市场反应强烈的问题,对证券法律责任进行了较大修改和完善。

一、证券法律责任的概念与特征

任何法律制度都包含法律责任制度,证券法律制度也不例外。证券法律责任是法律责任的一种,两者之间属于个别与一般的关系。证券法律责任,是指行为人对于自己实施的证券违法行为所应当承担的不利性法律后果。

证券法律责任具有以下几个基本特征：

1. 证券法律责任主要是因证券发行和交易而产生的法律责任

证券法律责任主要是行为人在证券发行、交易及监管过程中因违反证券法的相关规定所应承担的法律责任，而不是与证券有关的所有违法行为的法律责任。例如，伪造、偷盗证券等行为就应当承担普通刑事犯罪的法律责任，而不是证券法律责任。又如，为公司上市、证券交易提供资产评估、验资或者验证的中介机构提供虚假材料的，无论是没收违法所得、罚款、吊销营业执照等行政处罚，还是在其评估或者证明不实的金额范围内承担民事赔偿责任，都属于公司法上的法律责任，而不是证券法律责任。

2. 证券法律责任是行为人违反证券法规定或证券合同约定所承担的法律责任

证券法律责任以证券法律义务的存在为前提。证券法律义务主要包括证券法律法规规定的义务和当事人根据证券法律的规定通过证券合同所约定的义务。

3. 证券法律责任是一种具有复合性特点的法律责任

证券违法行为在违反证券法时，可能同时涉及民事责任、行政责任和刑事责任。一方面，行为主体所承担的法律责任包括具有私法责任性质的民事责任，以及具有公法责任性质的行政责任和刑事责任；另一方面，行为主体承担其中的一种责任常常并不必然免除其他责任的承担。实践中，要根据违法行为的性质、程度等具体情况，决定行为人承担责任的轻重，同时要根据违法行为的具体情况决定其是承担一种责任还是两种或两种以上的责任。

4. 证券法律责任主要是财产责任

证券违法行为或违约行为通常以获取非法利益为动机，其损害结果往往是受害人的财产损失。因此，尽管证券行政、刑事责任中存在非财产责任，但从整体上讲，证券法律责任的内容还比较单一。无论是弥补受害人财产损失的民事赔偿救济，还是以行政罚款为主的行政处罚，都是以财产为主要内容的法律责任。

5. 证券法律责任具有单位责任与个人责任并存的特点

参与证券发行、交易的证券发行人、证券公司、中介机构、证券交易所以及证券监督管理机构的工作人员在履行职务过程中违反证券法规定的，其所在机构要承担相关法律责任，其负责人和直接责任人也要承担相应的不利法律后果。前者体现了职务责任的特点，而后者则具有明显的个人责任特征。

二、证券法律责任的归责原则

从我国《证券法》的规定来看，证券法律责任应当根据具体法律责任的不同情况，分别适用严格责任原则、无过错责任原则、过错责任原则和过错推定原则。具体如下：

1. **严格责任原则**

严格责任原则，是指行为人只要实施了证券违法行为，就必须承担法律责任的归责原则。为了规范证券市场，保护投资者的合法权益，遏制严重的证券违法犯罪行为，《证券法》采取了严格责任原则的归责原则，明确规定了证券违法行为的基本表现形式及其法律责任的内容、范围、归属和追究程序。行为人只要实施了法律规定的违法行为，无论其主观上是否存在过错，客观上是否造成损害结果，都必须承担相应的法律责任，这一点在证券行政责任方面表现得尤为突出。

2. 无过错责任原则

无过错责任原则,是指行为人实施了证券违法行为并造成一定损害结果的,无论其主观是否存在过错,都应承担法律责任的归责原则。与严格责任原则相比,无过错责任原则主要适用于证券民事责任方面,而且将损害事实作为责任要件。需要说明的是,这里的无过错是指追责人不需要对侵权行为人或者违法行为人的过错进行举证,这与民法上的无过错责任,即无过失责任是不一样的。

3. 过错责任原则

过错责任原则是指行为人由于过错实施了证券违法行为而应承担法律责任的归责原则。过错责任原则强调行为人的主观过错,并以过错作为确定责任的要件。一般说来,在追究证券刑事责任时,相关的证券犯罪,如内幕交易、操纵市场、证券欺诈等,都需要依据《刑法》各相关罪名的具体犯罪构成,将主观过错作为判定行为人是否构成犯罪的依据。但在追究证券民事责任和证券行政责任时,考虑到证券侵权案件具有影响范围广、受害主体不特定、信息不对称等特点,在过错责任原则下受害者对侵权行为人的主观过错难以举证,这必将阻碍受害者进行权利救济,所以,2005年修订后的《证券法》对大多数一般证券违法行为的法律责任并没有规定行为人主观上必须有过错。当时,只保留了其中第200条规定中的过错责任的规定,即证券交易所、证券公司、证券登记结算机构、证券服务机构的从业人员或者证券业协会的工作人员,提供虚假资料,隐匿、伪造、篡改或者损毁交易记录,诱骗投资者买卖证券的,只有在行为人具有主观故意时,才承担相应的法律责任。但是,2019年《证券法》修订过程中,将原第200条进行了删除。

4. 过错推定原则

过错推定原则,是指在法律有特别规定场合,从违法行为以及损害事实本身推定行为人有过错,除非行为人能够证明自己没有过错,否则将据此确定该行为人应承担法律责任的归责原则。例如,《证券法》第24条规定,发行人的控股股东、实际控制人以及保荐人,应当与发行人承担连带责任,但是能够证明自己没有过错的除外;第85条规定,发行人的控股股东、实际控制人、董事、监事、高级管理人员和其他直接责任人员以及保荐人、承销的证券公司及其直接责任人员,应当与发行人承担连带赔偿责任,但是能够证明自己没有过错的除外;第163条规定,证券服务机构制作、出具的文件有虚假记载、误导性陈述或者重大遗漏,给他人造成损失的,应当与委托人承担连带赔偿责任,但是能够证明自己没有过错的除外;等等均属对行为人的过错推定。

三、证券法律责任的构成

(一) 证券法律责任主体

证券法律责任主体是指实施证券违法行为并应当承担法律责任的单位和个人。要成为证券法律责任主体,首先必须具备证券法律责任能力,即以独立的人格、财产或行为承担因违法行为可能面临的民事赔偿、行政处罚以及刑事制裁的能力。但具备了证券法律责任能力的主体并不就是证券法律责任主体,还需要同时具备其他两个方面的条件:第一,实施了证券违法行为;第二,该违法行为依法应被追究证券法律责任。

(二) 证券违法行为

实施证券违法行为是产生证券法律责任的前提。证券违法行为是指证券法律关系主体和证券市场参与者,在证券发行、交易、监管、服务过程中,违反有关法律、法规并依法应当承担相应法律责任的行为。证券违法行为一方面会扰乱正常的证券交易秩序,另一方面将损害广大投资者的合法权益,具有影响范围广、危害性大、受害者众多等特点,必须严格依法追究法律责任。

证券违法行为的性质决定了证券法律责任的性质。证券违法行为包括一般违法行为和犯罪行为,区别在于行为的危害程度不同。一般证券违法行为可能承担民事责任、行政责任,而证券违法行为一旦符合犯罪构成要件,就演变为证券犯罪,将面临更加严厉的刑事制裁。

(三) 行为人的主观过错

鉴于证券侵权的特殊性,我国现行法律将严格责任原则和无过错责任原则作为证券法律责任最主要的归责原则,即在认定行为人承担法律责任时,并没有将其主观过错作为责任要件而加以强调。这对于减轻受害者的举证责任,提高监管部门的制裁效率是非常重要的。当然,由于证券法律责任是多种责任形式的集合,在刑事责任及其他一些证券法律责任中,责任主体的主观过错仍然是必不可少的责任要件。

(四) 违法行为的损害事实

证券责任主体承担法律责任的前提条件还应包括其行为造成的损害事实。但是,在证券法律责任的确定上,损害事实的确定(特别是定量)是非常困难的,因此,许多证券法律责任的承担并不以实际损害的存在为必要条件,而仅仅考虑行为人是否实施了法律禁止的违法行为。但是,如果《证券法》明确规定以发生损害后果为责任条件的,则必须首先确定损害事实的存在。一般说来,在证券刑事责任和证券民事责任的构成中,常常需要以发生损害事实甚至要求"造成严重后果"为要件

(五) 违法行为与损害结果之间的因果关系

根据侵权责任法,侵权行为的构成要求违法行为与损害结果之间有直接因果关系。但是,基于证券市场的特殊性,在证券民事赔偿案件中,应当采取因果关系推定,即只要行为人存在证券违法行为,就可以推定在相应时间区间内,从事同一证券相关交易的投资者(如内幕交易的相对人)所遭受的损失是由该行为人的违法行为造成,除非该行为人能够证明投资者的损失不是自己的行为造成。这是举证责任倒置原则在证券法律责任中的适用。

第二节　证券违法行为

一、证券违法行为概述

(一) 证券违法行为的概念和特征

证券违法行为,是指行为人在证券的发行、上市、交易、监管及其他相关活动中,违反证券法律所实施的破坏证券市场秩序、损害投资者利益的行为。证券违法行为,具有以下特征:

1. 证券违法行为主体的广泛性

证券违法行为的主体既包括自然人,也包括法人和其他组织;既包括证券发行、上市和交易的当事人,也包括为证券发行、上市和交易提供服务的当事人;既包括一般的证券市场主体,也包括证券监管机构及其工作人员。从理论上分析,证券违法行为的主体大体可以分为三类:(1) 证券发行与交易当事人,即从事证券发行、上市和交易(买卖)的当事人;(2) 证

券服务关系当事人,即为证券交易提供服务的机构及其从业人员;(3)证券监管机构及其工作人员。具体而言,证券违法行为的主体主要有:证券发行人与上市公司、从事证券交易的单位和个人、证券经营机构、证券服务机构、证券从业人员、证券管理机构、证券业管理人员、证券业自律性组织等。

2. 证券违法行为主观心态的多样性

一般证券违法行为,有的由故意构成,有的由过失构成。但是,在多数的证券民事违法行为和证券行政违法行为中,法律并不要求行为人主观上一定是故意,或者法律不问其是否存在故意或过失,甚至在一些场合行为人没有主观过错(即没有故意和过失),只要行为人实施了某一具体的证券违法行为,即构成违法。构成证券犯罪的行为人在主观上大多表现为故意,即明知所实施的行为具有违法性、会产生破坏证券市场正常管理秩序、侵害证券投资者合法权益的危害结果,仍希望或放纵这种危害结果的发生。证券犯罪一般都是直接故意,行为人在主观上具有不惜采取非法手段来获取经济利益或减少经济损失的犯罪目的。过失实施的违反证券法律的危害行为,一般不构成证券犯罪。

3. 证券违法行为客体的双重性

一是侵害了证券市场的交易与服务秩序;二是侵害了证券市场的正常管理秩序。证券市场由于以证券等虚拟产品为交易对象,因而必须由规则来支撑。国家监管的目的就在于督促和保障这些规则的实施,从而建立起健康、良好与可持续发展的证券市场秩序。证券违法行为在侵害证券交易与服务秩序的同时,也侵害了国家正常的证券管理秩序。因此,证券违法行为有一个突出的特点,这就是其侵害的是双重客体。

4. 证券违法行为的证券违法性

一般意义上的违法行为在客观上必须表现出其违法性。证券违法行为与其他领域的违法行为的根本区别,就在于证券违法行为违反的是证券法律。其意义在于:首先,证券违法行为必须以证券法律规范的存在为前提,没有证券法律规范,也就不存在证券违法行为。其次,除了违法行为发生竞合的情况外,不是违反《证券法》的违法行为,不属于证券违法行为。发生竞合的情况主要发生于两种场合:(1)与《刑法》中的犯罪行为发生竞合,除了《刑法》规定的证券犯罪外,还包括其他一些可能与证券违法行为发生竞合的犯罪,如在证券发行、上市等过程中,行贿受贿以获取审核批准;(2)与其他法律中的违法行为发生竞合,如与《公司法》《反不正当竞争法》等法律中的一些违法行为发生竞合。

(二)证券违法行为的分类

根据证券违法行为的一般分类方法,证券违法行为主要包括以下种类:

1. 严重证券违法行为与一般证券违法行为

按证券违法行为是否触犯刑法为标准,证券违法行为可以分为严重证券违法行为(证券犯罪或证券刑事违法行为)和一般证券违法行为(证券民事违法行为和证券行政违法行为)。关于严重的证券违法行为,我国的《刑法》规定了7种情况、14个罪名的证券犯罪行为。[①]

2. 证券民事、行政和刑事违法行为

按照行为承担责任形式的不同,证券违法行为可分为证券民事违法行为、证券行政违法行为和证券刑事违法行为。

---

① 具体罪名见本章第五节"证券刑事责任"中的相关内容。

3. 证券发行和交易违法行为、证券服务违法行为和证券监管违法行为

按照证券违法行为所发生的具体领域,证券违法行为可以分为证券发行和交易违法行为、证券服务违法行为和证券监管违法行为。

4. 禁止的证券交易行为和其他证券违法行为

按照行为本身的重要性及特点,证券违法行为可分为禁止的证券交易行为和其他证券违法行为。前者主要包括:欺诈客户、操纵市场、内幕交易、虚假陈述,非法接受委托行为,非法收购行为,非法买卖证券行为等;后者主要包括:非法经营证券行为,擅自发行、承销行为,非法设立证券交易场所、证券公司、证券交易服务机构的行为,证券监管机构非法履行职责行为等。其中,禁止的证券交易行为,如欺诈客户、操纵市场、内幕交易和虚假陈述等一般又被称为不公平证券交易行为或不正当证券交易行为,通常是各国证券立法规制的重点。

5. 证券违法行为的其他分类

除了上述几种分类外,证券违法行为还有多种分类方法。例如,按照行为方式的不同,可将证券违法行为分为作为的证券违法行为和不作为的证券违法行为。作为与不作为是法律上的术语,作为的证券违法行为是指行为人基于一定的目的实施某种积极的违反证券法的行为;不作为的证券违法行为是指行为人负有为某种行为的证券法律义务而没有为这种行为的违法行为。

二、内幕交易

(一)内幕交易的概念与内幕信息知情人

内幕交易,是指知悉证券交易内幕信息的知情人和非法获取内幕信息的人,利用内幕信息进行证券交易的活动。法律禁止证券交易内幕信息的知情人和非法获取内幕信息的人利用内幕信息从事证券交易活动。证券交易活动中,涉及发行人的经营、财务或者对该发行人证券的市场价格有重大影响的尚未公开的信息,为内幕信息。《证券法》第51条明确规定,证券交易内幕信息的知情人包括:(1)发行人及其董事、监事、高级管理人员;(2)持有公司5%以上股份的股东及其董事、监事、高级管理人员,公司的实际控制人及其董事、监事、高级管理人员;(3)发行人控股或者实际控制的公司及其董事、监事、高级管理人员;(4)由于所任公司职务或者因与公司业务往来可以获取公司有关内幕信息的人员;(5)上市公司收购人或者重大资产交易方及其控股股东、实际控制人、董事、监事和高级管理人员;(6)因职务、工作可以获取内幕信息的证券交易场所、证券公司、证券登记结算机构、证券服务机构的有关人员;(7)因职责、工作可以获取内幕信息的证券监督管理机构工作人员;(8)因法定职责对证券的发行、交易或者对上市公司及其收购、重大资产交易进行管理可以获取内幕信息的有关主管部门、监管机构的工作人员;(9)国务院证券监督管理机构规定的可以获取内幕信息的其他人员。

2007年中国证监会《证券市场内幕交易行为认定指引(试行)》和2011年最高人民法院《关于审理证券行政处罚案件证据若干问题的座谈会纪要》中有关知情人范围的规定,基本上被2019年《证券法》第51条所采纳。

(二)内幕交易中的内幕信息

《证券法》第52条第1款规定:"证券交易活动中,涉及发行人的经营、财务或者对该发行人证券的市场价格有重大影响的尚未公开的信息,为内幕信息。"根据这一规定,我们可以看出,内幕信息具有以下几个特征:

第十二章　证券法律责任

1. 内幕信息是对证券价格有重大影响的信息

内幕交易主要是借助证券价格涨跌而牟取利益或者减少损失,价格波动信息成为知情人实施内幕交易的直接动力。影响证券价格的因素极其复杂,证券价格是整个经济、政治和社会因素的集中体现形式之一。作为内幕信息的价格信息主要指公司内部发生的与投资者判断投资证券价格走势有关的经营、财务等事件、事项、信息及其发生的变动。

2. 内幕信息是有关公司经营、财务等的内部信息

在《证券法》上,内幕信息仅指证券发行人的信息。根据原《禁止证券欺诈行为暂行办法》(已失效)第5条第2款第(9)项的规定,内幕信息包括"可能对证券市场价格有显著影响的国家政策变化",但《证券法》将内幕信息主要限定于发行人的内部信息,而非泛指各种与证券价格相关的信息。

3. 内幕信息是未公开信息

国务院《股票发行与交易管理暂行条例》明确规定,公布应以有关消息和文件刊登在中国证监会指定的报刊上为准,公开则以有关消息和文件备置于发行人及其证券承销机构的营业地和证监会,供投资人查阅为准。原《禁止证券欺诈行为暂行办法》(已失效)第5条第3款规定,内幕信息不包括运用公开的信息和资料,对证券市场作出的预测和分析。信息是否公开,其认定的标准大致有以下几种:(1) 以新闻发布会的形式公布;(2) 通过全国性的新闻媒介;(3) 市场消化了信息;(4) 只要有相当数量的股票分析师知道,即使大部分投资者不知道,也算公开。从我国证券法律的规定来看,是否公开主要应以信息是否公告为准。《证券法》第86条规定,依法披露的信息,应当在证券交易场所的网站和符合国务院证券监督管理机构规定条件的媒体发布,同时将其置备于公司住所、证券交易场所,供社会公众查阅。

4. 对上市公司股价有影响的重大事件是内幕信息

对证券价格有影响的事件必然是重大事件并且不为公众所知晓,那么能够成为对证券价格有影响并构成内幕信息的重大事件,其标准什么?对此,《证券法》第52条第2款分别就不同情况作了规定,即"本法第80条第2款、第81条第2款所列重大事件属于内幕信息"[①]。

(三) 内幕交易行为

《证券法》第53条第1款规定:"证券交易内幕信息的知情人和非法获取内幕信息的人,

---

① 《证券法》第80条第2款所称的重大事件包括:(1) 公司的经营方针和经营范围的重大变化;(2) 公司的重大投资行为,公司在1年内购买、出售重大资产超过公司资产总额30%,或者公司营业用主要资产的抵押、质押、出售或者报废一次超过该资产的30%;(3) 公司订立重要合同、提供重大担保或者从事关联交易,可能对公司的资产、负债、权益和经营成果产生重要影响;(4) 公司发生重大债务和未能清偿到期重大债务的违约情况;(5) 公司发生重大亏损或者重大损失;(6) 公司生产经营的外部条件发生的重大变化;(7) 公司的董事、1/3以上监事或者经理发生变动,董事长或者经理无法履行职责;(8) 持有公司5%以上股份的股东或者实际控制人持有股份或者控制公司的情况发生较大变化,公司的实际控制人及其控制的其他企业从事与公司相同或者相似业务的情况发生较大变化;(9) 公司分配股利,增资的计划,公司股权结构的重要变化,公司减资、合并、分立、解散及申请破产的决定,或者依法进入破产程序、被责令关闭;(10) 涉及公司的重大诉讼、仲裁,股东大会、董事会决议被依法撤销或者宣告无效;(11) 公司涉嫌犯罪被依法立案调查,公司的控股股东、实际控制人、董事、监事、高级管理人员涉嫌犯罪被依法采取强制措施;(12) 国务院证券监督管理机构规定的其他事项。

《证券法》第81条第2款所称的重大事件包括:(1) 公司股权结构或者生产经营状况发生重大变化;(2) 公司债券信用评级发生变化;(3) 公司重大资产抵押、质押、出售、转让、报废;(4) 公司发生未能清偿到期债务的情况;(5) 公司新增借款或者对外提供担保超过上年末净资产的20%;(6) 公司放弃债权或者财产超过上年末净资产的10%;(7) 公司发生超过上年末净资产10%的重大损失;(8) 公司分配股利,作出减资、合并、分立、解散及申请破产的决定,或者依法进入破产程序、被责令关闭;(9) 涉及公司的重大诉讼、仲裁;(10) 公司涉嫌犯罪被依法立案调查,公司的控股股东、实际控制人、董事、监事、高级管理人员涉嫌犯罪被依法采取强制措施;(11) 国务院证券监督管理机构规定的其他事项。

在内幕信息公开前,不得买卖该公司的证券,或者泄露该信息,或者建议他人买卖该证券。"由此可见,内幕交易行为主要有知情人的"证券买卖""泄露内幕信息"和"建议他人买卖证券"三类行为。

1. 证券买卖

内幕交易中的证券买卖是指知情人在内幕信息公开以前,利用所知悉的内幕信息,买进或卖出证券的行为。这是最典型,也是最传统的内幕交易行为,其构成要件如下:

第一,主体必须是知悉内幕信息的人。内幕交易也是一种证券交易,但内幕交易只有知情人一方具有内幕交易的条件和目的。交易相对人不是知情人,他们不仅不能成为内幕交易的主体,而且在法律上属于内幕交易的受害人。

第二,具有主观故意性。内幕交易的目的有两种:一是当内幕信息为利好信息时买进大量证券而谋取超额利润;二是当内幕信息为利坏信息(如公司面临破产)时抛售证券而避免正常的交易风险损失。

第三,必须利用内幕信息,即据以交易的根据是内幕信息,该信息可能是未公开的利好信息,也可能是未公开的利坏信息。

第四,在内幕信息公开前,知情人实施了交易行为。实施交易行为是内幕交易的客观要件。一般来说,知情人进行内幕交易时,不管是一次交易还是多次反复交易,总是以利好信息为依据进行单向的买进,而以利坏信息为依据进行单向的卖出。

只要具备上述四个要件,即可构成内幕交易。但是,知情人有可能是以其本人名义或他人名义实施交易行为。但不论以何种名义,对此,《证券市场内幕交易行为认定指引(试行)》第13条第(2)项规定了以他人名义买卖证券的两种情形:直接或间接提供证券或资金给他人购买证券,且该他人所持有证券之利益或损失,全部或部分归属于本人;对他人所持有的证券具有管理、使用和处分的权益。

2. 泄露内幕信息

泄露内幕信息本身并不是证券交易,但是,它会引发他人的内幕交易或者造成市场的混乱,影响交易秩序,因此证券法上一般也将其作为内幕交易的一种较特殊的表现形态。泄露内幕信息的构成要件有两项:一是行为主体是知情人;二是客观上在内幕信息公开前泄露了内幕信息,即负有保密义务的知情人非依法律让知情人以外的他人知道了内幕信息。

下面从侵权责任的构成要件来分析泄露内幕信息的侵权特征:

(1) 主观要件。《证券法》未明确规定泄露内幕信息的主观要件,据此可以认为,泄露内幕交易信息既可以由故意,也可以由过失构成。

(2) 损害后果。泄露内幕信息是否以发生损害后果为要件,如泄露内幕信息是否以发生他人的内幕交易或引起市场秩序的混乱为要件。从《证券法》的立法精神来看,禁止泄露内幕信息的目的在于阻止内幕信息的非法传播,因而,泄露内幕信息本身既是行为,同时也包含着结果(即他人已知悉)。至于是否发生进一步的损害后果,则是决定泄露内幕信息危害程度的考量情节,而不是其构成要件。

(3) 对泄露内幕信息的对象有无要求。如是否要求"必须向投资者泄露"等。对此,《证券法》也无规定。从实践来看,泄露内幕信息多为向投资者泄露,但从泄露内幕交易信息的本质来说,只要非法地将内幕信息泄露给他人,而不论他人是否为投资者,都可以构成。

(4) 泄露的内幕信息是否为某一项内幕信息的全部内容。一般说来,证券市场是一个敏感的信息市场,泄露的内幕信息不一定是该项内幕信息的全部内容和细节,而是其主要内容。只要常人能从其泄露的内幕信息中明确信息的概括性内容,并能作出利好、利坏的判断,就足以构成泄露内幕信息。

3. 建议他人买卖证券

建议他人买卖证券,是指知情人根据内幕信息与证券价格的关系,而建议他人购买或出售相关证券的行为。其构成要件有如下四项:

(1) 主体是知情人。即知晓或掌握了内幕信息的人。

(2) 有受建议人。受建议人如果没有接受建议或尚未来得及进行交易,即客观上受建议人没有进行证券交易,行为人是否构成建议他人买卖证券?从立法精神来看,出现这种情况也不影响建议他人买卖证券的构成,只是可以将这一情况作为一种决定其法律责任时的情节。如果受建议人按建议进行了交易,则知情人构成建议他人买卖证券,受建议人则可因非法获取内幕信息而构成内幕交易。

(3) 必须有具体的买进或卖出的建议。如果只是告知内幕信息则是故意泄露内幕信息,如果没有告知内幕信息而只是提出买进或卖出的建议,则构成建议他人买卖证券。至于既告知内幕信息又建议其买卖的,则宜认定为泄露内幕信息,其中的建议可以作为泄露内幕信息的一个重要情节。

(4) 知情人的建议必须跟内幕信息与其相关证券的价格变动关系相一致,即建议买进时知情人知道的是利好的内幕信息,建议卖出时知情人知道的是利坏的内幕信息。

三、操纵市场

(一) 操纵市场的概念和特征

操纵证券市场,是指行为人背离市场自由竞价和供求关系原则,以各种不正当的手段,影响或者意图影响证券市场价格或者证券交易量,制造证券市场假象,以引诱他人参与证券交易,为自己谋取不正当利益或者转嫁风险的行为。

操纵市场行为是典型的证券欺诈行为,具有以下特征:

1. 操纵市场表现为一种证券交易行为

操纵市场是为了进行证券交易,但有别于正常的证券交易。区分操纵市场与正常的证券交易行为不能简单地看交易行为,而必须考虑行为人的交易目的:正常交易行为是为获得正常的投资收益或者规避风险,而操纵市场是为牟取不正当的投资收益或者不正当地规避或转嫁风险。

2. 操纵市场以人为影响证券价格为前提

客观上,操纵市场是影响证券价格的行为,通过这种影响使证券价格的走势符合操纵者的预期,以达到其谋利或避险的目的。故操纵市场行为又称"影响证券行情"行为。而证券行情不仅指证券价格,证券成交量也是证券行情的有机组成部分,证券价格与交易量有着密切的关系,证券价格反映着包括交易量在内的诸多变动因素。《证券法》第55条规定,禁止任何人以下列手段操纵证券市场,影响或者意图影响证券交易价格或者证券交易量。其中将影响证券交易量也视为操纵市场行为。

3. 操纵市场是一种利用优势或滥用权利的行为

市场操纵者利用自己或他人所掌控的资金优势、信息优势或者利用持股上的优势制造虚假的市场行情,诱使其他投资者进行证券交易,以达到自己的不正当目的。

（二）操纵证券市场行为的表现形式[①]

操纵市场行为的表现形式主要包括：(1) 单独或者通过合谋，集中资金优势、持股优势或者利用信息优势联合或者连续买卖；(2) 与他人串通，以事先约定的时间、价格和方式相互进行证券交易；(3) 在自己实际控制的账户之间进行证券交易；(4) 不以成交为目的，频繁或者大量申报并撤销申报；(5) 利用虚假或者不确定的重大信息，诱导投资者进行证券交易；(6) 对证券、发行人公开作出评价、预测或者投资建议，并进行反向证券交易；(7) 利用在其他相关市场的活动操纵证券市场；(8) 以其他手段操纵证券市场。下面具体分析其中四种操纵市场的典型行为：

1. 连续交易操纵

连续交易操纵，是指单独或通过合谋，集中资金优势、持股优势或者利用信息优势联合或者连续买卖，操纵证券交易价格或者证券交易量。主要是资金大户或者持股大户利用其拥有的大量资金或者某种大量证券，或者利用了解某种内幕信息的优势，进行单独或者通过合谋买卖，对某种有价证券进行集中买卖或连续买卖或对同一种证券反复买进卖出。在出货阶段造成此种证券市场价升量增，以达到吸引投资者买入、使自己顺利出货的目的；在吸筹阶段造成此种证券价跌量增，使持筹者产生恐慌心理，抛出该种证券，从而使自己获取暴利，其他投资者遭受巨大损失。

根据《证券市场操纵行为认定指引（试行）》第22条的规定，连续交易操纵的构成要件包括：(1) 主体是证券交易人，不论是买方还是卖方，无论是自行炒作还是委托证券经纪商炒作，也无论是单个人的行动还是多人的通谋。(2) 集中资金优势、持股优势或者利用信息优势。(3) 必须有联合（或连续）买卖和影响证券价格（或证券交易量）的事实。根据参加人数量的不同，连续交易操纵分为单一行为人连续交易操纵和合谋的连续交易操纵。单一的行为人集中资金优势、持股优势或者利用信息优势连续买卖，操纵证券交易价格或者证券交易量的，是单一行为人连续交易操纵。2个以上行为人通过合谋，集中资金优势、持股优势或者利用信息优势，联合或者连续买卖，操纵证券交易价格或者证券交易量的，是合谋的连续交易操纵。按照《证券市场操纵行为认定指引（试行）》第20、21条的规定，联合买卖，是指2个以上行为人，约定在某一时段内一起买入或卖出某种证券，具体包括三种情形：(1) 在某一时段内一起买入或者相继买入某种证券的；(2) 在某一时段内一起卖出或者相继卖出某种证券的；(3) 在某一时段内其中一个或数个行为人一起买入或相继买入而其他行为人一起卖出或相继卖出某种证券的。连续买卖，是指行为人在某一时段内连续买卖某种证券。在1个交易日内交易某一证券2次以上，或在2个交易日内交易某一证券3次以上的，即构成连续买卖。

连续交易发生证券权利的实际移转，属于证券的真实买卖，与不转移证券所有权的虚买虚卖有所不同。此外，在判断连续交易操纵时有三个因素需要考虑：一是联合或连续买卖的交易次数应当包括未成交的报价，因报价本身就会影响证券价格，但报价后又主动撤销的不应当包括在其中。二是连续交易在事实上引起了一定的证券价格或者证券交易量的变动，至于变动幅度一般没有明确要求。三是行为人主观上有恶意，其目的上是为了抬高或压低价格，或者引诱其他交易人买入或卖出证券。

[①] 参见《证券法》第55条的规定。

2. 串通相互买卖操纵

串通相互买卖操纵,是指两个以上的行为人以事先约定的时间、价格和方式相互进行证券交易,影响证券交易价格或者证券交易量的行为。也称为合谋或相对委托,它实质上是两个或两个以上的交易人,相互串通,一买一卖,目的在于虚造声势,抬高或压低该证券价格,诱骗其他投资者买入或者卖出该种证券,使行为人达到高位出货或低位吸筹的目的。此种交易的特征是双方或多方在交易中时间相近、价格相近、方向相反。此种交易方式能为操纵者尽量减少操纵市场的资金量和证券筹码数量,有四两拨千斤之功效,对证券市场的正常秩序具有很大的破坏性。综合上所述,合谋的要件可归纳如下:(1)下单的价格、时间的相似性;(2)下单数量的一致性;(3)买卖同一证券,而且买卖方向相反;(4)主观上是故意,且两个故意之间有必然的联络,即恶意串通或合谋。

3. 自买自卖操纵

自买自卖又称洗售、对倒、对敲、虚售,它是指同一投资人在自己实际控制的账户之间进行证券交易,影响证券交易价格或者证券交易量的行为。这种方式俗称庄家对倒,亦称"左手卖给右手"。主要表现为行为人在各个地方多个不同的营业部开立多个证券交易户头,自己在某地某账户内卖出证券的同时,又在另一地另一账户内买入该证券,其实质是一人自买自卖。虽然行为人的证券所有权并没有转移,持有证券的数量没有变化,但能大大增加该证券一天的成交量,给其他投资者造成该证券交易活跃的假象,从而影响其对该证券行情的判断而作出错误的买卖决策,为行为人出货或吸筹提供机会、创造条件。

自买自卖的构成要件是:(1)有现实的交易发生;(2)这些交易发生的时间相同,数量相当,价格一致,方向相反(一买一卖);(3)这些交易并不改变该证券的实质所有权,即实质上这些证券仍然为同一人所有;(4)有自买自卖的故意。不过国外有的立法规定,洗售本身就是故意的证据,故主张进行故意推定。据此也有人主张,洗售不需要以主观故意为要件,发生洗售的事实就可以构成。

2005年之前的我国证券立法将洗售规定为"以自己为交易对象,进行不转移所有权的自买自卖"。事实上,行为人往往借助多个证券账户进行相互交易,只要实现了交易,就发生证券权利的法律转移,只不过其背后的真实所有人为同一人或为同一人所控制。现行《证券法》第55条将洗售或者自买自卖定义为"在自己实际控制的账户之间进行证券交易",与以前的规定相比,更符合生活中的实际情况。《证券市场操纵行为认定指引(试行)》第28条列举了"自己实际控制的账户",包括:行为人以自己名义开设的实名账户;行为人以他人名义开设的账户;行为人虽然不是账户的名义持有人,但通过投资关系、协议或者其他安排,能够实际管理、使用或处分的他人账户。

4. 其他操纵市场的行为

《证券法》第55条所规定的"操纵证券市场的其他手段"属于"兜底条款"。所谓操纵市场的其他行为,应当是指法律已经明确列举的市场操纵行为之外的操纵市场行为。《证券市场操纵行为认定指引(试行)》第30条列举了其他操纵市场的行为,包括:(1)蛊惑交易操纵;(2)抢帽子交易操纵;(3)虚假申报操纵;(4)特定时间的价格或价值操纵;(5)尾市交易操纵;(6)中国证监会认定的其他操纵证券市场的行为。这里需要说明的是,根据《证券法》第56条的规定,《证券市场操纵行为认定指引(试行)》里面的一些内容已经被2019年修订的《证券法》第55条所吸收,比如,上述"蛊惑交易操纵"就是该条第1款第(5)项所规定的"利用虚假或者不确定的重大信息,诱导投资者进行证券交易",而"抢帽子交易操纵"则是该条第1款第(6)项所规定的"对证券、发行人公开作出评价、预测或者投资建议,并进行反向证券交易"。所以,随着2019年《证券法》的颁布和实施,最高人民法院的相关司法解释也必将作相应的修订。对于任何单位和个人编造、传播虚假信息或者误导性信息等行为,应按其相应的规定处理,而不应归入操纵市场的行为之列,也就是说,任何单位和个人编造、传播虚假信息或者误导性信息等行为不属于其他操纵市场的行为。

四、虚假陈述

(一)虚假陈述的概念和特征

虚假陈述,是指信息披露义务人违反证券法律规定,在证券发行和交易过程中对重大事件作出违背事实真相的虚假记载、误导性陈述,或者披露信息时发生重大遗漏披露的行为。虚假陈述具有如下特征:

1. 虚假陈述是特定主体实施的行为

虚假陈述是信息披露义务人所为的行为。不负有披露义务的人所实施的虚假记载、误导性陈述和重大遗漏披露行为,尽管可能构成其他证券违法行为,但不构成虚假陈述。

2. 证券法上的虚假陈述是一种特殊的行为,不同于民法上的虚假陈述

民法上的虚假陈述是指行为人故意作出某种意思表示的积极行为,即行为人故意作出某种不符合事实真相的积极意思表示。证券法上的虚假陈述不限于行为人故意作出某种不符合事实真相的积极意思表示,而是泛指各种违反信息披露义务的行为,包括以各种行为形态和因各种主观态度而为的行为。也就是说,既包括故意的虚假记载和误导性陈述,也包括过失,甚至包括意外发生的误导性陈述和重大遗漏披露。

3. 虚假陈述是在履行信息披露义务时所为的行为

对于各种影响证券价格的重大信息,信息披露义务人应当及时以规定的文件格式、内容和法定的方式、方法向公众披露,在提交或公布的法定信息披露文件中作出与事实不符的虚假记载、误导性陈述和重大遗漏,均构成虚假陈述。

4. 虚假陈述是针对重大性信息而言的行为

所谓重大性,是指对证券价格有重大影响,因此,凡是可能对证券价格有重大影响的事件、事项或者信息及其发生的变动,都具有重大性。

(二)虚假陈述行为的表现形式

根据《证券法》第85条的规定来看,虚假陈述主要包括虚假记载、误导性陈述和重大遗漏:

1. 虚假记载

虚假记载是指信息披露义务人在披露信息时,将不存在的事实在信息披露文件中予以记载的行为,也就是说,在信息披露文件中作出与事实真相不符的记载。事实上没有发生或者无合理基础的事项被记载于信息披露文件,无论属于捏造或者笔误,都可以认定为虚假记载,但虚假记载通常属于义务人基于过错而实施的积极行为。

2. 误导性陈述

误导性陈述是指行为人在信息披露文件中或者通过媒体,作出使投资人对其投资行为发生错误判断并产生重大影响的陈述。信息披露文件记载事项的表述存有缺陷而容易使人误解,投资者依赖该信息披露文件无法获得清晰、正确的认识,或者据常人的理解该陈述已经使人发生了误解,即可认定为误导性陈述。此外,误导性陈述可以由故意构成,也可以由

过失构成。

3. 重大遗漏

重大遗漏是指信息披露义务人在信息披露文件中，未将应当记载的事项完全记载或者仅部分予以记载。重大遗漏既包括出于主观故意而未予记载的情形，也包括由于过失未予记载的情形。

（三）虚假陈述的证券法规制①

1. 信息披露必须遵守的基本原则

发行人及法律、行政法规和国务院证券监督管理机构规定的其他信息披露义务人，应当及时依法履行信息披露义务。信息披露义务人披露的信息，应当真实、准确、完整，简明清晰，通俗易懂，不得有虚假记载、误导性陈述或者重大遗漏。证券同时在境内境外公开发行、交易的，其信息披露义务人在境外披露的信息，应当在境内同时披露。

2. 信息披露义务人及其责任

（1）禁止任何单位和个人编造、传播虚假信息或者误导性信息，扰乱证券市场。

（2）禁止证券交易场所、证券公司、证券登记结算机构、证券服务机构及其从业人员，证券业协会、证券监督管理机构及其工作人员，在证券交易活动中作出虚假陈述或者信息误导。

（3）各种传播媒介传播证券市场信息必须真实、客观，禁止误导。传播媒介及其从事证券市场信息报道的工作人员不得从事与其工作职责发生利益冲突的证券买卖。

编造、传播虚假信息或者误导性信息，扰乱证券市场，给投资者造成损失的，应当依法承担赔偿责任。

3. 信息披露的民事责任

信息披露义务人未按照规定披露信息，或者公告的证券发行文件、定期报告、临时报告及其他信息披露资料存在虚假记载、误导性陈述或者重大遗漏，致使投资者在证券交易中遭受损失的，信息披露义务人应当承担赔偿责任；发行人的控股股东、实际控制人、董事、监事、高级管理人员和其他直接责任人员以及保荐人、承销的证券公司及其直接责任人员，应当与发行人承担连带赔偿责任，但是能够证明自己没有过错的除外。

五、欺诈客户

（一）欺诈客户的概念和特征

欺诈客户，是指证券公司及其从业人员在办理证券经纪业务及相关业务中，违背客户真实意思，损害客户利益的行为。在实践中，证券公司及其从业人员一般又称为证券商；客户通常则是指投资者。

证券公司与投资者（客户）之间的关系，是一种合同关系。这种合同关系，是一种概括委托关系，即投资者是委托人，证券公司是受托人。受托人对委托人负有受托义务，应诚信地履行受托义务，处理受托事务时应当勤勉、谨慎。具体而言，主要包括以下内容：

第一，处理事务的义务。受托人应当在授权范围内依诚信原则处理受托事务，无论是针对某一事务的特别授权，还是就有关事务的概括授权，都应当遵循诚信原则处理好事务，不得擅自改动或曲解指示，否则，将对由此造成的损失承担责任；受托人应当亲自处理受托事

---

① 参见《证券法》第56、78、85条的规定。

务,不得随意转委托,转委托须经委托人同意,否则受托人应对转委托的行为承担责任,但在法律规定的紧急状况下为维护委托人利益而转委托的除外。

第二,报告的义务。受托人在处理委托事务的过程中,应当随时向委托人报告事务处理的进展情况以及存在的问题,以使委托人能及时了解情况;事务处理完毕后应向委托人及时汇报最终结果。

第三,交付财产的义务。受托人在处理事务过程中所得的财产应当交付给委托人,办理好证券的清算交割,并应提供交易的书面确认文件。

第四,明示交易状态义务。证券商在代客买卖时,应以对客户最有利为原则确定交易状态,禁止将自营业务和经纪业务混合操作。

第五,为客户保密的义务。受托人对委托人的事务负有严格保密的义务,不得随意向第三人泄露。

第六,赔偿损失的义务。受托人因自己的违约行为或违法行为而给委托人造成损失的,应当依照约定或法律规定承担赔偿损失的责任。总而言之,受托人对委托人负有信赖义务,应尽善良管理人的注意义务,像处理自己的事务一样处理委托事务,不得利用其受托人的地位从事损害客户利益的行为,以维护投资者对证券市场的信心。而欺诈客户,本质上违背了客户的真实意思表示,损害了客户的利益,理应为法律所禁止。

欺诈客户的法律特征如下:

(1) 客观推定。《证券法》对证券公司欺诈客户采取客观认定标准,只要证券公司实施了《证券法》禁止的欺诈客户行为,即可构成欺诈客户,客户无须证明证券公司存在过错的主观态度,证券公司通常也不能以证明自己没有实施侵害的主观故意而免责。

(2) 不以客户作出错误意思表示为构成要件。欺诈客户,无须考虑客户是否受到欺诈,也不要求客户作出错误的意思表示。也正因为如此,在认定欺诈时也就无须考虑欺诈客户与错误意思表示之间是否存在因果关系。只有对于那些法律未明确列举的"其他违背客户真实意思,损害客户利益的行为",客户的错误意思表示以及与欺诈行为之间的因果关系,才可能具有构成要件的意义。

(3) 欺诈客户一般发生于委托关系成立之后。证券公司与客户之间的委托关系成立于投资者开立账户之时,随后委托证券公司买卖证券属于双方履行合同权利义务的行为。欺诈客户通常只发生在证券代理关系成立后的履行阶段,系针对证券公司受托执行指令、管理账户以及履行附随义务而设定的特别规则,与投资者在证券公司处开立账户一般不发生直接的关系。证券公司欺诈客户时,客户通常只能要求赔偿损失、返还财产等,无法通过申请变更或者撤销委托合同来实现救济。

(4) 欺诈客户具有违约与侵权的双重属性。一方面,从证券公司与客户的关系看,证券公司的欺诈行为违背了委托合同中的基本义务;另一方面,证券公司欺诈客户的行为又是对客户实施的较为明显的侵权行为。因此,欺诈客户是违约行为与侵权行为的竞合。从理论上讲,客户既可以依照委托关系提出违约赔偿请求,也可根据侵权法提出损害赔偿请求。但按我国证券市场的交易规则,客户一般只能通过证券公司参与市场交易,因而证券公司与客户之间的委托合同,在客户退出市场之前不可能消灭,加之双方之间的合同具有标准化、统一化特征,欺诈客户行为的侵权特征更为明显。

(二) 欺诈客户行为的表现形式

《证券法》第57条规定,禁止证券公司及其从业人员从事下列损害客户利益的行为:

(1)违背客户的委托为其买卖证券;(2)不在规定时间内向客户提供交易的确认文件;(3)未经客户的委托,擅自为客户买卖证券,或者假借客户的名义买卖证券;(4)为牟取佣金收入,诱使客户进行不必要的证券买卖;(5)其他违背客户真实意思表示,损害客户利益的行为。从理论上分析,这些行为又可分为以下五类:

1. 混合操作

《证券法》第128条第2款规定,证券公司必须将其证券经纪业务、证券承销业务、证券自营业务、证券做市业务和证券资产管理业务分开办理,不得混合操作。所谓混合操作,是指证券商将自营业务和经纪业务、承销业务、资产管理业务混合操作。在证券交易中,证券商一方面接受投资者的买卖(或管理)委托,充当投资者的受托人而代客买卖(或管理);另一方面又是投资者的交易相对人,充当交易的一方而自己买卖。在混合操作中,证券商以双重身份从事同一证券交易,使自己处于利益冲突之中,难免会为了自己的利益而损害客户的利益。从理论上看,混合操作属于自己交易。一方面,合同是双方法律行为,而自己交易却是一人兼任双方当事人,与合同本质相背;另一方面,合同双方是利益对立的双方,由一人同时代理,难保公正。

2. 违背指令

违背指令,是指证券商违背客户的交易指令为其买卖证券。证券商是投资者的代理人,理应本着勤勉谨慎之态度执行客户的交易指令,否则就违反了代理人的信赖义务。所以,证券商在代客买卖时,应当严格依照客户委托的证券种类、证券价格、证券数量以及交易时间等指令进行,不得超出委托范围买卖证券。对于证券商超出委托范围买卖证券的,除非事后客户进行追认,否则超出委托范围买卖证券的法律后果应由证券商来承担,由此给客户造成损失的还应当承担赔偿责任。

3. 不当劝诱

不当劝诱,是指证券商利用欺骗手段诱导客户进行证券交易。在证券交易中,证券商可以对投资者进行投资劝诱,但应当正当,否则即构成不当劝诱。证券商及其从业人员不得向投资者提供某种证券价格上涨或下跌的肯定判断,不得允诺保证客户的交易收益或允诺赔偿客户的投资损失,不得以超出证券业公平竞争的范围的特殊利益为条件诱导客户进行投资,不得以向投资者表示给予委托手续费回扣为手段进行不当劝诱。

4. 过量交易

过量交易是指证券商以多获取佣金为目的,诱导客户进行不必要的证券买卖,或者在客户的账户上翻炒证券的行为。对投资者而言,证券交易应当以适当为原则,对证券商而言,则负有忠诚与勤勉义务,应当依据投资者的投资意向、财产状况以及投资经验,确定适当的交易数量、交易金额、交易次数及交易频率。证券商负有义务进行适当交易。因此,禁止证券商以多获取佣金为目的,诱使客户进行过量的证券买卖,或在客户账户上翻炒证券。

5. 其他欺诈客户行为

其他欺诈客户行为是指除上述行为以外,其他违背客户真实意思表示,损害客户利益的行为。例如,在证券交易中,证券公司及其从业人员不在规定的时间内向客户提供交易的书面确认文件;挪用客户所委托买卖的证券或客户账户上的资金;私自买卖客户账户上的证券,或者假借客户的名义买卖证券,等等。

第三节 证券民事责任

证券法律责任包括,证券民事、行政和刑事责任三类形式。从本节起,依次对这三类证券法律责任进行论述。

一、证券民事责任的概念和特征

证券民事责任,是指参与证券活动的民事主体违反证券法有关规定而应承担的民事责任后果。证券民事责任包括证券违约的民事责任和证券侵权的民事责任。2019年《证券法》规定了23处民事责任条目(第24、29、33、53、54、55、56、57、84、85、88、89、90、93、111、113、117、155、161、163、183、196、220条),其中20处明确规定主体承担民事赔偿责任,两处规定承担返还财产责任的条目是第24、33条。2014年《证券法》民事责任条目只有14条,其中,12处是明文规定责任主体承担赔偿责任,两处是规定承担返还财产的责任。可见,2019年《证券法》大大增加了证券民事责任的条目,进一步完善了证券民事责任制度。证券民事责任的基本特征如下:

1. 责任形式比较单一

与一般民事责任形式的多样性相比,证券民事责任的承担方式相对简单,主要是赔偿损失和返还财产两种。

2. 连带责任的普遍应用

证券活动专业性较强,风险大,绝大多数证券活动需要多个不同主体共同参与。因此,一旦出现证券违法行为,往往就属于共同过错,或者法律规定为推定过错,相应主体可能就要承担连带的民事责任。

3. 构成要件呈现出特色

从《证券法》及相关法律法规的规定来看,在证券民事责任的构成要件中,行为人的主观过错常常并不具有构成要件意义(即或有,一般也要实行举证责任倒置),而因行为人的行为发生损害却往往是证券侵权民事责任的构成要件。这既呈现出与普通民事责任的构成要件的差异,也呈现出与证券法律责任中证券行政责任和证券刑事责任构成要件的区别。

4. 证券民事责任优先原则

我国《证券法》第220条明确规定了民事责任优先原则,即违反《证券法》规定,应当承担民事赔偿责任和缴纳罚款、罚金、违法所得,违法行为人的财产不足以支付的,优先用于承担民事赔偿责任。民事赔偿、罚款、罚金是分属于民事责任、行政责任和刑事责任的责任形式,其共同点是责任人都要支付一定数额的金钱。由于证券责任具有复合性特点,证券违法行为可能同时要承担两种以上的法律责任,这就牵涉到承担顺序的问题。民事赔偿是对受害者损失的弥补,而罚款和罚金则是属于对侵害人的惩罚。根据法律的一般原理,违法行为发生后,法律的首要目的是恢复原状,即恢复到违法行为发生前的状况;在有损害的情况下,即表现为首先弥补受害人的损失,然后才是对侵害人进行惩罚。因此,证券民事责任的顺位优先原则既符合法律的民本精神,也有利于证券市场的稳定与发展。

二、证券违约的民事责任

在证券的发行和交易关系中的平等主体之间法律关系,主要是证券合同关系。行为人违反证券合同的约定,不履行或不适当履行合同义务,将承担相应的违约责任。证券的发行和交易关系中的证券合同类别及其民事责任概括如下:

1. 违反证券发行合同的民事责任

发行人在发行证券时,必须按照法律规定公告公司章程、招股说明书或公司债券募集办法等文件,这实际上构成了发行人向投资者的要约邀请,而投资者认购证券则是要约,发行人接受认购则是对该要约的承诺,两者之间形成了一种证券发行合同关系。发行人应当保障投资者享有与其所认购份额相当的权益,否则,就要承担违约责任。例如,《证券法》第33条规定,股票发行采用代销方式,代销期限届满,向投资者出售的股票数量未达到拟公开发行股票数量70%的,为发行失败。股票的发行失败意味着发行人的筹资计划落空,其与已认购股票的投资者之间的合同关系也随之终止。投资者不仅无法获得投资收益,而且还蒙受一定的损失,因此,发行人必须承担相应的违约责任,即发行人应当按照发行价并加算银行同期存款利息返还股票认购人。

2. 违反证券承销合同的民事责任

《证券法》第26条第1款规定,发行人向不特定对象发行证券的,法律、行政法规规定应当由证券公司承销,发行人应当与证券公司签订承销协议。所谓证券承销合同就是证券发行人与证券公司之间达成的由发行人委托证券公司承销其所发行证券的协议。证券公司负有按照约定方式、时间、期限、价格等条件向投资者销售证券,并向发行人及时、足额交付销售款项的义务,而发行人则主要负有向证券公司支付相关费用和报酬的义务。任何一方当事人违约,都必须承担相应的民事责任。

3. 违反证券上市协议的民事责任

《证券法》第46条第1款规定,发行人申请证券上市交易的,应当向证券交易所提出申请,由证券交易所依法审核同意,并由双方签订上市协议。上市协议的基本内容包括:上市费用的项目和金额;双方的权利与义务;公司证券事务负责人;上市公司定期报告、临时报告的报告程序;股票停牌事宜等。任何一方当事人违约,都必须承担相应的民事责任。

4. 违反证券交易合同的民事责任

《证券法》第134条第1款规定,证券公司办理经纪业务,不得接受客户的全权委托而决定证券买卖、选择证券种类、决定买卖数量或价格。因此,证券公司有义务按照委托人委托的价格、期限、证券种类和数量进行交易,而委托人则必须承认交易的价格、数量,履行交割手续。任何一方当事人违约,都必须承担相应的民事责任。

5. 违反证券服务合同的民事责任

证券服务合同是证券发行和交易的当事人委托证券服务机构就有关证券发行、交易活动提供专业服务的协议。在证券交易服务合同关系中,接受委托的各服务机构应当按照各自的业务规则,完成合同约定的服务事项或出具相应的文件;而委托人则主要负有提供服务所需材料,支付服务费用或报酬等义务。任何一方当事人违约,都必须承担相应的民事责任。

三、证券侵权的民事责任

证券侵权民事责任是指在证券发行、交易过程中,行为人违反证券法律、法规,实施违法行为,侵害他人合法权益而应当承担的民事责任。根据我国《证券法》的规定,证券侵权民事责任主要是因下列侵权行为引起:擅自发行证券、虚假陈述、内幕交易、操纵市场、欺诈客户以及其他违法行为。

1. 擅自发行证券引发的侵权责任

证券发行人未经证券主管部门注册，擅自发行或变相公开发行的，主管部门责令停止发行，由发行人对擅自发行给投资者造成的损失予以赔偿。目前，法定赔偿范围是投资者认购资金的利息损失，即发行人应退还所募资金并加算银行同期存款利息。证券公司承销或者代理买卖未经注册擅自公开发行的证券，给投资者造成损失的，应当与发行人承担连带赔偿责任。

2. 虚假陈述引发的侵权责任

虚假陈述的侵权责任是行为人在文件资料上报和信息公开过程中违反法律的规定而依法应承担的侵权责任。其主要特点如下：

（1）责任主体。一般而言，发行人和上市公司有义务提供各种信息和资料，并保证所提供信息和资料的完整、真实、准确，其负有法定的、全面的信息披露义务。因此，若发行人和上市公司违反信息披露义务，是当然的责任主体。但是，除此以外的如证券承销商、保荐人、证券服务机构以及其他证券活动的参与主体是否成为虚假陈述的责任主体，则要视其行为过错而定。这是因为这些主体虽然参与了信息披露过程，但其所承担的仅仅是收集、审核信息的完整性、真实性、准确性的行为义务，只有这些主体在各自职责范围内未能尽到审慎勤勉义务，才单独或连带地承担相应的民事责任。换而言之，只要存在虚假陈述并给投资者造成损失的，发行人和上市公司都应当依照无过错责任原则承担民事赔偿责任，而其他机构或人员则适用过错责任原则或过错推定责任原则，决定其是否与发行人、上市公司承担连带赔偿责任。

（2）因果关系。[①] 根据最高人民法院《关于审理证券市场因虚假陈述引发的民事赔偿案件的若干规定》，投资者以虚假陈述为由提起民事赔偿诉讼的，原告证明存在以下情形之一的，法院应认定虚假陈述与损害结果之间存在因果关系：① 投资人所投资的是与虚假陈述直接关联的证券；② 投资人在虚假陈述实施日及以后，至揭露日或者更正日之前买入该证券；③ 投资人在虚假陈述揭露日或者更正日及以后，因卖出该证券发生亏损，或者因持续持有该证券而产生亏损。若被告反证有以下情形之一的，法院应当认定虚假陈述与损害结果之间不存在因果关系：① 在虚假陈述揭露日或者更正日之前已经卖出证券；② 在虚假陈述揭露日或者更正日及以后进行的投资；③ 明知虚假陈述存在而进行的投资；④ 损失或者部分损失是由证券市场系统风险等其他因素所导致；⑤ 属于恶意投资、操纵证券价格的。

根据《关于审理证券市场因虚假陈述引发的民事赔偿案件的若干规定》第20条的规定，上述三个时间概念明确如下：虚假陈述实施日，是指作出虚假陈述或者发生虚假陈述之日；虚假陈述揭露日，是指虚假陈述在全国范围发行或者播放的报刊、电台、电视台等媒体上，首次被公开揭露之日；虚假陈述更正日，是指虚假陈述行为人在中国证券监督管理委员会指定披露证券市场信息的媒体上，自行公告更正虚假陈述并按照规定履行停牌手续之日。

（3）赔偿范围。根据《关于审理证券市场因虚假陈述引发的民事赔偿案件的若干规定》，虚假陈述行为人应当在投资者遭受的实际损失范围内承担赔偿责任，具体包括投资者的投资差额损失以及投资差额部分的佣金和印花税。其中，投资差额损失将按照下面两种情况来确定：① 投资人在基准日及以前卖出证券的，其投资差额损失以买入证券平均价格

[①] 参见最高人民法院《关于审理证券市场因虚假陈述引发的民事赔偿案件的若干规定》第18—19条的规定。

与实际卖出证券平均价格之差,乘以投资人所持证券数量计算。② 投资人在基准日之后卖出或者仍持有证券的,其证券差额损失,以买入证券平均价格与虚假陈述揭露日或者更正日起至基准日期间每个交易日收盘价的平均价格之差,乘以投资人所持证券数量计算。投资差额损害计算的基准日是指虚假陈述揭露或者更正后,为将投资人应获赔偿限定在虚假陈述所造成的损失范围内,确定损失计算的合理期间而规定的截止日期。

(4) 责任实现。《关于审理证券市场因虚假陈述引发的民事赔偿案件的若干规定》就虚假陈述民事赔偿案件涉及的诉讼程序问题作出了特别规定。主要内容包括:① 只受理证券市场投资人以信息披露义务人违反法律规定,进行虚假陈述并导致其遭受损失为由,而向人民法院提起诉讼的民事赔偿案件。对于因在国家批准设立的证券市场以外,或者在国家批准设立的证券市场上通过协议转让方式进行的交易而发生的诉讼,不适用该司法解释。② 虚假陈述民事赔偿案件的受理以行政处罚或刑事制裁为前置程序。因此,追究违法行为人的行政责任或刑事责任是投资人提起民事赔偿诉讼的前提条件,而且,相关的行政处罚决定、公告或刑事判决文书还是起诉时必须提交的材料。③ 诉讼时效为两年,并按照下列特殊规定确定时效期间的起算日期:证监会或其派出机构公布对虚假陈述行为人作出处罚决定之日;财政部、其他行政机关以及有权作出行政处罚的机构公布对虚假陈述行为人作出处罚之日;虚假陈述行为人未受行政处罚,但已被人民法院认定有罪的,作出刑事判决生效之日;因同一虚假陈述行为,对不同虚假陈述行为人作出两个以上行政处罚,或者既有行政处罚,又有刑事处罚的,以最先作出的行政处罚决定公告之日或者作出的刑事判决生效之日。④ 虚假陈述证券民事赔偿案件由省、直辖市、自治区人民政府所在的市、计划单列市和经济特区中级人民法院管辖。

3. 内幕交易引发的侵权责任

《证券法》第53条第3款规定,内幕交易行为给投资者造成损失的,应当依法承担赔偿责任。

(1) 责任主体。内幕交易民事责任主体是掌握证券交易内幕消息,并实施内幕交易行为,给投资者造成损失的知情人。这些内容在本章第二节已作论述,在此不再重复。

(2) 因果关系。在证券市场中影响证券交易数量、价格和最终收益的因素比较复杂,因此,很难证明投资者损失与内幕交易行为之间存在符合民事责任追究要求的因果关系。但内幕交易行为违反了证券信息披露制度,侵害了投资者的信息平等权,将本应由广大投资者共享的信息转变为少数人独占的信息,也就将本应归投资者共享的利益转变为知情人的独占利益。所以,可以建立符合证券内幕交易特点的因果关系证明规则,即内幕交易的相对人(即与知情人直接进行交易的当事人)所受到的损失与内幕交易之间存在因果关系。至于其他在内幕交易的同时从事与知情人交易方向相反的交易的投资者,但未与知情人直接发生交易关系,其所受损失则不宜推定为由知情人内幕交易所造成。

(3) 赔偿范围。在缺乏法律明文规定的情况下,可以参考一些基本因素来确定内幕交易赔偿范围,包括:损失发生的时间是否在交易信息公开之前;内幕交易所引起的交易价格、数量的变化;投资者的差价损失以及费用税金损失;等等。

(4) 责任实现。《证券法》第53条第3款明确规定了内幕交易的民事责任。但是,该条款只是宣誓性地规定了内幕交易行为给投资者造成损失的,应当依法承担赔偿责任,并没有更具体、更有操作性的配套性制度,因此,在司法实践中如何适用该条款还存在一些技术障碍,内幕交易民事责任的实现还需要立法进一步的明确和规范。

4. 操纵市场引发的侵权责任

《证券法》第 55 条第 1 款规定,禁止任何人以违法手段操纵证券市场,影响或者意图影响证券交易价格或者证券交易量。这一规定意味着,任何单位或个人都有可能成为操纵证券市场的侵权责任主体,但从理论以及操纵行为分析,操纵证券市场民事责任主体只能是参与证券交易并且其实施的行为在客观上符合法定操纵市场行为要件的交易者。操纵证券市场行为属于法律禁止行为,在追究行政责任和刑事责任时,应当以行为人具有主观故意为法律责任构成要件,这有利于打击证券违法行为,维护正常的交易秩序。行为人承担操纵市场的民事赔偿责任是我国证券立法在法律责任领域的又一大突破,但如何在实体法和程序法方面保障责任的实现,还有一些问题需要解决。由于在追究行为人的民事责任时,法律并未明确规定必须以主观过错为构成要件,因此,为了更好地保护投资者的合法权益,在民事责任的追究中应当适用无过错责任的归责原则,以减轻原告的证明责任。

5. 欺诈客户引发的侵权责任

《证券法》第 57 条规定,禁止证券公司及其从业人员从事损害客户利益的欺诈行为,欺诈客户行为给客户造成损失的,行为人应当依法承担赔偿责任。欺诈客户的行为特征和具体手段,在本章第二节已作详细论述,在此不再重复。

四、其他证券违法行为的民事责任

除上述证券民事责任以外,我国《证券法》还有以下几个主要方面的民事责任:

1. 《证券法》第 24 条规定,已注册发行的证券,不符合法定条件或者法定程序,但已经发行尚未上市的,发行人应当按照发行价并加算银行同期存款利息返还证券持有人;发行人的控股股东、实际控制人以及保荐人,应当与发行人承担连带责任,但是能够证明自己没有过错的除外。

股票的发行人在招股说明书等证券发行文件中隐瞒重要事实或者编造重大虚假内容,已经发行并上市的,国务院证券监督管理机构可以责令发行人回购证券,或者责令负有责任的控股股东、实际控制人买回证券。

2. 上市公司董事会行使"归入权"。《证券法》第 44 条规定,上市公司、股票在国务院批准的其他全国性证券交易场所交易的公司持有 5% 以上股份的股东、董事、监事、高级管理人员,将其持有的该公司的股票或者其他具有股权性质的证券在买入后 6 个月内卖出,或者在卖出后 6 个月内又买入,由此所得收益归该公司所有,公司董事会应当收回其所得收益。但是,证券公司因购入包销售后剩余股票而持有 5% 以上股份,以及有国务院证券监督管理机构规定的其他情形的除外。

公司董事会不按照上述规定执行的,股东有权要求董事会在 30 日内执行。公司董事会未在上述期限内执行的,股东有权为了公司的利益以自己的名义直接向人民法院提起诉讼。公司董事会不按照上述的规定执行的,负有责任的董事依法承担连带责任。

3. 未履行公开承诺的民事责任。《证券法》第 84 条第 2 款规定,发行人及其控股股东、实际控制人、董事、监事、高级管理人员等作出公开承诺的,应当披露。不履行承诺给投资者造成损失的,应当依法承担赔偿责任。

4. 违法公开征集股东权利的民事责任。《证券法》第 90 条规定,上市公司董事会、独立董事、持有 1% 以上有表决权股份的股东或者依照法律、行政法规或者国务院证券监督管理机构的规定设立的投资者保护机构(以下简称投资者保护机构),可以作为征集人,自行或者委托证券公司、证券服务机构,公开请求上市公司股东委托其代为出席股东大会,并代为行使提案权、表决权等股东权利。依照上述规定征集股东权利的,征集人应当披露征集文件,上市公司应当予以配合。禁止以有偿或者变相有偿的方式公开征集股东权利。公开征集股东权利违反法律、行政法规或者国务院证券监督管理机构有关规定,导致上市公司或者其股东遭受损失的,应当依法承担赔偿责任。

5. 证券交易所违法处置突发性事件的民事责任。《证券法》第111条规定,因不可抗力、意外事件、重大技术故障、重大人为差错等突发性事件而影响证券交易正常进行时,为维护证券交易正常秩序和市场公平,证券交易所可以按照业务规则采取技术性停牌、临时停市等处置措施,并应当及时向国务院证券监督管理机构报告。因上述规定的突发性事件导致证券交易结果出现重大异常,按交易结果进行交收将对证券交易正常秩序和市场公平造成重大影响的,证券交易所按照业务规则可以采取取消交易、通知证券登记结算机构暂缓交收等措施,并应当及时向国务院证券监督管理机构报告并公告。证券交易所对其依照上述规定采取措施造成的损失,不承担民事赔偿责任,但存在重大过错的除外。

6. 证券交易所违法处置市场风险的民事责任。《证券法》第113条规定,证券交易所应当加强对证券交易的风险监测,出现重大异常波动的,证券交易所可以按照业务规则采取限制交易、强制停牌等处置措施,并向国务院证券监督管理机构报告;严重影响证券市场稳定的,证券交易所可以按照业务规则采取临时停市等处置措施并公告。证券交易所对其依照上述规定采取措施造成的损失,不承担民事赔偿责任,但存在重大过错的除外。

7. 证券交易的不可撤销性及其相关民事责任。《证券法》第117条规定,按照依法制定的交易规则进行的交易,不得改变其交易结果,但《证券法》第111条第2款规定的除外。① 对交易中违规交易者应负的民事责任不得免除;在违规交易中所获利益,依照有关规定处理。

8. 证券投资咨询机构及其从业人员的民事责任。《证券法》第161条规定,证券投资咨询机构及其从业人员从事证券服务业务不得有下列行为:(1)代理委托人从事证券投资;(2)与委托人约定分享证券投资收益或者分担证券投资损失;(3)买卖本证券投资咨询机构提供服务的证券;(4)法律、行政法规禁止的其他行为。有上述所列行为之一,给投资者造成损失的,应当依法承担赔偿责任。

9. 证券服务机构出具虚假报告的民事责任。《证券法》第163条规定,证券服务机构为证券的发行、上市、交易等证券业务活动制作、出具审计报告及其他鉴证报告、资产评估报告、财务顾问报告、资信评级报告或者法律意见书等文件,应当勤勉尽责,对所依据的文件资料内容的真实性、准确性、完整性进行核查和验证。其制作、出具的文件有虚假记载、误导性陈述或者重大遗漏,给他人造成损失的,应当与委托人承担连带赔偿责任,但是能够证明自己没有过错的除外。

10. 证券公司承销或者销售违法发行的证券的民事责任。《证券法》第183条规定,证券公司承销或者销售擅自公开发行或者变相公开发行的证券,给投资者造成损失的,应当与发行人承担连带赔偿责任。

---

① 《证券法》第111条第2款规定:因前款规定的突发性事件导致证券交易结果出现重大异常,按交易结果进行交收将对证券交易正常秩序和市场公平造成重大影响的,证券交易所按照业务规则可以采取取消交易、通知证券登记结算机构暂缓交收等措施,并应当及时向国务院证券监督管理机构报告并公告。

11. 收购人及其控股股东、实际控制人的民事责任。《证券法》第196条第2款规定,收购人及其控股股东、实际控制人利用上市公司收购,给被收购公司及其股东造成损失的,应当依法承担赔偿责任。

第四节　证券行政责任

如上一节所述,2019年《证券法》民事责任的条目从"旧法"的14条增加到23条,进一步完善了证券民事责任制度。但是,证券行政责任仍是目前运用最为广泛的证券法律责任形式。

一、证券行政责任的概念和特点

《证券法》第168条规定,国务院证券监督管理机构依法对证券市场实行监督管理,维护证券市场公开、公平、公正,防范系统性风险,维护投资者合法权益,促进证券市场健康发展。证券交易活动的各参与主体必须遵守证券法律法规,并接受证券主管机关的监督管理。如果存在证券违法行为但不构成犯罪的,主管机关有权根据法律规定,在行政制裁范围内责令行为人承担不利的法律后果,这就是证券行政责任。证券行政责任有以下基本特点:

1. 责任原因的复杂性

证券行政责任基于证券监管关系而产生,具体包括证券监督管理行为的相对人实施的违法行为,以及证券监管机构的工作人员失职未能依法行使职权,或存在违纪、违法行为。

2. 责任主体的广泛性

从证券监管关系角度看,责任主体既可以是证券监督管理行为的相对人,如发行人、上市公司、证券公司、证券服务机构,也可以是证券主管机构以及其他组织、机构的相关工作人员。从主体形式的角度看,责任主体既可以是公司法人、自然人,还可以是行政机关、行业自律性组织等。

3、责任形式的多样性

证券行政责任形式一般可以分为行政处分和行政处罚两种。行政处分是国务院证券监督管理机构或者国务院授权的部门,给予所属的存在违纪或违法行为的直接负责的主管人员和其他直接责任人员的一种制裁措施,包括警告、记过、记大过、降级(职)、撤职、留用察看以及开除等责任形式。这里需要注意的是,2019年《证券法》第216条,将原来的"行政处分"改成了"处分"二字。2018年3月20日,十三届全国人大一次会议表决通过的《监察法》规定,监察委员会"对违法的公职人员依法作出政务处分决定"。"政务处分"首次在国家正式的法律中出现。《监察法》施行后,监察对象由行政机关工作人员,扩大到所有行使公权力的公职人员,原有"行政处分"的概念在这里被"政务处分"的概念所代替,后者是指对所有行使公权力的公职人员的处分。

行政处罚是由国务院证券监督管理机构基于行政管理职权,对存在一般证券违法行为,但尚未构成犯罪的相对人依法采取的一种制裁,包括责令改正、警告、取缔、罚款、没收违法所得、责令暂停证券交易、吊销相关业务许可证(执照)、撤销任职资格或者证券从业资格等。另外,根据《证券法》第218条和第221条的规定还可以依法进行"治安管理处罚"和"证券市场禁入"处罚。

4. 责任内容的惩罚性

在一般证券违法行为的追究中,证券民事责任与证券行政责任相比,前者是以受害当事人的损失为赔偿尺度和限度,是较典型的"补偿性责任",后者则以发生违法行为为要件,责任的负担也不以损失为尺度和限度,违法行为造成的损失大小通常只是作为一种"情节",是典型的"惩罚性责任"。如没收违法所得、罚款、吊销相关业务许可证、取消上市资格等均属于惩罚性措施。

5. 责任追究的职权性

这要从两个方面来认识：一是行政责任的追究是特定行政执法部门的专属职权,只有法律明确规定或授权的组织或机构才能成为执法主体,其他任何组织与机构,均不能行使追究行政责任的职权；二是国家相关的行政管理与执法部门(包括同一部门的不同级别的机构),它们之间的行政执法权是有明确的界线的；同样是行政执法机构,因职权分工的不同而拥有不同内容的行政执法权；在执法中,不同的执法权之间是不容许混淆的。

6. 责任追究的主动性

行政责任是由国家主动追究的一种法律责任,它不依赖于行为结果是否已经发生,也不依赖于有无特定的受害人,也不取决于有无"原告",追究行政责任是国家行政执法部门积极主动的行为。这与民事责任的追究呈现出事后性、被动性、依赖于原告意志等特点形成鲜明的对比。正因为如此,现代市场经济国家普遍引入行政责任,以有效地预防违法和打击违法,保障市场的安全和健康发展。

为了能够较为全面地论述《证券法》中证券行政责任的具体内容,下面将从各类违法主体的角度展开讨论。

二、发行人、上市公司及其责任人员的行政责任

证券发行和上市是证券市场得以形成的前提条件,各国立法为了保证发行和上市证券的质量并维护证券市场的发行和交易安全,一般都要对证券发行人和上市公司实行较为严格的监管。我国《证券法》对其行政责任的规定,主要包括以下几个方面的内容[①]：

1. 擅自公开或者变相公开发行证券的行政责任

违反证券注册制的规定,擅自公开或者变相公开发行证券的,责令停止发行,退还所募资金并加算银行同期存款利息,处以非法所募资金金额5%以上50%以下的罚款；对擅自公开或者变相公开发行证券设立的公司,由依法履行监督管理职责的机构或者部门会同县级以上地方人民政府予以取缔。对直接负责的主管人员和其他直接责任人员给予警告,并处以50万元以上500万元以下的罚款。

2. 欺诈发行证券的行政责任

发行人在其公告的证券发行文件中隐瞒重要事实或者编造重大虚假内容,尚未发行证券的,处以200万元以上2000万元以下的罚款；已经发行证券的,处以非法所募资金金额10%以上1倍以下的罚款。对直接负责的主管人员和其他直接责任人员,处以100万元以上1000万元以下的罚款。

发行人的控股股东、实际控制人组织、指使从事上述违法行为的,没收违法所得,并处以违法所得10%以上1倍以下的罚款；没有违法所得或者违法所得不足2000万元的,处以200万元以上2000万元以下的罚款。对直接负责的主管人员和其他直接责任人员,处以100万元以上1000万元以下的罚款。

---

① 参见《证券法》第180、181、185、197、214条的规定。

3. 擅自改变公开发行证券所募集资金用途的行政责任

发行人违反《证券法》的相关规定擅自改变公开发行证券所募集资金的用途的,责令改正,处以50万元以上500万元以下的罚款;对直接负责的主管人员和其他直接责任人员给予警告,并处以10万元以上100万元以下的罚款。

发行人的控股股东、实际控制人从事或者组织、指使从事上述违法行为的,给予警告,并处以50万元以上500万元以下的罚款;对直接负责的主管人员和其他直接责任人员,处以10万元以上100万元以下的罚款。

4. 违反信息披露义务的行政责任

发行人、上市公司未按照《证券法》规定报送有关报告或者履行信息披露义务的,责令改正,给予警告,并处以50万元以上500万元以下的罚款;对直接负责的主管人员和其他直接责任人员给予警告,并处以20万元以上200万元以下的罚款。发行人的控股股东、实际控制人组织、指使从事上述违法行为,或者隐瞒相关事项导致发生上述情形的,处以50万元以上500万元以下的罚款;对直接负责的主管人员和其他直接责任人员,处以20万元以上200万元以下的罚款。

发行人、上市公司报送的报告或者披露的信息有虚假记载、误导性陈述或者重大遗漏的,责令改正,给予警告,并处以100万元以上1000万元以下的罚款;对直接负责的主管人员和其他直接责任人员给予警告,并处以50万元以上500万元以下的罚款。发行人的控股股东、实际控制人组织、指使从事上述违法行为,或者隐瞒相关事项导致发生上述情形的,处以100万元以上1000万元以下的罚款;对直接负责的主管人员和其他直接责任人员,处以50万元以上500万元以下的罚款。

5. 未按照规定保存有关文件和资料的责任

发行人未按照规定保存有关文件和资料的,责令改正,给予警告,并处以10万元以上100万元以下的罚款;泄露、隐匿、伪造、篡改或者毁损有关文件和资料的,给予警告,并处以20万元以上200万元以下的罚款;情节严重的,处以50万元以上500万元以下的罚款,并处暂停、撤销相关业务许可或者禁止从事相关业务。对直接负责的主管人员和其他直接责任人员给予警告,并处以10万元以上100万元以下的罚款。

三、证券公司及其从业人员的行政责任

由于证券公司是专门经营证券业务的证券商,其在证券市场上的作用十分重要,也是《证券法》规范的重要对象。从《证券法》的规定来看,证券公司及其从业人员的证券行政责任,涉及面很广。大体上可以将其分为四个方面,即主体资格违法的行政责任、证券承销违法的行政责任、证券公司业务违法的行政责任以及资料信息违法的行政责任,下面分别叙述。

(一)证券公司主体资格违法的行政责任[①]

1. 擅自设立证券公司、非法经营证券业务或者未经批准以证券公司名义开展证券业务活动的行政责任

违反《证券法》的规定,擅自设立证券公司、非法经营证券业务或者未经批准以证券公司名义开展证券业务活动的,责令改正,没收违法所得,并处以违法所得1倍以上10倍以下的

---

① 参见《证券法》第202、204条的规定。

罚款;没有违法所得或者违法所得不足 100 万元的,处以 100 万元以上 1000 万元以下的罚款。对直接负责的主管人员和其他直接责任人员给予警告,并处以 20 万元以上 200 万元以下的罚款。对擅自设立的证券公司,由国务院证券监督管理机构予以取缔。

2. 证券公司未经核准变更相关业务和主体的行政责任

证券公司违反《证券法》的规定,未经核准变更证券业务范围,变更主要股东或者公司的实际控制人,合并、分立、停业、解散、破产的,责令改正,给予警告,没收违法所得,并处以违法所得 1 倍以上 10 倍以下的罚款;没有违法所得或者违法所得不足 50 万元的,处以 50 万元以上 500 万元以下的罚款;情节严重的,并处撤销相关业务许可。对直接负责的主管人员和其他直接责任人员给予警告,并处以 20 万元以上 200 万元以下的罚款。

(二) 证券承销违法的行政责任①

1. 证券公司承销或者销售擅自公开发行或者变相公开发行的证券的,责令停止承销或者销售,没收违法所得,并处以违法所得 1 倍以上 10 倍以下的罚款;没有违法所得或者违法所得不足 100 万元的,处以 100 万元以上 1000 万元以下的罚款;情节严重的,并处暂停或者撤销相关业务许可。给投资者造成损失的,应当与发行人承担连带赔偿责任。对直接负责的主管人员和其他直接责任人员给予警告,并处以 50 万元以上 500 万元以下的罚款。

2. 证券公司承销证券违反《证券法》的相关规定,责令改正,给予警告,没收违法所得,可以并处 50 万元以上 500 万元以下的罚款;情节严重的,暂停或者撤销相关业务许可。对直接负责的主管人员和其他直接责任人员给予警告,可以并处 20 万元以上 200 万元以下的罚款;情节严重的,并处 50 万元以上 500 万元以下的罚款。

(三) 证券公司业务违法的行政责任②

1. 证券公司违反《证券法》的相关规定,为其股东或者股东的关联人提供融资或者担保的,责令改正,给予警告,并处以 50 万元以上 500 万元以下的罚款。对直接负责的主管人员和其他直接责任人员给予警告,并处以 10 万元以上 100 万元以下的罚款。股东有过错的,在按照要求改正前,国务院证券监督管理机构可以限制其股东权利;拒不改正的,可以责令其转让所持证券公司股权。

2. 证券公司违反《证券法》的相关规定,未对投资者开立账户提供的身份信息进行核对的,责令改正,给予警告,并处以 5 万元以上 50 万元以下的罚款。对直接负责的主管人员和其他直接责任人员给予警告,并处以 10 万元以下的罚款。

证券公司违反《证券法》的相关规定,将投资者的账户提供给他人使用的,责令改正,给予警告,并处以 10 万元以上 100 万元以下的罚款。对直接负责的主管人员和其他直接责任人员给予警告,并处以 20 万元以下的罚款。

3. 证券公司违反《证券法》规定提供证券融资融券服务的,没收违法所得,并处以融资融券等值以下的罚款;情节严重的,禁止其在一定期限内从事证券融资融券业务。对直接负责的主管人员和其他直接责任人员给予警告,并处以 20 万元以上 200 万元以下的罚款。

4. 证券公司违反《证券法》的相关规定,未采取有效隔离措施防范利益冲突,或者未分开办理相关业务、混合操作的,责令改正,给予警告,没收违法所得,并处以违法所得 1 倍以上 10 倍以下的罚款;没有违法所得或者违法所得不足 50 万元的,处以 50 万元以上 500 万

---

① 参见《证券法》第 183—184 条的规定。
② 参见《证券法》第 201、202 条第 2 款、205—210 条的规定。

元以下的罚款;情节严重的,并处撤销相关业务许可。对直接负责的主管人员和其他直接责任人员给予警告,并处以20万元以上200万元以下的罚款。

5. 证券公司违反《证券法》的相关规定从事证券自营业务的,责令改正,给予警告,没收违法所得,并处以违法所得1倍以上10倍以下的罚款;没有违法所得或者违法所得不足50万元的,处以50万元以上500万元以下的罚款;情节严重的,并处撤销相关业务许可或者责令关闭。对直接负责的主管人员和其他直接责任人员给予警告,并处以20万元以上200万元以下的罚款。

6. 证券公司违反《证券法》的相关规定,将客户的资金和证券归入自有财产,或者挪用客户的资金和证券的,责令改正,给予警告,没收违法所得,并处以违法所得1倍以上10倍以下的罚款;没有违法所得或者违法所得不足100万元的,处以100万元以上1000万元以下的罚款;情节严重的,并处撤销相关业务许可或者责令关闭。对直接负责的主管人员和其他直接责任人员给予警告,并处以50万元以上500万元以下的罚款。

7. 证券公司违反《证券法》的相关规定接受客户的全权委托买卖证券的,或者违反《证券法》的规定对客户的收益或者赔偿客户的损失作出承诺的,责令改正,给予警告,没收违法所得,并处以违法所得1倍以上10倍以下的罚款;没有违法所得或者违法所得不足50万元的,处以50万元以上500万元以下的罚款;情节严重的,并处撤销相关业务许可。对直接负责的主管人员和其他直接责任人员给予警告,并处以20万元以上200万元以下的罚款。

证券公司违反《证券法》的规定,允许他人以证券公司的名义直接参与证券的集中交易的,责令改正,可以并处50万元以下的罚款。

8. 证券公司的从业人员违反《证券法》的相关规定,私下接受客户委托买卖证券的,责令改正,给予警告,没收违法所得,并处以违法所得1倍以上10倍以下的罚款;没有违法所得的,处以50万元以下的罚款。

(四)资料信息违法的行政责任①

1. 证券公司违反《证券法》的相关规定,编造、传播虚假信息或者误导性信息,扰乱证券市场的,没收违法所得,并处以违法所得1倍以上10倍以下的罚款;没有违法所得或者违法所得不足20万元的,处以20万元以上200万元以下的罚款。在证券交易活动中作出虚假陈述或者信息误导的,责令改正,处以20万元以上200万元以下的罚款;属于国家工作人员的,还应当依法给予处分。

2. 《证券法》第203条规定提交虚假证明文件或者采取其他欺诈手段骗取证券公司设立许可、业务许可或者重大事项变更核准的,撤销相关许可,并处以100万元以上1000万元以下的罚款。对直接负责的主管人员和其他直接责任人员给予警告,并处以20万元以上200万元以下的罚款。

3. 证券公司及其主要股东、实际控制人违反《证券法》的相关规定,未报送、提供信息和资料,或者报送、提供的信息和资料有虚假记载、误导性陈述或者重大遗漏的,责令改正,给予警告,并处以100万元以下的罚款;情节严重的,并处撤销相关业务许可。对直接负责的主管人员和其他直接责任人员,给予警告,并处以50万元以下的罚款。

4. 证券公司未按照规定保存有关文件和资料的,责令改正,给予警告,并处以10万元以上100万元以下的罚款;泄露、隐匿、伪造、篡改或者毁损有关文件和资料的,给予警告,并

---

① 参见《证券法》第193、203、211、214条的规定。

处以 20 万元以上 200 万元以下的罚款;情节严重的,处以 50 万元以上 500 万元以下的罚款,并处暂停、撤销相关业务许可或者禁止从事相关业务。对直接负责的主管人员和其他直接责任人员给予警告,并处以 10 万元以上 100 万元以下的罚款。

四、证交所、证券登记结算机构及其从业人员的行政责任

从本质上讲,证券交易所、证券登记结算机构均属于金融基础设施,它们既是证券交易服务机构,同时也负有对市场的监管职责,其所涉及的行政责任包括以下几个方面:

(一)非法开设交易场所和登记结算机构的行政责任[①]

1. 非法开设证券交易场所的,由县级以上人民政府予以取缔,没收违法所得,并处以违法所得 1 倍以上 10 倍以下的罚款;没有违法所得或者违法所得不足 100 万元的,处以 100 万元以上 1000 万元以下的罚款。对直接负责的主管人员和其他直接责任人员给予警告,并处以 20 万元以上 200 万元以下的罚款。

证券交易所违反《证券法》的规定,允许非会员直接参与股票的集中交易的,责令改正,可以并处 50 万元以下的罚款。

2. 违反《证券法》的规定,擅自设立证券登记结算机构的,由国务院证券监督管理机构予以取缔,没收违法所得,并处以违法所得 1 倍以上 10 倍以下的罚款;没有违法所得或者违法所得不足 50 万元的,处以 50 万元以上 500 万元以下的罚款。对直接负责的主管人员和其他直接责任人员给予警告,并处以 20 万元以上 200 万元以下的罚款。

(二)非法挪用资金或证券及擅自为客户交易的行政责任[②]

证券登记结算机构违反《证券法》的规定,将客户的资金和证券归入自有财产,或者挪用客户的资金和证券的,责令改正,给予警告,没收违法所得,并处以违法所得 1 倍以上 10 倍以下的罚款;没有违法所得或者违法所得不足 100 万元的,处以 100 万元以上 1000 万元以下的罚款;情节严重的,并处撤销相关业务许可或者责令关闭。对直接负责的主管人员和其他直接责任人员给予警告,并处以 50 万元以上 500 万元以下的罚款。

(三)信息、文件、资料监管中的行政责任[③]

1. 证券交易所、证券登记结算机构及其从业人员在证券交易活动中编造、传播虚假信息或者误导性信息,扰乱证券市场的,没收违法所得,并处以违法所得 1 倍以上 10 倍以下的罚款;没有违法所得或者违法所得不足 20 万元的,处以 20 万元以上 200 万元以下的罚款。

证券交易所、证券登记结算机构及其从业人员违反《证券法》的规定,在证券交易活动中作出虚假陈述或者信息误导的,责令改正,处 20 万元以上 200 万元以下的罚款。

2. 证券登记结算机构未按照规定保存有关文件和资料的,责令改正,给予警告,并处以 10 万元以上 100 万元以下的罚款;泄露、隐匿、伪造、篡改或者毁损有关文件和资料的,给予警告,并处以 20 万元以上 200 万元以下的罚款;情节严重的,处以 50 万元以上 500 万元以下的罚款,并处暂停、撤销相关业务许可或者禁止从事相关业务。对直接负责的主管人员和其他直接责任人员给予警告,并处以 10 万元以上 100 万元以下的罚款。

---

① 参见《证券法》第 200、212 条的规定。
② 参见《证券法》第 208 条的规定。
③ 参见《证券法》第 193、214 条的规定。

五、证券服务机构及其从业人员的行政责任

《证券法》第 160 条规定,证券服务机构主要包括:会计师事务所、律师事务所以及从事证券投资咨询、资产评估、资信评级、财务顾问、信息技术系统服务的证券服务机构。服务机构不是市场的交易主体,而是为市场交易提供辅助性服务的组织,它们一般是通过委托或服务合同与市场交易主体建立服务关系。正是从这个角度,证券服务机构也就成了证券市场的组成部分,其活动当然应当纳入证券法规制的范围。其涉及的行政责任主要包括以下内容:

（一）非法买卖证券的行政责任①

证券服务机构及其从业人员,违反《证券法》第 42 条的规定买卖证券的,责令依法处理非法持有的证券,没收违法所得,并处以买卖证券等值以下的罚款。

（二）擅自从业的行政责任②

证券投资咨询机构违反《证券法》第 160 条第 2 款的规定擅自从事证券服务业务,或者从事证券服务业务有《证券法》第 161 条规定行为的,责令改正,没收违法所得,并处以违法所得 1 倍以上 10 倍以下的罚款;没有违法所得或者违法所得不足 50 万元的,处以 50 万元以上 500 万元以下的罚款。对直接负责的主管人员和其他直接责任人员,给予警告,并处以 20 万元以上 200 万元以下的罚款。

会计师事务所、律师事务所以及从事资产评估、资信评级、财务顾问、信息技术系统服务的机构违反《证券法》第 160 条第 2 款的规定,从事证券服务业务未报备案的,责令改正,可以处 20 万元以下的罚款。

（三）信息、文件、资料监管中的行政责任③

1. 证券服务机构违反《证券法》第 163 条的规定,未勤勉尽责,所制作、出具的文件有虚假记载、误导性陈述或者重大遗漏的,责令改正,没收业务收入,并处以业务收入 1 倍以上 10 倍以下的罚款,没有业务收入或者业务收入不足 50 万元的,处 50 万元以上 500 万元以下的罚款;情节严重的,并处暂停或者禁止从事证券服务业务。对直接负责的主管人员和其他直接责任人员给予警告,并处以 20 万元以上 200 万元以下的罚款。

2. 证券服务机构未按照规定保存有关文件和资料的,责令改正,给予警告,并处以 10 万元以上 100 万元以下的罚款;泄露、隐匿、伪造、篡改或者毁损有关文件和资料的,给予警告,并处以 20 万元以上 200 万元以下的罚款;情节严重的,处以 50 万元以上 500 万元以下的罚款,并处暂停、撤销相关业务许可或者禁止从事相关业务。对直接负责的主管人员和其他直接责任人员给予警告,并处以 10 万元以上 100 万元以下的罚款。

六、证券监管机构及其工作人员的行政责任

证券监督管理机构及其工作人员负有监管证券市场的义务,如果在履行监管义务的过程中违反法律,根据《证券法》的规定同样要承担相应的法律责任。其中的行政责任主要包括以下内容④:

---

① 参见《证券法》第 188 条的规定。
② 参见《证券法》第 213 条第 1、2 款的规定。
③ 参见《证券法》第 213 条第 3 款、214 条的规定。
④ 参见《证券法》第 193 条第 2 款、216、217 条的规定。

1. 证券监督管理机构及其工作人员违反《证券法》第 56 条第 2 款的规定,在证券交易活动中作出虚假陈述或者信息误导的,责令改正,处以 20 万元以上 200 万元以下的罚款;属于国家工作人员的,还应当依法给予处分。

2. 国务院证券监督管理机构或者国务院授权的部门有下列情形之一的,对直接负责的主管人员和其他直接责任人员,依法给予处分:(1) 对不符合《证券法》规定的发行证券、设立证券公司等申请予以核准、注册、批准的;(2) 违反《证券法》规定采取现场检查、调查取证、查询、冻结或者查封等措施的;(3) 违反《证券法》规定对有关机构和人员采取监督管理措施的;(4) 违反《证券法》规定对有关机构和人员实施行政处罚的;(5) 其他不依法履行职责的行为。

3. 国务院证券监督管理机构或者国务院授权的部门的工作人员,不履行《证券法》规定的职责,滥用职权、玩忽职守,利用职务便利牟取不正当利益,或者泄露所知悉的有关单位和个人的商业秘密的,依法追究法律责任。

七、其他行为人的行政责任

对于难以按照上述标准进行归类的行为人的行政责任,集中于此进行介绍,主要内容如下[①]:

1. 保荐人虚假陈述的行政责任。《证券法》第 182 条规定:保荐人出具有虚假记载、误导性陈述或者重大遗漏的保荐书,或者不履行其他法定职责的,责令改正,给予警告,没收业务收入,并处以业务收入 1 倍以上 10 倍以下的罚款;没有业务收入或者业务收入不足 100 万元的,处以 100 万元以上 1000 万元以下的罚款;情节严重的,并处暂停或者撤销保荐业务许可。对直接负责的主管人员和其他直接责任人员给予警告,并处以 50 万元以上 500 万元以下的罚款。

2. 公司高管违法交易证券的行政责任。上市公司、股票在国务院批准的其他全国性证券交易场所交易的公司的董事、监事、高级管理人员、持有该公司 5% 以上股份的股东,违反《证券法》第 44 条的规定,买卖该公司股票或者其他具有股权性质的证券的,给予警告,并处以 10 万元以上 100 万元以下的罚款。

3. 非法内幕交易者的行政责任。证券交易内幕信息的知情人或者非法获取内幕信息的人违反《证券法》第 53 条的规定从事内幕交易的,责令依法处理非法持有的证券,没收违法所得,并处以违法所得 1 倍以上 10 倍以下的罚款;没有违法所得或者违法所得不足 50 万元的,处以 50 万元以上 500 万元以下的罚款。单位从事内幕交易的,还应当对直接负责的主管人员和其他直接责任人员给予警告,并处以 20 万元以上 200 万元以下的罚款。国务院证券监督管理机构工作人员从事内幕交易的,从重处罚。

违反《证券法》第 54 条的规定,利用未公开信息进行交易的,依照上述的规定处罚。

4. 非法操纵市场者的行政责任。违反《证券法》第 55 条的规定,操纵证券市场的,责令依法处理其非法持有的证券,没收违法所得,并处以违法所得 1 倍以上 10 倍以下的罚款;没有违法所得或者违法所得不足 100 万元的,处以 100 万元以上 1000 万元以下的罚款。单位操纵证券市场的,还应当对直接负责的主管人员和其他直接责任人员给予警告,并处以 50 万元以上 500 万元以下的罚款。

---

① 参见《证券法》第 182、189、191、192、193 条第 3 款、195 条、196 条第 1 款的规定。

5. 传播媒介及其从事证券市场信息报道的工作人员违反《证券法》第56条第3款的规定,从事与其工作职责发生利益冲突的证券买卖的,没收违法所得,并处以买卖证券等值以下的罚款。

6. 违法出借或者借用他人证券账户的行政责任。违反《证券法》第58条的规定,出借自己的证券账户或者借用他人的证券账户从事证券交易的,责令改正,给予警告,可以处50万元以下的罚款。

7. 收购人违法的行政责任。收购人未按照《证券法》规定履行上市公司收购的公告、发出收购要约义务的,责令改正,给予警告,并处以50万元以上500万元以下的罚款。对直接负责的主管人员和其他直接责任人员给予警告,并处以20万元以上200万元以下的罚款。

第五节 证券刑事责任

证券犯罪是严重的证券违法行为,构成证券犯罪的,应当依法追究行为人的刑事责任。与证券民事责任和证券行政责任相比,证券刑事责任是最严厉的证券法律责任,它在保护投资者利益、维护市场安全方面有着极为重要的意义。

一、证券刑事责任的概念及特征

证券刑事责任,是指行为人因实施证券犯罪行为而应承担的法律责任。刑事责任是所有法律责任中最严厉、最具威慑力的责任形式。与证券民事责任和证券行政责任相比,证券刑事责任具有以下几个特征:

1. 适用行为的严重性。行为具有严重的社会危害性是构成犯罪的事实前提,也是一般证券违法行为与证券刑事违法行为的区别。证券刑事责任只适用于违反《证券法》并已经构成犯罪的证券刑事违法行为。虽然证券刑事违法行为总是同时与一般证券违法行为发生竞合,但如果只是一般证券违法行为,就不可能构成犯罪,也就不存在与"证券犯罪行为"的所谓竞合。

2. 构成要件的相对完全性。与证券民事责任和行政责任的追究不同,对证券刑事责任承担的行为要件,法律一般要求比较全面,既要求有主观罪过(故意或过失)的存在,又要求行为"情节严重"或"造成严重后果"。而民事责任与行政责任常常不需要这些方面的要件。

3. 责任追究的权威性。证券违法行为一旦构成证券犯罪,其法律责任的追究就体现为国家和犯罪行为人之间的刑事法律关系。行为人是否有罪以及应承担何种刑罚必须由司法机关按照法定程序确定,具有较强的权威性、强制性和程序性。

4. 个人和单位均可能成为犯罪主体。证券市场参与主体除个人投资者外,还包括法人、事业单位、自律组织以及行政机关等单位主体,因此,单位犯罪也是证券犯罪中的重要表现形式。在许多证券犯罪行为中,单位及其负责人、直接责任人都可能被追究相应的刑事责任。

5. 自由刑与财产刑相结合。证券犯罪的刑事责任,其刑罚形式主要包括:有期徒刑、拘役以及罚金。一般来说,单位犯罪只适用财产刑,即罚金,而对自然人犯罪,则三种刑罚都可能适用。

二、我国证券刑事责任的主要规定

《证券法》本身不属于刑法,故其在法律条文中只需采取引介的形式,将相关刑事责任的追究引介至《刑法》即可。故《证券法》只有两条涉及刑事责任,一条是引介条款,即第 219 条,该条规定:"违反本法规定,构成犯罪的,依法追究刑事责任。"另一条是涉及"罚金"时,民事赔偿责任优先的原则,即第 220 条,该条规定:"违反本法规定,应当承担民事赔偿责任和缴纳罚款、罚金、违法所得,违法行为人的财产不足以支付的,优先用于承担民事赔偿责任。"

所以,对证券刑事责任的追究须通过《刑法》才能够落实。我国 2017 修正后的《刑法》对于证券犯罪行为,规定了 7 种情况、14 个罪名,具体包括:(1)违反信息公开义务方面的犯罪:欺诈发行股票、债券罪(第 160 条),违规披露、不披露重要信息罪(第 161 条),提供虚假证明文件罪(第 229 条第 1 款),出具证明文件重大失实罪(第 229 条第 3 款);(2)伪造、变造有价证券方面的犯罪:伪造、变造国家有价证券罪(第 178 条第 1 款),伪造、变造股票、公司、企业债券罪(第 178 条第 2 款);(3)擅自发行证券方面的犯罪:擅自发行股票、公司、企业债券罪(第 179 条);(4)内幕交易方面的犯罪:内幕交易、泄露内幕信息罪(第 180 条第 1—3 款),利用未公开信息交易罪(第 180 条第 4 款);(5)操纵市场方面的犯罪:操纵证券、期货市场罪(第 182 条);(6)证券欺诈方面的犯罪:编造并传播证券、期货交易虚假信息罪(第 181 条第 1 款),诱骗投资者买卖证券、期货合约罪(第 181 条第 2 款),有价证券诈骗罪(第 197 条);(7)滥用职权方面的犯罪:滥用管理公司、证券职权罪(第 403 条)。此外,《刑法》第 174 条的擅自设立金融机构罪和伪造、变造、转让金融机构经营许可证、批准文件罪,第 272 条的挪用资金罪和第 384 条的挪用公款罪,第 397 条的滥用职权罪、玩忽职守罪和徇私舞弊罪等,也与证券犯罪行为有关。

下面仅将其中几个最典型的证券犯罪及其刑事责任作简要介绍:

(一)欺诈发行股票、债券罪

1. 本罪的构成要件

包括:

(1)本罪的主体可以是公司法人,也可以是自然人。因为在招股说明书、认股书、公司、企业债券募集办法中隐瞒重要事实或者编造重大虚假内容,发行股票或者公司、企业债券,既可以是单位行为,也可以是个人行为。

(2)本罪的主观方面是行为人的直接故意行为。

(3)本罪侵害的客体是证券发行监管秩序。

(4)本罪的客观方面包括:在招股说明书、认股书、公司、企业债券募集办法中隐瞒重要事实或者编造重大虚假内容而发行股票或者公司、企业债券,并且情节严重,造成严重后果。

2. 本罪的刑罚

犯本罪的,处 5 年以下有期徒刑或者拘役,并处或者单处非法募集资金金额 1% 以上 5% 以下罚金。

单位犯上述罪的,对单位判处罚金,并对其直接负责的主管人员和其他直接责任人员,处 5 年以下有期徒刑或者拘役。

（二）违规披露、不披露重要信息罪

1. 本罪的构成要件

包括：

（1）本罪的主体一般是自然人。因为作为信息披露义务人的发行人或者上市公司其进行信息披露是由直接负责的主管人员和其他直接责任人员去实施的。

（2）本罪的主观方面是行为人的直接故意行为。

（3）本罪侵害的客体是投资公众的知情权和证券监管秩序。

（4）本罪的客观方面是，依法负有信息披露义务的公司、企业向股东和社会公众提供虚假的或者隐瞒重要事实的财务会计报告，或者对依法应当披露的其他重要信息不按照规定披露，严重损害股东或者其他人利益，或者有其他严重情节的。

2. 本罪的刑罚

犯本罪的，对其直接负责的主管人员和其他直接责任人员，处3年以下有期徒刑或者拘役，并处或者单处2万元以上20万元以下罚金。

（三）擅自发行股票、公司、企业债券罪

1. 本罪的构成要件

包括：

（1）本罪的主体一般是公司法人。因为我国法律规定只有股份有限公司和有限责任公司才能够申请发行股票、债券。实际上，自然人也是有可能犯本罪的。这里需要指出的是，如果证券承销机构明知是未经批准发行的证券，而与发行人签订承销协议，予以发行的，将与发行人构成共犯。

（2）本罪的主观方面是发行人为筹集资金而擅自发行的直接故意。

（3）本罪侵害的客体是证券发行监管秩序，如违背证券发行条件、审批程序等。

（4）本罪的客观方面包括：① 犯罪主体已经实施了违法发行证券的行为，如果发行工作尚处于准备、筹备阶段，则不构成本罪。② 发行人的发行行为属于擅自发行，没有依法得到国家法定主管部门的批准。具体表现形式主要有：未向证券监督管理机构申请而私自发行；虽向证券监督管理机构申请，但未获批准而私自发行；超过批准限额的发行；虽经批准，但发行人未通过承销机构承销而私自直接发行。③ 所发行证券的数额巨大、后果严重或者有其他严重情节。擅自发行行为有下列情形之一的，应予追诉：发行额巨大；不能及时清偿和清退的；造成恶劣影响的。

2. 本罪的刑罚

犯本罪的，处5年以下有期徒刑或者拘役，并处或者单处非法募集资金金额1%以上5%以下罚金。单位犯上述罪的，对单位判处罚金，并对其直接负责的主管人员和其他直接责任人员，处5年以下有期徒刑或者拘役。

（四）内幕交易、泄露内幕信息罪

1. 本罪的犯罪构成

（1）本罪的犯罪主体为特殊主体，即证券交易内幕信息的知情人员或者非法获取证券交易内幕信息的人员。

（2）本罪的主观方面是故意，目的是通过内幕交易、泄露内幕信息以及建议他人交易等，为自己或他人牟取利益或转嫁交易风险。

（3）本罪所侵害的是双重客体，其中既有正常的市场交易秩序与安全，还有其他市场参与者的合法权益,特别是财产利益。

(4) 本罪客观方面的要件包括:① 实施了内幕交易行为。内幕交易行为主要表现为:证券、期货交易内幕信息的知情人员或者非法获取证券、期货交易内幕信息的人员,在涉及证券的发行,证券、期货交易或者其他对证券、期货交易价格有重大影响的信息尚未公开前,买入或者卖出该证券,或者从事与该内幕信息有关的期货交易,或者泄露该信息,或者明示、暗示他人从事上述交易活动。② 达到"情节严重"的程度。所谓"情节严重",实践中具体包括以下几种情形:内幕交易的数额巨大的;多次进行内幕交易、泄露内幕信息的;致使交易价格和交易量异常波动的;造成恶劣影响的。

2. 本罪的处罚

构成内幕交易罪的,处 5 年以下有期徒刑或者拘役,并处或者单处违法所得 1 倍以上 5 倍以下罚金;情节特别严重的,处 5 年以上 10 年以下有期徒刑,并处违法所得 1 倍以上 5 倍以下罚金。单位犯上述罪的,对单位判处罚金,并对其直接负责的主管人员和其他直接责任人员,处 5 年以下有期徒刑或者拘役。

(五) 利用未公开信息交易罪

1. 本罪的犯罪构成

包括:

(1) 本罪的犯罪主体是特殊主体。一般来讲,金融机构的从业人员才能成为本罪的主体。而在证券、期货监管机构或者行业协会工作的人员,也有可能因职务便利获取不属于内幕消息的未公开信息,提前建仓或撤仓。因此,2009 年 2 月 28 日第十一届全国人大常委会第七次会议通过的《中华人民共和国刑法修正案(七)》将本罪的犯罪主体规定为"证券交易所、期货交易所、证券公司、期货经纪公司、基金管理公司、商业银行、保险公司等金融机构的从业人员以及有关监管部门或者行业协会的工作人员"。

(2) 本罪的主观方面是故意。目的是通过用客户资金买入证券或者其衍生品、期货或者期权合约等金融产品前,以自己名义或假借他人名义或者告知其亲属、朋友、关系户,先行低价买入证券、期货等金融产品,然后用客户资金拉升到高位后自己率先卖出牟取暴利。

(3) 本罪所侵害的是多重客体。其中既有正常的金融管理秩序,市场的公平、公正和公开,还有客户投资者的利益和金融行业信誉以及从业人员所在单位的利益。

(4) 本罪客观方面的要件包括:① 行为人实施了"利用因职务便利获取的内幕信息以外的其他未公开的信息,违反规定,从事与该信息相关的证券、期货交易活动,或者明示、暗示他人从事相关交易活动"。所谓"内幕信息以外的其他未公开的信息",主要是指资产管理机构、代客投资理财机构即将用客户资金投资购买某个证券、期货等金融产品的决策信息。这些信息因不属于法律规定的"内幕消息",也未要求必须公开,一般属于单位内部的商业秘密,故称"内幕信息以外的其他未公开的信息"。所谓"违反规定,从事与该信息相关的证券、期货交易活动",不仅包括证券投资基金法等法律、行政法规所规定的禁止基金等资产管理机构的从业人员从事损害客户利益的交易等行为,也包括证监会发布的禁止资产管理机构从业人员从事违背受托义务的交易活动等行为。具体行为主要是指,资产管理机构的从业人员在用客户资金买入证券或者其衍生品、期货或者期权合约等金融产品前自己先行买入,或者在卖出前自己先行卖出等行为。所谓"明示、暗示他人从事相关交易活动",主要是指行为人在自己建仓的同时,常常以直接或者间接方式示意其亲朋好友也同时建仓。② 达到"情节严重"的程度。所谓"情节严重",实践中具体包括以下几种情形:多次建仓的;非法获利数额巨大的;对客户资产造成严重损失的。

2. 本罪的处罚

构成利用未公开信息交易罪的,依照内幕交易罪的规定处罚。

(六)编造并传播证券交易虚假信息罪

1. 本罪的犯罪构成

包括:

(1)本罪的犯罪主体为一般主体,凡是达到刑事责任年龄并具有刑事责任能力的自然人都可以成为本罪主体,单位也能成为本罪主体。但是,本罪主体不包括证券交易所、证券登记结算机构、证券服务机构、证券公司及其从业人员,以及证券业协会、证券期货监督管理部门及其工作人员。

(2)本罪主观方面表现为直接故意。只有直接故意才有可能构成"编造并传播虚假信息,扰乱证券市场"。

(3)本罪的客体是证券交易管理秩序和投资者的利益。证券交易的信息披露是我国对证券市场进行管理的重要内容。编造并传播证券交易的虚假信息,破坏了信息披露制度,侵犯了证券交易的管理秩序。投资者受虚假信息的欺骗与误导,其合法权益必将受到损害。

(4)本罪的客观方面表现为:编造虚假信息并传播虚假信息以及该虚假信息能够影响证券交易。扰乱证券交易市场造成严重后果,是指虚假信息引起证券价格发生大幅波动,或在投资者中引起心理恐慌,大量抛售或买进某种证券,给投资者造成重大经济损失,或造成恶劣的社会影响。据规定,编造并传播影响证券交易的虚假信息,扰乱证券交易市场,有下列情形之一的,应予追究:造成投资者直接经济损失数额巨大的;致使交易价格和交易量异常波动的;造成恶劣影响的。

2. 本罪的处罚

犯本罪的,处5年以下有期徒刑或者拘役,并处或者单处1万元以上10万元以下罚金。

(七)诱骗投资者买卖证券罪

1. 本罪的犯罪构成

包括:

(1)本罪的犯罪主体可以是单位,也可以是自然人,但都是特殊主体。具体包括证券交易所、期货交易所、证券公司、期货经纪公司及其从业人员,证券业协会、期货业协会或者证券期货监督管理部门及其工作人员。

(2)本罪的主观方面是故意。一般是通过诱骗投资者买卖证券以达到自己的目的,如增加佣金、扩大业绩等。

(3)本罪侵害的客体是国家对证券市场的管理秩序和投资者的合法权益。

(4)本罪的客观方面是犯罪主体故意提供虚假信息或者伪造、变造、销毁交易记录,诱骗投资者买卖证券合约,造成严重后果。据规定,有下列情形之一的,应予追诉:造成投资者直接经济损失数额巨大的;致使交易价格和交易量异常波动的;造成恶劣影响的。

2. 本罪的处罚

犯本罪的,处5年以下有期徒刑或者拘役,并处或者单处1万元以上10万元以下罚金;情节特别恶劣的,处5年以上10年以下有期徒刑,并处2万元以上20万元以下罚金。单位犯本罪的,对单位判处罚金,并对其直接负责的主管人员和其他直接责任人员,处5年以下有期徒刑或者拘役。

(八)操纵证券交易价格罪

1. 本罪的犯罪构成包括:

(1) 本罪的主体为一般主体,可以是自然人,也可以是单位。

(2) 本罪的主观方面是故意,目的是通过操纵获取高额利润或规避交易风险。

(3) 本罪侵害的客体是证券交易市场的管理秩序和投资者的合法权益。

(4) 本罪的客观方面表现为犯罪主体违反法律、法规,利用其资金、信息等优势或滥用职权,实施了操纵证券交易价格的行为。操纵市场的行为有:单独或者合谋,集中资金优势、持股或者持仓优势或者利用信息优势联合或者连续买卖,操纵证券交易价格或者证券交易量的;与他人串通,以事先约定的时间、价格和方式相互进行证券交易,影响证券交易价格或者证券交易量的;在自己实际控制的账户之间进行证券交易,影响证券交易价格或者证券交易量的;以其他方法操纵证券市场的。操纵证券交易价格,情节严重,实践中有下列情形之一的,应予追诉:非法获利数额巨大;致使交易价格和交易量异常波动;以暴力、胁迫手段强迫他人操纵交易价格的;虽未达到上述数额标准,但因操纵证券交易价格受过多次行政处罚,又操纵证券交易价格的。

2. 本罪的处罚

犯本罪的,处5年以下有期徒刑或者拘役,并处或者单处罚金;情节特别严重的,处5年以上10年以下有期徒刑,并处罚金。单位犯本罪的,对单位判处罚金,并对其直接负责的主管人员和其他直接责任人员,依照上述规定处罚。

(九)滥用管理公司、证券职权罪

1. 本罪的构成要件

包括:

(1) 本罪的主体为特殊主体,即国家有关主管部门的国家机关工作人员。

(2) 本罪的主观方面是行为人的直接故意行为。

(3) 本罪侵害的客体是证券监管秩序。

(4) 本罪的客观方面是,国家有关主管部门的国家机关工作人员,徇私舞弊,滥用职权,对不符合法律规定条件的公司设立、登记申请或者股票、债券发行、上市申请,予以批准或者登记,致使公共财产、国家和人民利益遭受重大损失的。

2. 本罪的刑罚

犯本罪的,处5年以下有期徒刑或者拘役。

上级部门强令登记机关及其工作人员实施上述行为的,对其直接负责的主管人员,依照上述的规定处罚。

【测试题】

关于证券交易内幕信息的知情人或者非法获取内幕信息的人从事内幕交易的法律责任,以下说法正确的是( )

A. 没收违法所得,并处以违法所得1倍以上10倍以下的罚款

B. 没有违法所得或者违法所得不足50万元的,处以50万元以上100万元以下的罚款

C. 单位从事内幕交易的,只对其直接负责的主管人员给予警告,并处以20万元以上200万元以下的罚款

D. 国务院证券监督管理机构工作人员从事内幕交易的,从重处罚

【答案与解析】

答案:AD

解析:根据我国《证券法》第191条第1款:"证券交易内幕信息的知情人或者非法获取内幕信息的人违反本法第53条的规定从事内幕交易的,责令依法处理非法持有的证券,没收违法所得,并处以违法所得1倍以上10倍以下的罚款;没有违法所得或者违法所得不足50万元的,处以50万元以上500万元以下的罚款。单位从事内幕交易的,还应当对直接负责的主管人员和其他直接责任人员给予警告,并处以20万元以上200万元以下的罚款。国务院证券监督管理机构工作人员从事内幕交易的,从重处罚。"故选项AD正确。

选项B的罚款数额错误,应为"处以50万元以上500万元以下的罚款"。

选项C不仅需要对直接负责的主管人员处罚,对于其他直接责任人员也需要给予警告和罚款。

【测试题】

关于操纵市场的法律责任,以下哪个说法是错误的?( )

A. 操纵证券市场行为可能需要同时承担民事责任、行政责任和刑事责任

B. 单位操纵市场的,对其直接负责的主管人员可以罚款

C. 操纵市场的没收违法所得,并处以1倍以上10倍以下的罚款

D. 操纵市场没有违法所得或者违法所得不足50万元的,处以50万元以上500万元以下的罚款

【答案与解析】

答案:D

解析:

《证券法》第192条规定:"违反本法第55条的规定,操纵证券市场的,责令依法处理其非法持有的证券,没收违法所得,并处以违法所得1倍以上10倍以下的罚款;没有违法所得或者违法所得不足100万元的,处以100万元以上1000万元以下的罚款。单位操纵证券市场的,还应当对直接负责的主管人员和其他直接责任人员给予警告,并处以50万元以上500万元以下的罚款。"可知,操纵市场需要承担行政责任,选项C正确,选项D错误。

根据上述可知,单位操纵市场的,还应当对直接负责的主管人员和其他责任人员给予警告和罚款,因此选项B正确。

《证券法》第55条第2款规定:"操纵证券市场行为给投资者造成损失的,应当依法承担赔偿责任。"可知操纵证券市场行为需要承担民事责任。第219条规定:"违反本法规定,构成犯罪的,依法追究刑事责任。"《中华人民共和国刑法》第182条规定了操纵证券、期货市场罪。因此,操纵市场行为构成犯罪的,还应当承担刑事责任,选项A正确。

【测试题】

关于虚假陈述的法律责任,以下哪个说法是错误的?( )

A. 只要编造、传播虚假陈述并给投资者造成损失的,发行人都应依照无过错责任原则承担民事责任

B. 发行人因虚假陈述给投资者造成损失的,发行人的控股股东、实际控制人、相关的证

第十二章 证券法律责任

券公司可以予以先行赔付

C. 投资者提起虚假陈述等证券民事赔偿诉讼时,诉讼标的是同一种类,且当事人一方人数众多的,可以依法推选代表人进行诉讼

D. 从事证券市场信息报道的工作人员从事与其工作职责发生利益冲突的证券买卖,没收违法所得;没有违法所得或者违法所得不足20万元的,处以20万元以上200万元以下的罚款

【答案与解析】

答案:D

解析:

《证券法》第56条第4款规定:"编造、传播虚假信息或者误导性信息,扰乱证券市场,给投资者造成损失的,应当依法承担赔偿责任。"只要编造、传播虚假陈述并给投资者造成损失的,无论发起人是否存在主观过错都应当承担民事赔偿责任,选项A正确。

《证券法》第93条规定:"发行人因欺诈发行、虚假陈述或者其他重大违法行为给投资者造成损失的,发行人的控股股东、实际控制人、相关的证券公司可以委托投资者保护机构,就赔偿事宜与受到损失的投资者达成协议,予以先行赔付。先行赔付后,可以依法向发行人以及其他连带责任人追偿。"可知,选项B正确。

《证券法》第95条第1款规定:"投资者提起虚假陈述等证券民事赔偿诉讼时,诉讼标的是同一种类,且当事人一方人数众多的,可以依法推选代表人进行诉讼。"选项C正确。

《证券法》第193条第3款规定:"传播媒介及其从事证券市场信息报道的工作人员违反本法第56条第3款的规定,从事与其工作职责发生利益冲突的证券买卖的,没收违法所得,并处以买卖证券等值以下的罚款。"选项D错误。

【测试题】

证券公司的从业人员未经客户的委托,擅自为客户买卖证券,损害客户利益,可采取的处罚措施不包括( )

A. 撤销证券从业资格　　　　　　B. 没收违法所得
C. 处以20万元罚款　　　　　　　D. 一律给予行政处分

【答案与解析】

答案:D

解析:《证券法》第57条规定:禁止证券公司及其从业人员从事下列损害客户利益的行为:……(3)未经客户的委托,擅自为客户买卖证券,或者假借客户的名义买卖证券……第194条规定:"证券公司及其从业人员违反本法第57条的规定,有损害客户利益的行为的,给予警告,没收违法所得,并处以违法所得1倍以上10倍以下的罚款;没有违法所得或者违法所得不足10万元的,处以10万元以上100万元以下的罚款;情节严重的,暂停或者撤销相关业务许可。"可知,证券公司的从业人员未经客户的委托,擅自为客户买卖证券,损害客户利益,可以没收违法所得、撤销证券从业资格、处以20万元罚款,但是并未规定一律给予行政处分。

【测试题】

下列违反证券交易的法律责任的说法,错误的是( )

A. 证券公司经纪人李某使用其父亲账户买卖股票,被处以 20 万元罚款
B. 证券公司员工王某违背客户的委托为其买卖证券,被没收违法所得
C. 证券监督管理机构工作人员张某进行内幕交易,应当从重处罚
D. 为证券营业部做装修工作的赵某,不可以买卖股票

【答案与解析】

答案:D

解析:

《证券法》第 58 条规定:"任何单位和个人不得违反规定,出借自己的证券账户或者借用他人的证券账户从事证券交易。"第 195 条规定:"违反本法第 58 条的规定,出借自己的证券账户或者借用他人的证券账户从事证券交易的,责令改正,给予警告,可以处 50 万元以下的罚款。"可知,选项 A 正确。

《证券法》第 57 条规定:"禁止证券公司及其从业人员从事下列损害客户利益的行为:(1) 违背客户的委托为其买卖证券……"第 194 条规定:"证券公司及其从业人员违反本法第 57 条的规定,有损害客户利益的行为的,给予警告,没收违法所得,并处以违法所得 1 倍以上 10 倍以下的罚款……"可知,选项 B 正确。

《证券法》第 191 条第 1 款规定:"……国务院证券监督管理机构工作人员从事内幕交易的,从重处罚。"可知,选项 C 正确。

选项 D 中赵某仅为证券营业部做装修工作,并非属于证券公司的从业人员,因此可以买卖股票。选项 D 错误。